ALBER PHILOSOPHIE

Bernhard Casper

Das Dialogische Denken

Zu diesem Buch:
In der Hinwendung der Philosophie des 20. Jahrhunderts zur Sprache spielt das »Dialogische Denken« eine wichtige Rolle. In seinem Grundlagenwerk stellt Casper anhand von Rosenzweig, Ebner und Buber die Genese und das Wesen dieses Denkens im Lichte seiner religionsphilosophischen Bedeutung dar. Dabei zeigt sich die überragende Stellung Rosenzweigs, dessen Gedanken Emmanuel Levinas später aufnahm.

Das Werk bietet nicht nur eine umfassende Einsicht in die differenzierte Genese des später so genannten dialogischen Denkens, sondern es schafft damit zugleich einen aus den Quellen erarbeiteten Zugang zu dem Wesen dieses auch heute noch zukunftweisenden Neuansatzes einer Hermeneutik des »Bedürfens des Anderen und – was dasselbe ist – des Ernstnehmens der Zeit«.

Für die Neuauflage wurde der 1968 erstmals erschienene Text überarbeitet, um zwei Exkurse erweitert und mit ausführlicheren Registern versehen. Die Zitate aus dem Werk Rosenzweigs wurden auf dessen mittlerweile erschienenen »Gesammelte Schriften« umgestellt.

»Dialogic thought« plays an important role in the linguistic turn of 20th century philosphy. In his fundamental work, Casper provides an account of the genesis and nature of this thought on the basis of Rosenzweig's, Ebner's, and Buber's philosophies and in the light of its importance for the philosophy of religion. In doing so, he shows the outreaching importance of Franz Rosenzweig's whose thought would then be taken up by Emmanuel Levinas.

This work offers not only a comprehensive account of the complex genesis of what should later be called »dialogic thinking.« It also shows on the basis of primary sources how the nature of this new approach to a hermeneutics of »the need of the other and – which is the same – the appreciation of time« can be understood.

For this new edition, the text, first published in 1968, has been revised, extended by two excursions, and provided with two indices. Quotes from Rosenzweig's work are now taken from the »Gesammelte Schriften« which have been published in the meantime.

Der Autor:
Prof. (em.) Dr. Dr. hc. Bernhard Casper, geb. 1931, war von 1978 bis 1999 o. Prof. für Christliche Religionsphilosophie an der Universität Freiburg/ Br., wo er auch weiterhin lehrt.
Titel bei Alber: Alltag und Transzendenz. Studien zur religiösen Erfahrung in der gegenwärtigen Gesellschaft (Hg. mit Walter Sparn) (1992); Das Ereignis des Betens. Grundlinien einer Hermeneutik des religiösen Geschehens (1998).

Bernhard Casper

Das Dialogische Denken

Franz Rosenzweig, Ferdinand Ebner und Martin Buber

Verlag Karl Alber Freiburg / München

Die Deutsche Bibliothek – CIP-Einheitsaufnahme

Casper, Bernhard :
Das dialogische Denken : Franz Rosenzweig,
Ferdinand Ebner und Martin Buber /
Bernhard Casper. –
Freiburg (Breisgau) ; München : Alber, 2002
  (Alber-Reihe-Philosophie)
  ISBN 3-495-47933-3

Texterfassung: Autor

Gedruckt auf alterungsbeständigem Papier (säurefrei)
Printed on acid-free paper
Alle Rechte vorbehalten – Printed in Germany
© Verlag Karl Alber GmbH Freiburg/München 2002
Einband gesetzt in der Rotis SemiSerif von Otl Aicher
Satzherstellung: SatzWeise, Föhren
Inhalt gesetzt in der Aldus und Gill Sans
Druck und Bindung: Difo-Druck, Bamberg 2002
ISBN 3-495-47933-3

Den Opfern der Verachtung des Menschen

Vorwort zur 2. Auflage

Worte haben ihre Zeit – und Bücher ebenso. Wenn ein Werk nach mehr als einem Vierteljahrhundert neu aufgelegt wird, so bedarf dies deshalb eines Grundes. Im Falle des vorliegenden Werkes erscheint dieser dadurch gegeben, daß »dialogisches Denken« einerseits zu einem Jedermannswort geworden ist, einer allzu abgegriffenen Münze; daß andererseits aber die Sache, die sich hinter diesem Wort verbirgt, keineswegs eine Sache von gestern geworden ist. Vielmehr hat sich die Frage »Was ist der Mensch?« in der Wende zu dem neuen Jahrtausend immer mehr auf die Frage hin zugespitzt, wie die so verschiedenen Menschen denn auf dem einen Planeten Erde zusammenleben können, ohne die nun endgültig auf Gedeih und Verderb zu einer Einheit gewordene Menschheit zu vernichten. Dies ist letztlich eine religiöse Frage. Denn sie hat ihre Wurzel in der Frage, was unserem *Leben und Sterben* denn wirklich den Sinn gibt.

Angesichts dieser Frage lohnt es sich, die Anfänge jenes Denkens offenzuhalten, in welchem angesichts der Erschütterungen des 1. Weltkrieges die Fundierung der Antwort auf diese Frage in dem *Sich-Zutragen* der *Mitmenschlichkeit* selbst, d. h. in dem »Bedürfen des anderen – und, was dasselbe ist, dem Ernstnehmen der Zeit« gesucht wurde.

Die Rezeptionsgeschichte insbesondere des Denkens Rosenzweigs[1] hat gezeigt, auf welches Interesse weltweit diese Ansätze zu einem aus der Begegnung mit dem anderen Menschen *als anderem* heraus lebenden Denken stoßen, die zugleich Impulse eines biblischen und messianischen Verständnisses der menschlichen Geschichte aufnehmen. Man braucht hier nur an das Werk von Emmanuel Levinas zu erinnern.

Bereits die erste Interpretin Rosenzweigs, Else Freund[2] und vor

---

[1] Vgl. dazu L. Anckaert and B. Casper. Franz Rosenzweig. Primary and Secondary Writings. An Exhaustive Rosenzweig Bibliography. Leuven 1995.

[2] Else Freund, Die Existenzphilosophie Franz Rosenzweigs. Ein Beitrag zur Analyse seines Werkes »Der Stern der Erlösung«. ²Hamburg 1959, 1; 5 u. ö.

allem Karl Löwith mit seiner Abhandlung von 1942 »M. Heidegger and F. Rosenzweig or temporality and Eternity«[3] haben zudem auf die Nähe des Denkens Heideggers zu dem Rosenzweigs hingewiesen. Es scheint gerade auch deshalb nicht unwichtig, die Genese des sog. »Dialogischen Denkens« als dessen sachlicher Mittelpunkt sich das Sprachdenken Rosenzweigs erweist, das aber in den Schriften Ferdinand Ebners und Martin Bubers eine ebenso authentische Gestalt findet, durch die Wiederveröffentlichung der vorliegenden Studie offenzuhalten.

Da dies dem Charakter einer Neuauflage widersprochen hätte, habe ich es vermieden, die ganze reiche Diskussion, die seit den 60er Jahren zu dem durch den Titel »Dialogisches Denken« Angezeigten in Gang kam, in die Neuauflage einzubeziehen. Der Leser findet aber meine eigenen Veröffentlichungen dazu in der Bibliographie. Ich hielt es lediglich für nötig, einen eigenen Exkurs über Rosenzweigs Verhältnis zu Schelling und einen Exkurs über die Bedeutung Cohens für Rosenzweig, die in der ersten Auflage nur anfänglich geklärt werden konnte, in die hier vorliegende Auflage mit einzubeziehen. Für Rosenzweigs Hegelrezeption darf ich auf die ausgezeichnete Freiburger Habilitationsschrift von Heinz-Jürgen Görtz »Tod und Erfahrung. Rosenzweigs »erfahrende Philosophie« und Hegels »Wissenschaft der Erfahrung des Bewußtseins««, Düsseldorf 1984, aufmerksam machen; und ebenso für die von Hegel abhängige Interpretation des Islam durch Rosenzweig auf Shlomo Pines »Der Islam im »Stern der Erlösung«. Eine Untersuchung zu Tendenzen und Quellen Franz Rosenzweigs.«[4]

Sie werden mir angesichts der Herausforderungen der Geschichte, in die wir hineingehen, nur noch wichtiger.

Von den Hoffnungen, die ich im Hinblick auf das christliche Glaubensverständnis und seine Artikulation in der ersten Auflage ausgesprochen habe, habe ich keine zurückzunehmen.

Wittnau, den 16. Februar 2001 Bernhard Casper

---

[3] In: Philosophy and Phaenomenological Research 3. Buffalo 1942/1943, 53–77.
[4] In: Hebräische Beiträge zur Wissenschaft des Judentums, 1987–1989, 3–5: 138–148.

Inhalt

Zweiter Teil
Das dialogische Denken

Ergebnisse

Erster Teil
Das vordialogische Werk Martin Bubers

1. Vorbemerkung über den Sinn und die Möglichkeit einer Einbeziehung des Buberschen Frühwerkes in die Untersuchung

Das dialogische Denken ist durch Martin Buber am bekanntesten geworden. Man verbindet die Vorstellung von dem, was dialogisches Denken sei, mit Bubers Namen und seinem 1923 erschienenen Werk »Ich und Du«. Dies hat seine guten Gründe. Bubers »Ich und Du« ist dem allgemeinen Verständnis am leichtesten zugänglich. Seine Sprache ist farbig und von dichterischer Plastizität. Der Gedankengang ist einläßlich, und er korrespondiert zudem mit Erfahrungen, die jeder schon gemacht zu haben meint. Es läge deshalb nahe, daß wir unsere Untersuchung mit einer Analyse dieses Werkes begännen, um von seinem Gedanken aus das Feld des dialogischen Denkens abzuschreiten. Allein, wenn wir uns nur ein wenig genauer in der Geschichte umschauen, so zeigt sich alsbald, daß »Ich und Du« keineswegs ein Anfang war, ein Keim, in dem wir das dialogische Denken sozusagen in seiner Reinheit greifen könnten. Bubers bekanntes Werk ist viel eher ein Ende, eine bereits reife Frucht. Und Buber konnte gerade deshalb sein Augenmerk so sehr darauf richten, das, was ihm reife Erkenntnis schien, pädagogisch klug und in einer dichterischen Sprache zu entwickeln. Rosenzweigs und Ebners Hauptwerke, die Buber bei der Niederschrift allerdings nur flüchtig kannte[1], gingen »Ich und Du« zeitlich voraus. Voraus ging aber auch, und dies ist vielleicht noch wichtiger, Bubers gesamtes Frühwerk, das heute weithin unbekannt ist. Buber hat auch nur weniges davon in seine »Werke« aufgenommen[2].

Dies darf aber nicht darüber hinwegtäuschen, daß Buber, als er das Werk, das ihn berühmt machte, niederschrieb, bereits über 20 Jahre lang eine reiche schriftstellerische Tätigkeit entfaltet hatte, die zum Teil bekenntnishaften Charakter trägt. Während sowohl bei Rosenzweig wie bei Ebner die auch dort vorhandene vordialogische Phase weitgehend im Dunkel des nicht Veröffentlichten liegt, entfaltet sie sich bei Buber in einem œuvre, das in der Bibliographie mit immerhin über zweihundert Publikationen vertreten ist[3]. Vor dem spä-

---

[1] Vgl. *Buber*, Werke I, 298, und *Rosenzweig*, GS 1, 736 und 866.
[2] Vgl. dazu meine Besprechung im Philosophischen Jahrbuch der Görres-Gesellschaft Bd. 72, 417–423.
[3] Vgl. Catanne 3–30.

ter erreichten Standpunkt des Denkens aus hat Buber viele Gedanken seines Frühwerks als ungenau und uneigentlich abgetan[4]. Und man wird diese seine eigene Meinung achten müssen.

Wer jedoch um die Gesetze der Kontinuität eines Denkens weiß, das ein Gespräch mit sich selbst ist und in seinen Kehren eben gerade dadurch wächst, daß es über sich selbst hinauswächst, wird eine solche Frühphase gerade um der Sache selbst willen, um die es geht nämlich jenes Neue, das in der Kehre erreicht wurde, nicht unberücksichtigt lassen dürfen[5].

Es scheint uns deshalb richtig, daß wir unsere Untersuchung mit einer Darstellung der frühen Versuche Bubers, das religiöse Verhältnis zu denken, beginnen.

Dies deshalb, um später Bubers entscheidenden Gedanken, der sich selbst als eine Wende versteht, besser fassen zu können und seine Eigenart gegenüber dem Gedanken Rosenzweigs und Ebners herauszuarbeiten. Aber auch deshalb, weil uns eine solche Darlegung, soweit dies überhaupt in dem Rahmen dieser Untersuchung möglich ist, einigen Einblick in den Stand der Frage nach dem religiösen Verhältnis in den ersten zwanzig Jahren unseres Jahrhunderts überhaupt gibt. Die Erörterung des Frühwerkes Bubers wird uns ein Stück weit die geistige Landschaft erhellen, aus der sich später das dialogische Denken erhebt. Es ist die Landschaft eines nicht konfessionell und theologisch gebundenen Denkens, das jedoch aus den denkerischen Möglichkeiten der Lebensphilosophie und des Historismus einerseits und denen des Neukantianismus andererseits heraus den Zugang zu dem religiösen Verhältnis sucht. Diese Landschaft des Jugendstils und des Expressionismus, in der sich auf seltsame Weise Nachklänge des Deutschen Idealismus mit Gedanken Nietzsches und vieler historischer Forschung mischen, ist der Ort, von dem aus der Überschritt in das neue Denken vollzogen wird. Schon um diesen Ort kennenzulernen, scheint mir eine Erörterung des Frühwerkes Bubers unter der Hinsicht, die uns beschäftigt, angezeigt.

Diese Erörterung stößt jedoch auf eigentümliche *Schwierigkeiten*. Denn sie sieht sich in der Lage, keineswegs einen auch nur einigermaßen geschlossenen Gedanken vor sich zu haben. Der junge Buber, 1878 in Wien geboren, in Lemberg bei dem Großvater Salomon Buber, einem bekannten Midraschforscher, aufgewachsen, beginnt

---

[4] Vgl. dazu Werke IV, 4 und V, 14, außerdem unten S. 248 f.
[5] Vgl. dazu *Buber* selbst in Werke I, 7–8.

1897 zu schreiben. Etwa gleichzeitig beginnt er sein Studium der Germanistik, das ihn nach Wien, Berlin, Zürich und Leipzig führt. Seine ersten Veröffentlichungen – in polnischer Sprache – beschäftigen sich mit den berühmten Wienern Altenberg, Hofmannsthal, Schnitzler und Hermann Bahr. Gelegentliche Stellungnahmen zur Literatur finden sich in dem ganzen Frühwerk. Daneben stehen schon bald eigene dichterische Versuche, Gedichte, Übertragungen, und – von 1905 an – Nacherzählungen chassidischer Geschichten. 1901 redigiert Buber die zionistische Tageszeitung »Die Welt«, von 1903 an die Zeitschrift »Der Jude«, eine »Revue der jüdischen Moderne«. Jedoch kann man neben dieser literarischen und journalistischen Tätigkeit in einer anderen Gruppe von Arbeiten das erwachende philosophische Interesse Bubers beobachten. Dieses trägt allerdings vorerst keine systematischen, sondern viel eher essayhafte Züge. Vieles, was damals überhaupt und vor allem im Umkreis Diltheys, den Buber als einzigen von allen Professoren, bei denen er hörte, »seinen Lehrer« nennt[6], gedacht wurde, spiegelt sich in den gelegentlichen, philosophische Themen behandelnden Arbeiten Bubers. Freilich kommt es dann in zunehmendem Maße, vor allem in den theoretischen Arbeiten über den Chassidismus und in den nach 1910 veröffentlichten größeren Werken »Daniel« (1913) und »Ereignisse und Begegnungen« (1917), zu einem ganz bestimmten eigenen Gedanken, nämlich dem der ekstatischen Religiosität, der sich jedoch deshalb nicht zu einem philosophischen Ganzen schließt, weil er mit einem anderen Gedanken, der Buber aus seiner Beschäftigung mit dem Phänomen der Gesellschaft erwuchs, nur notdürftig und nicht befriedigend vermittelt ist. Es ist wohl auch nicht ohne Bedeutung, daß die beiden großen philosophischen Frühwerke, der »Daniel« und »Ereignisse und Begegnungen«, dichterischen Charakter tragen. Sie sind eher philosophische Dichtungen als Reflexionen. Sie wagen zu beschreiben und zu meditieren. Aber sie wollen nicht reflektieren. Etwas von diesem impressionistischen Denkstil ist Buber immer geblieben.

Wenn wir das frühe Werk Bubers erörtern, müssen wir diese *Eigenart* des Buberschen Denkens besonders ausdrücklich beachten. Buber selbst hat über diesen Stil später gesagt, daß er der Stil des frühen Hofmannsthal gewesen sei: »Diese Leichtigkeit des den Urzeit-Schatz ›verschwendenden‹ Erben bezauberte mein Herz; sie

---

[6] Vgl. A 603.

drang in mein Reden und Schreiben ein. Zwei Jahrzehnte vergingen bis ich mich im Sturm des Weltkrieges, der die innerste Bedrohung des Menschen offenbar machte, zum strengen Dienst am Wort durchgerungen hatte ...« (V, 14). Wir werden mit dieser Vorsicht, die darum weiß, daß hier ein Denken vorliegt, das noch mit sich selbst spielt, an das Frühwerk Bubers herangehen. Der Eindruck des Ungeschlossenen, des sich dem reflektierenden Gedanken Widersetzenden, des Fließenden und Strukturlosen, den wir in unserer Darlegung zuweilen gewinnen, wird sich aus diesem Charakter des Buberschen Frühwerkes erklären. Andererseits lassen sich dann doch in diesem breiten und verschwenderischen Flusse der Gedanken einige entscheidende bestimmende und immer wiederkehrende Hinsichten aufzeigen, die im Folgenden erhoben werden sollen.

2. Der Ausgangspunkt: Leben und Er-leben

Martin Buber beginnt sein schriftstellerisches Werk in einer Zeit, die, philosophisch gesehen, in einem höchsten Maß offen und unbestimmt ist. Kant, der Eröffner des Raumes aller neueren Philosophie, bleibt zwar mit seinem Grundgedanken für das Denken noch immer bestimmend. Und die systematische Philosophie versteht sich zu einem großen Teil als Neukantianismus. Aber die großen idealistischen Systeme gehören der Vergangenheit an. Man ist des Systemdenkens seit der Jahrhundertmitte müde und sucht im zunehmenden Maß eine neue, vollere Weise des Verstehens der Wirklichkeit. Entscheidenden Einfluß üben dabei die großen Entdeckungen aus, die das Wirklichkeitsverständnis fortan bestimmen sollten: die Entdeckung des Bereiches der Geschichte auf der einen Seite, der Siegeszug der Naturwissenschaften auf der anderen. Aus dem für den Idealismus noch *einen* System der Wirklichkeit werden so zunächst einmal scheinbar zwei Räume: Natur- und Geisteswissenschaften. Angesichts dieser Zweiteilung erscheint Philosophie vornehmlich als die Bemühung um die Grundlegung der Wissenschaften. Innerhalb dieser muß nun allerdings die Frage gestellt werden, was die Wirklichkeit, die in der Wissenschaft gewußt wird, denn letztlich und im ganzen sei.

Im Horizonte dieser Frage wird gegen die Jahrhundertwende hin ein Gedanke immer führender, der sich schon in der Romantik geäußert hatte, der sich dichterisch später etwa bei Dostojewskij und

Tolstoi findet, der auf seine Weise das Philosophieren Nietzsches bestimmt und dann in Wilhelm Diltheys »Einleitung in die Geisteswissenschaften« (1883) – später auch im Werke Bergsons und Simmels – zu einem reflexen Selbstverständnis findet. Dieser Gedanke heißt: Die *Wirklichkeit* ist das *Leben*. Nicht der Geist und nicht die Natur, sondern das Leben zeigt sich als die eigentliche Totalität. Leben ist das, hinter was man schlechterdings nicht zurückgehen kann, von dem deshalb alle Wissenschaft ihren Ausgang nehmen muß[7]. Diese Grundeinsicht Diltheys, hervorgetrieben durch das historische Bewußtsein, hat zum Inhalt zunächst einmal eine Relativierung Kants und des Idealismus. Dilthey folgt Kant insoweit, als auch für ihn alle Wissenschaft aus der Erfahrung fließt, die ihren ursprünglichen Zusammenhang in den Bedingungen unseres Bewußtseins hat. Aber die Bedingungen unseres Bewußtseins sind das »*Ganze* unserer Natur«, nicht »Vernunft als Denktätigkeit«, sondern als der »reale Lebensprozeß«, der am Wollen, Fühlen, Vorstellen nur seine verschiedenen Seiten hat«[8]. Dieser reale Lebensprozeß ist das Ganze, in das alles immer zurückgenommen werden muß. Das Erkennen im Sinne Kants ist seinerseits nur eine Funktion, »ein Pulsschlag des realen Lebens«[9].

Andererseits liegt in dieser Grundeinsicht Diltheys, das Ganze sei der reale Lebensprozeß, die in den Jahrzehnten historischer Forschung gewonnene Erkenntnis, daß dieses Ganze der Wirklichkeit als Leben selbst eine je wieder neue *Welt* ist, ein je wieder neu geschichtlich vorkommendes Ganzes, das nur in sich selbst hell und verständlich ist. Leben, das ist also die ganze »geschichtlich-gesellschaftliche Wirklichkeit«, die als ganze, als »ganze, volle, unverstümmelte Erfahrung« bis jetzt noch nie dem Philosophieren zugrunde gelegt wurde[10].

Dieses lebendige Ganze aber kann, das ist eine weitere entscheidende Einsicht, jeweils nur *aus sich selbst* verstanden werden. Es kommt ja jeweils neu geschichtlich vor. Und wenn ich es verstehen will, muß ich mich auf es selbst als auf dieses geschichtlich neue Ganze selbst einlassen.

---

[7] Vgl. *Dilthey* VII, 359.
[8] *Dilthey* I, XVII–XVIII.
[9] *Simmel*, Kant (1903) 34. Vgl. schon Nietzsches Kritik an Kant: *Nietzsche* II, 575 ff. (Jenseits von Gut und Böse 11); weiterhin: Wille zur Macht II, 215, Unschuld des Werdens I, 513.
[10] *Dilthey* I, 123 f.

Indem ich aber Wirklichkeit als je neues geschichtliches Leben verstehe, verstehe ich andererseits in einem damit *mich selbst*, d. h. den der versteht. Dies aber heißt philosophieren. Das geschichtliche Verstehen zeigt mir, was und wer ich selber bin. Nur auf diese Weise kommt ein Verstehen meiner selbst zustande.

Diese Einsicht, daß das Verstehen meiner selbst nur durch das geschichtliche Verstehen zustande kommt, verbietet mir aber zugleich die Rückkehr zu jeder Form von *Metaphysik*, welche für Dilthey das System ist, »welches aus der Unterordnung der Wirklichkeit unter das Gesetz des Erkennens entspringt«[11], ein Gesetz, das ein für allemal feststeht und erschöpfbar ist. Metaphysik ist Konstruktion[12]. Sie war eine für das abendländische Denken kennzeichnende Weise der Stellung des Menschen zur Wirklichkeit, die nun überwunden ist. Leben im ganzen, das geschichtlich vorkommt, hat sich aber nun als das Letzte und Erste gezeigt, von dem alles Verstehen ausgehen muß.

Sieht man dieses Leben, das das Erste und Letzte ist, die je neu geschichtlich vorkommende Totalität, von *innen* her an, so zeigt es sich als *Er-leben*. Leben als das Ganze, als Ineinander von Selbst und Welt, ist sich von innen her hell. Dieses Sich-hell-sein seinerseits bezeichnet Dilthey als das Erleben, die Art, in welcher Realität für mich da ist«[13].

Erleben und Erlebnis sind also für Dilthey weit entfernt von dem Sinn, den das Wort etwa durch die empirische Psychologie bekommen hat. Erlebnis bedeutet nicht objektivierbare psychische sensatio, sondern als zwar einzelnes dennoch gerade das Äußerste, »totale Realität«, die nicht mehr gegen eine größere Wirklichkeit differenziert, also objektiviert werden kann[14] und sich von innen her hell ist.

Leben, Erleben und Verstehen bilden den Zirkel der Totalität, in den das geschichtliche Verstehen, wenn es verstehen will, eindringen muß. Erleben im Sinne Diltheys steht also in einer großen Nähe zu dem späteren Heideggerschen »In-der-Welt-sein«[15]. Dies gilt es von Anfang an festzuhalten.

---

[11] *Dilthey* I, 125.
[12] *Dilthey* VII, 151; I, 379; VIII, 190–198.
[13] *Dilthey* VI, 313; VII 141.
[14] *Dilthey* VI, 314.
[15] Vgl. dazu Mischs Vorbericht über die Realitätsabhandlung: *Dilthey* V, LVIII und V,

Denn es läßt sich nun zeigen, daß das Denken des jungen Buber, dort, wo es sich zu systematischen Ansätzen erhebt, etwa den Strukturen folgt, die wir eben – freilich allzu schematisch – skizzierten. Buber bezeichnet Dilthey auch noch in spätester Zeit ausdrücklich als seinen Lehrer (I, 317; IV, 732; 606; 240; A 601; vgl. V, 52). Und er stand jahrelang mit Simmel im Gespräch. Auch rein biographisch gesehen, verwundert es also nicht, die Strukturen der Diltheyschen Lebensphilosophie in den sporadischen Zeugnissen des philosophischen Denkens des frühesten Buber wiederzufinden. Auch für den jungen Buber vollzieht sich Philosophie als das Verständnis meiner selbst in der Praxis des geschichtlichen Verstehens. Das wird schon in Bubers allerdings in Wien eingereichter Dissertation »Beiträge zur Geschichte des Individuationsproblems« offenbar. Das dort systematisch gestellte Problem entfaltet sich formal als die Dialektik von Vielheit und Einheit. Diese Dialektik bleibt übrigens formal das Gerüst für viele der frühen Arbeiten Bubers[16]. Es ist formal die Frage, in der sich für Buber die Frage nach der wahren Religiosität als die Frage nach der wahren Einheit stellen wird. Aber es ist bezeichnend, wie Buber in seiner Dissertation diese Frage angeht. In dem kurzen zentralen Stück, das uns Rosenzweig mitteilt, hebt Buber scharf darauf ab, daß gerade diese Frage sich überhaupt erst entfalten könne in dem Augenblick, in dem die Einheit nicht mehr mittelalterlich als die streng transzendente Einheit des Schöpfers gegenüber der Vielheit der Schöpfung verstanden werde, sondern als die universale Immanenz Gottes (*319*, 243). Erst da, d. h. von der Renaissance an, wird der Gegensatz zwischen Einheit und Vielheit überhaupt wirklich und damit, wie Buber sagt, »der lebenvollste, notwendigste Gegenstand der Vernunft« (a. a. O.). Das heißt aber: Buber stellt nicht einfach die Frage nach Einheit und Vielheit. Sondern die Frage ist angesetzt als die Frage nach der Einheit, die das Mittelalter Gott genannt hat und die nun, seit dem Beginn der Neuzeit, als eine mittelalterlich verstandene verschwunden ist. Die Frage ist als eine Frage des geschichtlichen Verstehens angesetzt. So, geschichtlich verstanden, wird die Frage dann allerdings der »*leben*vollste, notwendigste Gegenstand der Vernunft«. Leben und Notwendigkeit erscheinen als Synonyme.

738; VII, 143 und 148. Im übrigen darf darauf hingewiesen werden, daß *Heidegger* selbst ausdrücklich auf *Dilthey* zurückverweist; vgl. Sein und Zeit 209 f., 377, 397–402.
[16] So etwa in »Die jüdische Mystik« (1906), »Die Legende des Baal Schem« (1908), im »Daniel« (1913) und in »Ereignisse und Begegnungen« (1907 bis 1914).

Bernhard Casper

Zeigt sich hier schon in der Art der anfänglichen Fragestellung, daß Buber zunächst im Raum der Lebensphilosophie denkt, so wird das in der Entfaltung seines frühen Werkes nur immer deutlicher. Wirklichkeit schlechthin ist für den jungen Buber, der sich hier allerdings nicht nur von Dilthey, sondern immer wieder auch von Nietzsche beeinflußt zeigt[17], letztlich durchgängig das Leben. Leben ist das ganz Diesseitige, von dem man ausgehen muß und hinter das man nicht zurückgehen kann. Und Leben wird sich selbst hell im Erleben. Leben und Erleben bilden einen Zirkel. Welt konstituiert sich in der Beziehung[18]. Und so ist Wirklichkeit das im Erleben Entspringende, das, was aus dem Erleben aufsteht (I, 28). Reine Wirklichkeit ist »Versenkung in das reine Erlebnis« (I, 23), das als solches vor aller Erfahrung liegt (95, V), jedoch durchaus sinnenhaft ist: »... Wirklichkeit ... was ist sie doch? Die Berührung zwischen dem unsäglichen Kreisen der Dinge und den erlebenden Kräften meiner Sinne, die ... leibhafter Geist sind« (211, 30–31)[19].

An der zuletzt zitierten Stelle sagt Buber aber auch – und hier erhalten wir einen ersten Hinweis darauf, daß der frühe Buber in den Diltheyschen Gedanken denn doch eine eigene Komponente einbringt –: »Und die Wirklichkeit der erlebten Welt ist um so mächtiger, je mächtiger ich sie erlebe.« Wirklichkeit als Leben und Erleben hat für den jungen Buber einen komparativischen Charakter. »Wirklichkeit ist keine feststehende Verfassung, sondern eine steigerungsfähige Größe« (a. a. O.). Es gibt also für Buber große und kleine Wirklichkeit, Wirklichkeit, die mehr Wirklichkeit ist, und Wirklichkeit, die weniger Wirklichkeit ist. Diese Intensität der Wirklichkeit aber ist von der Intensität des Erlebens abhängig. Es ist bezeichnend, daß dieser Gedanke im Werke Diltheys kaum so im Vordergrund steht. Er gewinnt für den jungen Buber jedoch deshalb Bedeutung, weil er ihm erlaubt, Wirklichkeit von Wirklichkeit zu unterscheiden. Und zwar eigentlich nicht in kontinuierlicher Stufung, sondern alternativisch nach zwei Seiten hin. Die im Erleben gründende Wirklichkeit ist für den jungen Buber entweder *wahre* Wirklichkeit, wirkliche Wirklichkeit; oder sie ist *entfremdete* Wirklichkeit, hinter sich selbst

---

[17] Ein konkretes Zeugnis für die Nietzscheverehrung des jungen Buber ist der Aufsatz »Nietzsche und die Lebenswerte« (9). Auch die Sprache des jungen Buber offenbart häufig seine Nähe zu Nietzsche. Im übrigen vgl. B 18–19.
[18] Vgl. 72, XIV, aber auch 76 und 138, 247, wo Buber darin eine Eigenart des jüdischen Denkens sieht.
[19] Vgl. dazu schon 65, 127: »Wie wir es sehen, darin allein ist es uns eine Wirklichkeit.«

zurückbleibende Wirklichkeit, schlechte Wirklichkeit. Das erscheint wie eine ferne Spiegelung der Gedanken des jungen Hegel. Es zeigt aber gleichzeitig, wie bereits das Denken des jungen Buber in seiner Tiefe von der Frage nach dem *Heil* bewegt ist.

3. Die formale Hinsicht: Wahre und entfremdete Wirklichkeit

Die Wirklichkeit wird wirklich im Erlebnis. Sie ist insofern, das im Erlebnis Zu-sich-kommende. Differenziert sich also Wirklichkeit nach eigentlicher und uneigentlicher hin, so spricht sich dies auch im Erlebnis aus. Das Erlebnis als fundamentale Weise des In-der-Welt-seins meiner kann *eigentlich* sein, »reines Erlebnis«, und die so konstituierte Wirklichkeit bedeutet dann sein-im-reinen-Erlebnis oder »Versenkung in das reine Erlebnis« (I, 23). Aber was meinen hier die Worte rein und eigentlich? Offenbar, daß diese Weise des In-der-Welt-seins mit nichts anderem, Minderndem vermischt ist, sondern ganz sie selbst. Von welchem Maßstab her aber kann dies gemessen werden? Von keinem anderen als eben dem des Erlebnisses selber her. Rein, das wird entschieden von der Antwort auf die Frage: Ist das Erlebnis ganz an sich selbst freigegeben, ganz das, was es sein kann? Oder enthält es sich selbst etwas von sich selbst vor?

Rein ist das Erlebnis dann, wenn der Erlebende darin bis zu seiner äußersten Grenze geht, jenem Äußersten, das nur das Nichts, den Tod zur Grenze hat (vgl. I, 40). Das Erlebnis ist gerade dadurch ganz es selbst, reines In-der-Welt-sein, daß es dauernd umzuschlagen droht. Es ist dadurch rein, daß es ungesichert ist, an nichts mehr festgemacht als an sich selbst, gefährliches Dasein, wie Buber mit einem unüberhörbaren Anklang an Nietzsche sagt (I, 39 und 45). Dieses In-der-Welt-sein in der Weise des Äußersten, das sich selbst von nirgendwoher mehr fassen kann, ist dadurch gekennzeichnet, daß es sich selbst dem Unfaßbaren aussetzt (I, 39), »Mysterium des Wirklichen« (I, 15). Oder mit einem Ausdruck der auf Bubers Beschäftigung mit der Mystik verweist, es ist jene Wirklichkeit, in der der Mensch »nackt im nackten« steht (I, 15).

Ihr aber steht als die uneigentliche Wirklichkeit jene gegenüber, die durch eine Weise des In-der-Welt-seins konstituiert wird, in der dieses nicht ganz ist, sondern sich selbst ein Stück von sich selbst vorenthält. So setzt Buber bereits 1901 auf dem Zionistenkongreß in Basel die »überströmende Bewegung unserer Seele« der »abgesonderten Intellektarbeit« entgegen (27, 154)[20]. Man ist hier wieder an Dilthey und dessen in der Einleitung in die Geisteswissenschaften vorgetragene Unterscheidung zwischen dem »Leben«, welches das »Erste« und immer »Gegenwärtige« ist und der »Abstraktion des Erkennens« erinnert[21]. Aber die Unterscheidung hat im Munde des jungen Buber einen existenzielleren Klang. Vorenthaltung der ganzen Wirklichkeit ist jene defiziente Weise des Erlebens deshalb, weil sie das Erleben nicht ganz, d. h. grenzenlos es selbst sein läßt, es nicht vollkommen aus sich selber faßt, sondern es vom anderen her eingrenzt. Die von der Funktion der Kausalität getragene Welterkenntnis des zivilisierten Menschen z. B. ist eine Weise, das Erlebnis nicht grenzenlos es selbst sein zu lassen. Denn gerade insofern ein Erlebnis als verursacht begriffen wird, ist es aus seiner Beziehung zu anderen Erlebnissen, nicht aber aus sich selbst begriffen. Diese Verfremdung dient der Orientierung, dem »Sich Zurechtfinden im unendlichen Geschehen« (121, 28). Aber gerade sie verhindert, daß der Sinn des einzelnen Erlebnisses als eines solchen hervorkommt.

Der die entfremdete Wirklichkeit konstituierende Akt ist wesentlich ein Orientieren oder Einstellen, das das Erlebte um meiner Zwecke willen in den Zusammenhang der Erfahrung einreiht (I, 22). Erfahrung, dieses Wort, das zur Kennzeichnung der entfremdeten Wirklichkeit ähnlich wie der Begriff der Kausalität in Bubers ganzem Denken bis zu den Alterswerken hin tragend bleiben wird, ist dabei bewußt von Kant her konzipiert. Erfahrung ist die durch apriorische Anschauungsformen, Kategorien und transzendentale Grundsätze bedingte Erkenntnis, d. h. die immer schon vorentworfene und also eingeordnete Erkenntnis. Ist die durch das reine Erleben konstituierte Wirklichkeit räumlich »wie der neue Himmel, den Johannes auf Patmos sah«, zeitlich wie »der schon zwiefach, gerichtete letzte Blick des Sterbenden«, ursächlich wie »die Majestät des ersten Traumes«, so ist in der durch das orientierende Einstellen konstituierten Wirklichkeit jedes Ding ein Ding *im* Raun versichert an seinem Ort, eine Begebenheit *in der Zeit*, festgelegt in der Abfolge, ein Geschehen nur ein Glied in einer Kausalkette von Ursache und Wirkung, »wo es gerade so viel Sinn darstellt wie jedes andere Glied der Kette: ein Glied mit einem anderen zu verbinden« (1, 22)[22]. Das orientierende Einstellen

---

[20] Vgl. auch die Entgegensetzung von »Leben« und »Wort« (27, 168), von »Wirklichkeit« und »Wahrheit« (62a, 24).

[21] *Dilthey* I, 148.

[22] Auch dieses Verständnis von Kausalität, das Buber hier und an anderer Stelle (vgl.

erlaubt es der Wirklichkeit nicht, daß sie selbst ganz sie selbst sein darf. Vielmehr schneidet es die Wirklichkeit von ihrem wahren, unendlichen Ursprung ab, um sie gerade so zeitlos verfügbar zu machen. Das so geartete Erkennen hat es deshalb nur mit dem Toten zu tun, dem durch jenen Vorentwurf Getöteten. Es kennt vom Wesen her nicht das *Neue* und *Einmalige,* sondern nur das, was immer schon war. Das bedeutet aber, daß das verfremdende In-der-Welt-sein das ungeschichtliche, d. h. der Geschichtlichkeit der Wirklichkeit nicht gerecht werdende In-der-Welt-sein ist. Dieser Gedanke, der sich bei Buber zu seiner vollen Schärfe erst nach und nach erhebt, hat wiederum seine Wurzeln bei Dilthey. Denn es sind ja gerade die Erscheinungen der menschlichen Geschichte, die sich so, geschichtslos-zeitlos nicht begreifen lassen und deshalb im Denken Diltheys eine neue, vollere Weise des Verstehens anfordern.

Bereits in dem Aufsatz »Kultur und Zivilisation« (1901) stellt Buber fest: »Die Kultur entwickelt sich in Gegensätzen ohne ununterbrochenen Zusammenhang« (*24,* 82). Gerade das Neue, Einmalige eines eine Welt im Sinne einer Kultur konstituierenden Ereignisses läßt sich nicht einordnen und in seinem Sinne kausal festmachen. Ließe es dies zu, so wäre es aufgesaugt durch sein Vorher und Nachher. Es ist aber gerade nur wirklich in seiner Gegenwart, d. h. seiner unerklärlichen Einmaligkeit. So wie es mit der Wirklichkeit der Kultur ist, ist es aber im Grunde mit jeder wirklich menschlichen, d. h. in der Freiheit gegründeten Wirklichkeit. »Was im Menschenreich von einer Zeit zur andern geschehen muß, geschieht allzeit von Augenblick zu Augenblick im Menschen« (*211,* 26)[23]. Die menschliche Wirklichkeit ist ganz wirklich nur als Gegenwart, d. h. im *Augenblick,* der wie ein Blitz, das Zeitkontinuum zugleich zerreißt und erhellt.

Der junge Buber hat dies in dem im Herbst des Jahres 1914 geschriebenen Stück »Der Augenblick« (*211,* 91–96) in der beschreibenden Genauigkeit einer expressionistischen Dichtung dargestellt: Der Augenblick[24], das ist dort die »einbrechende Gewalt des Gleichzeitigen«, die mich wie ein Vogel anfliegt. Der Augenblick ist die

---

etwa *211,* 39; I, 17; *121,* 30) an den Tag legt, verweist deutlich auf Kant. Vgl. Kritik der reinen Vernunft, trans. Anal. 2. B. 2. H. 2. Analogie (B 232 ff.)

[23] Vgl. I, 21: Jede Erkenntnis trägt ein Zeichen, »das ist ein Gebilde aus einem Ort und einem Augenblick und darin das Siegel des Erlebnisses«.

[24] Es scheint, daß der junge Buber nicht so sehr von Kierkegaard als eher von Nietzsche her ein Verhältnis zum Verständnis des Augenblicks hatte. Vgl. B 18–19 mit *Nietzsche*

nicht mehr in das Zeitkontinuum hinein zerstreute, sondern in eins gesammelte Wirklichkeit. Scheinbar ist der Augenblick als Erleben *in* der Zeit. Und in Wirklichkeit ist er doch unendlich. Indem er mich antritt, tritt Gegenwart in mich und Wirklichkeit zeigt sich. Darin aber gerade ist der Augenblick das selbst in keinem Ablauf mehr Gesicherte, Aussetzende und ins Ungesicherte Stoßende: der aus dem Himmel herabstoßende Raubvogel, die »unerbittliche Wahrheit des Augenblicks, der das Morgende tun heißt«[25]. Ihm gegenüber schließt der Erzähler das Fenster. Und er schließt sich selbst damit symbolisch wieder in das Haus der abendländischen Metaphysik ein. Nun fühlt er den Glockenschlag »Alle Zeit«. Alle Zeit ist gleich gültig, was das geschlossene Haus enthält. Was aber so zeitlos wirklich ist, ist unwirklich. Es ist das Getötete. Das Sein des Seienden der abendländischen Metaphysik ist von dem lebendigen Strom der Wirklichkeit abgeschnitten. Zwar sind vor dem Ereignis der Kreuzigung Christi auf dem Bilde des Fra Angelico viele Zeiten versammelt. Das Ereignis selbst, das doch zeitlich war, wird aber so selbst gerade das Unwirkliche, das einen nur künstlichen Ewigkeitsanspruch hat; ein künstlicher und nicht der wirkliche Punkt der Einheit.

Mit diesem zeitlosen Charakter des Seins des Seienden werden in der Dichtung »Der Augenblick« aber denn assoziiert nicht nur das Christentum, sondern schon Laotse, der »goldene Platon« und schließlich die ganze Gegenwart. Wir stoßen hier wieder auf jene dem historischen Denken entsprechende Einbringung der sachlichen Problematik in die geschichtliche Situation, die uns schon in Bubers Dissertation begegnete. Das In-der-Welt-sein als orientierendes Einstellen ist das Geschick des Abendlandes. Worin aber hat dieses Geschick seine Wurzeln? Buber sieht sie »in dem Trieb, sich dem Irrationalen gegenüber durch Wissen und Voraussehen der Zusammenhänge, durch Einteilung und Einrichtung des Geschehens zu behaupten« (*211*, 39; vgl. schon *62 a*, 24).

Die aus jener Wurzel entspringende Entwicklung aber gelangt jetzt in ihre Vollendung in dem »System der Verwendung aller Dinge« (*166*, 290), dem nur zweckmäßigen Denken und dem absoluten

---

II, 368, 444, 408 und 1124. Ebenso spielt der Augenblick im Denken Diltheys eine Rolle (vgl. *Dilthey* V, 18)

[25] Vgl. auch *211*, 42: Die Tat des Heroen, des zentralen Menschen, ist welteröffnend. Sie begründet eine neue Wirklichkeit und kann deshalb nicht kausal begriffen werden. Sie ist eine »fundamentale Tatsache, … die nicht aus den andern, sondern aus der die andern zu verstehen sind«.

Bescheid-Wissen, zu dem nach Bubers Verständnis das Leistungs-denken ebenso gehört wie die nur analytische, nur mehr psychologi-sierende Darstellungsweise eines Dramas Frank Wedekinds (*211*, 39–47 und I, 29).

Buber führt später dieses entwirklichende Denken immer klarer, auf das griechische Denken zurück und ordnet dem verwirklichenden Denken das jüdisch-alttestamentliche Denken zu. In seinen Früh-schriften ist dies allerdings noch kaum der Fall. Wohl gibt es gele-gentlich Äußerungen, die das griechische Denken als ein optisches Denken kennzeichnen (*122*, 17; *138*, 25), jedoch liegen noch in der Aufsatzreihe »Die jüdische Mystik« (1906) die Dinge so, daß zwar einerseits das jüdische Denken ein Wollen in sich trägt, das Schran-kenlose zu umfangen, daß es andererseits aber gerade deshalb einen geringen Sinn hat »für die *ganze* Wirklichkeit eines Baumes, eines Vogels, eines Menschen …« (*76*[26]). Gegenüber der Rückführung auf die Wurzeln »jüdisch«-»griechisch« steht in den Frühschriften mehr die sachliche Problematik im Vordergrund, die sich in dem Gegen-satzpaar »verfügendes, orientierendes, zeitloses Denken (entwirk-lichte Wirklichkeit)« – »zeitliches Denken, Dasein im Augenblick (wirkliche Wirklichkeit)« ausspricht. Wir werden auf den Augen-blickscharakter oder auch Ereignischarakter der wirklichen Wirklich-keit bei der Erörterung der Verwirklichung als eines religiösen Voll-zugs noch zurückkommen müssen. Das Wort *Ereignis* gewinnt von einem bestimmten Punkt in der Entwicklung Bubers an ja eine ganz ausgezeichnete und beständig wachsende Bedeutung. Es tritt in zu-nehmendem Maß in Gegensatz zu *Erlebnis*[27].

Hier ist die Darlegung indessen nur soweit zu führen, daß sicht-bar wird, wie der Augenblickscharakter der im reinen Erleben kon-

---

[26] Diese wie auch andere Formulierungen in dem vorliegenden Stück, z. B. »niemals aber oder fast niemals lebt er (sc. der Jude) mit den Dingen, sie geruhig pflegend und fördernd, liebreich zu der Welt und sicher in seinem Bestande«, erinnern deutlich an die Jugendschrift Hegels »Der Geist des Christentums und sein Schicksal«. Ich halte es nicht für ausgeschlossen, daß Buber durch diese Schrift, die Dilthey bekannt war und mit der er sich gerade um die Jahrhundertwende stark beschäftigte (vgl. *Dilthey* IV, V ff.) ange-regt wurde.

[27] Noch 1909 hat Ereignis den Klang des bloß Faktischen, das im Gegensatz zum *Erleb-nis* in das Getriebe eingestellt werden kann (*95*, XXV).
1913 im »Daniel« ist Ereignis aber bereits das Unsagbare, Unwiederholbare, die Fülle des Erlebnisses (I, 25 und 47).
1914 erhebt Buber das Wort zur Ehre eines programmatischen Titels: »Ereignisse und Begegnungen« (*128a*). Vgl. auch *211*, 43.

---

stituierten Wirklichkeit zugehört. Fragt man, in welchem Verhältnis die wirkliche Wirklichkeit und die im orientierenden Einstellen verfremdete Wirklichkeit zueinander stehen, so darf hier schon auf eine Stelle verwiesen werden, die deshalb bemerkenswert ist, weil Buber scheinbar die in dieser Stelle zum Ausdruck kommende Position später zugunsten einer Alternativik wieder aufgegeben hat. In der Schrift »Daniel« heißt es: »Und so gibt es auch nicht eine realisierende, gibt es nicht eine orientierende Menschenart; ein nur realisierender müßte in den Gott vergehen, ein nur orientierender in das Nichts verkommen« (I,26). Der Gott und das Nichts erscheinen als die beiden Pole, zwischen denen die Wirklichkeit die Grade ihrer Intensität gewinnt, je nach der Richtung, in der das Erleben die Wirklichkeit konstituiert.

4. Die Frage nach dem religiösen Vollzug als die Frage nach der Verwirklichung der Einheit

Zerfällt menschliches Dasein in eigentliches und uneigentliches, ja erweist sich das Dasein, wie es zunächst und zumeist vorkommt, als das uneigentliche, so ergibt sich als nächster Schritt für ein von der Hinsicht auf das Heil bestimmtes Denken die Frage, welches der Weg zu dem eigentlichen, nicht entfremdeten Dasein sei.

Dabei wird für den jungen Buber eine Einsicht bedeutend, die bis jetzt noch nicht genügend in den Blick kam: Das uneigentliche Dasein ist das an die unendlichen Möglichkeiten als *bloße Möglichkeiten* hingegebene Dasein. Es ist das durch das unendliche Vielerlei der Möglichkeiten gelähmte Dasein. Dasein findet sich zunächst in der Beziehung zum unbestimmt Vielen. Unendlich viele Möglichkeiten zu sein umgeben den Menschen. Unendlich viele Gegenstände der Erkenntnis und des Begehrens bieten sich ihm an. Dasein zeigt sich so auf den ersten Blick scheinbar bestimmt durch das unendlich oder besser unbestimmt Viele. In Bubers philosophischer Dichtung »Daniel« taucht dieses andrängende unbestimmte Vielerlei unter dem Bild der Waagrechten auf. Oder genauer: unter dem Bilde des Meeres, das aus einer keiner Regel folgenden Häufung von vielen Wellen besteht (I, 13–14).

Die vielerlei Möglichkeiten aber gewähren in ihrem Vielerlei keinen Sinn. Dasein als In-der-Welt-sein, hingegeben an das unendlich Viele in seinem Vielerlei kann nie ganz es selbst sein. Denn die

Beziehung, in der allein ich Ich bin und die so als reines Erleben reine Wirklichkeit konstituiert, meint immer schon Eindeutigkeit, in die hinein das Mannigfaltige gebunden ist und aus der es sein darf. Das unendlich Viele aber stellt sich, insofern es nur das unendlich Verschiedene ist, dauernd selbst in Frage: »Die unendlichen Richtungen, die unendlichen Spannungen, die unendlichen Gefühle verführen, erschüttern, entrechten uns« (I, 14).

Die Vielerleiheit meint nicht Leben, sondern Vernichtung, die freilich nie rein zu denken ist, sondern immer nur als Auflösung eines an sich und vorher Eindeutigen. In jener Bewegung des Denkens zum Grenzwert Null hin, als deren Funktion die Vielheit als Vielerleiheit deutlicher und deutlicher hervortritt, aber zeigt sich, daß Leben, Sein, von vornherein immer schon Eindeutigkeit meint. Leben ist deshalb Leben, weil es ein *eines* ist. In-der-Welt-sein als die die Wirklichkeit konstituierende Beziehung ist dadurch ganz sie selbst, daß sie eine einige ist, was wiederum andererseits nur ihren Totalitätscharakter und den Charakter der sich selbst setzenden äußersten Grenze spiegelt. Leben ist dann heil, wenn es als einiges das Äußerste ist, das nichts mehr außer sich hat; das alles ist, was es nur sein kann.

Die Frage nach dem religiösen Vollzug als die Frage nach dem Heil wird so zu einer Frage nach dem einigen Akt, der als Er-leben Wirklichkeit als einige aus sich entläßt und so Heil stiftet.

5. Die Ekstase als der die Wirklichkeit einigende Akt

Der Akt, der Wirklichkeit als heile aus sich entläßt, ist aber für den frühen Buber die *Ekstase*. Buber mag vor allem durch Nietzsche[28], andererseits durch seine Begegnung mit dem Chassidismus, angeregt worden sein, in der Ekstase den alles einenden Akt zu sehen. Sie wird für ihn zum Ursprung der wirklichen Wirklichkeit. Aber was bedeutet sie, und welche Züge zeigt sie im einzelnen?

Ekstase ist, so könnte man sagen, so etwas wie die verwirklichte Fülle der transzendentalen Ideen: Welt, Seele und Gott in einem, und zwar gemäß der Forderung der radikalen Diesseitigkeit von dem ein-

---

[28] Vgl. dazu *Nietzsche*, Zarathustra III, Die sieben Siegel (II, 473 ff.); Zarathustra IV, Mittags und Das trunkene Lied (II, 512 ff. und 551 ff.); Lieder des Prinzen Vogelfrei, Nach neuen Meeren (II, 271). Vgl. III, 21 ff.

zig möglichen festen Punkt der Diesseitigkeit aus gedacht: nämlich vom Selbst.

a) Einheit

Wie die Kantische transzendentale Idee als bloße Idee zeigt sich die Ekstase zunächst einmal dadurch, daß sie wirkliche *Einheit* ist. Das Selbst ist in ihr ganz gesammelt, es ist rein, einfältig da; es hat alle Zweiheit und Anderheit überschritten und zur Einheit gebracht. Deshalb ist das Selbst ganz mit sich selbst eins, weil es mit allem eines ist, oder besser: weil es die Einheit von allem ist. Das heißt aber: die Einheit des Selbst erweist sich als Einzigkeit oder auch »All-Einsamkeit« (I, 19). Und dieses Wort hat, das muß ausdrücklich bemerkt werden, im Anschluß an Nietzsche[29] hier einen entschieden positiven Sinn.

Ja, »All-Einsamkeit« ist das eigentliche Positivum. Von dem in der Ekstase Daseienden gilt: »Seine Einheit ist Einsamkeit, die absolute Einsamkeit: die Einsamkeit dessen, der ohne Grenzen ist. Er hat das Andere, die Anderen mit in sich, in seiner Einheit als Welt« (232, 17). Der mystische Akt als die »absoluteste Verwirklichung der Religiosität« läßt deshalb schlechthin keine Gemeinschaft mit anderen zu.

Daraus folgt, daß *Religiosität* und *Religion* einander *widersprechen*, wie Buber 1910 auf dem 1. Deutschen Soziologentag darlegt. Denn *Religion* hat immer schon ein soziales Gebilde zum Inhalt (109, 206–207). Gerade diese These, die der These von der All-Einsamkeit als dem Gipfel der Selbst-Verwirklichung entspricht, markiert scharf und deutlich die Position des frühen Buber. All-Einsamkeit ist das Positivum und Religiosum schlechthin.

b) Freiheit

Denn als ein solches alleinsames Dasein ist das Dasein in der Ekstase die Offenbarung der *Freiheit* des Selbst (232, 14). Es ist Dasein im Schrankenlosen, das »nun die widerstandslos hingegebene Seele regiert« (76)[30]. Der Mensch ist seinem eigentlichen Wesen nach der

---

[29] Vgl. *Nietzsche*, Morgenröte V, 491 (I, 1244); Zarathustra I, Vom Wege des Schaffenden (II, 325); Zarathustra II, Das Nachtlied (II, 362); Zarathustra III, Die Heimkehr (II, 432); Ecce homo, Warum ich so weise bin 8 (II, 1072).

[30] In der Endfassung (III, 11) hat Buber später versucht, die Stelle dialogisch abzuän-

»Herr der Wahl« (*71, 32*). Deshalb erweist sich ekstatisches Dasein als Freiheit, das ist Einheit, die nichts außer sich hat und so dauerndes Wagnis ist, ungesichert und in der Gefahr. Denn da es selbst das Äußerste ist, kann es sich an nichts mehr sichern. Es ist höchste Freiheit und höchste Bindung – eben an sich selbst – in einem, am reinsten hervorgetrieben durch die Verzweiflung (*58, 127–128*), ein Gedanke, in dem Buber übrigens weitgehend mit Landauer übereinkommt[31].

c) Welthaftigkeit

Andererseits ist dann aber *alles, was für das Selbst ist,* aus diesem Ersten, Grundlosen her. Das Grundlose, ekstatisch Wirkliche ist der Grund der Möglichkeit für alles andere. Der ekstatische Akt konstituiert *Welt.* Das Subjektivste, Freieste erweist sich so als das Umfassendste. Deshalb gilt: »Der Inbrünstige regiert das Leben ...« Nicht er schreitet in die Grenzen des Tages ein, sondern der Tag schreitet in seine Grenzen ein (III, 23). Oder noch schärfer: »Das Ich *ist* die Welt« (*29, 252*). Die Ekstase entläßt aus sich Welt als Einheit einer Vielheit. Bildlich: die Senkrechte meines sich verwirklichenden Selbst durchschneidet die Waagrechte der bloßen Mannigfaltigkeit und konstituiert so den Raum, das Symbol von Welt (I, 13–14).

d) Richtung

Welchen inneren Charakter aber zeigt der Akt, der so Welt aus sich entläßt? Buber nennt hier von einem bestimmten Zeitpunkt an, der eine Beschäftigung mit dem Chassidismus voraussetzt[32], das Merkmal der *Richtung.* Der weltkonstituierende Akt ist gerichtet. Dieses

---

dern. Sie heißt jetzt: »So geschieht es, daß ... das Schrankenlose hervorbricht und nun die sich ihm ergebende Seele regiert.«

[31] Vgl. dessen Werk »Skepsis und Mystik« (Berlin 1903) und *58,* 127.

[32] Das Wort taucht erstmals im Kontext der chassidischen Schriften auf. Noch 1906 übersetzt Buber Kawwana mit »Intentionskraft« (III, 17). 1908 hat »Vom Leben der Chassidim« (*92/93*) dann ein eigenes Kapitel »Kawwana: Von der Intention« (III, 32 ff.). Der erste Satz lautet: »Kawwana ist das Mysterium der auf ein Ziel gerichteten Seele.« Auf diesem Hintergrund muß man die Bedeutung sehen, die dann im »Daniel« (1913) der Begriff der Richtung hat. Zu der Bedeutung von Kawwanah, Kawwanot und den Zusammenhang mit der Kabbala vgl. The Jewish Encyclopedia VII, 459.
Wie sehr Buber das Wort mit einem eigenen Gehalt gefüllt hat, geht etwa daraus hervor, wie *Hermann Cohen* in »Religion der Vernunft« Kawwana wiedergibt. Kawwana ist dort die Andacht, verstanden als sittliche Zurückziehung auf sich selbst (a.a.O. 432).

meint aber nicht, daß das Selbst, das, sich verwirklichend, in die Einheit der Ekstase gelangt, auf etwas hin gerichtet ist. Sondern es meint, daß das Selbst, in seiner eigenen Absolutheit aufgerichtet, sich selbst Richtung ist. Richtung zeigt sich zunächst als *Entschlossenheit* (I, 16)[33]. Diese verlegt Buber noch in einem Stück aus dem Jahre 1917 in den Willen: »Wahrheit nicht in Formeln, sondern im Willen« (*160*, 11). Sie ist die »magische Gewalt des ungehemmt Handelnden, der sich verwirklichen will und seine Tat mit dem Wesen erwählt« (I, 41)[34].

Andererseits ist Richtung allerdings gerade das, was den *Sinn* gibt. Denn es entsprechen einander Richtung und Sinn wie auf der anderen Seite Kraft und Fülle (I, 15). Wie bei dem Kantischen Paar »Begriff« und »Anschauung«, erscheint Richtung ohne Kraft leer, Kraft ohne Richtung blind[35]. Das legt es nahe, daß Buber mit dem Willen, aus dem die Richtung entspringt, vielleicht doch nicht bloßen Willen im Gegensatz zu allem geistigen Inhalt meinte[36]. Vielmehr mag Wille hier für die Wirklichkeit des Selbst im ganzen stehen, das, sich selbst rein verwirklichend, den Sinn als die Gelichtetheit der Welt setzt. Richtung ist das reine Sich-Aufrichten des Selbst, dank einer Kraft, die die Seele »in sich selber gefunden, auf die sie sich in sich selber besonnen, die sie aus sich selber gehoben hat« (I, 17).

e) Augenblick

Ist Richtung einerseits also die reine Entschlossenheit des Selbst zu sich selbst, so scheint es andererseits doch von Bedeutung, daß sie als solche in einem notwendigen funktionalen Zusammenhang mit der *zeitlichen Verfassung* des Daseins steht. Der Gott, so sagt Buber, wäre richtungslos (I, 14). Aber das Selbst als das in der Zeit Seiende bedarf der Richtung, um zu sein. Es muß je wieder sich selbst aufrichten in seiner Absolutheit, um so Gegenwart zu schaffen.

Das Selbst ist nicht zeitlos, sondern es verwirklicht sich je im

---

[33] Auch hier zeigt sich wieder eine Parallele zu *Landauer*: Vgl. *58*, 128: »Wir müssen uns selbst binden in dem Moment, wo wir alle Bande sprengen.«

[34] Vgl. auch I, 17 und 18: Seele … : »Denn mit ihrer einen Richtung ruft sie die Wirklichkeit an und bannt sie … : so daß sich die Wirklichkeit … offenbart.« Über diese magische Kraft verfügt traumhaft das Kind und auf wache Weise das Genie.

[35] Vgl. dazu auch die Parallelisierung: Richtung-aufnehmender Geist – Erfahrung (I, 15).

[36] So kann Buber III, 33 sagen: »Kawwana ist nicht der Wille.«

Augenblick. Im Augenblick schießt alles zusammen wie in einem Blitz und entläßt Wirklichkeit aus sich (I, 24). Nicht in seinem »Überhaupt-Sein«, in dem Glockenschlag »Alle Zeit« (*211*, 93–96) ist das Selbst als das Welt-Konstituierende heil und ganz, sondern im Augenblick. Geburt und Tod, Sein und Nichts, sie vermählen sich je wieder im Bett des Augenblicks und zeugen so die Wirklichkeit (I, 66). Der Tod, das Nichts als das absolut Grenzende und insofern auch in die Verzweiflung Treibende (vgl. I, 64 ff.), treibt die Entschlossenheit hervor, die das Selbst im Augenblick ganz es selbst sein läßt. Jener Urgegensatz von Sein und Nichts treibt das Selbst dazu, im Augenblick in die hinter dem Gegensatz liegende tragende heile Einheit zu dringen und darin zu sein (I, 66). Dies aber ist, das muß sofort dazugesagt werden, in keiner Weise ein »Sichsicherfühlen« in irgendeiner Bestimmtheit, sondern das »ungerüstete Vertrauen zum Unendlichen« (I, 66). Dieses Wort mag aufgrund dessen, was wir bisher erörterten, seltsam anmuten. Es weist darauf hin, daß in dem Begriff der Richtung doch vielleicht untergründig schon anderes mit im Spiele ist als das bloße Sich-Aufrichten des Selbst in sich selbst.

Entscheidend ist, daß jene Notwendigkeit der Richtung für die Konstituierung der Wirklichkeit hervorgetrieben wird durch den Charakter der Zeitlichkeit des Daseins, auf den Buber von Anfang an aufmerksam war. So heißt es bereits 1903 im Anschluß an Landauer: »Ist die Zeit nach Kant die formale Bedingung apriori aller Erscheinungen überhaupt … so ist uns damit der Weg zu einer neuen Weltmetapher gegeben, die der Welt gerechter wird und die Extensität der äußeren Dinge zum Bilde machte für die Intensität unseres Ichgefühls« (*58*, 127). Zeit als die formale Bedingung der Erscheinung aller möglichen Wirklichkeit weist den Weg zu einer neuen Weltmetapher, weil sich eben dies »In-der-Zeit-sein« als eine erste, nicht mehr rückführbare Struktur aller Wirklichkeit zeigt. Wirklichkeit ist als im Erleben entspringende immer zeitlich.

Die Zeitlichkeit des Erlebnisses aber trägt ein Doppelgesicht. Sie ist einerseits das Grenzende. Insofern das Erlebnis in der Zeit ist, ist es begrenzt von einem Vorher und Nachher. Das Erlebnis, im Augenblick geboren durch die Vermählung von Sein und Nichts, ist zuinnerst bestimmt durch seine Endlichkeit. Es ist, indem es ist und nicht ist.

Aber andererseits meint »Zeit haben«: gegenwärtig sein. Der reine Sinn von Zeit meint die Eindeutigkeit der nicht mehr grenzenden Gegenwärtigkeit, des reinen Aufgehens, des Sich-Zeitigens.

Spricht Nietzsche von des »Willens Widerwille gegen die Zeit und ihr ›es war‹«[37], so geht dieser Gedanke vielfältig in das Denken des jungen Buber ein. Dasein als heiles Dasein, ein eine heile Welt konstituierendes Sich-Verwirklichen, meint die Gegenwärtigkeit des Augenblicks, der für nichts lebt als für sich selbst, weder aus einem Vorher noch für ein Nachher. Es meint den Augenblick, der die Ewigkeit *ist* (III, 23). In ihm ist alles zeitlich Seiende enthalten, so wie in der Gegenwärtigkeit einer Musik das, was sie auseinanderlegt und doch zugleich in einem hält, enthalten ist[38].

Zwischen diesem Aspekt der Zeitlichkeit des Daseins und jenem anderen, demgemäß das Dasein zeitlich, d. h. endlich ist, besteht aber offensichtlich eine Spannung. Diese entfaltet Buber als Problem in seinen Frühschriften nicht ausdrücklich[39].

Immerhin erscheint es wichtig, daß das Thema der Zeitlichkeit des Daseins überhaupt von Anfang an das Denken Bubers mitbestimmt. In der Frage nach der Zeitlichkeit des Daseins liegt eine erste, wenngleich vorerst noch verborgene Wurzel für den späteren Umschlag in die Dialogik.

f) Der Gabecharakter

Mit dem in die Dimension der Zeitlichkeit eingebrachten Charakter der Ekstase hängt eine andere Reihe von Aussagen des jungen Buber zusammen, die auf die spätere Wende zur Dialogik hin Bedeutung gewinnen. Ist Wirklichkeit nicht allezeit gleich gültig, sondern konstituiert sich Welt als Einheit einer Vielheit je neu im ekstatischen Akt, so heißt das, von der anderen Seite her betrachtet, daß sich an jedem Vorkommenden der ekstatische Akt entzünden kann. »… in jedem Ding, in jedes Dinges Erlebnis öffnet sich Dir die Pforte des Einen« (I, 14)[40]. Mit dieser Auffassung hängt zusammen, daß Buber schon früh, nämlich in dem Böhme-Aufsatz von 1901, der vermutlich als eine Nebenfrucht seiner Dissertation entstand, feststellt, die All-Einheit sei nicht im Sinne der Ichheit Fichtes zu verstehen, als »Identität des Bewußtseienden und Bewußten« überhaupt. All-Einheit sei vielmehr zu verstehen im Sinne jener nach Buber anderen Traditions-

---

[37] Zarathustra, Von der Erlösung (II, 392).
[38] Vgl. I, 16–17; III, 23. Dazu ein Beispiel aus den »Ekstatischen Konfessionen«: 232, 67.
[39] Nur an wenigen Stelle gerät der Text in die Nähe der Problematik, so etwa III, 39.
[40] Vgl. auch III, 39: »Die Einmaligkeit ist eine Ewigkeit des Einzelnen.«

linie, die sich bei Cusanus und Böhme finde und über Leibniz zu Goethe führe. Dort werde nämlich gelehrt, daß im Mikrokosmos der Makrokosmos sich spiegele. Jedes ist alles. »Gott ist nicht abteilig, sondern ganz, und wo er sich offenbart, da ist er ganz offenbar« (29, 252–253)[41]. Von hier aus kommt dann jener Zug in das Denken des jungen Buber, der sich am frühesten in den die chassidische Überlieferung ausdeutenden Schriften deutlicher zeigt. Neben das Paar Hitlahawuth-Kawwana (Inbrunst – Richtung) tritt das Paar Awoda – Schifluth (Dienst – Demut). Die Wirklichkeit ist nicht einfach Wirklichkeit der Inbrunst, der in sich aufgerichteten Ekstase, sondern es gilt: »Die Gedanken, die nicht das Gedachte, sondern sich und ihren Glanz meinen, sind Schatten« und »Wer seiner voll ist, in dem hat Gott keinen Raum« (III, 41). Das heißt, es zeigt sich plötzlich im ekstatischen, die heile Wirklichkeit begründenden Augenblick ein Gabecharakter, eine Anderheit, etwas, das nicht von Gnaden des Selbst ist. Und dies ist paradoxerweise sogar das Entscheidende. Selbst ist nur, was es im ekstatischen Akt ist, wenn es von sich selbst leer, als es selbst nichts ist. Nur wenn es alles sein läßt, ist es alles. Buber thematisiert den Zusammenhang dieses Gabecharakters des Seins mit dem Charakter seiner Zeitlichkeit und Geschichlichkeit in dem Frühwerk jedoch nirgends ausdrücklich.

6. Ekstatische Religiosität

a) Entwerden und die Tat

Besteht der religiöse Akt wesentlich im Verwirklichen der Einheit, so gibt es für diese Verwirklichung grundsätzlich zwei Möglichkeiten. Der junge Buber hat sie in »Ereignisse und Begegnungen« in seiner Deutung des Isenheimer Altares dichterisch dargestellt. Der vor dem dunklen Nachthimmel am Kreuz hängende Christus ist die Frage an die Welt; *die* Frage, nämlich die Frage nach Vielheit und Einheit. Aus dem Lichthimmel steigen auf dem Geburtsbild die Engel herab und werden dabei zu einzelnen Farben: Einheit wird zur Vielheit. Das ist das erste Mysterium, das »nur offenbart« ist, nicht »zugeteilt« (211, 17). Wir finden Welt als Vielheit vor. Angesichts der Frage »Welt« löst sich die Magdalena zu Füßen des Kreuzes in die Vielerleiheit

---

[41] Vgl. *211, 17*.

hinein auf. Sie geht in der Vielerleiheit auf, in der Mannigfaltigkeit der bunten, in den vielen Gestalten bestehenden Welt.

aa) Maria aber, und dies ist die erste Antwort, ent-wird hinein in das alle Farben in sich auflösende Weiß. Die Gestalt der Maria wird Buber hier zum Bilde eines »mystischen« Aktes, wie er ihn versteht; jenes mystischen Aktes nämlich, der dadurch gekennzeichnet ist, daß er Einheit schafft, indem er *die Welt hinwegschafft* (211, 30). Es muß gesagt werden, daß Buber an anderen Stellen und vor allem in seinem späteren Werk ein wesentlich differenzierteres Verständnis für die Phänomene der Mystik zeigt[42]. Was an dieser Stelle mit dem Phänomen des Entwerdens beschrieben ist, ist einfach eine uneigentliche Weise des Erlebens der Einheit, die gegen die wahre abgesetzt werden soll.

bb) Diese wahre Einheit aber ensteht nicht durch das Entwerden, sondern dadurch, daß die Einheit Einheit der wirklichen Zweiheit oder Vielheit wird in der Einheit der *Tat*.

Im mystischen Entwerden wird sozusagen nur die Möglichkeit der Einheit geschaut. Aber diese Einheit ist noch keine verwirklichte Einheit. Ebensowenig wie die Dialektik des Denkens – Buber zielt hier offensichtlich auf Hegel – wirkliche Einheit ist. Denn in ihr wird die Einheit nur gedacht. Und ebensowenig wie die stoische Indifferenz Einheit bringt. Denn in ihr wird die Einheit zwar gelebt, aber in der Absonderung, nicht »alleinig«, sondern »allunabhängig« (I, 71–73). Die wirkliche Einheit ist vielmehr erst da, wo ein Mensch sich über seiner wirklichen Spannung eint und sich so die Welt wirklich an ihm eint (a. a. O.). Das heißt aber: Die wirkliche Einheit besteht immer in der Entscheidung, in der der Mensch bis zum Äußersten seines In-der-Welt-seins geht und sich so als Äußerstes, neu anfangend, verwirklicht. Dies ist das Geheimnis des Anfangens. »Das Äußerste des Menschen schafft« (*211*, 87). Entscheidung als die Scheidung von Sein und Nichts »kann nicht gefunden, sie kann nur getan werden« (I, 74 vgl. *211*, 21). Sie ist *Tat*.

Leben, das bedeutet, daß der lebendige Mensch sich in seinem Innewerden zunächst immer als Zweiheit erlebt: dies und das andere, das unmittelbar Besessene und das mittelbar Gewußte, das, was er ist

---

[42] So schon in der Einleitung zu den »Ekstatischen Konfessionen«. Für das spätere Werk vgl. III, 850 ff., 882 und 994.

und das, was er sein kann. Gerade in jener Polarität, die mit der zeitlichen Verfassung des Daseins in ihrem negativen Sinn zusammenfällt, erlebt er sein Leben. Leben ist nichts Gesichertes, sondern Zweiheit. Diese *Zweiheit* als Zweifel und Verzweifelung (vgl. *58, 127*) aber ruft ihn auf, sich in der *Entschlossenheit* je und je zu entscheiden. Indem er sich entscheidet, wirkt er die Einheit und damit Sein. Die innere Polarität ist so das Gefäß, das vom Inhalt der kleinsten Entscheidung voll wird und doch gerade darin, in der Einheit der Entscheidung, den unendlichen Inhalt zu fassen vermag (I, 74). Die wirkliche Einheit ist die Einheit des über seiner Zweiheit in der Tat der Entscheidung geeinigten Ich. Tat, Schaffen als Anfang, ist das zu sich selbst gekommene Er-leben, in dessen Einheit die Einheit der Wirklichkeit entspringt. Es ist die Einheit des auferstehenden Christus des Isenheimer Altares, der die Fülle der gegensätzlichen Farben in sich zur Einheit vereinigt »unter dem Gesetz der Welt bindenden Person« (*211, 19*). Dies erst ist die Einheit, welche wirkliche Wirklichkeit aus sich entläßt als die »Parthenogenese der Seele« (*211, 6*). Sie trägt magische Züge an (vgl. *211, 3–7*; I, 41; *122, 18*).

Die in jenem Akt entspringende Wirklichkeit aber ist umso wirklicher »je größerer Spannung Ich wir verwirklichen«. Das der so verwirklichten Wirklichkeit aber ist das Ich der Welt. »Dieses Ich ist das Unbedingte« (I, 75).

Die in der Entschlossenheit, angesichts der nichtenden Macht des Todes sich entscheidende und darin Einheit stiftende Tat wird so zum Inbegriff der Religiosität. In ihr ist das Absolute anwesend.

Von daher erklärt sich dann die Fülle der Äußerungen über die *Religiosität der Tat*, die Buber vornehmlich in seine frühen Schriften über das Judentum einfließen läßt. »Der Name Gottes ist wieder unbekannt und versiegelt. Die Tat allein hebt das Siegel« (*54*). Und in »Jüdische Religiosität« heißt es: »Der Akt, der in allen Zeiten dem Judentum als der Wesensgrund aller Religiosität erschien, ist der Akt der Entscheidung als der Verwirklichung der göttlichen Freiheit und Unbedingtheit auf Erden« (IV, 67). Die Religion der Tat ist die Religion der Propheten (IV, 31). Und sie ist das, was das Abendland am Judentum faszinierte und das Christentum entstehen ließ (IV, 57). Man geht wohl nicht fehl, wenn man in solchen und ähnlichen Äußerungen des frühen Buber eher Bubers eigene Philosophie als die Frucht der Beschäftigung mit den historischen Phänomenen sieht.

b) Gott

Nachdem sich der religiöse Akt im Denken des jungen Buber hinreichend als die Religiosität der Tat geklärt hat, kann nun ausdrücklich
nach seinem Gottesverständnis als dem unterscheidenden Merkmal
jedes Verständnisses des Verhältnisses mit dem Absoluten gefragt
werden. Wie ist in der Buberschen Religiosität der Tat Gott verstanden?

Da die Frage nach der Religiosität von vorneherein als ganz diesseitige angesetzt ist, darf man vermuten, daß sich auch im Verständnis Gottes transzendente Züge kaum zeigen werden. Das die Wirklichkeit aus der Vielheit Einende und erst wirklich sein Lassende ist
die Tat. In der Tat ist das Ich je das Äußerste, Unbedingte. Oder anders gewendet: Das Äußerste, Unbedingte offenbart sich in der Einheit stiftenden Tat. Gott erscheint in dem Wirklichkeit als Einheit
stiftenden Äußersten der Tat. Es hat nirgends anders Sinn von Gott
zu sprechen als nur hier. Das Göttliche will sich in der Tat verwirklichen (*211*, 41). Oder, wie Buber es als die Meinung Böhmes referiert, Gott ist der Gott, den wir schaffen als je neue Einheit der Kräfte
(*29*, 252). Deshalb kann es in einem ebenfalls sehr frühen Aufsatz
über das künstlerische Schaffen heißen, was der Maler male, sei »sein
Leben in seinem Gotte« (*51*, 46); oder in der Übersetzung jenes Spruches des Baalschem, der nach Bubers eigenem Zeugnis für seine Begegnung mit dem Chassidismus entscheidend wurde: »Er erhebe sich
eilend und in Eifer von seinem Schlaf, denn er ist … würdig zu *erzeugen* und ist *wie Gott*, der die Welten erzeugt« (76)[43]. Später übersetzt Buber bezeichnenderweise denselben Spruch ganz anders:
»… und ist würdig zu *zeugen* und ist worden *nach der Eigenschaft
des Heiligen*, gesegnet sei Er, als er die Welten erzeugte« (III, 967)[44].
Der Unterschied zu der späteren Fassung zeigt in aller Schärfe die
Einseitigkeit der Position des jungen Buber. Der Schaffende ist wie
Gott. Von dem Ekstatiker sagt der junge Buber deshalb, daß dieser
es zumeist nicht wage, das Erlebnis der Einheit »auf sein armes Ich
zu legen, von dem er nicht ahnt, daß es das Welt-Ich trägt; so hängt
er es an Gott«. »… und wie sehr man Gott auch zu verinnerlichen
suchte, ganz ins Ich als dessen Einheit hat ihn kaum einer genom-

---

[43] Hervorhebungen vom Verfasser.
[44] Hervorhebungen vom Verfasser.

men« (*232*, 14 und 13). Wenn Buber an der angegebenen Stelle auch hinzufügt, die Tatsache, daß der Ekstatiker es nicht wage, sich mit Gott zu identifizieren, scheine im Wesen des ekstatischen Erlebens begründet zu sein, so geht er diesem Phänomen der Differenz hier doch nicht nach. Sondern nach seiner Meinung sollte der Ekstatiker eigentlich Gott als die Einheit des Ichs verstehen[45].

Der Verwirklichende *verwirklicht Gott*. Diese »Verwirklichung Gottes« durch das Selbst, die in dem ganzen Frühwerk eine unverkennbar wichtige Rolle spielt[46], markiert, wie Buber später selbst gesagt hat (I, 384), seinen eigentlichen Standpunkt zu Beginn des 2. Jahrzehnts unseres Jahrhunderts.

Das Selbst schafft Einheit aus aller Zweiheit, und darin leuchtet »Gottes des Verwirklichten Antlitz ... aus Spannung und Strom« (I, 45). Der Täter wirkt so das Göttliche (*211*, 59), er verwirklicht in seinem Verwirklichen »Gott in allen Dingen ... Denn Gott will verwirklicht werden, und alle Wirklichkeit ist Gottes Wirklichkeit, und es gibt keine Wirklichkeit als durch den Menschen, der sich und alles Sein verwirklicht« (I, 43).

Indem Gott so in der Absolutheit der Verwirklichung des sich verwirklichenden Selbst je neu da ist, ist er ein je neu werdender Gott, wie es besonders an einigen Stellen der allerfrühesten Schriften deutlich heißt (*29*, 252; *62a*, 28)[47]. Die Welt aber ist das Spiel des göttlich Einen in seinem Je-wieder (*29*, 251)[48].

Man darf also sicher sagen, daß in den frühen Bemühungen Bubers, das religiöse Verhältnis zu denken, eine wahre Transzendenz Gottes nicht zur Sprache kommt. Dabei soll freilich nicht übersehen werden – was Buber im Lichte der späteren größeren Einsicht vielleicht selbst zu gering veranschlagt hat – daß in jenen Versuchen, Religiosität rein diesseitig zu denken, ursprünglich ein wichtiges Anliegen am Werke war. Es ist das Anliegen, gegenüber einer unwirk-

---

[45] In »Ich und Du« hat Buber diese Meinung ausdrücklich korrigiert (I, 135).

[46] Vgl. z. B. 92, 42; IV, 30, 71, 87; I, 56; 195, 6, 11. Das Motto der Erstauflage des Daniel ist aus Scotus Eriugena genommen: »Deus in creatura mirabili et ineffabili modo creatur.« Später ließ Buber das Motto weg.

[47] Die These vom werdenden Gott hat Buber in »Ich und Du« ausdrücklich widerrufen. Vgl. I, 133.

[48] Auch diesen Satz hat Buber später geradezu wörtlich widerrufen: »... so daß das Werdende nicht bewegtes Werkzeug, sondern ein freigelassener, freier, aus Freiheit wirkender Beweger ist; die Weltgeschichte ist nicht Gottes Spiel, sondern Gottes Schicksal« (III, 817, vgl. I, 133).

Bernhard Casper

lich und zur Hinterwelt, zur bloßen Behauptung und Ideologie gewordenen »Religion« zu dem wirklichen, d. h. dem in dieser unserer Wirklichkeit erreichbaren Gott zu kommen. Feuerbachs Kritik der Religion und Nietzsches Botschaft vom Tode Gottes fielen bei dem jungen Buber auf fruchtbaren Boden. Sein jüdisches Herkommen hinderte ihn nicht daran, sich zunächst einmal auf diesen Boden zu stellen und gemäß der Forderung Diltheys, nicht hinter das Leben zurückzugehen, radikal von hier aus zu denken. Da die Wirklichkeit aber infolge jenes auch bei Dilthey wirksamen spätesten Idealismus letztlich vom Selbst her gedacht ist, erscheint der wirkliche Gott mit Notwendigkeit an der Stelle, an der das Selbst seiner Absolutheit in der freien Tat inne wird. Es sind dies, vielleicht eher die Götter Nietzsches, der Gott, der Zarathustra zu seiner Gottlosigkeit bekehrte, als der Gott der jüdischen und christlichen Tradition. Aber es ist auf jeden Fall ein Wirkliches, das sich hier zeigt. Wirklichkeit und Göttlichkeit rücken für den jungen Buber ganz ineinander. Das noch in dem Vorwort zu der Neuausgabe der »Reden über das Judentum« (1923) beibehaltene Wort »gottwirklich« (IV, 9) ist dafür ebenso ein Zeichen wie der Satz aus dem Schlußabschnitt des »Daniel«: »… Wirklichkeit ist der höchste Preis des Lebens und Gottes ewige Geburt« (I, 45). Indem das Selbst in der Verwirklichung in der Wirklichkeit überhaupt innesteht, ist es »ewig am Neuen; ewig am Äußersten; ewig an Gott … da ja Gott dem Menschen sich nicht anders verwirklichen kann, denn als die innerste Gegenwart eines Erlebnisses« (I, 40).

Die Wirklichkeit selbst, die als eine heile eine je im Augenblick ewig neue ist, erweist sich in ihrem Grunde selbst als göttlich. Diese Göttlichkeit ist zwar transzendental zu jeder möglichen Erfahrung, aber nicht transzendent. Daß hier vom transzendenten Göttlichen geschwiegen wird, muß freilich an sich noch nicht heißen, daß es negiert wird. Insofern Wirklichkeit aber ganz im Selbst, das sich »zum Ich der Welt vollendet« (211, 20)[49], gegründet wird, erscheint sie al-

---

[49] Zu dieser Gleichsetzung von Selbst, vollendeter Welt und Gott: Vgl. auch 57; ferner 92,6 »der nicht zu sich umgekehrt wäre«. Später verändert Buber: »… in dem sich nicht die heilige Umkehr vollzog« (III, 24).
Und 92, 43 »Besteht vor den Augen der Seele«. Später verändert Buber: »Besteht vor den Augen Gottes« (III, 45). 142, 559: »Gott legt sein Licht den Menschen um wie ein Gewand: jeder hat soviel des Lichtes, wieviel seiner selbst er wirklich zu machen vermag …« Ebenso IV, 69 und 300. Im übrigen vgl. unten 250–252.

lerdings ausgeschlossen. Lediglich die Geschichtlichkeit bringt in die Geschlossenheit dieses ersten Entwurfs Unruhe.

c) Religion und Kultur

Die Verwirklichung als die äußerste, einigende Wirklichkeit stiftende Macht ist *Tat des Selbst*. Man würde diesen Grundgedanke des jungen Buber jedoch nicht richtig verstehen, wenn man ihn rein individualistisch verstünde und nicht sehen würde, daß er von Anfang an von der Einsicht begleitet ist, daß der Einzelne nie nur er selbst ist. Im Gefolge Feuerbachs, Diltheys und vor allem auch des Freundes Gustav Landauer weiß Buber von Anfang an darum, daß der Einzelne nie für sich allein gedacht werden kann. So referiert Buber etwa schon 1904 zustimmend die These Landauers »es gibt keine Individuen, nur Gemeinschaften« (58,127). »Individuum«, das ist eigentlich nur eine Metapher unseres Selbstbewußtseins. Gehe ich vom Ich aus, so »ist alles meine Anschauung und nichts als ich hat Realität« (58, 127). Aber dies ist gar nicht die Wirklichkeit, die ich eigentlich meine. Denn die eigentliche Wirklichkeit ist doch die, in der ich mit anderen bin. Das allerdings wird hier nicht begründet, sondern vorausgesetzt. Freilich folgt Buber auch hier wieder weitgehend Dilthey. Individuum ist nur eine Metapher. Die wirkliche Wirklichkeit ist die Wirklichkeit aller. Diese aber ist nicht Wirklichkeit ein für allemal, sondern sie ist geschichtliche Wirklichkeit je neu als je neuer geschichtlicher Raum. So rückt für den jungen Buber der Diltheysche Begriff der *Epoche* zusammen mit der Wirklichkeit des religiösen Aktes der *Verwirklichung*. Was sich in der Verwirklichung je ereignet, eröffnet Welt. Diese aber ist die Welt für viele, die es ihrerseits den Vielen ermöglicht, sich einig zu verwirklichen; bis jene Welt alt geworden ist und im geschichtlichen Umbruch eine neue, vorher nicht geahnte und vorauszusehende »geschichtlich-gesellschaftliche Wirklichkeit« an ihre Stelle tritt.

Die religiöse Wirklichkeit zeigt sich, überindividuell gedacht, als die Wirklichkeit der *Kultur,* oder, wie Buber dann bald differenzieren wird: Religiosität ist jeweils das neue Weltenwort, das eine neue Kultur *begründet* (117). So wie in dem frühen Aufsatz über Böhme Welt entsteht in der schöpferischen Selbstbestätigung Gottes, die Spiel ist und die Buber dort als »vom Nutz-Zwecke befreite Ausgabe organischen Kraft-Überschusses« beschreibt (29, 251), so ist in einem Aufsatz des gleichen Jahres die Kultur gebändigte Fülle, Seelen-Überfluß, der Form wird« (24, 81). Kultur ist die gesteigerte Weise des Lebens[50]. Und es ist deshalb nur konsequent, daß in der Beschreibung Bubers Kultur in ihrem innersten Wesen und eigentlichen Sinn genau die Züge trägt, die der religiöse Akt der Verwirklichung trägt. Kultur ist je das Ganze, das alle wirkliche Wirklichkeit der Epoche bestimmt. Kultur ist je ein »Neues, Unvorhergesehenes«, das deren Schöpfer sich nicht erträumt hatten; sie ist »nicht wie ein Gebild von Menschenhand, sondern wie ein ungeheures Wesen, aus einem dunklen Reiche heraufgewachsen, keinem bestehenden Dinge vergleichbar, wie die Verheißung einer neuen Art zu leben ...« (24, 81 ff.). Und sie erweist ihre allem möglichen Einzelnen transzendentale Wirklichkeit gerade darin, daß sie nicht wie die Zivilisation die Einordnung des Einzelnen unter Zwecke bewirkt, sondern daß sie gerade die Wirklichkeit des Einzelnen als eines Einzelnen hervorkommen läßt und gewährt. So bringt lebendige Kultur gerade das Individuum zu seiner höchsten Freiheit: »Jedes ihrer Werke trägt das Zeichen der Notwendigkeit, daß es gerade von *diesem* Menschen und zu *dieser* Zeit erschaffen wurde ... also steht im Mittelpunkte der Kulturentwicklung als ihre Sonne, ihr Sinn und ihre Sehnsucht, sie bestimmend und von ihr bestimmt, der Einzelne, d. h. das Einmalige ...« (24, 81–82).

Die Kultur gewährt dem Einzelnen, als das Einmalige zu sein. Gleichzeitig aber muß Kultur selbst geschichtlich verstanden werden. Sie ist nicht ein für allemal, sondern je wieder. Sie bedarf als ganze je neu eines Entspringens. Und Religiosität erscheint für Buber hier deshalb in der Stellung des *Ursprungs* der je neuen Kultur: »Kultur ist die Stabilisierung der Lebensimpulse und Lebensformen zwischen zwei religiösen Erschütterungen. Religiosität ist die Erneuerung der Lebensimpulse und Lebensformen zwischen zwei kulturellen Entwicklungen« (138, 216)[51]. In der epochalen religiösen Verwirklichung muß je neu der Sinn von Sein gefunden werden. Und es gibt hier, weil der Sinn der Wirklichkeit als der Sinn des Lebens je im ganzen neu ist, keine Möglichkeit eines Übergangs, sondern nur die eines Umbruchs, eines »elementaren Umschwungs« (138, 217), wie Buber sich ausdrückt. An den Knotenpunkten und Gipfelpunkten dieses je neuen menschheitlichen Geschehens erscheinen dann: der Held, der

---

[50] Vgl. 72, IX und 188, 100.
[51] Ähnlich werden einander später Aktualität und Latenz in der dialogischen Beziehung ablösen. Vgl. I, 89.

Dichter, der Weise und der Prophet (I, 28). Man erkennt darin wiederum leicht eine Spiegelung Diltheyscher Gedanken, die ihrerseits auf Hölderlin zurückverweisen[52].

Ebenso erscheint in diesem Zusammenhang für Buber das *Volkstum*. Volkstum ist nicht gerade identisch mit Kultur. Aber es steht doch in einer großen inneren Nähe zu dieser, insofern es eine gewachsene, in sich einige Einheit ist, die Leben aus sich entläßt. Typisch dafür ist Bubers früher Aufsatz: »Feste des Lebens« (1901) (*17*), den Buber selbst ein Bekenntnis nennt. Die »Feste meines Volkes« erscheinen hier wie eine »Mutter, die Welten schenkt und keinen Dank begehrt«. Im Feiern der Feste aber, so heißt es dann weiter, »bete ich zu meinem Volke … wie man zu einem Gotte betet, daß er am Leben bleibe«. Das Volkstum selbst ist etwas Göttliches, letzte sinngebende Einheit der Wirklichkeit. Und man muß das Engagement des jungen Buber in der zionistischen Bewegung unter dieser Hinsicht sehen[53]. Es ist ein Religiosum, um das es hier geht. Dieses aber stellt sich in erster Linie nicht etwa als der Monotheismus des mosaischen Glaubens dar, sondern als die heilende Kraft des Volkstums: »O verklungene Götternamen und Göttersprüche! Aber alles gilt mir meines Blutstammes Schönheit und Glück. Und ich weiß: die kann er nur finden in seinem Volkstum« (*17*).

Die These von der, formulieren wir es vorsichtig, Nähe von Volkstum und Göttlichem, zieht sich durch das ganze frühe Werk Bubers[54] bis hin zu der Auseinandersetzung mit Hermann Cohen um »Völker, Staaten und Zion«, die gerade von daher ihre eigentüm-

---

[52] Erstmals finden sich Dichtung, Religion, Philosophie als die obersten Gestalten, in denen das Sein des Seienden anwest, bei Hölderlin im I. Band des Hyperion – 1797 – (Werke III, 83; ähnlich in dem ältesten Systemprogramm des deutschen Idealismus (Werke IV, 310) und in Brief 179 (Werke VI, 354).
Dilthey (Das Erlebnis 257) bringt wie *Haym* (Die romantische Schule 305) Schellings spätere Lehre von der Kunst als dem Organon für die Auffassung des göttlichen Weltgrundes mit diesem Entwurf Hölderlins in Zusammenhang. Vgl. dazu *Rosenzweig* GS 3, 39–40.
Für Dilthey selbst sind Dichtung, Religion, Philosophie dann die obersten Gestalten des geschichtlich sich zeigenden Lebens. Vgl. *Dilthey* V, 377; IV, 315; VII, 151–153). Dem entsprechen bei Buber der Prophet, der Dichter und der Weise. Der Held würde der Sphäre des Politischen zuzurechnen sein. Vgl. im übrigen auch *Nietzsche,* Zarathustra III, Von alten und neuen Tafeln (II, 454) und Zarathustra I, Vom Baum am Berge (II, 309). Für Hegel vgl. bei Rosenzweig H I, 194 und H II, 88, 180.
[53] Vgl. *17; 21a; 31.*
[54] Vgl. *62a,* 27; IV, 126–128. Im späteren Werk IV, 414 und 564.

liche und später im ganzen Werk Bubers nicht mehr anzutreffende Schärfe gewinnt[55]. Es ging bei der Auseinandersetzung, wie Buber später selbst bemerkte (IV, 811), nicht nur um einen Angriff auf den Zionismus und auch nicht, wie es scheinen mochte, um einen Streit um Begriffe. Vielmehr ging es um die Wirklichkeit der Verbundenheit mit dem Absoluten. Sieht Cohen in der Nationalität nur eine Naturtatsache, auf deren Grund sich dann Religion als etwas Geistiges erheben kann, so ist für Buber Nationalität selbst schon eine geschichtliche Kategorie (IV, 282). Volkstum ist eine geschichtliche und damit in sich geistige und religiöse Wirklichkeit. Jüdische Religiosität, verstanden als das alle möglichen Glaubenssätze und Kultformen durchgreifende wirkliche unbedingte Verhältnis, ist so nichts anderes als »die oberste Funktion des mächtigen jüdischen Volkstums« (IV, 284). Man sieht leicht, welches Schema hier zugrunde liegt: Die eigentliche, letzterreichbare Wirklichkeit ist das als geschichtliches Ereignis und Er-leben verstandene Volkstum. Als seine oberste Funktion erscheint die Religiosität. Im Sinne des Diltheyschen Schemas müssen als weitere Funktionen erscheinen: Kunst und Philosophie.

Wir dürfen hier bereits bemerken, daß parallel zu der Betonung des Volkstums als einer obersten Weise der geschichtlichen Erscheinung von Wirklichkeit bald immer stärker eine andere Wirklichkeit im Frühwerk Bubers auftaucht, die das, was Buber zunächst im Volkstum sah, noch weiter generalisiert: die Wirklichkeit der Gemeinschaft überhaupt. Im Bedenken der Wirklichkeit der Gemeinschaft darf man die eigentliche Zwischenstufe zwischen der Religiosität der Tat und dem Umschlag des Buberschen Denkens in die Dialogik sehen. Diese Seite des Frühwerkes Bubers muß deshalb jedoch gesondert untersucht werden.

d) Der Mythos

Bevor wir zur Betrachtung dieses »Zwischenmenschlichen« übergehen, muß jedoch noch auf einen Begriff aufmerksam gemacht werden, der im ersten Jahrzehnt unseres Jahrhunderts viel diskutiert – man denke an Wilhelm Wundts Völkerpsychologie – für den jungen

---

[55] Nur in der Auseinandersetzung mit C. G. Jung gewinnt Bubers Sprache noch einmal eine ähnliche Schärfe (I, 600 ff.). Und zwar aus den gleichen Gründen. Auch dort geht es um die wirkliche Wirklichkeit Gottes.

Buber im Zusammenhang mit der ekstatischen Religiosität eine gewisse zentrale Stellung gewinnt. Wir meinen den Begriff des Mythos. Im Ausdenken der Wirklichkeit des Mythos bahnt sich, nach Bubers eigenem späteren Verständnis, schließlich der Umschlag in das dialogische Denken an. Das Wort Mythos hat für die neuere Theologie im Gefolge der Bemühungen um eine Entmythologisierung der biblischen Schriften einen oft negativ verstandenen Sinn bekommen: Mythos im Gegensatz zur eigentlichen Wirklichkeit des Göttlichen, zur Wahrheit der Transzendenz. Diesen Sinn hat das Wort im Verständnis des jungen Buber jedoch gar nicht. Vielmehr ist der Mythos, so kann man summarisch sagen, für ihn sogar der wirklichste Ausdruck der Religiosität. Der Mythos ist »die lebendige Kraft des ... Gott-Erlebens« (121, 25). Bedeutet Religiosität den eigentlichen Akt der Verwirklichung, das Leben selbst in seiner äußersten Gestalt, so muß sich dieses Äußerste als es selbst auch zur Darstellung bringen. Es kann sich aber nicht zur Darstellung bringen wie irgend eine einzelne Wahrheit sich zur Darstellung bringt, nämlich in einem Satz, der eingesetzt ist in einen größeren Zusammenhang, von dem her seine Glieder Klarheit, Faßlichkeit und Definition empfangen. Denn es ist ja selbst das Äußerste, von nichts anderem her mehr zu Bestimmende, nur durch sich selbst Lebende. Es muß folglich in der Weise seines Zum-Ausdruck-Kommens gerade dieses, daß es das Äußerste – das Leben, die Wirklichkeit selbst – ist, spiegeln. Und zwar das Leben und die äußerste Wirklichkeit gerade nicht nur des Einzelnen, sondern vor allem das Leben aller, des ganzen Geschlechts. Das aber leistet der Mythos.

Er ist geformte Ganzheit, einigende Gestalt, als Realität empfangen, erlebt und verehrt (121, 23). Es gibt in ihm zwar Vielheit, nämlich Gegliedertheit seiner Aussage, aber letzten Endes »keine Verschiedenheit des Wesens ... nicht die Zweiheit« (92, VI). Vielmehr ist alles Einheit. Der Mythos ist sozusagen das reine Abbild der Einheit der Wirklichkeit, d. h. aber ihrer Göttlichkeit. Im Mythos geschieht die Beziehung von Geschehnissen nicht auf andere Geschehnisse innerhalb einer kausalen Kette, »sondern auf ihren eigenen Gehalt, auf ihren *Sinn* als Äußerungen des Unsagbaren, Undenkbaren, nur eben in ihnen sich darstellenden Sinnes der Welt« (121, 28). So gewinnt im Mythos das Absolute Anschaulichkeit. Es wird alles einzelne erfaßt als die Äußerung eines einzigen, allem einzelnen innewohnenden inneren *Sinnes*, »als eine anschauliche, in aller Vielheit gegebene Wirklichkeit« (121, 29; 115, 187). Der Mythos ist so eine »Offenbarung der letzten Wirklichkeit des Seins« (232, 22), d. h. aber eben die Offenbarung des Sinnes (211, 41).

Buber meint, der Rationalismus erweise seine eigene Enge und Wirklichkeitsblindheit gerade dadurch, daß er wähne, der platonische Begriff des Mythos »Bericht vom göttlichen Geschehen als einer sinnlichen Wirklichkeit« müsse bedeuten, daß Gott hier als sinnliche Substanz gegeben vorgestellt würde (vgl. IV, 85; 121, 27 und 21). Die Sinnlichkeit des Mythos verbürgt vielmehr nur die Wirklichkeit (IV, 78) – oder eigentlich die Geschichtlichkeit der Wirklichkeit, aber Buber ist anfangs auf dieses Element noch nicht sehr aufmerksam – die im Mythos als eine im ganzen absolute aufstrahlt.

Das Geschehen erscheint der mythischen Anschauung als ein »überkausal sinnvolles«, etwas, das, unableitbar, nur erfaßt werden kann »aus dem Willen des Göttlichen, sich zu verwirklichen« (211, 40–41; vgl. I, 42). Da aber jeder Mensch, in der Weise zu sein, die Möglichkeit eines solchen Verstehens immer schon in sich trägt, ist der Mythos »*eine ewige Funktion der Seele*«, die sich jeweils in »Zeiten der Spannung und der Intensität des Erlebens«, in denen »die Fessel der Kausalitätsfunktion« vom Menschen abfällt, verwirklicht (121, 29 und IV, 86). So ist denn im Mythos »eine tiefere, ganzere[56] Wahrheit eröffnet als die kausale« (IV, 86). Und insofern diese Wirklichkeit eine den Einzelnen transzendierende Wirklichkeit ist, ist der Mythos »von der großen Historie aus gesehen realer als irgend etwas, was man historisch nennt« (IV, 42).

Weil der Mythos eine vorfindbare, geschichtlich greifbare *Wirklichkeit* ist, von der her die wirkliche Wirklichkeit des Religiösen erhellt werden kann, gewinnt Buber daran Interesse. Wenn Religiosität überhaupt etwas Wirkliches ist, dann ist die Erfahrung des Mythos jeweils ein Weg, dem wirklichen, alles bestimmenden absoluten Verhältnis zu begegnen, das sich darin ausspricht. Buber wehrt sich, wie mir scheint mit Recht, dagegen, daß Monotheismus und Mythos einander ausschließen. Wenn der Monotheismus lebendige Religiosität sein soll und der Mythos eine ewige Funktion der Seele ist, dann bedarf auch der Monotheismus des Mythos. Jeder lebendige Monotheismus ist des mythischen Elementes voll, und »nur solange er dies ist, ist er lebendig« (121, 24; IV, 80)[57].

---

[56] Beachte den eigenartigen Komparativ.

[57] Als die entscheidenden Mythen des monotheistischen Judentums nennt Buber die Sage von den Taten Jahwes und die Legende vom Leben des zentralen, des vollkommen

Buber steht mit dieser Auffassung von Mythos in einem schroffen Gegensatz zu der rationalistischen Deutung, die im Mythos nur eine zu überwindende Form primitiven und kindlichen Verstehens sehen will. Er geht mit dem Verständnis Wilhelm Wundts insofern noch einig, als auch für ihn der Mythos eine Art von Modifikation der transzendentalen Apperzeption und damit »unmittelbar gegebene Wirklichkeit«[58] ist. Er unterscheidet sich von Wundt aber scharf dadurch, daß für ihn jene ursprüngliche und unmittelbare Apperzeption sich nicht auf einzelne Objekte richtet, singuläre Weltgehalte, sondern auf das Ganze der Wirklichkeit und ihren Sinn als solchen[59]. Der junge Buber steht so in einer Tradition, die über Dilthey einerseits zum Mythosbegriff des späten Schelling und letztlich zu dem des ältesten Systemprogramms des Deutschen Idealismus, andererseits zu dem Mythosbegriff von de Wette, Schleiermacher und Fries führt[60]. Buber mag zu diesem Begriff des Mythos unter anderem durch die Werke Jakob Grimms einen Zugang gefunden haben[61].

Sieht Buber im Mythos jedoch zunächst nur den Ausdruck der umgreifenden einigen Wirklichkeit, die Kultur, Volkstum oder auch Ekstase heißen kann und in sich selbst ein Letztes ist, so gewinnt nach und nach, besonders im Zuge der Beschäftigung mit dem Chassidismus, das geschichtliche Moment immer mehr ein Eigengewicht. Es wird für Buber gerade im Zusammenhang mit der Erforschung der jüdischen Überlieferung bedenkenswert, daß Mythos eben doch nichts nur in sich selbst Verständliches, eine ewige Funktion der Seele ist, die sich in den Hoch-Zeiten je und je wieder wie von alleine

---

verwirklichenden Menschen, das sind: der Mythos der Welterhaltung und der Mythos der Welterlösung (IV, 88). Vgl. auch *121*, 26–31 und 92, II–III).

[58] Vgl. *Wundt*, Völkerpsychologie II, 1, 581: »Darum ist der Mythus keine Denkform, die einer nie wiederkehrenden Vergangenheit angehört, sondern er lebt fort oder strebt sich wieder zu beleben, wo er zeitweise verschwunden scheint.« Auch für Wundt ist demnach der Mythos eine »ewige Funktion der Seele«.

[59] Gleichzeitig ist dadurch gegeben, daß nicht nur Naturvölker und Primitive legitim Mythen bilden. Wer das Stück *115* aufmerksam liest, wird darin leicht eine Spitze gegen Wundt vermuten. Buber beschäftigt sich mit den Mythen des Chassidismus. Aber dies sind gerade keine Mythen von Naturvölkern und Primitiven, sondern mythische Stoffe »aus einer unfernen Vergangenheit« (*115*, 197).

[60] Vgl. dazu *Hartlich-Sachs* 94 und 102–110. Außerdem *Hölderlin*, Werke IV, 310–311. In der angestrebten Mythologie der Vernunft des ältesten Systemprogramms des Deutschen Idealismus geht es um ein Sinnenhaftwerden der obersten Einheit.

[61] Vgl. *233*, IX. Buber zitiert dort aus »Über das finnische Epos« eine Stelle, an der Geschichte und Mythos parallelisiert werden. Darauf beruht »der Dichtung unerfindbare Wahrheit«. Gleichzeitig ist wieder auf Landauer zu verweisen. Vgl. *Kohn* 310.

verwirklicht, sondern daß der Mythos gerade als das Sinn-Gewäh-
rende *gegeben* ist.

1913 unterscheidet Buber zwischen dem indischen und platonischen Mythos einerseits und zwischen dem jüdischen Mythos andererseits als zwischen Metapher für ein unsinnlich Wirkliches und
wahrhaftem »Bericht von der Kundgebung Gottes auf Erden« (IV,
87). Die Worte »Bericht« und »Kundgebung« verweisen auf den Zusammenhang, in dem hier gedacht wird, ähnlich wie das Wort »Begegnung«, das an der gleichen Stelle auftaucht: »Alle erzählenden
Bücher der Bibel haben *einen* Inhalt: die Geschichte von den Begegnungen JHWHS mit seinem Volke« (IV, 87). Bereits 1908 hatte Buber als Ausformung eines von einer Einheit zu einer Zweiheit über-
gehenden Weltverständnisses die Legende vom reinen Mythos
unterschieden. Der reine Mythos spiegelt so sehr die Einheit, daß
auch der Heros, der in ihm auftaucht, im Punkte des Gottes steht. Er
steht dem Gotte nicht gegenüber, sondern ist von dem Gotte gezeugt
und gesendet. Er ist nicht berufen. In der Legende hingegen kommt
eine Zweiheit und ein Gegenüber ins Spiel. »Der Gott der Legende
beruft den Menschensohn: den Propheten, den Heiligen.« Diesen
Gedanken beschließt dann der Satz: »Die Legende ist der Mythos
des Ich und des Du« (92, VI).

Man darf Bubers späterem Selbstverständnis sicher recht geben,
wenn er in diesem Text erste Keime für das dialogische Denken sehen
will (I, 297). Ohne Zweifel offenbart sich hier ein erster Ansatz zu
einer Überwindung des zwar einzelne Hinsichten klar herausarbei-
tenden Frühwerkes, dessen Gedanken aber dennoch nicht zu einer
inneren Einheit finden, durch eine neue und umfassendere Einsicht.
Der Ansatz liegt allerdings in einer tieferen Schicht als nur in der
verbalen, daß eben im Zusammenhang mit dem Mythos zum erstenmal
das Wort vom Ich und vom Du fällt.

7. Das Zwischenmenschliche

Eine eigenartige und mit dem bisher Erörterten in Spannung stehende Stellung nehmen in Bubers Frühwerk die Gedanken über die zwischenmenschliche Beziehung ein. Die ganze Weise Bubers zu denken
geht grundsätzlich vom Erleben und damit scheinbar vom Subjekt
aus, das streng nur als ein singulare tantum gedacht werden kann.
Aber Buber weiß doch gleichzeitig darum, daß die ganze Wirklichkeit

nur die Wirklichkeit aller ist. Deshalb durchziehen Gedanken über die Gemeinschaft das ganze Frühwerk. Dies beginnt bei dem Böhme-Aufsatz von 1901, bei Äußerungen, die zunächst die jüdische Volksgemeinschaft im Auge haben und die kleinen Kreise, in denen der junge Buber Gemeinschaft erlebte[62], und führt über die Sammlung »Die Gesellschaft« bis zu den beiden Schriften von 1919 »Worte an die Zeit«, die in der Gemeinschaft überhaupt den Ort der neuen Theophanie sehen.

Es gehört, wie wir sahen, zu den Grundeinsichten Diltheys, daß Sein als Leben eine »geschichtlich-gesellschaftliche Wirklichkeit«[63] sei. Aber intensiver noch als von seinem Lehrer Dilthey scheint Buber in diesem Gedanken von dem Freunde Gustav Landauer[64] bestimmt zu sein. Es ist bezeichnend, daß wir erste grundsätzliche Erwägungen in dieser Frage 1904 in einem Aufsatz über Landauer lesen. Buber referiert zustimmend Landauers Ansicht, es gebe eigentlich »keinerlei Individuen, sondern nur Gemeinschaften«. Individuum sei »eigentlich nur eine Metapher unseres Selbstbewußtseins« (58, 127). Es zeigt sich in dem Aufsatz deutlich, daß Buber diesen Gedanken Landauers sich ganz zu eigen macht. Er ist beeindruckt davon, daß Landauer diese Seite der Wirklichkeit sieht und darstellt: »das Zueinander und Ineinander« der Menschen (58, 128).

---

[62] Vgl. dazu etwa 17; 46; 62a; 200. Wie Hans Kohn berichtet, gehörte Buber um die Jahrhundertwende zusammen mit Landauer der »Neuen Gemeinschaft« der Brüder Hart an, in der er einen vielbeachteten Vortrag »Alte und neue Gemeinschaft« hielt (vgl. Kohn 29 und 293–294). Dieser Kreis und später der Kreis um den Verein Jüdischer Hochschüler Bar Kochba in Prag (vgl. IV, 661) sind unter anderen konkrete historische Orte, an denen Buber Gemeinschaft erlebte. Nach Kohn gehören auch Erfahrungen des Kindes mit chassidischen Gemeinschaften hierher.

[63] Dilthey I, 123–124.

[64] Gustav Landauer: Über ihn vergleiche Encyclopedia Judaica 10, 608–609. Geb. 7. 4. 1870 in Karlsruhe. 1892 Mitbegründer der Neuen Freien Volksbühne in Berlin. Zusammen mit seiner zweiten Frau, Hedwig Lachmann, gab L. eine Reihe von Übersetzungen heraus, u. a. eine freie Übertragung von Predigten des Meisters Eckhart (1903). 1906 gründete L. den »Sozialistischen Bund«, der einen gewandelten, auf die Person ausgerichteten und genossenschaftliche Ideen propagierenden Sozialismus vertrat. 1907 schrieb er auf Veranlassung Bubers das Werk »Die Revolution« (vgl. I, 892). 1918 trat L. als Minister für Volksaufklärung in die Regierung Eisner in München ein. Nach dem Sturz der Räteregierung wurde Landauer am 2. Mai 1919 von antirevolutionären Soldaten erschlagen. Buber war von L. zum Verwalter seines literarischen Nachlasses bestellt worden. Vgl. dazu Kohn, 29; 151; 195–205; 347–350. Für die Stellung des jungen Buber zu Landauer vgl. unter Bubers eigenen Schriften 58; 194; 199; 234; 271; 338. Zur Stellung des späten Buber zu der Landauerschen Sozialphilosophie vgl. I, 887 und 853; IV, 231 und 381.

Buber wird diesen Bereich, der sich als eine völlig neue Seite der Wirklichkeit zeigt, bald, nämlich im Vorwort zu der von ihm herausgegebenen Sammlung »Die Gesellschaft« (1906), das »*Zwischenmenschliche*« nennen. Nach Kohn ist dieses Wort eine Schöpfung Bubers[65]. Daß Buber überhaupt die Reihe »Die Gesellschaft« herausgibt, ist an sich schon ein Zeichen dafür, wie sehr er der aufstrebenden Bewegung der Soziologie verbunden ist[66]. Die Mitarbeiter der »Gesellschaft« sollten das Zusammenleben von Menschen in allen seinen Formen (72, X) erforschen. Dieses Zusammenleben aber ist das Zwischenmenschliche. Soziologie bestimmt Buber demgemäß als »Wissenschaft von den Formen des Zwischenmenschlichen« (72, XI).

Was aber ist dieses Zwischenmenschliche näherhin? Buber versteht es in dem genannten Vorwort als »das, was zwischen den Menschen geschieht, woran sie als an einem unpersönlichen Prozesse teilnehmen, was der Einzelne wohl als sein Tun und Leiden erlebt, aber diesem nicht restlos zurechnen kann« (72, X). Diese beschreibende Bestimmung ist offensichtlich zwiespältig. Sie trägt ein Problem in sich[67]. Denn einerseits wird das Zwischenmenschliche als ein unpersönlicher Prozeß bestimmt. Es ist eine Wirklichkeit, an der das Selbst teilhat, die es jedoch nicht restlos als seine Wirklichkeit verstehen kann. Andererseits hatte Buber bislang immer darauf bestanden, daß die im Erleben entspringende Wirklichkeit als heile, d. h. nicht entfremdete, ohne Rest sein müsse. Die Wahrheit kann nur die Wahrheit der Beziehung des Einzelnen sein. Mit dieser Feststellung beschließt Buber sogar seine Einleitung in die »Gesellschaft« (72, XIV).

Wie aber können beide Hinsichten, das Zwischenmenschliche und die Wirklichkeit, die nur Wirklichkeit des Einzelnen ist, zusammen gedacht werden? An sich müßte die in der beschreibenden Bestimmung des Zwischenmenschlichen verborgene Dialektik dazu führen, daß nun die Frage gestellt würde, ob nicht vielleicht und wie das Andere als *der* Andere je zur ganzen Wirklichkeit gehöre und das

---

[65] *Kohn* 89. Vgl. aus dem gleichen Jahr 1906: »Es geschieht nichts zwischen den Menschen. Die Worte gehen nicht von Seele zu Seele, sondern von den Lippen ins Leere« (74, 45).

[66] An der »Gesellschaft« arbeiteten unter anderen mit: Arthur Bonus, Landauer, Mauthner, Franz Oppenheimer, Wilhelm Schäfer, Simmel, Sombart und Tönnies. Vgl. dazu *Kohn* 89.

[67] Buber hat das später selbst bemerkt. Vgl. dazu jetzt I, 269.

Selbst erst zu sich selbst bringe. Allein der Buber des Jahres 1906 stellt diese Frage noch nicht. Vielmehr wird die Frage durch Beschreibungen des Zwischenmenschlichen wie »Synthese des ineinander verschlungenen, aneinander Gegensatz und Ausgleich findenden Tuns und Leidens zweier oder mehrerer Menschen« und »Wechselwirkung«, deren »Funktion« das Zwischenmenschliche ist, zugedeckt (a. a. O.)[68]. Der Verstehenshorizont des jungen Buber ist bei allem Interesse für das Phänomen, das die Soziologie zu untersuchen unternimmt, noch nicht der der dialogischen Frage. Obwohl die dialogische Frage in der Bestimmung des Zwischenmenschlichen keimhaft angelegt scheint, wird Sein vorerst rein monologisch verstanden, wofür schon die Art und Weise, in der Buber in seinem Böhme-Aufsatz Feuerbach zitierte, bezeichnend war: »Feuerbach will die Einheit, von der er spricht, auf die Realität des Unterschiedes zwischen Ich und Du gestützt sehen. Wir aber stehen heute Böhme näher als der Lehre Feuerbachs, dem Gefühle des heiligen Franziskus, der Bäume, Vögel und Sterne seine Geschwister nannte und noch näher dem Vedanta« (29). Das transzendentale Subjekt ist die Kollektivität. Der Einzelne erlebt sich als *Teil* des Ganzen des Gesellschaftsprozesses. So kann man zwar nicht von einer Sozialseele, wohl aber doch von so etwas wie einem Subjekt jenes Prozesses, der das Zwischenmenschliche ist, reden (72, XII–XIII).

Das transzendentale Subjekt, für das Wirklichkeit wirklich ist, ist so mehr oder minder das »große Wir« der Jugendbewegung[69], in dem der Einzelne als in dem eigentlichen Sein aufgeht. Dieses sieht Buber zwar im ganzen geschichtlich. Es ist das größere Wir der je neuen Kultur, der je neuen religiösen Erhebung. Aber es hat sozusagen in sich selbst keine Geschichte. Die Geschichtlichkeit bleibt ihm äußerlich.

Insofern das Eigentliche immer nur das Ganze ist, gibt es aller-

---

[68] Dazu, daß Buber dabei von Simmel beeinflußt ist, vgl. *Kohn* 89.

[69] Vgl. dazu schon 1904: »Du sollst dich nicht vorenthalten« und »Blutwärme des Miteinanderseins« (205). Ebenso 147, 1–2 »... daß sein Herz nicht mehr dem Herzschlag einer lebendigen Gemeinschaft einstimmte, sondern dem Willkürakt seiner abgesonderten Wünsche folgte; daß er von dem wahren Menschleben, von dem Miteinander- und Ineinanderleben der Menschen in heiliger Volksgemeinde ausgeschlossen war«. In dem Gespräch zwischen dem Jugendführer und dem Knaben (1918) heißt es: »Du sagst es, doch nicht ganz so, wie ich es mir denke. Ich denke mir, ich will es wohl für mich, aber das ist ein ganz anderes Mich, als was ich sonst so nenne, ein ... größeres ... und da drin bin ich nicht allein ...« (IV, 694). Aus dem Daniel vgl. I, 50–51. I, 32 ff. erscheint die Gestalt des Daniel wie der überlegene, beinahe göttliche Führer der Jugendbewegung.

Bernhard Casper

dings auch hier wahres Sein und entfremdetes Sein. Die Doppelung von verwirklichendem und orientierendem Dasein findet sich auch auf der Ebene des großen Subjekts der Gemeinschaft wieder. Entfremdete Wirklichkeit ist nach dem jungen Buber, der hier wiederum stark im Gefolge Landauers steht[70], z. B. die Wirklichkeit des Staates. Besonders in dem Programm von 1919 »Worte an die Zeit« nimmt Buber hier die Tönniessche Unterscheidung von Gemeinschaft und Gesellschaft auf. Das abgelöste Denken hat den Wesenswillen zur Willkür zersetzt und so die Gemeinschaft zum Staat mechanisiert wie die religiöse Einung zur Kirche, die Kameradschaft zum Verein, die Dorfgemeinde zum Glied eines Verwaltungsapparates usw. (*196*, 16–17; *205*). Darin kehrt nur auf anderer Ebene das Anliegen der Unmittelbarkeit und Eigentlichkeit des Erlebens wieder. Man muß sich freigeben an die Unmittelbarkeit des Miteinanderlebens, damit dieses heil werde; Wirklichkeit, die nicht hinter sich selbst zurückbleibt (vgl. I, 32; *184*, 345; *188*, 100)[71]. Die Menschen sollen sich, so verlangt Buber 1919, um die Gemeinden, denen sie angehören, kümmern »wie um ihre Liebschaften und Freundschaften ... in ihren innigsten Augenblicken« (*196*, 21).

So verstanden, wäre das Zwischenmenschliche nur ein Bereich unter vielen möglichen, in denen das heile Dasein sich ereignen kann. Es wird in zunehmendem Maß im Denken des jungen Buber allerdings mehr als nur dies. Denn das Zwischenmenschliche, diese Erkenntnis wächst immer mehr, ist ja die größere Wirklichkeit überhaupt, d. h. die umfassendste für das als Realpsychologie angelegte Denken greifbare Wirklichkeit, die deshalb alle andere Wirklichkeit fundiert. Erleben findet seine eigene größere Wirklichkeit in der Wirklichkeit des Wir. Der Mensch ist »die Kreatur, in die das göttliche Bild des Allseins ... als Anlange getan worden ist« (*195*, 5). Dieses Allsein aber verwirklicht sich vor allem im großen Wir der Gemeinschaft. Deshalb rückt für Buber das heile Dasein überhaupt immer mehr mit dem heilen Zwischenmenschlichen zusammen. Das Heilige ist in zunehmendem Maße nicht mehr dies oder jenes, sondern es ist das »Einander« (*196*, 7 und 13; *138*, 240), und das Verlangen nach Gott ist nichts anderes als das Verlangen nach Gemeinschaft (*196*, 17).

---

[70] Vgl. dazu *199*, 286 und *Kohn* 202–205.
[71] An der russischen Revolution begrüßte Buber u. a. die »Unmittelbarkeit des Russen, die zwischen Mensch und Mensch Gemeinschaft stiftet« (*184*, 345).

Buber trifft sich hier in etwa mit der These der gleichzeitigen amerikanischen Religionspsychologie, die »religion as social immediacy« erklärt[72].

Landauer mit seiner Forderung nach Erneuerung der Gemeinschaft wird für Buber nach dem ersten Weltkrieg zu einem neuen Bußrufer in der Wüste (199, 283). Denn die Theophanie, die sich in der Frühzeit der Völker in Wettergesichten und Wachträumen ereignete und später in der Gestalt des weltüberwindenden Meisters, kann sich jetzt nur noch als die Verwirklichung wahrer Gemeinschaft ereignen. Das Göttliche: »... endlich senkt es sich in das Mögliche ein, das zwischen den Wesen webt, will sich nur noch aus dessen Verwirklichung, aus der wahren Gemeinschaft offenbaren« (196, 26 vgl. IV, 92 und 119–120). Bedenkt man, daß Buber noch 1911 dafür hielt, die »absoluteste Verwirklichung der Religiosität« müsse die Gemeinschaft mit anderen negieren, so wird deutlich, wie sehr sich die Akzente verschoben haben.

Dennoch scheint es mir wichtig, zu sehen, daß dieser ganze 1919, also unmittelbar vor der dialogischen Wende geschriebene Entwurf der »Worte an die Zeit« im Grunde noch ganz von der alten Konzeption ausgeht: Wirklichkeit gründet im Erleben. Dieses ist heil, wenn es unmittelbar ist. Nur steht jetzt nicht mehr das einzelne Selbst im Vordergrund, sondern die Wirklichkeit des Zwischenmenschlichen. Zur Unmittelbarkeit dieses »großen Selbst« gehört es, daß zwischen den Einzelnen »die Schleier einer von der Zwecksucht eingegebenen Begrifflichkeit, die den Einzelnen nicht als Person, sondern als Gattungsmitglied, als Staatsbürger, als Klassenangehörigen erscheinen lassen, hinweggezogen sind und sie zueinander als Einzige und Alltragende kommen ... Je reiner die Unmittelbarkeit, um so wahrer erfüllt sich die Gemeinschaft« (195, 8).

Die Fragestellung steht zwar schon in nächster Nähe zu der dialogischen Wende und bildet tatsächlich so etwas wie eine Brücke zu »Ich und Du«, das beim mündlichen Vortrag zunächst den Titel »Religion als Gegenwart« trug[73]. Der eigentliche Durchbruch zu dem dialogischen Horizont des Verstehens ist aber noch nicht erfolgt. Dies wird am ehesten deutlich in dem seltsamen, nicht weiter bedachten

---

[72] Vgl. *George Albert Coe*, Psychology of Religion, Handbooks of ethics and religion, 246.

[73] Vgl. dazu jetzt: Rivka Horwitz. Buber's way to »I and Thou«. Heidelberg 1978.

Bernhard Casper

Paradox, daß die Vereinigung zwischen solchen geschehen soll, die als »Einzige und Alltragende« zueinander kommen.

Der vordialogische Status der Frage wird auch darin deutlich, daß am Ende des Programms die Gemeinschaft im Gottwollen gegründet wird: »Erst wenn die Menschen wollen werden, daß Gott sei, werden sie die Gemeinschaft tun. Die letzte Not ruft das Gottwollen, den Geist der Wende« (196, 26).

Es ist ein letztes Mal der ekstatische Akt, in dem das Selbst sich selbst, vielmehr das große Selbst, d. h. Gott und darin Gemeinschaft, verwirklicht.

Andererseits ist mit dem Zwischenmenschlichen jedoch der Bereich genannt, in dem der neue Horizont des Verstehens erscheinen wird.

8. Der geschichtliche Ort des Frühwerkes Bubers

Sieht man das, was wir bisher darlegten, zusammen, so mag gefragt werden, an welchem geschichtlichen Ort denn nun das Frühwerk Bubers stehe. Eine Antwort auf diese Frage ist deshalb schwierig, weil das Frühwerk Bubers, wie wir bereits ausführten, in keiner Weise einen systematischen Charakter trägt. Es ist vielmehr durch und durch essayhaft. Es ist nicht zu einer durchgehenden inneren Einheit zusammengewachsen, sondern besteht aus mehreren, in verschiedenen Bewegungen des Denkens entstandenen Schichten, die mehr oder minder unverbunden nebeneinander- und übereinanderliegen.

Eine Landschaft solcher Art findet die Orte ihrer Einheit allenfalls außerhalb ihrer selbst. Und es scheint, als ob das reiche und vielschichtige Frühwerk Bubers am ehesten auch so bestimmt werden könne. Wir sahen, daß das Denken des jungen Buber grundsätzlich in den Kontext der Lebensphilosophie gehört. Dilthey erscheint als Bubers Lehrer. Nietzsche war der Stern erster Größe, der auf das Frühwerk Bubers Einfluß gewann. Die Verwandtschaft mit Simmel und Bergson ist immer wieder vermutet worden[74]. Man muß jedoch, will man auf den Boden der Probleme kommen, die das Denken des jungen Buber bewegen, noch weiter zurückgehen. Es kann nämlich gar kein Zweifel bestehen, daß sich die Gedanken des jungen Buber,

---

[74] Vgl. *Kuhn* in A 551 ff. Kaplan vermutet A 239 die Beeinflussung durch Bergson, ohne jedoch genauere Angaben zu machen.

so sehr sie auch der Lebensphilosophie zugehören, letztlich doch auf dem Felde des Denkens bewegen, das durch *Kant* eröffnet wurde. Kant ist der hintergründige Ort der Einheit, in dem das vielschichtige Gelände des Frühwerkes Bubers liegt. Das geht schon daraus hervor, daß ja auch Dilthey, der für Buber überragende Denker unter den Lebensphilosophen, sich zwar einerseits als Korrektiv Kants und des Deutschen Idealismus verstand, andererseits aber dennoch darum wußte, mit entscheidenden Grundeinsichten auf dem Boden Kants zu stehen. Auch nach Dilthey ist »alle Wissenschaft Erfahrungswissenschaft« und alle Erfahrung hat »ihren ursprünglichen Zusammenhang in den Bedingungen unseres Bewußtseins«[75]. Und wenn Dilthey auch meint, daß »Vernunft als bloße Denktätigkeit« ein verdünnter Saft sei und nicht das wirkliche Blut des Lebens, das in den Adern des erkennenden Subjekts fließe[76], so weiß er doch darum, daß auch sein, sich nicht auf Vernunft als bloße Denktätigkeit beschränkendes, sondern als »Realpsychologie« angelegtes Denken von den Bedingungen des transzendentalen Subjekts ausgehen muß: »Wir bezeichnen diesen Standpunkt, der folgerecht die Unmöglichkeit einsieht, hinter diese Bedingungen zurückzugehen ... als den erkenntnistheoretischen; die moderne Wissenschaft kann keinen anderen anerkennen.«[77]

Die Philosophie Diltheys bleibt, wenn auch um die Einsicht in die Lebensfülle und die Geschichtlichkeit des transzendentalen Ego angereichert, zunächst auf dem Boden Kants. Sein ist Erscheinung in den Bedingungen des transzendentalen Subjekts. Und auf diesem Boden steht der frühe Buber mit Dilthey. Dafür sprechen nicht nur das ausdrückliche, in voller Klarheit im Spätwerk formulierte Selbstverständnis Bubers (I, 825)[78] und seine Bemerkung in den autobiographischen Fragmenten, Kants Prolegomena seien ihm noch vor den Universitätsjahren zu der entscheidenden Lektüre geworden, die ihm die philosophische Freiheit geschenkt habe (B 17–18), sondern man kann das durchaus auch an einer ganzen Reihe von einzelnen Zügen des Frühwerkes zeigen. Wirklichkeit ist in ihrer reinen Form »Parthenogenese der Seele« (*211*, 6), d. h. Entwurf des tran-

---

[75] *Dilthey* I, XVII.
[76] *Ditlhey* I, XVIII.
[77] *Dilthey* I, XVII.
[78] »Wir dürfen uns nicht verhehlen, daß wir heute auf den Trümmern des Hochbaus stehen, dessen Söller Kant errichtet hat.« Vgl. auch I, 310 ff., 540 ff. Zu Bubers früher Beschäftigung mit Humes »Essay on human understanding« vgl. *Peyerl* 15.

Bernhard Casper

szendentalen Subjekts. Das transzendentale Subjekt ist rein da, d. h. heil, insofern es ohne sich etwas von sich selbst vorzuenthalten im Er-lebnis ist, das insofern vor jeder Erfahrung steht und alle Erfahrung erst fundiert. Erfahrung ist so, wie bei Kant, das Abkünftige, schon durch die Formen und Gesetze des transzendentalen Subjekts Bearbeitete (I, 22) und damit Beherrschte, in die Kette der Kausalität Eingestellte. Konsequenterweise erscheint das Unbedingte dann als das transzendentale Subjekt, das sich selbst Gesetz ist, von Buber freilich verstanden als der Einzelne, der sich selbst Gesetz wird (vgl. 76; IV, 74 und 77, 273). Gott erscheint in der Unbedingtheit des sich verwirklichenden Selbst[79]. Er ist die oberste Einheit des Handelns und insofern durchaus wie bei Kant jener Punkt, der dem Abschluß der Ethik dient, wenn Buber auch nicht von Postulat und Idee spricht.

Ist so geklärt, daß der Grundriß des Kantischen Gedankens für den jungen Buber durchaus bestimmend ist, so darf andererseits doch nicht übersehen werden, daß und welche neuen Einsichten und Hinsichten sich auf diesem Grunde ansiedeln und das Gelände langsam für den Übergang in eine neue Landschaft vorbereiten.

Sein ist Erscheinung. Und Wirklichkeit Parthenogenese der Seele. Aber diese Wirklichkeit ist, gerade insofern sie wirklich ist, nicht wirklich ein für allemal, sondern je wieder. Das heißt, die sich im Spätidealismus vorbereitende Einsicht in die *Geschichtlichkeit* der Wirklichkeit, die dann das Denken Diltheys bewegt und es als ein System sprengt, bestimmt und modifiziert von vorneherein auch im Werk des jungen Buber die kantische Grundanlage.

Mit dem geht einher das zuweilen rauschhafte Empfinden, die Wirklichkeit sei im ganzen eben nicht nur rational, Vernunft als bloße Denktätigkeit, sondern *Leben*, ein irrationales Ganzes aus Denken, Wollen und Fühlen – Tat -: ein Gedanke, der sich wie der Gedanke der Geschichtlichkeit bis zur Romantik, zu Schleiermacher und schließlich bis in die theologischen Jugendschriften Hegels hinein zurückverfolgen läßt[80]. Er tritt zu Beginn des 20. Jahrhunderts nur in neuer Stellung und, bei Buber besonders, modifiziert durch das Werk Nietzsches hervor.

---

[79] Vgl. dazu auch *Simmel*, Die Religion 1,41: Gott ist dasjenige, »was wir allerdings das Absolute in unserer Seele nennen können«. Vgl. dazu *109*, 206: das Absolute »ein als Gott empfundener Seeleninhalt«.

[80] Vgl. Der Geist des Christentums und sein Schicksal, *Nohl* 278. Dafür, wie Buber Schleiermacher mit der eigenen geschichtlichen Situation zusammenordnet, vgl. III, 49.

Dieses Ganze des Lebens, mag es auch alle Rationalität transzendieren, muß aber nun dennoch ganz *diesseitig* gedacht werden. Absolute Diesseitigkeit, das ist die Forderung, unter der alles Denken und so besonders auch das Bedenken der »Religion« steht. Feuerbachs Kritik der Religion, verbunden mit dem Bestimmendwerden der Naturwissenschaften für das Leben der Wissenschaften, hatte dahin gewirkt, daß der Gedanke der Transzendenz, so wie ihn noch das 18. Jahrhundert verstanden hatte und wie ihn, seiner schulphilosophischen Objektivierung, Kant kritisiert hatte, gänzlich verblaßt und zum schlechthin Unwirklichen abgesunken war. Man kann Bubers frühe Versuche, das religiöse Verhältnis zu denken, überhaupt nur von dieser kategorischen Forderung aus verstehen, dabei ganz diesseitig zu bleiben. Das religiöse Verhältnis mußte sich, wenn es sich überhaupt zeigen sollte, als wirkliches, d. h. ganz diesseitiges, als in diesem unseren Weltzusammenhang zu fassende Wirklichkeit zeigen[81]. Buber steht auch hier in einem Traditionsstrom, der, vom Deutschen Idealismus[82] herkommend schließlich zu dem Historismus Diltheys führt, für den die Forderung nach der absoluten Diesseitigkeit konstitutiv ist. Auch Religion kann, wenn überhaupt als wirklich, dann nur diesseitig verstanden werden, d. h. aber vom Subjekt und seinem geschichtlichen Erleben her[83].

Dies bedeutet konsequenterweise dann, daß Religion in ihrer reinen Form eigentlich nur als *Religiosität* verstanden werden kann, wie dies im Grunde ja bereits von Kant gefordert worden war. Das Wort »Religion« kennzeichnet deshalb bei dem jungen Buber gegenüber Religiosität immer schon das starr gewordene Gehäuse des Eigentlichen: die Institution, die das wirkliche Leben verstellt, erstickt und sich selber entfremdet[84]. Aus der Forderung nach der absoluten Diesseitigkeit entspringt schließlich die Ablehnung der Askese als einer Verwirrung und die Ineinssetzung von Religiosität und *Weltfreudigkeit*, die der junge Buber im Chassidismus zu finden glaubte (vgl. *138*, 250).

---

[81] Vgl. wie Buber sehr früh gerade die Diesseitigkeit an Nietzsche schätzt (9) und wie er später auch in der Darstellung des Chassidismus herausarbeitet, daß die Chassidim die Welt des Heiles »niemals ein Jenseits nannten« (III, 22).

[82] Vgl. schon das Systemprogramm: »... und weder Gott noch Unsterblichkeit außer sich suchen dürfen« (*Hölderlin* IV, 310).

[83] Vgl. *Dilthey* V, 18; VII, 151; VIII 190 ff. und 196–198.

[84] Vgl. etwa *92*, II; I, 40 und 109. Nur an wenigen Stellen hat Religion die Bedeutung des Eigentlichen, so *195*,7.

Die göttliche Wirklichkeit gewinnt in der ganz diesseitig gedachten Religiosität sowohl als das Absolute der Entscheidung wie als das irrationale Ganze für Buber Farbe und Struktur.

Ein letzter neuer Zug kommt dabei in jene auf dem durch Kant eröffneten Felde sich erhebenden Denkversuche durch die Erfahrung der *Gemeinschaft*. Seit der Mitte des 19. Jahrhunderts ist diese Erfahrung aus dem Denken nicht mehr wegzudenken. Für den jungen Buber ist der Gedanke freilich nicht so sehr durch Marx vermittelt, als vielmehr durch Feuerbach und noch konkreter: durch den Sozialismus Landauers und durch die Verbundenheit mit dem soziologischen Denken, vor allem dem Simmels. Es ist jedoch bezeichnend, daß das Bedenken des »Zwischenmenschlichen«, so wie es sich zunächst soziologisch-psychologisch vollzog, noch nicht zu einer neuen Einheit der nur nebeneinander liegenden Schichten des Buberschen Denkens führte. Von der späteren Einheit des dialogischen Denkens aus gesehen, sind diese Schichten, einschließlich der Schicht der frühen Versuche über das Zwischenmenschliche, vielmehr nur das Material, das des neuen, es aufnehmenden und über es richtenden Gedankens harrt.

In sich spiegelt das Frühwerk Bubers, bei aller Tiefe und Bedeutsamkeit einzelner Erkenntnisse, doch auch die Unsicherheit im ganzen und den Mangel des *einen* einenden Gedankens. Die dialogische Grundeinsicht konnte sich deshalb auch nicht direkt aus der Pluralität der nebeneinander herfließenden Gedankenströme des Frühwerks entwickeln. Um sie zu erreichen, bedurfte es einer fundamentaleren Wende.

Zweiter Teil
Das dialogische Denken

Erster Abschnitt
Franz Rosenzweigs Neues Denken

Vorbemerkung

Wir haben unsere Untersuchung mit einer Übersicht darüber begonnen, wie das religiöse Verhältnis sich im Frühwerk Martin Bubers zeigt: als ekstatische Religiosität des Selbst, das als einzelnes Selbst oder als das große Selbst der Gemeinschaft verstanden wird. Diese Übersicht war nicht nur deshalb notwendig, weil sie uns einen gewissen Einblick in die durch Nietzsche und den lebensphilosophischen Historismus geschaffene geistige Lage zu Beginn unseres Jahrhunderts gewährte. Sondern sie war notwendig vor allem deshalb, weil ohne die Kenntnis der Gedanken des Frühwerkes Bubers kaum begriffen werden kann, wie sehr für Buber selbst der sich in dem 1923 veröffentlichten Werk »Ich und Du« zeigende Gedanke etwas Neues war. Die Übersicht über das Frühwerk war überdies notwendig, weil ohne sie die Stellung Bubers in dem Kreis der dialogischen Denker selbst kaum begriffen werden kann.

Wie unsere ganze Untersuchung zeigen wird, war Buber mit »Ich und Du« nämlich durchaus nicht der erste, der den entscheidenden Gedanken des dialogischen Seinsverständnisses äußerte. Rosenzweig und Ebner gehen ihm darin vielmehr voraus. Sie sind, was die philosophische Kraft des Gedankens angeht, deshalb, weil der dialogische Gedanke sozusagen ihr erster ausgearbeiteter Gedanke ist, auch ursprünglicher als Buber, der zunächst in dem von Dilthey geprägten Denken zu denken gelernt hatte. Aus dieser Einsicht, die sich erst aus dem Fortgang unserer Untersuchung rechtfertigen wird, beginnen wir die Erörterung des dialogischen Denkens selbst mit einer Erörterung des philosophisch in sich geschlossenen Werkes Franz Rosenzweigs und gehen dann zu der Erörterung des genialen, aber fragmentarisch und inchoativ gebliebenen Werkes Ferdinand Ebners über. Erst daran wird sich die Erörterung des dialogischen Werkes Bubers anschließen können.

Mit Franz Rosenzweig begegnet uns nun freilich ein Denker, der sich in seinem Denken von dem, was für Martin Buber typisch ist, sehr unterscheidet. Ist Bubers œuvre farbig und bunt, sich in einzelnen nicht immer miteinander verbundenen Schichten entwickelnd, offen und immer auf Einläßlichkeit bedacht, so ist das Werk Franz Rosenzweigs zwar voller Welt, aber in seiner Gedankenführung doch streng und in sich geschlossen. Der ganze Unterschied zwischen Rosenzweig und Buber wird sich erst im Laufe der Untersuchung herausstellen können. Es sei hier jedoch vorausschauend auf ihn hingewiesen, da durch ihn deutlich wird, daß die im Nachvollzug zu gewinnende Erörterung des Rosenzweigschen Denkens, die uns in die Mitte des dialogischen Denkens selbst hineinführen soll, einen anderen Charakter haben muß als die bisherige Darlegung des Frühwerkes Bubers. Anders als bei dem Frühwerk Bubers dürfen wir bei der Erörterung des Rosenzweigschen Denkens von vorneherein darauf ausgehen, den *einen* entscheidenden Gedanken zu finden, aus dem sich das ganze »neue Denken« Rosenzweigs entfaltet. Geschichtliche Umstände müssen dabei erwähnt werden. Aber nur so weit, als dies dem besseren Verständnis der inneren Anlässe des einen Gedanken Rosenzweigs dient.

1. Anlässe und Ursprünge
Der Leitfaden: Die Frage nach der Offenbarung

Wer Franz Rosenzweigs Denken aus seinen Ursprüngen und Anlässen heraus verstehen will, muß sich die geschichtliche Situation vergegenwärtigen, in der Rosenzweig zu denken begann.

Franz Rosenzweig wurde am 25.12.1886 in Kassel geboren[1]. Seinem Geburtsjahre nach gehört er also der Generation Jaspers (1883) und Heideggers (1889) zu. Vom Sommer 1905 an studierte Rosenzweig Medizin: in Göttingen, München und schließlich vom Herbst 1906 an in Freiburg. Die geistige Atmosphäre, in die der junge Rosenzweig in Freiburg geriet, hat einerseits Victor von Weizsäcker eindringlich beschrieben[2]. Andererseits bieten Friedrich Meineckes

---

[1] Zu Rosenzweigs Leben vgl. die ausführliche Biographie von *Nahum Norbert Glatzer*, Franz Rosenzweig, His Life and Thought (New York ²1961). Außerdem die tabellarische Übersicht GS 1/1 1333–1334.
[2] Natur und Geist, Erinnerungen eines Arztes (Göttingen ²1955) 1–35.

Lebenserinnerungen[3] einen wertvollen Einblick in die Welt, in der Rosenzweigs Weg zur Philosophie begann. Es ist für diesen Weg von vorneherein wichtig, daß er nicht im Bereich der philosophischen Fakultät beginnt, sondern im Bereich der Naturwissenschaften. Rosenzweig weist auch darin eine gewisse Verwandtschaft mit dem Mediziner Jaspers und selbst mit Heidegger auf, der, wie das Freiburger Universitätsarchiv ausweist, nach dem Abbruch seiner theologischen Studien beinahe nur naturwissenschaftliche Vorlesungen belegte und bis zu seiner Promotion in der naturwissenschaftlich-mathematischen Fakultät eingeschrieben war. Die naturwissenschaftliche Forschung, in die der junge Rosenzweig in Freiburg hineingeriet, war jedoch von vorneherein auch von philosophischen Interessen bestimmt. Rosenzweigs und v. Weizsäckers gemeinsamer Lehrer der Physiologie, Johannes v. Kries, teilte seine Arbeit »zwischen Philosophie und Physiologie«, wobei philosophisch für v. Kries »der Kompaß eine durch Kant unterbaute, doch selbständig von ihm fortgeführte Erkenntnistheorie der exakten Naturwissenschaften« war[4]. Unmittelbar vor dem Ende des ersten Jahrzehnts unseres Jahrhunderts wurde hier ein letztes Mal mit Anstrengung der Versuch unternommen, Natur- und Geisteswissenschaften in einer Einheit zusammenzuhalten; nicht durch v. Kries allein, sondern auf andere Weise in der philosophischen Fakultät, die im übrigen noch bis 1911 die Naturwissenschaften als naturwissenschaftlich-mathematische Abteilung in sich enthielt, auch durch Heinrich Rickert.

Es wundert uns deshalb nicht, zu hören, daß der Mediziner Rosenzweig bereits in seinem ersten Freiburger Semester (1906/07) an einem Seminar über Kants Kritik der reinen Vernunft bei Jonas Cohn teilnimmt (GS 1/1, 62). Freilich betrachtete Rosenzweig das Medizinstudium überhaupt mehr als eine Probe und den Erweis dem Elternhaus gegenüber, daß er für ein Brotstudium tauge[5]. Und es erscheint deshalb einigermaßen konsequent, daß er, einem Plan zufolge, den er bereits im Februar 1906 hegte[6], nach dem Physikum ganz in die philosophische Fakultät überwechselt, die Fakultät der Freiburger »Südwestdeutschen«. Rosenzweig hat sich später ausdrücklich dazu bekannt, in die Südwestdeutsche Schule gegangen zu sein[7].

---

[3] Straßburg, Freiburg, Berlin. 1901–1919. Erinnerungen (Stuttgart 1949).
[4] Vgl. *v. Kries* 29–56; außerdem *v. Weizäcker* 8 und 15.
[5] Mitteilung von Frau Edith Scheinmann-Rosenzweig.
[6] Vgl. Tagebuchaufzeichnung vom 12.2.1906 bei Glatzer 7.
[7] Vgl. GS 1/1, 302. Im einzelnen belegte Rosenzweig während seines Studiums an der

Nach dem Plan vom Frühjahr 1906 und womöglich auch unter dem Eindruck der überragenden Gestalt Friedrich Meineckes wendet sich Rosenzweig innerhalb der philosophischen Fakultät jedoch zunächst dem Studium der Geschichte zu. Er betrachtet sich selbst zunächst als einen Historiker (GS 1/1, 98 f.). Wobei freilich gerade hier, im Ausgang von der Geschichte, der wirkliche Anfang seines Philosophierens liegt. Denn dem Historiker des Jahres 1909 ging es bei der Erforschung der Geschichte nicht einfach nur um die Erhebung der Daten. Sondern die Geschichtswissenschaft war im Zeitalter des Historismus die Wissenschaft von dem menschlichen Leben im ganzen geworden, der eben das Material der Geschichte, das Material zur Erforschung der menschlichen Wirklichkeit im umfassenden Sinn wurde. So stand sie der Naturwissenschaft gegenüber. Die Geschichtsforschung hatte im Zeitalter des Historismus begonnen, gegenüber der Fachphilosophie, die ganz auf die Erkenntniskritik abgedrängt zu sein schien, die blutvollere, lebendigere Philosophie zu werden. Ein Beispiel dafür, wie sehr diese Art geschichtsschreibender Philosophie zunächst noch in den Gedankengängen eines Neoidealismus befangen war, mag uns Rosenzweigs Referat zeigen, das er 1909 auf einer Tagung von Doktoranden und angehenden Dozenten der Geschichte und Philosophie der Universitäten Freiburg, Heidelberg und Straßburg in Baden-Baden hielt. V. Weizsäcker schreibt darüber: »Soviel ich erinnere entwickelte Rosenzweig eine Geschichtskonstruktion der Gegenwart, in der mit hegelisch-dialektischer Methode das 17., 18. und 19. Jahrhundert gleichsam als Thesis, Antithesis und Synthesis vergewaltigt wurde.«[8] Freilich führte das Studium bei

philosophischen Fakultät nach Ausweis des Freiburger Universitätsarchivs folgende Vorlesungen: 1908/09: v. Below (Deutsche Verfassungsgeschichte vom Ausgang des Mittelalters bis zur neuesten Zeit), Meinecke (Europäische Geschichte seit dem Wiener Kongreß); 1909: Meinecke (Europäische Geschichte), Kantorowicz (Rechtsphilosophisches Kolloquium); 1909/10: Meinecke (Allgemeine Geschichte im Zeitalter der Reformation und Gegenreformation), Vöge (Die Entwicklung der französischen Plastik vom 12. bis 14. Jh. und die gotische Architektur), Kantorowicz (Rechtsphilosophisches Seminar); 1910: Meinecke (Allgemeine Geschichte im Zeitalter der französischen Revolution und der Befreiungskriege). Leider läßt sich anhand der Freiburger Archivalien nicht feststellen, an welchen Seminaren, für die keine Gebühren erhoben wurden, Rosenzweig teilnahm, und erst recht nicht, welche Vorlesungen Rosenzweig hörte, ohne sie belegt zu haben. Aus Rosenzweigs Briefen geht jedoch hervor, daß er offensichtlich Cohn weiter hörte (GS 1/1, 88) wie auch aktiv an Seminaren bei Rickert teilnahm (GS 1/1, 89 u. 339). Heidegger nahm einige Jahre später an den Rickertschen Seminaren teil. Angesichts Rickerts bekennt sich Rosenzweig GS 1/1, 306 als »Südwestdeutscher Schüler«.
[8] *v. Weizäcker* 26.

Meinecke, dessen Forschung ja gerade durch das Licht des »Individualitätsgedankens«[9] bestimmt wurde, Rosenzweig bald von dieser anfänglichen Konzeption weg. Rosenzweigs Dissertation »Hegel und der Staat«, die er bei Meinecke anfertigte, ist ein Musterbeispiel des Vordringens zu dem, was Rosenzweig 1911 in einem Brief die »intensive historische Universalität« nennt (GS 1/1, 117). Nach dem Programm, das Dilthey 1899 für die Preisaufgabe der Preußischen Akademie aufgestellt hatte[10], schreibt Rosenzweig die Geschichte der Hegelschen Staatslehre so, daß in dem Kunstwerk der Biographie das Äußerste des Hegelschen Staatsdenkens und damit zugleich das Staatsverständnis der Epoche sichtbar wird[11]. »Der Prozeß eines Werdens schließt sich zum Ring eines Seins. Am Anfang standen die Entwicklungswehen einer Menschenseele, am Ende steht Hegels Staatsphilosophie« (H II, 188). Das Kunstwerk der Biographie leistet das Verständnis des Hegelschen Staatsdenkens bis zum Äußersten: die Erhebung der intensiven historischen Universalität – der freilich dann, 1911 noch kaum als Frage erkannt, die extensive historische Universalität gegenübersteht. Wie Richard Kroner sehr früh gesehen hat, ist die Methode, die Rosenzweig in seinem Erstlingswerk anwendet, in der Tat weitestgehend die Methode Diltheys[12], die – modifiziert – eben ja auch die Methode Meineckes war[13].

Als eine wichtige Frucht erwächst für Rosenzweig aus der Arbeit an seiner Dissertation, in deren Verlauf er 1913 in der Königlichen Bibliothek zu Berlin das »Älteste Systemprogramm des Deutschen Idealismus«[14] entdeckt, freilich andererseits die intensive Vertraut-

---

[9] Vgl. dazu etwa *Meinecke* IV, 202.

[10] »Die Entwicklungsgeschichte des Hegelschen Systems soll mit Benutzung der auf der Königlichen Bibliothek zu Berlin befindlichen Manuskripte Hegels dargestellt und historisch verständlich gemacht werden …« (*Dilthey* IV, VI).

[11] Reflexionen über die Methode der Biographie siehe später bei Rosenzweig GS 1/1, 144 ff. Bei *Dilthey* vgl. VII, 246 ff.

[12] Vgl. *Kroner* 18. Daß Rosenzweig 1908 und 1910 auch an den damals in Diltheys Wohnung stattfindenden Seminaren teilnahm, über die E. *Schramm* (Zeitschrift für Religions- und Geistesgeschichte, Köln 7 [1955] 355 ff.) berichtet, ist unwahrscheinlich. Nach Auskunft von Frau Edith Scheinmann-Rosenzweig erwähnt Rosenzweig zwischen 1907 und 1910 Dilthey in den Tagebüchern nirgends. Die Berliner Testierbücher enthalten keinen Hinweis auf Dilthey (Mitteilung von Prof. N. N. Glatzer).

[13] Für das Verhältnis Diltheys und Meineckes zueinander vgl. *Meinecke*, Straßburg, Freiburg, Berlin 102 und Werke IV, 17 und 358 ff. Die Eigenart der Meineckeschen Methode hat Eberhard Kessel in Meinecke, Werke IV, VIII bis IX gut herausgearbeitet.

[14] Jetzt abgedruckt in GS 3, 3–44.

Bernhard Casper

heit mit dem Deutschen Idealismus, von der eben »Hegel und der Staat« selbst wie auch die Abhandlung, mit der Rosenzweig das Systemprogramm in den Sitzungsberichten der Heidelberger Akademie der Wissenschaften herausgab, ein eindrucksvolles Zeugnis ablegen. Rosenzweig ist mit dem Gedanken des Deutschen Idealismus innigst vertraut und versteht ihn. Er versteht ihn aber freilich zunächst nur vom Boden der historischen Forschung aus[15], eben als »intensive historische Universalität«, als bis zum Äußersten erforschte historische Gestalt. Und eben hier, an dieser Stelle, entsteht der Zwiespalt und die Frage, die aus dem Historiker Rosenzweig den Philosophen machen sollte.

Man könnte, wollte man schematisch den Punkt kennzeichnen, an dem Rosenzweig 1913 nach dem Abschluß seiner Dissertation steht, sagen, daß Rosenzweig, den Gedanken des Deutschen Idealismus verstehend, aber ihn vom Boden der geistesgeschichtlichen Forschung aus verstehend, genau *zwischen* dem Anspruch Hegels, die absolute Wahrheit zu erkennen, *und* dem Relativismus der historischen Methode steht. Denn was waren jene Gestalten, die die Geschichtsforschung als intensive historische Universalitäten bis zum Äußersten hin erforschte und darstellte? Eine geschichtliche Gestalt war als Gestalt ja offenbar nur so interessant wie die andere. Und eine wurde gemessen an der anderen. Aber woran wurden jene Gestalten, die so nur in ihrer Relativität zueinander erkannt wurden, letztlich und schlechthin gemessen? Gab es ein solches »Maß« überhaupt? Konnte es gedacht werden? Erkannte die Erkenntnis nur immer neue Gestalten in immer neuer Folge, oder gab es für sie in all jenen Gestalten *die* Wirklichkeit[16]? Aber was war *die* Wirklichkeit Sein überhaupt? Und in einem damit: was war ich, der Fragende und historisch Erkennende, selber? In das Licht dieser Frage sieht sich der junge Rosenzweig plötzlich gestellt. Er entdeckt sich in der Gefahr, die Meinecke bereits vor der Jahrhundertwende einmal gekennzeichnet hatte, ohne sie freilich in der eigenen Forschung je völlig bannen zu können, der Gefahr nämlich, die Geschichte als einen bloßen Zug von

---

[15] Vgl. dazu Rosenzweig selbst GS 1/2, 1196.

[16] Wir gebrauchen »Wirklichkeit« hier und auch später als vorläufigen und hinweisenden Titel. Ferngehalten werden muß von dem Wort die Bedeutung, die Yorck von Wartenburg in ihm entdeckt hat, nämlich die, daß Sein hier metaphysisch durch den Satz vom zureichenden Grund als auf Ursache reduzierbarer Wirkzusammenhang verstanden wird. Erst im Laufe der Untersuchung kann sich herausstellen, was, worauf wir mit dem Wort »Wirklichkeit« fragend hinweisen, »wirklich« meint.

Gestalten zu sehen, sie bloß wie ein ästhetisches Schauspiel zu genießen[17]. Aber wie war jener Gefahr zu begegnen? Worin bestand die Geschichtlichkeit der Geschichte? Das ist die Frage, deren Abgrund sich vor Rosenzweig auftut. Und unter dem Anspruch dieser Frage ereignet sich für den eben mit »Hegel und der Staat« Promovierten *zugleich* die Kehre in den Bereich des Glaubens *und* in den Bereich der Philosophie. Rosenzweig hat über beide Kehren, die sein Denken fortan entscheidend bestimmten, später in einem Brief an Friedrich Meinecke ein höchst persönliches Zeugnis abgelegt. In diesem Brief, der, wie Rosenzweig selbst sagt, »die Verwandlung des Historikers in den Philosophen schildert«[18], heißt es:

»Mir ist im Jahre 1913 etwas geschehen, was ich, wenn ich einmal davon reden soll, nicht anders bezeichnen kann als mit dem Namen: Zusammenbruch. Ich fand mich plötzlich auf einem Trümmerfeld oder vielmehr: ich merkte, daß der Weg, den ich ging, zwischen Unwirklichkeiten dahinführt. Es war eben der Weg, den mir nur mein Talent oder vielmehr meine Talente wiesen. Ich spürte die Sinnlosigkeit einer solchen Talentherrschaft und Selbstdienstbarkeit. Es überkam mich vor mir selbst ein ähnliches Grauen wie das, was Jahre zuvor Kähler[19] vor mir in Freiburg verspürt hatte, vor mir und meinem sinn- und ziellosen sich in sich selber forttreibenden unersättlichen Hunger nach Gestalten. Diesem Gestaltenhunger, dieser, wie ich meine: unersättlichen Rezeptivität hätte mein Geschichtsstudium dienen müssen; es war mir gerade gut genug gewesen als Zutreiber. Vor diesem Menschen, der ich war und vor dem es, wie ich heute sehe, andern graute, graute es damals mir selber. Inmitten der Fetzen meiner Talente suchte ich nach mir selber, inmitten alles Vielen nach dem Einen …«

Rosenzweigs Talente waren, das hatte »Hegel und der Staat« gezeigt, die Talente des historistischen Historikers, die Fähigkeit, geschichtliche Gestalten im einzelnen genau und zugleich in ihrem Zusammenhang bis zum Äußersten hin zu erfassen. Aber gerade angesichts dieses Talents, das »ihn hatte«[20], bricht für Rosenzweig nun die Frage nach dem Einen auf, deren Sinn deutlich ist.

---

[17] Vgl. Historische Zeitschrift 75, 395 (München 1895).

[18] Den Brief vom 30. August 1920, mit dem Rosenzweig erklären wollte, warum er das Angebot Meineckes, ihn in Berlin zu habilitieren, ausschlug, vgl. jetzt in GS 1/2, 678–682.

[19] Gemeint ist der Historiker Siegfried Kähler, später Professor in Göttingen.

[20] So Rosenzweig in dem Brief an Meinecke.

Und im Lichte dieser Frage vollzieht Rosenzweig einmal die Kehre, die äußerlich sehr unscheinbar ist und über die wir bislang auch nur wenig authentische Zeugnisse besitzen[21]. In Gesprächen mit Freunden[22] in Leipzig während des Sommers 1913 erwägt Rosenzweig zunächst Christ zu werden und findet dann am Versöhnungstag des gleichen Jahres in einer kleinen orthodoxen Synagoge in Berlin zu dem Glauben der Väter und auf den Weg »dem ich mit dem Namen ›mein Judentum‹ schließlich eben auch *nur* einen Namen zu geben (mir) freilich bewußt bin«[23].

Diese Wende im Lichte der Frage nach dem »Einen« bedeutet aber zugleich die andere Wende, die Rosenzweig in dem Brief an Meinecke so beschreibt: »Ich war aus einem (durchaus habilitierbaren) Historiker zu einem (durchaus unhabilitierbaren) Philosophen geworden, wenn ich denn einmal das Geschehene mit diesen nicht sehr passenden Begriffen decken will.«

Mit diesen beiden Wenden ist nun allerdings die Frage, deren Abgrund sich vor Rosenzweig aufgetan hatte, noch in keiner Weise beantwortet. Es ist mit der Wende in den Glauben, die zugleich die Wende in das fragende Philosophieren ist, vielmehr zunächst nur die Tatsache der Frage als Frage anerkannt und somit also das Denken auf einen Weg gewiesen, der gegangen werden muß. Der Brief an Meinecke, der sieben Jahre später geschrieben wurde, zu einem Zeitpunkt, da bereits das entscheidende Stück des Weges gegangen war, läßt dies vielleicht nicht genügend klar erkennen. Die Frage ist mit der Kehre keineswegs erledigt, sondern sie ist vielmehr jetzt überhaupt erst richtig gestellt. Dies wird sofort deutlich, wenn wir das erste größere Zeugnis des nun auf den Weg geschickten Denkens betrachten, als das ein Aufsatz aus dem Jahre 1914 gelten darf, der den Titel »Atheistische Theologie« trägt. In ihm wirft Rosenzweig, gleichsam noch zwischen der Position des Historikers und der des Philosophen stehend, die Frage auf: Was ist Offenbarung? Diese Fra-

---

[21] Der Bericht bei Glatzer 25 geht wohl im wesentlichen auf die Berichte der Mutter Rosenzweigs zurück. Wir können eine differenziertere Darstellung der religiösen Wende Rosenzweigs in unserem Zusammenhang nicht geben. Zu einer solchen müßten ohne Zweifel auch die bis jetzt unveröffentlichten Tagebücher Rosenzweigs mit herangezogen werden.

[22] Vor allein Rosenstock-Huessy, wohl aber auch Rudolf Ehrenberg. R. Ehrenberg sollte Rosenzweigs Taufpate werden (Mitteilung von Herrn Prof. Rudolf Ehrenberg, Göttingen, an den Verfasser). Im übrigen vgl. *Glatzer* 23 ff. und GS 1/1, 125–143.

[23] Brief an Meinecke v. 30. 08. 1920, GS 1/1, 680.

ge, die zwar angesichts der vom Judentum und Christentum behaupteten Offenbarung gestellt wird, aber die Antwort in keiner Weise vorentscheidet, wird deshalb für Rosenzweig zu einer zentralen Frage, weil das, was die Frage erregt, eben der »historisch-überhistorische« Charakter der Offenbarung (GS 3, 689) ist, d. h. im Grunde die Frage nach jenem »Maß«, das in der Geschichtlichkeit der Geschichte (vgl. GS 3, 697) waltet.

Der Aufsatz hatte einen konkreten Anlaß. Er wandte sich gegen die seit der Jahrhundertwende – nach Rosenzweig parallel zu der protestantischen rein menschlichen Leben-Jesu-Theologie – im Judentum aufgekommene Volkstumstheologie. Diese sieht Rosenzweig als den Gegenschlag gegen den im 19. Jahrhundert und zuletzt in Cohen gescheiterten Versuch einer rein philosophischen jüdischen Religiosität an. Sie macht den – so müssen wir ergänzen: vom Boden des Historismus aus zulässigen – Versuch, das Volkstum in seinem geschichtlichen Aufgehen als den Gott zu begreifen. Aber, so sieht Rosenzweig in aller Schärfe, wie geschichtlich umfassend das Volkstum auch sein mag, der Gott, der im Volkstum aufgeht, kann nicht der wahre Gott sein. Die Volkstumstheologie erweist sich als eine »atheistische Theologie«[24], die Gott in Wirklichkeit leugnet.

Die hinter dem Dilemma stehende Frage aber bleibt. Sie ist die Frage nach dem »absoluten Maß«, die zusammenfällt mit der Frage nach der Möglichkeit von Theologie überhaupt. Sie ist, so stellt Rosenzweig das Problem vom Boden des Judentums und Christentums aus genauer, die Frage nach der Denkbarkeit von Offenbarung, die vorerst freilich auch in ihrem eigenen Sinn eine völlig offene Frage bleibt, weil eben erst mit der Antwort auf diese Frage auch über ihren Sinn entschieden werden kann. Wie kann Offenbarung gedacht werden, wenn sie nicht mit der Totalität des sich selbst denkenden Geistes und nicht mit der geschichtlich vorkommenden Totalität etwa des Volkstums ineins gesetzt werden darf? Wie ist sie zu denken, wenn sie weder in der Wirklichkeit der Helle des idealistisch philosophierenden, sich selbst hellen Denkens noch auch in der Wirklichkeit der geschichtlich aufgehenden Totalitäten besteht? Das ist die hinreichend klar formulierte Frage, mit der Rosenzweigs Denken einsetzt

---

[24] Der Aufsatz (jetzt GS 3, 687–697) wurde unter diesem Titel 1914 an Martin Buber als Beitrag zu einem geplanten Jahrbuch »Vom Judentum« gesandt, jedoch »als ungeeignet zurückgewiesen« (GS 3, 858 und GS 1/2, 643).

und den Horizont anzeigt, in dem sich Rosenzweigs Denken wie auch alle nachfolgende Dialogik bewegt.

Diese Frage findet 1914 in dem Aufsatz »Atheistische Theologie« noch keinerlei Lösung. Insofern stellt dieser nur ein negatives Prolegomenon dar, das die Möglichkeit, Offenbarung als die sich selbst helle Totalität des Geistes zu denken, ebenso ausschaltet wie jene Weise, Offenbarung zu denken, die wir teilweise im Frühwerk Bubers fanden, nämlich als das Aufgehen einer geschichtlichen Welt und ihres Lebensgesetzes, das sich spiegelt im Mythos. An der Art der Fragestellung, die beide Möglichkeiten gleicherweise ausschaltet, wird deutlich, daß Rosenzweig, der nur acht Jahre jünger ist als Buber, dennoch bereits einer anderen Generation zugehört, die zwar gründlich geschichtlich zu denken gelernt hat, die aber dennoch nicht bereit ist, die Aufgabe der absoluten Forderungen des Denkens in die bloße Relativität des geschichtlich Erscheinenden hinein mitzumachen. Man darf darin wohl einen Einfluß des gegen 1910 erneut einsetzenden und ja gerade durch Dilthey und seinen Schüler Nohl angeregten intensiven Studiums des Deutschen Idealismus sehen. Das Denken ist von sich selbst her unter einen höheren und strengeren Anspruch gestellt als unter den Anspruch der bloßen, sich in die geschichtlichen Totalitäten einschwingenden Realpsychologie. Dieser Anspruch, der zunächst nur als Frage vernommen werden kann, fragt nach dem Sinn von Sein überhaupt. Ist dieser dem Denken erreichbar? Diese Frage stellt sich in der Frage nach der Denkbarkeit von Offenbarung. Rein beschreibend bietet sich für Rosenzweig dabei als Hilfe, um die Frage genauer zu formulieren, ein von Rosenstock-Huessy geprägter Begriff an, der hier bereits erwähnt werden soll, weil er für das ganze Rosenzweigsche Denken führend werden wird, nämlich der Begriff der *Orientierung* (vgl. GS 3, 125, GS 1/1, 275 ff.). Dieser Begriff meint aber nicht wie im Frühwerk Bubers das orientierende Einstellen als den Modus des metaphysischen Denkens, sondern er meint, daß die Offenbarung, wenn es sie gibt, die bloße Relativität alles Sinnes von Sein überwinden muß. Die Offenbarung muß orientieren. Das heißt, sie muß gegenüber dem nirgends befestigten Kreisen der geschichtlichen Welten ein »absolutes Oben und Unten« schaffen. Sie muß einen durch alle Relativität der geschichtlich erscheinenden Welten hindurch verläßlichen Sinn von Sein schenken. Gibt es eine solche Orientierung? Und wie kann sie das Denken erreichen? Das ist der Stern, unter dessen Geheiß Rosenzweigs Denken sich auf den Weg macht.

2. Der im Grundansatz der abendländischen Philosophie vergessene Sinn von Sein

Rosenzweig setzt die Frage nach der Denkbarkeit von Offenbarung, sich auf den durch das Jahr 1800 markierten Stand des abendländischen Denkens stellend, so grundsätzlich wie nur möglich an. Die Ausarbeitung des Ansatzes der Frage bietet die »in philosophos« gerichtete Einleitung des Stern »Über die Möglichkeit, das All zu erkennen«[25], die man in verkürzter Form auf den ersten Seiten der »Urzelle« wiederfindet (GS 3,125–128) und in einer Form, die sich an den Hörern des Freien jüdischen Lehrhauses orientierte, schließlich in den drei ersten Kapiteln des »Büchleins vom gesunden und kranken Menschenverstand«.

Wir zeichnen zu Beginn unserer Interpretation den Stand der Frage nach: Welches ist, so lautet für Rosenzweig die Frage, von der Vollendung in der Philosophie des Deutschen Idealismus her gesehen, die Grundtendenz der abendländischen Philosophie? Es ist, so sieht Rosenzweig, der Wille, das All zu erkennen; d. h. alles in die Klarheit des Denkens, die sich selbst durchsichtig ist, zu heben. Diese Klarheit aber ist nur dadurch Klarheit, daß sie Einheit ist. Von der Ionischen Naturphilosophie und ihrem »Alles ist Wasser« führt nach Rosenzweig eine direkte Linie zu der Gleichsetzung von Denken und Sein bei Parmenides, der so seinerseits das Prinzip alles folgenden abendländischen Denkens ausspricht. »Die Einheit des Logos begründet die Einheit der Welt als einer Allheit. Und hinwiederum bewährt jene Einheit ihren Wahrheitswert in dem Begründen dieser Allheit«

---

[25] Zur Interpretation des Rosenzweigschen Hauptwerkes, die wir im folgenden durchführen, vgl. auch die Dissertation *Else Freunds*, Die Existenzphilosophie Franz Rosenzweigs. Ein Beitrag zur Analyse seines Werkes »Der Stern der Erlösung« (Hamburg ²1959). Else Freund hat die Strukturen des Stern sehr klar erfaßt. Sie versucht Rosenzweigs Denken zunächst als ein in These, Antithese und Synthese aufgebautes dialektisches System zu erfassen, revidiert jedoch in ihrem Schlußkapitel diesen Ansatz dadurch, daß sie von der Relativierung des Systems durch die Offenbarung handelt (170–185). Unsere Interpretation dagegen wird so vorgehen, daß sie von vornherein die Frage nach der Offenbarung als die leitende Frage des Rosenzweigschen Denkens versteht. Anders als E. Freund, die sich bei der Analyse des Rosenzweigschen Denkens im wesentlichen auf den Text des Stern beschränkt und etwa die Briefe Rosenzweigs »nicht Zeugnisse oder Beweise für Denkergebnisse« (44) sieht, werden wir auch Rosenzweigs Briefe und die Kleineren Schriften mit zur Interpretation heranziehen. Es wird sich zeigen, daß gerade die Briefe Rosenzweigs Entscheidendes zum Verständnis des Rosenzweigschen Gedankens beitragen können.

(GS 2, 12). Die Denkbarkeit der Welt bedingt, daß sie als Allheit faßbar wird. Dieser Ansatz der abendländischen Philosophie ist scheinbar voraussetzungslos. Denn er setzt voraus: Nichts. Das All ist sein Gedachtwerden oder genauer sein Gedachtwordensein. Denn es ist in seiner Denkbarkeit, die die Denkbarkeit des einen Weltlogos ist, immer schon festgelegt, immer schon zeitlos gedacht. Es kommt deshalb nur darauf an, jenen, in vielen Gedanken letztlich *einen* Gedanken nachzudenken und ihn damit in die Klarheit des erkannten Gedachten einzubringen. In diesem Sinne steht alles abendländische Philosophieren unter der Herrschaft der zeitlosen Frage »Was ist?«, die immer die Frage meint: »Was ist alles?« Sein wird auf das Wesen hin gestellt. »Immer wieder lief doch das Denken den Abhang der gleichen Frage, was die Welt sei, hinan; immer wieder ward an diese Frage alles andere etwa noch Fragwürdige angeschlossen; immer wieder endlich wurde die Antwort auf die Frage im Denken gesucht« (GS 2, 6).

Diese Bewegung kommt nach Rosenzweig nun in Hegel zu einem Abschluß: »Denn als einen Abschluß muß man es wohl bezeichnen, wenn dies Wissen nicht mehr bloß seinen Gegenstand, das All, sondern auch sich selber restlos, wenigstens nach seinen eigenen Ansprüchen und in seiner selbsteigenen Weise restlos umgreift. Das ist geschehen in Hegels Einziehung der Philosophiegeschichte ins System. Weiter scheint das Denken nicht mehr gehen zu können ...« (GS 2, 6). In der Urzelle: »Die philosophierende Vernunft steht auf ihren eigenen Füßen, sie ist sich selbst genug. Alle Dinge sind in ihr begriffen und am Ende begreift sie sich selber ...« (GS 3, 126). All-Wesen und Sein gehen ineinander auf in völliger zeitloser Klarheit. Das in Parmenides angebrochene Seinsverständnis kommt so zu seiner Vollendung. »Von Ionien bis Jena« ist die Formel, mit der Rosenzweig für sich dieses Seinsverständnis der abendländischen Philosophie insgesamt belegt (GS 2, 13).

Aber ist denn, dies ist nun der nächste Schritt in der Ausarbeitung der Frage, mit diesem Verständnis von Sein und seinem wenn auch immer nur in neuer Bewegung und annäherungsweise zu erreichenden völligen Hellwerden schon jede mögliche Frage des Menschen erschöpft? Denn dies müßte der Horizont der Frage »Was ist alles?« leisten, wenn er der einzig mögliche und absolute sein sollte. Oder ist »diese an sich großartige Voraussetzung des denkbaren All« nicht vielmehr nur eine Verschattung des ganzen Kreises noch sonstiger Fragemöglichkeiten (GS 2, 6)? Bedeutet jene scheinbar voraussetzungslose Voraussetzung der Denkbarkeit des Alls, d. h. der Stellung des Seins auf sein zeitloses Wesen hin, nicht am Ende gar das Vergessen des Seins selber? Diese These, die uns heute vor allem aus dem Werk Heideggers bekannt ist, begründet ein Jahrzehnt vor Heidegger Rosenzweig ausführlich – in Kenntnis der Spätphilosophie Schellings und im übrigen immer wieder im Hinblick auf den Neukantianismus.

Die Frage der Philosophie fragt: »Was ist?« In der Antwort auf diese Frage erscheint Sein als Gedachtes. In der Relation der Frage der Philosophie wird die Vernunft der Grund der Wirklichkeit und daß die Vernunft sich als νόησις νοήσεως selbst begründet, kann sehr wohl begründen, wieso sie Anspruch machen kann, die Wirklichkeit zu begründen. Da sie sich selbst denkt, kann sie die Wirklichkeit als das andere ihrer *denken*, d. h. mit der eigenen, in sich ruhenden Helle erleuchten als »was« (GS 3, 127f.). Das Selbstbewußtsein erklärt, warum Bewußtsein *von etwas* möglich ist. Aber die Wirklichkeit der Vernunft selbst ist dadurch nicht erklärt, sondern wird vielmehr jetzt erst recht fragwürdig. Zeigt sich Vernunft als Beziehung A = A, Selbstbewußtsein, oder A = B, Bewußtsein von etwas, so gründet zwar logisch A = B in A = A. Im Bilde: »Die Erde ruht auf der großen Schlange, und die große Schlange trägt sich selbst, indem sie sich selbst in den Schwanz beißt, lehrt Hegel und gibt damit allerdings eine erschöpfende Erklärung des Systems Erde-Schlange, aber erklärt nicht, warum nicht dieses System als Ganzes nun doch fällt. Es fällt nicht und es schwebt nicht, sage ich; denn es ist kein Raum da, ›wohin‹ es fallen ›worin‹ es schweben könnte; die Schlange selber füllt allen möglichen Raum ...« (GS 3, 128). Mit anderen Worten: Ich kann die Frage nach dem *Sein der Vernunft vor aller ihrer Wirklichkeit als Beziehung stellen.* Auch wenn das Licht der Vernunft allen möglichen Raum füllt, bleibt immer noch die Frage: Warum ist überhaupt etwas und nicht nichts? In der Sprache Rosenzweigs: »Dieses Etwas der Vernunft jenseits (*logisch* gesprochen: ›jenseits‹) der Vernunft ist eine Einheit, die *nicht* die Einheit Zweier ist: nicht als Gleichung zu formulieren, sondern Einheit *abseits* von Zweiheit, das Gleichheitszeichen in den beiden Gleichungen, aber, zum Unterschied von seiner Verwendung dort, nicht als Gleichheits*zeichen*, sondern als *Wirklichkeit*, nicht hypothetisch (›*wenn* zwischen A und B oder A und A eine *Beziehung* gilt, dann die der Gleichheit‹) sondern kategorisch (›*es gibt* Gleichheit ›vor‹ aller möglichen Beziehung‹)« (GS 3, 128).

Indem aber diese Frage nach dem Sein des Seienden vor aller seiner in der Vernunft erscheinenden Helle, oder, was dasselbe ist, die Frage nach dem Sein der Vernunft selber aufsteht, erweist sich in ihrem Horizont das von der abendländischen Philosophie als Wesen gedachte Sein als das orientierungslose. Denn in dem sich selbst denkenden Denken, das, indem es sich selbst denkt, alles denkt und sich selbst als das Alles-Denkende denkt, kann alles Alles sein. Wie Rosenzweig sehr scharf sieht, stellt das Sein als Wesen denkende Seinsverständnis mit Notwendigkeit alles Besondere auf das Allgemeine hin, letztlich auf das absolute Allgemeine hin. Die Weltgleichung des philosophischen Weltverständnisses heißt formalisiert: A = B. Alles Besondere muß auf das Allgemeine hin gedacht und auf es zurückgeführt werden. Alles Besondere ist nur ein Besonderes des einen Allgemeinen. Deshalb ist aber im Allgemeinen auch alles Besondere untereinander bezogen. Das heißt, in der durch die Formel A = B gekennzeichneten grundlegenden Weise des Seinsverstehens kann jedes B »dem andern die Stelle des A (die linke Seite der Gleichung) einnehmen, sowohl ›sie‹[26] wie ›Kunst und Wissenschaft‹«, und auch der Denkende selber »kann sich auf die linke Seite der Gleichung setzen und sich zum A für andere Weltdinge machen; unter dem Schutze von A = A ist *jedes* A = B möglich und berechtigt« (GS 3, 130 f.).

Was aber ist dann »eigentlich«? Gerade diese Frage, die das in der Frage »*Was* ist alles?« hervorkommende Seinsverständnis von Parmenides bis Hegel kennzeichnet, erhält zur Antwort: Alles ist alles. Dies aber ist die Antwort, die dem Fragenden jeden Boden unter den Füßen wegzieht (vgl. dazu Bü 28–49). Die Frage »Was ist eigentlich?« erhält die alles vergleichende Antwort (Bü 49), in der nichts feststeht. Die scheinbare Mitte ist nur das Bewußtsein, in der sich das alles ver-gleichende Denken abspielt. Aber es ist nur eine scheinbare Mitte, denn es muß sich ja selbst als ein auf A bezogenes B in den alles ver-gleichenden Vorgang einordnen. Insofern es sich selbst denkt, ist es selbst ein von Allgemeinen her Gedachtes, ein Es, kein Ich. Unter der Macht der Frage »Was ist?« findet alle Beziehung nur statt zwischen dritten Personen. Das »System ist die Welt in der Form der dritten Person« (GS 3, 130), in der durch den allgemeinen Vergleich alles aufgelöst ist »in das eine allgemeine Grau des Dinges

---

[26] Gemeint ist in einer Anspielung auf Goethe: die Geliebte.

überhaupt« oder auch in die eine Substanz (Bü 31). Orientierungslosigkeit und Seinsvergessenheit erweisen sich als dasselbe.

3. Die Bedeutung Kants für Rosenzweig und der Ausgang von der Freiheit als dem Wunder in der Erscheinungswelt

Wie aber kann das Denken der Seinsvergessenheit entkommen? Um den Weg Rosenzweigs dorthin, d. h. zum Ursprung seines eigenen neuen Gedankens zu verfolgen, erscheint es wichtig, darauf zu achten, welche Bedeutung Kant für das Denken Rosenzweigs hat.

Daß, wie Rosenzweig in der Urzelle schreibt, »die Unruhe in meinem Denkuhrwerk ›1800‹ heißt«, bedeutet bei näherem Zusehen trotz allem nicht so sehr, daß Fichte und Hegel für Rosenzweig die entscheidenden Anlässe sind. Sie sind dies auch. Aber letzten Endes nur auf dem Fundamente, das Kant gelegt hat und als Folge der Wende, die Kant bedeutet.

Biographisch gesehen, ist Kant überdies ja auch der Denker gewesen, an dessen Werk sich Rosenzweigs Wende zur Philosophie vollzog. Wie wir wissen, studierte Rosenzweig zunächst Medizin. Und viele seiner späteren Äußerungen bezeugen, daß er sich in den Naturwissenschaften durchaus zu Hause wußte, deren Prinzip durchschaute und ihre Forschungsmethode sich zu eigen gemacht hatte. Es ist nicht nur die Lust, auf verschiedenen Klaviaturen zu spielen, die dazu führt, daß Rosenzweig in fast allen seinen Werken irgendwo immer wieder die Sprache und Vorstellungsweise der Naturwissenschaften gebraucht, um sich und seinen philosophischen Gedanken zu verdeutlichen. Rosenzweig beherrschte die Methode der Naturwissenschaften und ist auch insofern der universalste Denker des Dreigestirns, das er zusammen mit Buber und Ebner bildet[27].

Die Wende von der Naturwissenschaft zur Philosophie vollzog sich für Rosenzweig aber an Kant[28]. Das erste philosophische Seminar, das Rosenzweig belegte, war ein Seminar über die Kritik der reinen Vernunft. Ein Brief vom 4. 11. 1906 gibt über diesen ersten Ver-

---

[27] Ein Zeugnis dieser vollzogenen Universalität, die von vornherein für die Bedeutung seines späteren philosophischen Gedankens spricht, ist im übrigen die Abhandlung »Volksschule und Reichsschule« (GS 3, 371–411). Unter diesem Titel verbirgt sich nichts weniger als ein die Bedeutung der Naturwissenschaften und der Technik ernst nehmender Gesamtentwurf eines Bildungsplanes.
[28] Vgl. dazu oben S. 58 ff.

such, in die Universitätsphilosophie einzudringen, Auskunft und zeigt zugleich, daß Rosenzweig bis dahin die Kritik der reinen Vernunft tatsächlich nicht kannte (GS 1/1, 62). Am Ende des Semesters aber schreibt der junge Mediziner an den Freund Hans Ehrenberg: »Etwa seit ich im Januar in Kassel den einen Tag war, also von der Einleitung in die transzendentale Dialektik an ist mir Kant aufgegangen, nicht mehr in kleinen Bröckchen und Nebensächlichkeiten, sondern eben im Großen. Und jetzt, grade wo ich acht Tage gar nicht hineingesehn habe, da ist er mir so riesengroß, daß ich gar nicht mehr frage, ob meine alten Gedankenfamilien es in seiner Nähe auch aushalten, sondern rücksichtslos dicht an ihn ran gehe – und wenn er sie alle auffrißt, kann ichs nicht ändern« (GS 1/1, 68 f.). Die Stelle durfte in ihrer ganz Länge zitiert werden, weil durch sie klar wird, wie. sehr Kant für Rosenzweig zum Anfang des Philosophierens wurde. Rosenzweig begann als Naturwissenschaftler zu philosophieren. Und Kant wurde ihm zum Zerstörer jener »Was ist eigentlich?«-Frage, die er bereits 1907, also ein ganzes Jahrzehnt vor der Konzeption des Stern, als die kennzeichnende Frage der Metaphysik versteht (GS 1/1, 72 f.). In diesem Sinne heißt es dann bei dem jungen Studenten, der den Überschritt von der Medizin zur Philosophie vollzieht: »Es gibt Menschengruppen, für die die Kantische Philosophie nötig ist. Das sind z. B. und vor allem die Mediziner und Naturwissenschaftler. Kant selbst hat eigentlich auf sie die genaueste Rücksicht genommen, und den Nachweis, daß und inwiefern unsere Naturwissenschaft berechtigt ist, könnte man als den für diese Gruppe wichtigsten Teil seiner Philosophie bezeichnen«[29] (GS 1/1, 72).

Rosenzweig hat dies später in »Das neue Denken« noch einmal mit der Bemerkung verdeutlicht, jede Kritik werde erst nach der Aufführung geschrieben. Die Aufführung, die der Kritik der reinen Vernunft vorausgegangen sei, sei aber die durch Kopernikus markierte Wende des Weltverständnisses und die im Barock entstehende Welt der Naturwissenschaften gewesen (GS 3, 157). »Wir also *müssen* uns«, so fährt der Mediziner Rosenzweig im Jahr 1907 fort, »mit ihm (sc. Kant) befassen und zwar zu dem Zweck – *um nicht mehr zu philosophieren*« (GS 1/1, 72). Mag diese Bemerkung im Jahre 1907 für Rosenzweig auch nur bedeutet haben, daß Kant eben derjenige

---

[29] Vgl. dazu schon ähnlich *Cohen* in: Von Kants Einfluß auf die deutsche Kultur. Schriften zur Philosophie und Zeitgeschichte (Berlin 1928) I, 371. In »Hegel und der Staat« vgl. zu *Kant* I,17 und 79.

sei, der der Naturwissenschaft zu ihrem methodischen Selbstverständnis verhelfe, so wird Kant für ihn doch immer mehr zum eigentlichen Zerstörer des nach dem einen Wesen des All fragenden
abendländischen Denkens. Kant ist derjenige, in dessen Folge die Frage »Was ist eigentlich?« als die bodenlose und seinsvergessene Frage
entlarvt wurde. Kant hat die unbedachte Voraussetzung alles bisherigen Philosophierens, nämlich die des einen denkbaren All, in die drei
»Nichtse des Wissens« hinein zerkritisiert (vgl. GS 2, 24).

Aber kehren wir nun, nachdem wir diese Bedeutung Kants für
Rosenzweig aufgezeigt haben, zu der Frage selbst zurück, die sich
nun also als die Frage des nachkantischen wie nachidealistischen Philosophierens überhaupt stellt. Kann das Denken denn jener Seinsvergessenheit, die offenbar, da es das Sein als Wesen denken muß, sein
Schicksal ist, überhaupt entkommen?

Allein diese Frage stellen heißt über die Grenze hinausgehen.
Aber welches ist denn der Horizont, in dem die Grenze als Grenze
erfahren und so die Frage gestellt werden kann? Die Entdeckung, die
Rosenzweig hier macht – und zwar wohl nicht ohne daß das Erleben
des Krieges diese Einsicht in ihm freisetzt – ist nun die, daß *ich selbst*,
als der ich selbst zeitlich und endlich bin, von dem Systeme des alles
in sich einschlingenden All-Wesens nie eingeholt werden kann.

Rosenzweig geht im Grunde von dem gleichen Phänomen aus,
von dem, wie wir später sehen werden, auch Ebner ausgeht und das
Ebner das »Ethische« nennt. Ich, der ich wirklich *selbst* bin und im
ganzen bin, also allen möglichen Horizont ausfülle, muß *selbst* und
will *selbst* sein. Mit diesem meinem absoluten Selbst-sein-Müssen
und -sein-Wollen bin ich aber von vornherein unterschieden von
jeder möglichen Allgemeinheit, in die ich einbegriffen sein könnte.
Daß die Vernunft sich als νόησις νοήσεως versteht, Selbst-Bewußt-
sein, Verhältnis zu dem Verhältnis, erklärt zwar, so sahen wir, »wieso
sie Anspruch machen kann, die Wirklichkeit zu begründen« (vgl.
GS 3, 127). Hinsichtlich ihres Wesens muß die Vernunft als ein Verhältnis verstanden werden, und zwar, da nichts außerhalb dieses Verhältnisses *ist*, als ein absolutes. Jedoch: Neben diesem Verhältnis, in
dem das absolute Verhältnis *den Menschen* hat, der also als ein Was
(Vernunft) im Verhältnis zum Absoluten aufgeht, gibt es ein absolutes Verhältnis, in dem nicht das Verhältnis den Menschen, sondern,
so Rosenzweig, »wo er (sc. der Mensch) *es* hat« (GS 3, 127). Oder, so
drückt sich Rosenzweig in seiner ersten Entdeckerfreude sehr pla-
stisch aus: »Nachdem sie (sc. die Philosophie) ... alles in sich auf-

genommen und ihre Alleinexistenz proklamiert hat, entdeckt plötzlich der Mensch, daß er, der doch längst philosophisch verdaute, noch da ist« (GS 3, 127). Ich, d. h., »Ich ganz gemeines Privatsubjekt, Ich Vor- und Zuname, Ich Staub und Asche, Ich bin noch da. Und philosophiere, d. h.: ich habe die Unverschämtheit, die Allherrscherin Philosophie zu philo-sophie-ren« (a. a. O.). Hinter dieser Entdeckung des Selbst möchte man Kierkegaard vermuten. Und Rosenzweig belegt seine Entdeckung in der Einleitung des Stern auch ausdrücklich mit Kierkegaard (GS 2, 7). Dennoch scheint Kierkegaard für Rosenzweig trotz dieser und einer anderen Erwähnung im Stern (GS 2, 20) nicht eigentlich systematische Bedeutung gewonnen zu haben[30]. Vielmehr geht Rosenzweig mit der Entdeckung des Selbst systematisch unmittelbarer auf Kants Grenzeinsicht zurück, daß die Freiheit das »Wunder in der Erscheinungswelt« sei (GS 3, 129; GS 2, 11 und 50. Vgl. GS 1, 105). Gegenüber dem herrschenden Neukantianismus, der nur das Was der Idee der transzendentalen Freiheit sieht: die Autonomie der vernünftigen Gesetzgebung, die aber als transzendentale Idee in keiner Erfahrung gegeben werden, sondern nur als die vernünftige Regel des praktischen Handelns begriffen, also aus der Relation verstanden werden kann, hebt Rosenzweig darauf ab, daß Kant eine Erinnerung an die »Freiheit schlechtweg« *vor* der Freiheit hatte; nämlich *vor* der aus der Relation auf das praktische Handeln als Regel begriffenen und somit in das System einbegriffenen transzendentalen Idee (GS 3, 130). Diese Freiheit vor der Freiheit, Freiheit schlechtweg, bezeichnet Rosenzweig mit dem Symbol B = B, wobei das Gleichheitszeichen hier wiederum nicht als Gleichheits*zeichen*, Symbol der Beziehung, hypothetisch (*wenn* zwischen B und B eine Beziehung gilt, dann die der Gleichheit) zu verstehen ist, sondern kategorisch als Ausdruck der Wirklichkeit: *es gibt* Gleichheit vor aller möglichen Beziehung: B = B.

Diese grundlose einfache Freiheit vor aller Freiheit ist von keinem aus der Frage »Was ist?« geborenen System einholbar, weil sie bereits jenseits alles möglichen nur in der Beziehung möglichen Was liegt. Sie kann sich deshalb auf jedes mögliche derartige All beziehen und sich so von ihm unterscheiden. Nicht aber kann das System sich von sich aus auf sie beziehen und sie also einbeziehen, denn sie steht immer schon außerhalb seiner als das nicht erst aus der Beziehung Seiende. Diese einfache, grundlose Freiheit, als die sich zuletzt aber

---

[30] Diese Vermutung bestätigte mir in einem Gespräch Professor Rudolf Ehrenberg.

doch jeder Mensch, Ich: Vor-und Zuname, erfährt, wird Rosenzweig
zu dem δος μοι ποὺ στὼ, dem festen Ausgangspunkt, in dem das
Denken über die Seinsvergessenheit hinauskommt, »die Caravelle,
auf der wir den nuovo mondo der Offenbarung allein entdecken können, wenn wir uns im Hafen der alten logischen Welt eingeschifft
haben« (GS 1/1, 130).

Wir lassen in unserer Darstellung des Rosenzweigschen Ansatzes die Hinblicke auf die Welt und auf Gott, die Rosenzweig sogleich
mit beizieht, zunächst einmal außer acht, um den Ansatz selbst möglichst klar zu fassen. Ein von der Spätphilosophie Schellings her ge-
prägtes Kantverständnis scheint zunächst den Ansatz Rosenzweigs
zu kennzeichnen. Der so in großen Linien gezeichnete Ansatz erfährt
jedoch noch eine wesentliche Vertiefung und gerade darin eine entscheidende eigene Prägung.

4. Die Verschärfung der Fragestellung im Lichte der Zeitlichkeit

Denn das Erkennen der Philosophie von Parmenides bis Hegel erweist sich für Rosenzweig nicht nur als das seinsvergessene, sondern
auch als das *zeitlose* Denken. Diese Einsicht wird für Rosenzweig
mehr noch als die Einsicht in die Freiheit vor der Freiheit zum Ausgangspunkt für das Neue Denken.

Rosenzweig entdeckt, daß das unter der Macht der Frage »Was
ist?« stehende Denken mit Notwendigkeit darauf ausgeht, die Zeit
als Bedingung des Erkennens zu eliminieren. Die Frage »Was ist?«
erfragt das Wesen. Dieses aber ist für sie das, was »eigentlich« ist. In
der Frage nach dem Wesen sucht das Denken das Sein fest-zuma-
chen, es im Denken zu beherrschen. Rosenzweig hat dies vor allem
in dem 1921 geschriebenen »Büchlein vom gesunden und kranken
Menschenverstand« ausführlich dargelegt. In der Frage »Was ist eigentlich?« hält das Denken, so wird dort gezeigt, das in Wirklichkeit
doch im Erkennen *Geschehende* an und entnimmt es seinem Geschehen, dem Erkannt*werden*, um ihm so auf den Grund zu kommen (Bü
28 ff.). In der Frage »Was ist eigentlich?« fixiert das Denken das im
Erkennen Geschehende, um über es »nach«-zu denken (Bü 30). Rosenzweig setzt die Vorsilbe »nach« in Anführungszeichen, um dadurch anzuzeigen, man müsse auf sie besonders achten, um auf den
Charakter des unter der Frage »Was ist eigentlich?« stehenden Den-

kens aufmerksam zu werden. Das die Frage nach dem Wesen stellende Denken denkt »nach«, weil es »hinter« das Erkannte kommen möchte. Und es sucht dies dadurch zu erreichen, daß es nicht »weiter« denkt, sondern das Ereignis des Erkennens anhält. Das Nach-Denken stellt das geschehende Ereignis des Erkennens fest und geht, bildlich gesprochen, die Strecke des Sich-Ereignens ab und zurück. Es geht sie nach, um dadurch hinter das Ereignis zu kommen und es aufzuklären. Gerade so aber sucht es die Ereignishaftigkeit selbst aufzuheben und die Zeitlichkeit des Ereignisses zu eliminieren. Die Zeit spielt für das im Nach-Denken Eingeholte keine Rolle mehr. Insofern es im Nach-Denken in das Wesen aufgeklärt wird, ist es, τό τί ἦν εἶναι, immer schon so gewesen. Es muß so sein. »Der künstlichen Zeitlosigkeit der »Was-ist«-Frage antwortet die gegenüber solcher Frage nun nicht mehr widernatürliche und doch an sich nur auf dem Grunde jener widernatürlichen Frage mögliche Antwort: ›Das Wesen‹« (Bü 31).

Die Eliminierung der Zeitlichkeit des Erkennens ist nach Rosenzweig aber bereits im Ansatz der abendländischen Philosophie, nämlich in ihrem Ausgang von dem Staunen, enthalten. Das θαυμάζειν ist nach Rosenzweig keineswegs der Anfang jedes Denkens, sondern vielmehr der Zustand des Denkens, in dem dieses nicht mehr, sich der Bewegung der Wirklichkeit überlassend und sich an sie freigebend, weitergehen will, sondern die Ereignisse anhält, um nachzudenken. »Das staunende Stillestehn verewigt sich ihm in seinem ebenfalls stillestehenden Spiegelbild: dem ›Gegenstand‹« (Bü 30). So vergißt nach Rosenzweig die abendländische Philosophie bereits in ihrem Ansatz das Sein gerade durch die Ausschaltung der Zeitlichkeit aus dem Erkennen. Sein als Gegenständlichkeit und zeitloses Wesen sind nur verschiedene Seiten desselben. Das Denken als Nach-Denken muß so zu seiner Vollendung in Kant und Hegel hin tendieren, deren äußerste Konsequenz die Philosophie des »Als-ob« ist, in der sich die ganze aus der Seinsvergessenheit entspringende Ratlosigkeit und das Am-Ende-sein des aus der zeitlosen »Was-ist«-Frage entspringenden Denkens offenbart. Man darf in diesen 1921 geschriebenen, allerdings erst 1964 in deutscher Sprache veröffentlichten Überlegungen Rosenzweigs Vorverweise auf Heideggers Charakterisierung des abendländischen Denkens als eines nachstellenden Vorstellens[31] sehen, ohne daß hier freilich irgendwelche direkten Abhängigkeitsver-

---

[31] Vgl. etwa Vorträge und Aufsätze 56.

hältnisse vorlägen. Andererseits stehen diese Gedanken Rosenzweigs in einer gewissen inneren Nähe zu den Einsichten Bubers, die wir in »Ereignisse und Begegnungen« fanden. Jedoch ist gegenüber der im übrigen mehr ahnenden als explizierenden einfachen Kennzeichnung des abendländischen Denkens als eines zeitlosen durch den frühen Buber Rosenzweigs Ansatz dadurch gründlicher, daß er einmal eine genauere Phänomenanalyse treibt, zum zweiten aber auch dadurch, daß er nach den Gründen fragt, die das Denken an jener Seinsvergessenheit interessiert sein lassen.

Warum will das Denken denn zeitlos erkennen und sich der Zeitlichkeit entschlagen? Rosenzweigs Antwort heißt: Aus Angst vor dem Tod. Deshalb hat das Erkennen – oder sagen wir nun besser der Erkennende – ein Interesse daran, die Zeit aus dem Erkennen zu eliminieren, weil diese ihm ständig vor Augen hält, daß das Sein als Leben und Ereignis, sein Sein, endlich ist. Und dies nicht durch Zufall, sondern mit Notwendigkeit. Denn, so führt Rosenzweig vor allem am Anfang des Stern aus, der Mensch ist ja gerade dadurch das, was er ist, daß er sterben kann. Er ist in seinem Selbstverständnis das Wesen, welches das Nichts, das Nochnicht und Nichtmehr anblicken kann. Ende ist für ihn nicht einfach Ende als bloßes Widerfahrnis, sondern er weiß um das Ende *als* Ende, was nur ein anderes Wort dafür ist, daß er um die Zeit weiß und also nicht nur *in* der Zeit ist, sondern *zeitlich* da ist. Daß der Mensch sterben kann, ist die Voraussetzung seines Menschseins, die entscheidende Prägung, durch die erst die Kantische Freiheit vor der Freiheit zum wirklichen Menschsein bestimmt wird.

Der Mensch muß »in der Furcht des Todes bleiben« (Gs 2, 4), um so ganz der zu sein, der er ist. Daß wir sterben müssen, ist nicht nichts, sondern es ist für uns in unserem Menschsein das Entscheidende, von dem das Erkennen unserer selbst als unserer selbst allererst ausgeht. Aber weil dieser Anfang zugleich als das Widersinnige erscheint, das von der Vernunft nicht Einzuholende und sie also Entsetzende, geht die fragende Vernunft darüber hinweg. Sie wendet sich vom Anblick des Nichts, aufgrund dessen wir doch erst sind, was wir sind, nämlich sterbliche Freiheit, weg und sogleich und anfänglich dem Etwas zu mit der zeitlosen Frage: Was ist alles? Mit dieser ersten Frage ist sie scheinbar voraussetzungslos. Denn sie hat zur Voraussetzung: Nichts. Aber eben jene Rede, daß sie Nichts zur Voraussetzung habe, ist nun plötzlich für uns zweideutig geworden, weil wir nämlich erkennen, daß dieses Nichts etwas, nämlich der Tod, ist, das Rätsel des Sterbenmüssens, die Zeitlichkeit alles Menschlichen und die Endlichkeit alles Irdischen: die herbe in Wahrheit nicht mehr aufklärbare Voraussetzung. Das Wegsehen von dieser Voraussetzung auf die scheinbar unendliche Allheit des Wißbaren konstituiert die abendländische Philosophie, deren wahrer Musaget aber gerade deshalb dennoch – denn das nicht wahrgehabte Wahre beherrscht mich – der Tod war, das Nichts (GS 2, 4).

Insofern – Rosenzweig spricht das nicht aus, aber es liegt in der Konsequenz seines Gedankens – ist die in der absoluten »Was-ist«-Frage angesetzte Philosophie von vornherein nihilistisch.

Das Wegsehen von der Voraussetzung des Todes kann solange durchgehalten werden wie das Denken seinen Blick auf die Wißbarkeit des Alls richtet. Es bricht aber in dem Augenblick zusammen, in dem der Einzelne mit der Frage nach sich selbst im Sinne der Frage nach jener vor der Freiheit liegenden Freiheit hervortritt.

Dies ist nach Rosenzweig immer schon, etwa im Selbstverständnis eines Heiligen, geschehen (GS 2, 9). Es ist weltgeschichtlich geschehen in der nachhegelschen Epoche, vor allem in Kierkegaard und Nietzsche. Der Mensch, »ein ganz bestimmter Mensch«, gewinnt Macht »über die – nein, über seine Philosophie« (GS 2, 10). Hier sieht Rosenzweig seinen eigenen geschichtlichen Ort, der ihm, wie übrigens auch Ebner, entscheidend durch das Erleben des ersten Weltkrieges eröffnet wurde. An die Stelle »des einen und allgemeinen, vor dem Schrei der Todesangst den Kopf in den Sand steckenden Nichts«, das die Philosophie »dem einen und allgemeinen Erkennen einzig vorangehen lassen will«, treten die tausend wirklichen Tode der tausend wirklichen Toten. »Im dunklen Hintergrund der Welt stehen als ihre unerschöpfliche Voraussetzung tausend Tode statt des einen Nichts« (GS 2, 5)[32]. Im Lichte ihrer Zeitlichkeit tritt für die Freiheit das Nichts als das alles in Frage stellende hervor.

---

[32] In welcher Nähe dieser Anfang des Stern zu *Heideggers* »Sein und Zeit« steht, mag ein Zitat aus dem § 81 von »Sein und Zeit« belegen: »Geworfenverfallend ist das Dasein zunächst und zumeist an das Besorgte verloren. In dieser Verlorenheit aber bekundet sich die verdeckende Flucht des Daseins vor seiner eigentlichen Existenz, die als vorlaufende Entschlossenheit gekennzeichnet wurde. In der besorgten Flucht liegt die Flucht *vor* dem Tode, d. h. ein Wegsehen *von* dem Ende des In-der-Welt-seins. Dieses Wegsehen von ... ist an ihm selbst ein Modus des ekstatisch *zukünftigen* Seins *zum* Ende. Die uneigentliche Zeitlichkeit des verfallend-alltäglichen Daseins muß als solches Wegsehen von der Endlichkeit die eigentliche Zukünftigkeit und damit Zeitlichkeit überhaupt

5. Das Nichts Gottes, der Welt und des Menschen

Die Ausarbeitung des Neuen Denkens, in dem die Zeitlichkeit des Daseins nicht mehr von dem Denken ausgeschlossen ist, sondern das Denken selbst durchgängig bestimmt, geschieht im II. Teil des Stern (GS 2, 103–283). In diesem muß man deshalb – Rosenzweig selbst hat das immer wieder betont[33] – das Herzstück des neuen Denkens überhaupt sehen. Um diese innere Mitte des Rosenzweigschen Gedankens zu verstehen, müssen wir jedoch zunächst den Gedankengang des I. Teils des Stern in seinen Hauptzügen nachzeichnen, da dessen analytische Ergebnisse von den entscheidenden Gedanken des II. Teils vorausgesetzt werden. Der erste Teil des Stern will vom Boden des noch zeitlosen Denkens aus die Elemente für den Gedanken des II. Teiles vorbereiten und geht dabei so vor, daß er das Nichts, das die Einleitung als die unbedachte Voraussetzung allen Philosophierens überhaupt erkannte, als das Nichts der drei einzig vorfindbaren[34] äußersten transzendentalen Horizonte, nämlich das des Gottes, der Welt und des Menschen, beschreibt. Der Gedanke bleibt dabei inhaltlich zunächst noch im Bereich dessen, was bisher als Philosophie gelten konnte.

a)   Die phänomenologische Methode Rosenzweigs

Jedoch geht Rosenzweig bereits im ersten Teil des Stern entscheidend über das bisherige Denken dadurch hinaus, daß er, beinahe beiläufig, eine *neue Methode* des Denkens einführt. Man darf diese Methode, obwohl Rosenzweig das Wort nicht kennt, am ehesten eine phänomenologische Methode nennen. Denn die Absicht Rosenzweigs geht darauf, das zeigt die Einleitung des Stern in aller Eindringlichkeit, hinter alle bisher unbedachten Voraussetzungen des Denkens zu

---

verkennen. Und wenn gar das vulgäre Daseinsverständnis vom Man geleitet wird, dann kann sich die selbstvergessene »Vorstellung« von der »Unendlichkeit« der öffentlichen Zeit allererst verfestigen. Das Man stirbt nie, weil es nicht sterben *kann,* sofern der Tod je meiner ist und eigentlich nur in der vorlaufenden Entschlossenheit existentiell verstanden wird« (Sein und Zeit 424–425).

[33] Vgl. GS 2, 194; GS 3, 151; GS 1/2, 603 f.; 634; 708; 828; 1070.

[34] Rosenzweig begründet nicht, warum nur diese drei äußersten transzendentalen Horizonte vorzufinden sind. Der Sache nach ist dies auch nicht begründbar. Rosenzweigs Antwort auf die Frage Rudolf Stahls, warum er nur diese drei Horizonte angebe, hieß: »Aber wissen Sie denn noch andere?« (GS 1/2, 1071).

kommen, zu den ersten Gegebenheiten (vgl. GS 2, 10–21), zu dem, was dem Denken sein Maß gibt und insofern »nicht erst des Denkens bedarf um zu sein« (GS 2, 22). Mit dieser Absicht ist die Methode Rosenzweigs der Methode der Phänomenologie, also etwa der Methode Husserls, die »keine prädikative oder vorprädikative Selbstverständlichkeit« als unbefragten Erkenntnisboden fungieren lassen will, um so zu den »absoluten Selbstgegebenheiten«[35] zu kommen, durchaus ähnlich. Was der Stern erreichen möchte, ist das »großäugige Sehen der Urphänomene«, demgegenüber Dialektik ein Kinderspiel ist (GS 1/2, 1071)[36]. Während er früher produziert und geformt habe, so schreibt Rosenzweig ein Jahr vor der Konzeption des Stern, sei er jetzt zu einem Menschen geworden, der nur noch *frage* (GS 1/1, 199). Das reine fragende Hinschauen, das sich jeder Voraussetzung enthält, wird hier also zur Methode des Denkens schlechthin erhoben. Nichts soll vorausgesetzt werden, damit das Denken rein vor die sich selbst zeigende Sache selbst kommen kann.

Die Anzeige dieser absoluten Fraglichkeit, mit der das Denken beginnen muß und die für es der einzige mögliche Weg zu seiner Sache ist, ist deshalb in Rosenzweigs Hauptwerk auch das Wort »Nichts«. Dieses Nichts zeigte sich zu Beginn des Stern als das Nichts des Todes. Es erscheint in der Durchführung des Stern aber dann, scheinbar ohne daß auf die erste Bedeutung weiter reflektiert wird, als »*methodischer Hilfsbegriff*« (GS 3, 142). Es spielt die Rolle der Anzeige des schlechthinnigen Fragens, in das sich das Denken hineinbegibt. Es erscheint als »Markierung für das Gestelltsein des Problems« (GS 2, 28). Nichts darf vorausgesetzt werden. Das Denken hält sich in der reinen schwebenden Unentschiedenheit des Hinschauens auf das, was sich ihm von sich her zeigen will.

Insofern das Denken sich in der reinen Unentschiedenheit des fragenden Hinschauens hält, ist es darin freilich schon bestimmt von dem Erfragten, das ihm zum reinen Phänomen werden soll (vgl. GS 2, 26). Das fragende Denken ist, indem es nichts voraussetzt, gerade nicht voraussetzungslos. Sondern es ist rein bestimmt von der Sache, die ihm als sie selbst, d. h. ursprünglich ansichtig werden will. Das Nichts, das die Anzeige des reinen Zustandes der Frage ist, ist

---

[35] Husserliana V, 139 und II,51.
[36] Vgl. dazu auch GS 4/1, 66: »Das wirklich Erfahrene rein auszusprechen …« und GS 1/1, 292: »Man braucht also vielleicht überhaupt nichts *über* das Lebendige zu sagen, sondern man muß nur den Augenblick abpassen, wo es selber sich ausspricht.«

also nicht das »Nichts überhaupt«, sondern es ist das »Nichts von etwas«.

Rosenzweig hält sich hier formal an Hermann Cohens »Logik des Ursprungs«[37]. Der Stern beruft sich ausdrücklich auf Cohens berühmte Infinitesimalschrift[38] und schreibt ihr eine grundsätzliche methodische Bedeutung zu. Denn wenn auch Mathematik der Philosophie immer schon als Führerin erschienen sei, so habe doch erst Cohen, so meint Rosenzweig, gerade deshalb in der Mathematik ein Organon des Denkens entdeckt, »weil sie ihre Elemente nicht aus dem leeren Nichts der einen und allgemeinen Null, sondern aus dem bestimmten, jeweils jenem gesuchten Element zugeordneten Nichts des Differentials erzeugt« (GS 2, 23)[39]. Denn das Nichts, mit dem die Infinitesimalrechnung arbeitet, ist das Nichts von etwas. Und dieses Etwas kann eben dadurch als reines Phänomen für das Denken zum Vorschein kommen. Das Nichts des Differentialquotienten dy/dx für lim dx → 0 läßt die Richtung (tg τ) der Kurve in einem bestimmten Kurvenpunkt, d.h. die ursprüngliche Wirklichkeit der Bewegung, rein entspringen. Das Nichts ist in dieser Stellung nicht mehr »das« Nichts, das die Wesensenthüllung des reinen Seins bedeutet, wie bei »dem großen Erben der zwei Jahrtausende Philosophiegeschichte« – Hegel (GS 2, 22) -[40], sondern es ist »das besondere Nichts« (GS 2, 23), das Nichts »dieses Etwasses« (GS 2, 22). Cohen habe, so meint Rosenzweig, »gegen seine eigene Selbstauffassung und gegen den Anschein seiner Werke« mit dieser Entdeckung der Stellung des Nichts in der Infinitesimalrechnung im Grunde bereits die Wende vom Idealismus weg vollzogen (GS 2, 23) und eine neue Methode des Denkens gefunden, die eben die Methode des Neuen Denkens werden kann[41]. Formal gesehen, übernimmt Rosenzweig also einen entscheidenden Zug des Cohenschen Ursprungsdenkens.

---

[37] Vgl. näherhin dazu unten S. 167 f.

[38] Das Prinzip der Infinitesimalmethode und seine Geschichte (1883).

[39] Vgl. auch GS 3, 390; GS 1/1, 561 f.

[40] Die Frage, inwieweit Rosenzweig Hegel richtig gedeutet hat, müssen wir hier wie in der ganzen folgenden Interpretation offenlassen.

[41] Später sagt Rosenzweig von dieser Methode, sie müsse sich am ehesten die Bezeichnung absoluter Empirismus« gefallen lassen (GS 3, 161). Da dieser Begriff inzwischen noch mißverständlicher geworden ist und Rosenzweig selbst ihn als einen Verlegenheitsbegriff gekennzeichnet hat, halte ich es nicht für ratsam, Rosenzweigs Denken heute unter diesen Titel zu bringen.

Bernhard Casper

Wie sehr Rosenzweig diesen Weg, von dem wir bisher nur den Anfang sahen, nun aber als seinen eigenen Weg ausbaut, wird sofort deutlich, wenn wir auf die weiteren Schritte, die nun zu gehen sind, achten. Ähnlich wie Husserl thematisiert Rosenzweig nämlich nicht nur das Noema, sondern auch die Noesis. Aus der reinen Fraglichkeit zu der ihm erscheinenden Antwort muß das fragend zuschauende Denken einen *Weg* gehen. Dieser Weg aber ist, insofern Denken das Denken ist, das sich in der *vorliegenden Sprache* geäußert hat, grundsätzlich immer doppelläufig. Es wird im Grunde nicht *ein* Weg aus der Haltung der reinen Frage zur Antwort gegangen, sondern es werden zugleich immer *zwei* Wege gegangen. Kannte das idealistische Philosophieren von der Frage zur Antwort grundsätzlich nur einen Weg, nämlich den der Reduktion, der Auflösung des Befragten in das eine allgemeine Wesen, das von vornherein (in der Frage »Was ist alles?«) das einzig Erfragte war, so gibt es, so entdeckt Rosenzweig, für das Denken, das sich in dem rein voraussetzungslosen Fragen hält und darin allerdings auf das Sein aus ist, das sich in der gesprochenen Sprache meldet, grundsätzlich immer *zwei Wege.*

Achte ich nämlich darauf, auf welche Weise das Sein des Seienden aus dem Nichts der reinen Fraglichkeit zum erschienenen, in der Sprache vorliegenden Sein des Seienden geworden ist, so sehe ich, daß dies grundsätzlich immer zugleich auf zweierlei Weise geschah: *einmal* dadurch, daß das Nichtnichts bejaht wurde und *zum anderen* dadurch, daß das Nichts verneint wurde.

Rosenzweig sieht die beiden Wege bereits in der Bewegung des Denkens gegeben, mit der das Differential gedacht wird. Das Differential stellt sich dar zugleich als »Größe wie sie ins Größenlose verfließt« *und* als »Unendlichkleines«. Es zieht also »seine wirklichkeitsgründende Kraft einmal aus der gewaltsamen Verneinung, mit der es den Schoß des Nichts bricht, und dann ebensosehr doch wieder aus der ruhigen Bejahung alles dessen, was an das Nichts, dem es selber als Unendlichkleines doch noch verhaftet bleibt, angrenzt« (GS 2, 23).

Dennoch ist das Phänomenfeld, in dem Rosenzweig die beiden Wege der Noesis findet, die als Urstrukturen des rein fragenden, hinschauenden Denkens immer *zugleich* gegeben sind, nicht eigentlich das der Mathematik, sondern das der *Sprache.*

Was ist in jedem Satz, der gesprochen worden ist, immer schon geschehen? Das ist die Frage, von der Rosenzweig eigentlich ausgeht.

Ein jeder Satz, der gesprochen worden ist, hatte seinen ersten-Anfang in dem reinen fragenden Sich-Offenhalten: dem Nichts als der »Markierung des Gestelltseins des Problems«. Aus diesem Nichts heraus aber wurde im Sagen *einerseits* das Nichtnichts bejaht. Was gesagt wird, ist etwas, was ist. Es ist ein »in se esse«, wie Rosenzweig später einmal zu erläutern versucht (GS 3, 144)[42]: Es hat einen unendlichen Sinn, der grenzenlos in sich ruht. Insofern es ist, ist es, was es ist. Freilich könnte es auch nicht sein. Insofern ist das Nichts der dauernde Nachbar des Seins, das so erscheint. Oder umgekehrt: Sein als die Bejahung des Nichtnichts zeigt sich als »Anwohner des Nichts« (GS 2, 26). Die Bewegung des Denkens, durch die Sein so erscheint, ist in jedem Sagen immer schon geschehn.

Ebenso aber ist in jedem Sagen immer schon auch eine andere Bewegung geschehen, nämlich die der Verneinung des Nichts. Denn Sein erscheint ja nicht nur als grenzenloser Sinn, sondern jeweils auch als das bestimmte: dies und nichts anderes. Die Bewegung, in der Denken Sein zur Erscheinung kommen läßt, ist hier eine andere. Wurde vorhin das Sein des Seienden unendlich bejaht, ging also die Blickrichtung des Denkens in die unendliche Fülle des So, so grenzt Denken in der zweiten Bewegung aus: Nicht anders. Es grenzt aus; nicht aus anderem Seienden, denn es geht ja um das Sein als Sein. Es grenzt aus – aus dem Nichts. In der Verneinung des Nichts erscheint Sein »als Entronnener, … der soeben das Gefängnis des Nichts brach«. Es ist »nichts weiter als das Ereignis der Befreiung vom Nichts« (GS 2, 26). Die Bewegung des Denkens gleicht dem »per se percipi«.

Beide Bewegungen des Denkens aber liegen der gesprochenen Sprache immer schon *zugleich* zugrunde. Jedes Wort im Satz hat in sich einen unendlichen Sinn, unabhängig von seiner Stellung im Satz (GS 2, 34–35). Gleichzeitig aber wird jedes Wort im Satz auch er-ör-tert, und das in ihm zur Sprache kommende Sein gewinnt dadurch den Sinn des »Nicht anders«. Es ist aus dem Nichts ausgegrenzt durch die Verneinung des Nichts (GS 2, 35). Beide Sinne von Sein, die dadurch entstehen, daß dem reinen fragend hinschauenden Denken durch eine je verschiedene Bewegung seiner selbst Sein aus dem Nichts der reinen Fraglichkeit heraus erscheint[43], sind also in der ge-

---

[42] Siehe dort jedoch, wie Rosenzweig sich gleichzeitig von Spinoza absetzt.

[43] Es mag hier darauf aufmerksam gemacht werden, daß *Sartre* zu Beginn seines philosophischen Hauptwerkes »L'être et le néant« bei der Erörterung dessen, was Phäno-

sprochenen Sprache immer schon zusammengekommen. Das Denken als Sagen kann beide Erscheinungsweisen des Seins nicht auf eine reduzieren. Beide sind vielmehr gleich ursprünglich. Es muß beide immer miteinander geschehen lassen.

Das heißt aber: das in der schon gesprochenen Sprache vorliegende Sein ist als *es selber* immer schon über seine beiden für das anschauende Denken ursprünglichen Phänomenwerdungen hinaus und ent-hält sie als paradoxe Einheit. Rosenzweig sucht dieses Über-hinaus in der Erhebung der Urphänomene durch die Vorsilbe »Meta-« zum Ausdruck zu bringen (vgl. GS 2, 21). Das »Zugleich« das »Und« beider Erscheinungsweisen des Seins hat immer schon jedes mögliche Sagen als *ein* Sagen ausgeformt. Als Grundstruktur jedes möglichen Sagens ergibt sich deshalb. »Nicht anders *und* So«. Dies ist die formale Grundstruktur jedes möglichen Phänomens, insofern Phänomen als das aus dem Nichts der reinen Fraglichkeit dem Denken Erscheinende und von ihm zu Sagende verstanden wird. Oder auch, so kann man sagen: diese formale Grundstruktur gibt die Gründe der Möglichkeit jeder schon vorliegenden Sprache an. Sie ist die Matrix, die jedem Sprechen zugrunde liegt. Deshalb faßt Rosenzweig den I. Teil des Stern nicht ohne Grund als einen Abstieg in das Reich der Mütter auf (GS 2, 24), in das Reich der »Vorwelt«, in das Reich der stummen, vor jeder erklingenden Sprache liegenden Sprache, die gleichwohl in jeder erklingenden Sprache, sie ermöglichend, mitspricht.

Wir durften über diese Matrix jeder möglichen Sprache so ausführlich handeln, weil eben in jene sich einer phänomenologischen Betrachtung ergebende Grundstruktur jedes möglichen Sagens nun das Sein der »drei Seienden«, der drei Un-Gegenstände eingetragen wird, in die Kant, der Zerstörer der Metaphysik, das eine idealistische All zerkritisiert hat: das »Sein« der drei transzendentalen Ideen des Gottes, der Welt und des Menschen.

---

men heißen könne, einen ähnlichen Weg beschreitet. Jede reine Frage ist dadurch Frage, daß sie sich offenhält für die Antwort: Nichts! »Ainsi la question est un pont jeté entre deux non-êtres: non-être du savoir en l'homme, possibilité de non-être dans l'être transcendant« (a.a.O. 39). Zu diesem zweifachen Nichts, dem non-être, das die Frage als Frage ausmacht *und* dem non-être, das als dauernde Möglichkeit (possibilité) an das être der positiven Antwort grenzt, tritt in der Antwort selbst ein drittes non-être, das der Limitation: »C'est ainsi et non autrement« (a.a.O. 40). Allerdings geht Sartre nicht vom Phänomenfeld der Sprache aus.

A— 89

Von Gott, Welt und Mensch wird von dem praereflexiven Sprechen immer schon gesprochen. Welche Phänomene meint dieses praereflexive Sprechen aber damit? Dies gilt es nun zu klären. Das heißt aber: das, was das praereflexive Sprechen mit Gott, Welt und Mensch meint, muß – jeweils für sich – in das Licht der reinen Fraglichkeit gestellt werden, damit das Phänomen des Gottes, der Welt und des Menschen – jeweils für sich – rein zum Vorschein kommen kann. Ob es den Gott oder die Welt oder den Menschen in Wirklichkeit gibt, ist damit noch in keiner Weise ausgemacht; wie auch das Denken von einem Zusammenhang von Gott und Welt und Mensch in diesem seinem ersten Anlauf nichts weiß noch wissen kann. Jedes der drei Phänomene füllt vielmehr für sich den ganzen Horizont des Erscheinenden. Was der I. Teil des Stern leistet, ist deshalb lediglich die Beantwortung der Frage: Wie kommt im Licht der reinen Fraglichkeit – jeweils für sich – das äußerste Phänomen, welches das praereflexive Sagen mit »Gott«, »Welt«, »Mensch« meint, zum Vorschein? Das All, von dem das idealistische Denken ausging, ist für das reine fragende Denken verschwunden. Nur jeweils für sich und in sich kommen die drei verschieden gearteten Urphänomene, denen in dem praereflexiven Sprechen die Namen »Gott«, »Welt«, »Mensch« gegeben wurden, zum Vorschein.

Rosenzweig nennt diese Urphänomene deshalb zu Beginn ihrer Erörterung einmal »positive Begriffe« (GS 2, 25). Sie sind nicht negative Begriffe, Begriffe unter Begriffen, die innerhalb eines »All-Wesens« ausgrenzen, sondern Begriffe, in denen Gott oder Welt oder Mensch jeweils als »absolute Tatsächlichkeit« (GS 2, 25) oder auch schlechthinnige Tatsächlichkeit« (GS 2, 68)[44] jeweils für sich erscheinen, was sich u. a. darin zeigt, daß die positiven Begriffe logisch nicht aufgehen, sondern nach der formalen Grundstruktur jedes möglichen Sagens aus den gleich ursprünglichen Elementen »nicht anders« *und* »so« bestehen, also eine paradoxe, aber in sich bestehende Einheit darstellen.

---

[44] Rosenzweig hat die Differenz zwischen der Tatsächlichkeit des Seins in den positiven Begriffen, die er an anderer Stelle auch einmal die »stumme Tatsächlichkeit« (GS 2, 33, vgl. GS 2, 40–41) nennt, und der sprechenden Tatsächlichkeit der sich zeitlich ereignenden Wirklichkeit selbst nicht immer genügend deutlich ausgearbeitet. So bedeutet offensichtlich die Tatsächlichkeit, von der Rosenzweig GS 3, 158 f. spricht, die letztlich das Denken auf das zeitlich und sprachlich sich ereignende *Und* von »Gott *und* die Welt *und* der Mensch« führt, etwas anderes und mehr als die bloße Tatsächlichkeit der positiven Begriffe.

Die Urphänomene sind gleichwohl *nur Begriffe*, d. h. Noemata. Und zwar deshalb, weil sie Erscheinungen des zwar rein fragenden, aber dennoch *zeitlos anschauenden* Denkens sind. Die Voraussetzung der Zeitlosigkeit des Denkens ist in der Erhebung der Urphänomene als die noch unbedachte Voraussetzung enthalten. Über die wirkliche Wirklichkeit der Urphänomene ist mit der Erhebung ihrer zeitlosen Phänomenalität deshalb auch noch nicht das mindeste ausgemacht. Sie werden sich vielmehr im Nachhinein, von der wirklichen zeitlichen Wirklichkeit her gesehen, als Abstraktionen erweisen (vgl. GS 1/2, 1071).

Die Resultate des I. Teils des Stern, die durch die Hineinstellung in ihr Nichts zeitlos erfragten positiven Begriffe oder Noemata der reinen Urphänomene sind: Der mythische Gott, die plastische Welt und der tragische Mensch. Rosenzweig bringt die Erhebung dieser positiven Begriffe unter die Titel Metaphysik, Metalogik und Metaethik. Sie müssen im einzelnen nachgezeichnet werden.

b) Meta-Physik

Die erste Erhebung klärt das Sein des Gottes, das dem reinen, fragenden Hinschauen erscheint. Rosenzweig bringt diese Beschreibung der Phänomenwerdung des Gottes unter den Titel: Metaphysik. Damit ist nun freilich, dies muß, um jedes Mißverständnis auszuschalten, ausdrücklich bemerkt werden, in keiner Weise »Metaphysik« in dem Sinne gemeint, in dem die nacharistotelische Philosophie dieses Wort gebrauchte, um sich selbst im ganzen zu bezeichnen. Rosenzweig vollzieht die These Diltheys vom Ende dieser »Metaphysik« sachlich ja gerade mit. Das Wort kann also gar nicht in dem herkömmlichen Sinne gebraucht werden. Vielmehr gebraucht es Rosenzweig in einem neuen Sinne. Diesem Sinne gemäß ist das Wort aber einfach ein Titel dafür, daß, wenn überhaupt von Gott gesprochen werden soll, nur mittels seines Seins als seiner Physis von ihm gesprochen werden kann. Dabei wird sich dann zeigen, daß Gott selbst in Wirklichkeit über seiner Physis steht, mehr als seine Physis ist, seine Physis vielmehr nur enthält. Der ganze Titel der ersten Ableitung heißt: »Gott und sein Sein oder Metaphysik«. Die Ablehnung des Weges der negativen Theologie am Anfang des Kapitels »Metaphysik« (GS 2, 25) macht dabei deutlich, worum es Rosenzweig geht. Es geht ihm darum, in einem sozusagen auf sein Wesentliches gebrachten Nachvollzug griechisch gedachter Theologie, den reinen positiven Begriff des Gottes zu gewinnen.

Wie aber geschieht dies nun? Wie wird der Gott zum reinen Phänomen? Gemäß der besprochenen Methode muß das Sein, soll es zum reinen Phänomen werden, in das Licht der absoluten Fraglichkeit gestellt werden. Der erste Satz der Rosenzweigschen Meta-Physik lautet deshalb: »Von Gott wissen wir nichts« (GS 2, 25). Das zu Erfragende ist in das Nichts des Wissens von ihm gestellt. Dieses Nichts aber ist, daran darf hier noch einmal erinnert werden, nicht das Nichts überhaupt, das ein All überhaupt voraussetzte: der »dunkle Grund Eckharts, Böhmes oder Schellings«, wie Rosenzweig ausdrücklich sagt. Sondern es ist im strengen Sinn nur das Nichts des Wissens von dem Sein des Gottes. Es ist der Ort der Stellung des Problems, der dadurch selbst zwar kein bestimmter, aber ein bestimmungserzeugender wird (GS 2, 27) – ein bezogenes Nichts. Worauf ist dieses Nichts des Wissens, die reine Fraglichkeit, nun aber bezogen? Auf das Sein des Gottes überhaupt und schlechthin. Der zweite Satz der Metaphysik lautet deshalb: »Aber dieses Nichtwissen ist Nichtwissen von Gott. Als solches ist es der Anfang unseres Wissens von ihm« (GS 2, 25). Damit ist das Problem gestellt und der Weg der Phänomenwerdung eröffnet.

Das Sein des Gottes, das zum Phänomen werden soll, kommt zum Vorschein im Denken und deshalb im Sprechen, insofern Sprechen Urteilen bedeutet. Letztlich ist so die *Sprache* das Phänomenfeld, in dem das Phänomen des Gottes gelesen werden kann. Sprache allerdings ist hier noch nicht verstanden als Sprache, insofern sie gesprochen wird, sondern als Sprache, insofern sie schon vorliegt. Das Beispiel, an dem Rosenzweig alsbald das Phänomen des Gottes erläutern wird, ist das klassische Beispiel des Verhältnisses von Subjekt und Prädikat (GS 2, 34 ff.). Was diese Voraussetzung der Sprache bedeutet, werden wir freilich erst am Ende unserer Interpretation ganz begreifen können.

Aber wie kann denn nun das Sein des Gottes zum Phänomen werden? Aus der reinen Fraglichkeit, dem Nichts des Wissens von ..., führen, wie wir sahen, grundsätzlich immer zwei Wege »zu dem, was nicht Nichts ist: ... der Weg der Bejahung und der Weg der Verneinung. Die Bejahung nämlich des Gesuchten, des Nichtnichts; die Verneinung, nämlich des Vorausgesetzten, des Nichts« (GS 2, 26). Die beiden Ableitungen, die wir bisher nur in ihrer formalen Struktur kennenlernten, füllen sich nun, in der Phänomenwerdung des Gottes, zum erstenmal mit einem konkreten Inhalt.

aa) Ich kann nämlich einmal aus dem Lichte der reinen Fraglichkeit heraus Nichtnichts bejahen. Phänomen wird so die Fülle dessen, was nicht Nichts ist. Der Gott erscheint so als die Fülle dessen, was in ihm »ist«: unendliches Wesen, grenzenloses in sich ruhendes So, unendliches »Icht« (GS 2, 26–27). Rosenzweig gebraucht hier, ohne ihn zu nennen, ein Wort aus der Sprache des Meisters Eckhart.

In der *Sprache* entspricht diesem grenzenlosen So der, wie Rosenzweig sich ausdrückt, »bewegungslose Sinn« (GS 2, 35), den jedes einzelne Wort unabhängig von seiner Stellung im Satze hat. Diese Sinn wird von dem unendlichen in sich ruhenden, steten Ja und So be-stätigt.

bb) Aber das Sein kann auch so Phänomen werden, daß es dem Lichte der reinen Fraglichkeit als die Verneinung des Nichts »ent-bricht« (GS 2, 30). Auch dann wird Nichtnichts zum Phänomen. Aber dieses hat dann, wie wir sahen, einen anderen Charakter. Es hat jetzt nicht mehr den Charakter des unendlichen Wesens. Sondern es erscheint Sein als der Entronnene des Nichts, »der soeben das Gefängnis des Nichts brach ... nichts weiter als das Ereignis dieser Befreiung vom Nichts« (GS 2, 26). Das »Icht« des Gottes zeigt sich hier als das Bestimmte. Es erscheint gegenüber dem stillen Fluß des Wesens als »der hochschießende Springquell der Tat« (GS 2, *27).* Der Gott als das bestimmte »Icht«, das schlechthin Eine, vor dem alles andere in ihm zum »bloßen anderen« wird, zeigt sich als Freiheit. Diese ist, insofern sie »schlechthin gewaltiges Nein«, also Tat ist, endlich. Aber sie ist unerschöpflich. Sie bricht in alle Ewigkeit hervor. Denn »alle Ewigkeit« ist ihr bloß »anderes«, ist ihr »bloß unendliche Zeit«. Sie ist diesem ihrem »stets ›anderen‹ gegenüber in alle Zeit das Einmalige, das immer Neue, das immer Erstmalige« (GS 2, 32).

In der *Sprache* aber spiegelt sich dieses Ur-Nein ebenso, wie sich das grenzenlose So in ihr spiegelte. Das Ur-Nein ist »gleichfalls in jedem Wort im Satz wirksam, und zwar nicht insofern dies Wort Aussage ist, sondern insofern es Gegenstand von Aussagen wird«. Das »›Nicht-anders‹ er-örtert ... diesen ›Ort‹ des einzelnen Wortes durch den seine Eigentümlichkeit gegenüber den ›andern‹ festgelegt wird«. Rosenzweig macht dazu ein Beispiel: Das Wort »Mensch« ist in sich ein grenzenloses So. Aber es hat einen jeweils anderen Sinn, je nachdem es in dem Satze steht »Der Mensch ist freigeschaffen, ist frei«, oder in dem Satze »Der Mensch ist nicht geschaffen, frei zu sein« (GS 2, 35).

Das Sein des Gottes wird also auf zweierlei Weise zum Phänomen: als das grenzenlose So, der bewegungslose Sinn *und* als die unerschöpfliche, sich selbst bestimmende Freiheit der Tat.

Stehen beide Weisen der Erscheinung des Gottes aber nun unverbunden nebeneinander?

Keineswegs! Sondern sie verbinden sich, wie sich innerhalb eines jeden Satzes beide Sinne von Sein verbinden. Ein jeder Satz kommt erst dadurch zustande, »daß das er-örternde, fest-legende Nein über das be-stätigende Ja Gewalt zu gewinnen versucht« (GS 2, 35).

So geht auch die Freiheit des Gottes an sich auf ein Unendliches. Sie ist un-erschöpfliche, un-endliche Willkür. Jedoch: »Als der unendliche Gegenstand, den sie verlangt, liegt ihr vor nur das Wesen« (GS 2, 33).

Würde nun die unerschöpfliche Macht ganz in dem unendlichen Wesen aufgehen, so würde sie als das unendlich aktive Nein erlöschen. Wie umgekehrt das Wesen kein ruhiges Wesen, Ja und Amen, mehr wäre, ginge es völlig in der unerschöpflichen Willkür auf.

Es gibt aber, so sieht Rosenzweig, in dem paradoxen Urphänomen des Gottes einen Punkt, in dem sich beides miteinander vermittelt. Und dies ist »der Punkt des göttlichen Müssens und Schicksals ... Aus der unendlichen Bewegung, die von der Freiheit ausgehend in den Bereich des Wesens hinüberströmt, entsteht so in unendlicher Selbstgestaltung das göttliche Antlitz, das mit einem Nicken seiner Brauen den weiten Olymp erschüttert und dessen Stirne doch gefurcht ist von dem Wissen um den Spruch der Norne. Beides, die unendliche Macht im freien Erguß des Pathos und die unendliche Gebundenheit im Zwang der Moira, – beides zusammen formt die Lebendigkeit des Gottes« (GS 2, 34). Oder, wie es Rosenzweig wenig später mit einem Verse aus Schillers »Das eleusische Fest« sagt: »Frei im Äther herrscht der Gott / Seiner Brust gewalt'ge Lüste / Bändigt das Naturgebot« (GS 2, 36)[45].

Die reine Erscheinung der Gottheit zeigt sich als die paradoxe Einheit zweier auseinander nicht ableitbarer Phänomene. Sie zeigt

---

[45] Rosenzweig zitiert den Vers ohne Angabe der Herkunft ungenau.

sich *zugleich* als unendliche Willkür »Nicht anders« (A =) *und* unendliches »So« (A). »Nicht anders *und so*« (A= A) ist deshalb die Formel für die reine Erscheinung des Gottes. Gewalt'ge Lüste *und* Naturgebot verbinden sich zu dem Urphänomen des Gottes.

Der so erscheinende Gott aber ist, so sieht Rosenzweig, der Gott des antiken Mythos. Nun sind freilich, so scheint es, die Götter der antiken Mythen nicht mehr lebendig. Sie werden nicht mehr genannt. Aber, so beobachtet Rosenzweig sehr scharf, das »Nicht anders und so« als göttliches Urphänomen ist bis heute lebendig in jedem wirklichen *Kunstwerk* (GS 2, 41 ff.). Jedes wirkliche Kunstwerk bezieht wie die Gottheit des antiken Mythos seinen Rang und sein Leben aus dem rätselhaften Zugleich von absoluter Freiheit und unendlichem Müssen. Es bezieht wie die Erscheinung der mythischen Gottheit daraus aber auch seine *Abgeschlossenheit* Es ist gerade dadurch, was es ist, daß es in seinem Zugleich von Freiheit und Müssen eine Welt für sich ist. Es ist abgeschlossen und ausschließlich. Von ihm her gibt es außer ihm nichts. Es ist selig in sich selbst und deshalb mit seiner Physis nirgends eingeordnet, So auch der mythische Gott. Er behält »seine Physis für sich. Und bleibt also, was er ist: das Metaphysische« (GS 2, 43).

Das heißt aber, anders gewendet: Das Urphänomen des Gottes füllt von sich her den Horizont alles möglichen Seins aus. Sollte Welt und Mensch gedacht werden, so könnten sie nur als vergottet gedacht werden, wie denn ja, nach Rosenzweig, die Antike Welt und Mensch auch dachte. Wir haben bisher, aufscheinend in dem Feld der schon vorliegenden Sprache, nur den reinen positiven Begriff des Gottes zu Gesicht bekommen. Von einer Beziehung des Phänomens des Gottes zum Phänomen der Welt oder zum Phänomen des Menschen war bis jetzt nicht die Rede und konnte bis jetzt nicht die Rede sein.

c) Welt als das Meta-Logische

So wie der Gott kann aber auch das Sein der Welt für sich gedacht und im Feld der schon vorliegenden Sprache gelesen werden. Welt ist ein Äußerstes des Seins. Sie kann zum reinen Phänomen werden und steht als solches weder mit dem Phänomen des Gottes noch mit dem Phänomen des Menschen in irgendeinem Zusammenhang. Als Äußerstes des Seins kann sie rein für sich erhoben werden. Wiederum ist der Anfang der Phänomenwerdung dabei die absolute Fraglichkeit, in die das scheinbar Vertraute und Selbstverständliche der transzendentalen Idee »Welt« gestellt wird: »Von der Welt wissen wir nichts« (GS 2, 45). Und wie bei dem Phänomen des Gottes, so entsteht auch hier dem rein auf seine Sache hinblickenden Denken das Phänomen des Seins der Welt: durch die Bejahung des Nicht-nichts und durch die Verneinung des Nichts.

aa) Die Bejahung des Nichtnichts führt formal zu dem unendlich ru-henden Wesen. Aber welches ist dieses im Falle der Welt? Es kann, so sieht Rosenzweig, »hier nicht wie bei Gott das Sein bedeuten. Denn das Sein der Welt ist kein unendlich ruhendes Wesen. Die uner-schöpfliche, stets neugezeugte und neu empfangene Fülle der Gesich-te, das ›voller-Figur-sein‹ der Welt ist gerade das Gegenteil eines sol-chen stets ruhenden, in sich und jeden Augenblick unendlichen Wesens, als welches wir das Sein Gottes ansprechen« (GS 2, 46).

Aber welches ist dann das unendlich ruhende Wesen der Welt? Es wird zum Phänomen als der Welt-Logos: die umfassende unend-liche Geordnetheit der Welt im Denken. Das bejahte Nichtnichts muß das überall Seiende und immer Währende sein. Und es zeigt sich: »Überall und immer ist aber das Sein der Welt nur im Denken« (GS 2, 46). Unter Denken darf hier freilich nur die im Phänomen der Welt selbst sich zeigende Geordnetheit verstanden werden. Es darf also weder an das Denken des Menschen noch auch an das Denken des Gottes gedacht werden. Rosenzweig selbst verweist, um von dem Wort Welt-Logos die Hegelsche Tönung fernzuhalten, »die den Na-men in der Gottheit verschwimmen läßt«, auf den »Erdgeist« und die »Weltseele« der frühen romantischen Naturphilosophie (GS 2, 48). Man könnte dem formalen Gehalt nach den Welt-Logos etwa von Kants kosmologischen Ideen her verstehen, den Weltbegriffen als »transzendentalen Ideen, sofern sie die absolute Totalität in der Syn-thesis der Erscheinung betreffen«[46]. Denn wie diese ist der Welt-Lo-gos andererseits auch der allgemeine nur *angesichts seiner Anwen-dung*, als Logos von *Welt*. Er bekommt seine eigene Einheit nie in die Hand, sondern ist der eine und allgemeine nur dadurch, daß er ange-wandt wird. Er ist, was er ist, nur als In-der-Welt-sein, als das »welt-gültige, weltangewandte, weltheimische Denken« (GS 2, 47). Ein an-deres, also etwa das sogenannte vorausgesetzte »reine« Denken kann uns hier gar nicht zum Phänomen werden. Gerade als ein solches

---

[46] Kritik der reinen Vernunft A 407 (B 434). Jedoch versteht Rosenzweig, wie sich zei-gen wird, den Weltlogos geschichtlich.

weltheimisches Denken ist der Welt-Logos zugleich immer das Umfassende. »Der Logos der Welt ist in seiner Nichts-als-Anwendbarkeit aber auch Überall-und immer-Anwendbarkeit das Allgemeingültige« (GS 2, 47). Sein Symbol ist deshalb, da er das Allgemeingültige ist, das nur durch Bezogenheit ist, was es ist: A=. Aber dieses muß, da es ja das »Ergebnis einer Bejahung« ist (GS 2, 47), auf der Aussageseite des Satzes stehen. Es ist im *Feld der Sprache* das, was jeder Aussage zwar nicht ihren unendlichen Sinn sichert (das tat die göttliche Physis: A), wohl aber das, was die Gleichheit ihrer Bedeutung sichert (GS 2, 70). Diese reine Bejahung besteht nicht für sich selbst wie die göttliche Physis (A), sondern sie wird zum Phänomen als das »bloße Anwendbare« (GS 2, 47), was durch das vorangestellte Gleichheitszeichen zum Ausdruck kommt. Das Symbol des Weltlogos heißt also: =A.

bb) Der Welt-Logos bedeutet als das Wesen von Welt Allgemeingültigkeit. Als solcher bezieht er sich aber auf das Besondere, die Fülle, als das die Welt auch und als das sie überhaupt erst wirklich ist. In Wirklichkeit ist die Welt erst wirklich in der durch die Verneinung des Nichts aus dem Nichts immer neu hervorbrechenden Fülle des Besonderen, dessen Zeichen das »nackte Zeichen der Einzelheit« sein muß: B. Das nackte B ist nicht bezogen. »Grundlos und richtungslos steigen die einzelnen Erscheinungen aus der Nacht; es ist ihnen nicht an die Stirn geschrieben, woher sie kommen, wohin sie gehen; sie sind« (GS 2, 49). B ist die reine Einzelheit, die nur grenzbegrifflich denkbar ist.

Aber = A ist »anwendungsbedürftig«. Und so stürzt die Welt als B fortwährend aus dem unerschöpflichen Brunnen der Erscheinung in die »unendlich ›anwendungs‹-bedürftigen Gefäße und Geräte ihres Logos« (GS 2, 49–50).
Im »und« entsteht die lebendige Welt: B =A.

Auch das Urphänomen Welt zeigt sich so als das paradoxe Zugleich zweier Phänomene, die aufeinander nicht zurückzuführen sind. Welt erscheint einmal als die bunte Fülle des einzelnen Besonderen, das hervorstürzt und einfach da ist. Und sie erscheint zugleich als die Einheit des Welt-Logos, der schon da ist und in dessen Gefäße das nichts als seiende Besondere stürzt. Die Stationen auf diesem Wege des paradoxen Zugleich, welches das Urphänomen der plastischen

Welt ausmacht, sind einerseits das Individuum, andererseits die Gattung. Das Individuum ist »das Einzelne, das die Merkmale des Allgemeinen, und zwar nicht des Allgemeinen überhaupt, das ja keine ›Merkmale‹ hat, sondern seines Allgemeinen, seiner Art, seiner Gattung, am Leibe trägt und trotzdem noch wesentlich Besonderes, aber nun eben ›individuelles‹ Besonderes ist. Die Individualität ist nicht etwa ein höherer Grad der Besonderheit, sondern eine Station auf dem Wege des reinen Besonderen zum Allgemeinen« (GS 2, 52). Die Gattung aber bezeichnet den Punkt, »wo das Besondere unter die entschiedene Herrschaft des Allgemeinen getreten ist. Was über diesen Punkt hinausliegt, wäre das reine Allgemeine, in dem das Besondere spurlos aufgegangen wäre; aber der Punkt selbst bezeichnet den Augenblick der Bewegung, wo das Besondere trotz des entschiedenen Sieges des Allgemeinen doch noch durchzuspüren ist« (GS 2, 52). »In Individuum also und Gattung, und zwar in der Bewegung, die das Individuum in die geöffneten Arme der Gattung hineinführt, vollendet sich die Gestalt der Welt« (GS 2, 52).

Diese paradoxale Einheit der Bewegung zwischen nur seiendem Besonderem und dem Allgemeinen, ausgedrückt durch die Formel B =A, erweist sich als ein *Kreisprozeß* (GS 2, 54). Denn weder geht das Besondere dem Allgemeinen noch dieses jenem voran. Das Sein der Welt als die paradoxale Gleichung zweier Ungleicher zeigt so eine Zirkelstruktur. Man kommt nicht von außen in seine Helle hinein, sondern nur, wenn man schon in dem Zirkel des Seins der Welt steht, ist das Sein der Welt hell. Das Urphänomen des Seins der Welt zeigt sich so als »geschlossenes, nach außen ausschließendes Ganzes« (GS 2, 54). In seiner Helle stehend, weiß ich *nur* von *ihm* und kann weder von dem Gotte noch von dem Menschen etwas wissen. Das Sein der Welt selbst hat Zirkelstruktur. Das heißt aber: Es zeigt sich weder als das bloße Besondere noch auch als das Allgemeine. Sondern es zeigt sich als das paradoxerweise in dem Kreisprozeß selbst zwischen beiden Erscheinende. Welt ist weder das bloß seiende Besondere noch der immer gültige Welt-Logos, sondern sie ist zwischen beiden oder jenseits beider. Sie zeigt sich im genauen Sinn des Wortes als das Meta-Logische.

Gerade darin unterscheidet sich das Sein der Welt als des Urphänomens denn aber auch von dem Sein des *idealistischen Weltbegriffs.* Für den Idealismus ist die Welt nicht das paradoxe Wirkliche, das Metalogische als »wunderbare Tatsächlichkeit« (GS 2, 54) sondern das logisch Rückführbare. Die idealistische Welt ist das vom

Denken erzeugte allumfassende All, in dem alles Besondere nur eine Emanation des Allgemeinen ist. Ihr Zeichen wäre A = B. Der so gekennzeichnete Weltbegriff aber zeichnet sich dadurch aus, daß er das Paradox des Urphänomens Welt dadurch aufhebt, da in ihm alles B aus A und schließlich die Welt insgesamt aus der noesis noeseos (A = A) ableitbar ist. Daraus folgt aber mit Notwendigkeit, so beobachtet Rosenzweig sehr scharf, daß der Weltbegriff der idealistischen Systeme seinem Wesen nach *eindimensional* ist. In ihm gibt es vom Niederen zum Nächsthöheren und schließlich zum Höchsten prinzipiell nur *einen* Weg, den der immer größeren Reduktion (GS 2, 56, vgl. GS 2, 115). Das eine allerfüllende All erfüllt alle Glieder nur auf eine Weise: auf dem Wege des logischen Abstiegs. »Die grundlegenden Beziehungen müssen von den Gattungen zu den Individuen, von den Begriffen zu den Dingen, von der Form zum Inhalt laufen. Der gegebene Stoff muß in chaotisch grauer Selbstverständlichkeit daliegen bis ihn die Strahlen der Sonne der geistigen Form in Farben auffunkeln lassen; aber es sind nur die Farben des Lichtes, das aus jener wunderbaren Lichtquelle ausströmt« (GS 2, 55, vgl. GS 2, 50)[47].

Demgegenüber erweist sich nun die wirkliche Welt, so wie sie dem nichts voraussetzenden Hinschauen zum Urphänomen wird als *vieldimensional*. Und zwar deshalb, weil in ihr als der paradoxen Einheit zweier Ungleicher B =A die Spontaneität bei dem durch die Verneinung des Nichts entstandenen Sein des bloßen Besonderen liegt. Demzufolge sind, wie Rosenzweig sagt, alle grundlegenden Beziehungen solche, »die von B nach A führen, die also die Fülle, den Inhalt, das Individuum in die Ordnung, die Form, die Gattung eingehen lassen« (GS 2, 54). Deshalb hat jedes seiende Besondere in dem Urphänomen der metalogischen Welt auch seinen eigenen Weg zum Allgemeinen und Ganzen, »seine eigene Fallkurve« (GS 2, 56).

Die unerschöpflich neu hervorsprudelnden Erscheinungen sind so nicht das tote, graue Chaos des ein für allemal Gegebenen, das nur im Lichte des Logos aufstrahlt. Ein für allemal gegeben sind, so bemerkt Rosenzweig, viel eher die immer gültigen logischen Formen (GS 2, 50). Vielmehr *werden* die Erscheinungen als die Verneinung des Nichts immer neu und als das je Neue und Andere gegeben. Sie zeigen sich als immer neue *Gabe*, Geschenk; Ge-schenk, in dem das geschenkte »Ding« ganz hinter der Gebärde des Schenkens zurücktritt (GS 2, 50). Die Spontaneität kommt also von der Seite der Er-

---

[47] Im II. Teil des Stern vgl. GS 2, 152–153.

scheinungen, und die Geordnetheit, der Welt-Logos, erzeugt diese Fülle der wirklichen Welt nicht, sondern ist, wie Rosenzweig sich ausdrückt, in ihr *heimisch*. Die Einheit der »wunderbaren Tatsächlichkeit« des Urphänomens Welt wird nicht von außen her erzeugt, von einem Denken, das ein All setzt. Sondern sie entsteht von innen her aus der Helle des Urphänomens Welt selber, die als das Metalogische die Fülle des Besonderen wie den darin heimischen Welt-Logos ent-hält. Die Welt ist dem Denken deshalb »nicht das All, sondern eine Heimat« (GS 2, 15)[48].

Die sprudelnde, je neu sich schenkende Fülle des Besonderen und der darin heimische Logos bilden so zusammen den Zirkel des Seins der Welt als ein »in sich geschlossenes, nach außen ausschließendes Ganzes« (GS 2, 54).

d) Der Mensch als das Meta–Ethische

Als das dritte der Urphänomene erscheint dem Denken der Mensch. Wie Kant gezeigt hat, wissen wir vor allem von ihm als ihm selbst nichts. Das Sein des Menschen selbst ist das Allerfragwürdigste (GS 2, 67). Im Lichte der reinen Fraglichkeit wird der Mensch uns jedoch in der gleichen Weise für sich und ohne jede Beziehung zu anderem zum Phänomen, wie Welt und Gott uns zum Phänomen wurden.

aa) Durch die Bejahung des Nichtnichts zeigt sich das »Wesen« des Menschen als unendliches Sein. jedoch ist dieses Sein nicht »schlechthinniges Sein, Sein jenseits des Wissens« wie bei Gott. Und auch nicht Sein im Wissen, »gewußtes, allgemeines Sein«, wie das Sein der Welt (GS 2, 68). Sondern es zeigt sich als unendliches Sein im Besonderen.

Als solches liegt es vor allem Wissen und seiner Allgemeingültigkeit. Es ist dadurch, was es ist, daß es sich gegenüber aller Allgemeingültigkeit behaupten kann mit seinem sieghaften »Ich bin noch da« (GS 2, 69; vgl. GS 3, 127). Das Ur-ja bejaht im Phänomen des Menschen das unendliche Eigensein, »das von andern Einzelnen neben ihm nichts weiß, das überhaupt von einem ›neben ihm‹ nichts

---

[48] Es darf hier auf den späteren ähnlichen Gebrauch des Wortes Heimat bei *Heidegger* verwiesen werden. Vgl. etwa: Hebel, der Hausfreund (Pfullingen 1957) 17–18. Vgl. auch Holzwege 34–36.

weiß, weil es ›überall‹ ist, ein Einzelnes nicht als Tat, nicht als Ereignis, sondern als immerwährendes Wesen« (GS 2, 69).

Sprachlich entspricht ihm im Satz auf der Aussageseite gegenüber dem Sein überhaupt (in dem die göttliche Physis zum Ausdruck kam) und der Allgemeingültigkeit (in der das Wesen von Welt zum Ausdruck kam) »die Besonderheit, die das Wort schon vor aller Anwendung hat[49]. Die Besonderheit nicht als Überraschung des Augenblicks und Augen-Blicks, sondern als daseiender Charakter findet ihre Stätte im persönlichen Ethos des Menschen – »nur allein der Mensch vermag das Unmögliche, er kann dem Augenblick Dauer verleihn«; er kann es, eben weil er selbst ... die Besonderheit als sein dauerndes Wesen in sich trägt« (GS 2, 70). Das Symbol für das Wesen des Menschen ist so: B. Und zwar ohne jedes Zeichen der Bezogenheit.

bb) Demgegenüber aber zeigt sich zugleich durch die Verneinung des Nichts der Mensch als Freiheit. Insofern seine Freiheit aus der *Negierung* des Nichts hervorgeht, ist sie unbedingt. Sie ist reiner Anfang, reines Nicht, nur Nicht. Jedoch ist diese Freiheit nicht wie die göttliche Freiheit auf das unendliche göttliche Wesen (A) bezogen und dadurch Macht schlechthin, Freiheit zur Tat. Sondern sie ist auf ein Endliches, wenn auch Unbegrenztes und Unbedingtes bezogen, nämlich die daseiende Eigenheit: B. Sie ist nicht Freiheit schlechthin zur Tat, sondern Freiheit zum Willen, freier Wille, d. h. unbedingter endlicher Wille. Ihr Symbol ist: B=.

Das aber, was der menschliche Wille will, ist nichts anderes als das eigene »Wesen« des Menschen. In seiner Freiheit will der Mensch selbst sich selbst. Erst in dieser unbedingten Bezogenheit auf sich selbst besteht er als Selbst. B= B.

Insofern diese paradoxe Bezogenheit der die Eigenheit wollenden Freiheit, die das Selbst ausmacht, schlechthin in sich abgeschlossen ist und außer sich nichts kennt, ist sie aber in keine Welt und

---

[49] Es mag hier, da wir die Urphämomene als Phänomene der Sprache jetzt überschauen, ein Beispiel gemacht werden: In dem Satz »Der Mensch ist frei« kommt in der Aussage »ist frei« ein dreifaches, nicht mehr weiter Rückführbares zum Vorschein:
1. frei: daß das Wort überhaupt einen Sinn hat, also von einem Ja und Amen verbürgt wird;
2. frei: daß dies als Aussage beziehbar ist und diese Aussage dann allgemeingültigen Charakter hat;
3. frei: daß dieses Wort einen besonderen, eigenen, nur in ihm selbst hellen Sinn hat.

damit auch in keine schon bestehende ethische Ordnung einholbar. In diesem Sinne ist der Mensch als er selbst meta-ethisch (GS 2, 79).

In der Beschreibung des Urphänomens des Selbst als eines metaethischen liegt historisch wie sachlich (vgl. oben 70 f.) einer der Anfänge des Rosenzweigschen Neuen Denkens. Nach Rosenzweig war es Kant, der »mit unleugbar großartiger Intuition das Wesen der Freiheit sichergestellt« hat (GS 2, 72). Auch aus diesem Grunde darf das Zugleich der beiden Phänomene des freien Willens und der daseienden Eigenheit in dem Urphänomen des Selbst noch genauer erläutert werden. Wir gehen dabei von der linken Gleichungsseite, dem freien Willen (B =) aus.

Der freie unbedingte Wille will die unbegrenzte Eigenheit »ohne doch im mindesten etwas von seiner Unbedingtheit preiszugeben« (GS 2, 73). Auf diesem Wege des Willens wird aus dem freien Willen aber zunächst einmal der trotzige Wille (GS 2, 73)[50]. »Als Trotz nimmt das Abstraktum des freien Willens Gestalt an« (GS 2, 73). Der trotzige Wille, in dem der freie Wille Wirklichkeit wird, zeigt sich als das stolze Dennoch des Menschen: das, was dem Gotte das erhabene Also ist (GS 2, 73).

Der trotzige Wille würde nun, könnte er sich ohne Hindernis austoben, die unbegrenzte ruhende Eigenheit des Wesens (B) völlig aufzehren. Das geschieht jedoch nicht, weil »die Eigenheit in ihrer stummen daseienden Tatsächlichkeit dem freien Willen in den Weg zu liegen kommt« (GS 2, 73). Den Punkt, an dem sich dies ereignet, bezeichnet Rosenzweig mit dem Wort Charakter. Im Punkte des Charakters trotzt der Trotz »auf den Charakter«. Und: »Das ist die Selbstbewußtheit des Menschen oder kürzer gesagt: das ist das Selbst. Das ›Selbst‹ ist das, was in diesem Übergriff des freien Willens auf die Eigenheit, als Und von Trotz und Charakter entsteht« (GS 2, 73). Willenstrotz und Charakter, in denen freier Wille und Eigenheit konkret werden, verdichten sich so zum paradoxen Urphänomen des Selbst, von dem es keinen Plural gibt. Das Urphänomen des Selbst

---

[50] Der Begriff des Ichtrotzes findet sich auch bei Rosenstock-Huessy in dessen »Angewandter Seelenkunde« 59, 33, 63. Nach GS 3, 152 lag das Manuskript der »Angewandten Seelenkunde« Rosenzweig etwa vom Beginn des Jahres 1916 an vor. Jedoch spricht Rosenzweig bereits in H I, 37 angesichts der Berner Schriften Hegels vom »Ichtrotz dieses Begriffsbaues«, wie denn überhaupt der Begriff des Metaethischen bereits in II angelegt ist. Man kann deshalb nicht von einer Abhängigkeit Rosenzweigs von Rosenstock sprechen, sondern allenfalls von einer wechselseitigen Beeinflussung beider Denker.

füllt in sich allen Horizont des Seins aus. Es ist das Phänomen des Selbst als das Phänomen des Einzigen. »Die fertige Gleichung bezeichnet die reine Insichgeschlossenheit bei ebenso reiner Endlichkeit« (GS 2, 75). Und als dieses Phänomen des Einzigen (B= B) steht dann das Phänomen des Menschen erst eigentlich dem Phänomen des Gottes (A= A) gegenüber. »Als Selbst, wahrhaftig nicht als Persönlichkeit, ist der Mensch nach Gottes Ebenbild geschaffen. Adam ist wirklich, im Gegensatz zur Welt, genau ›wie Gott‹, nur lauter Endlichkeit, wo jener lauter Unendlichkeit ist …« (GS 2, 75).

Allerdings kann der Mensch auch als Teil von Welt verstanden werden. Dann begreift er sich als B eines A, als das Besondere und Einzuordnende eines Allgemeingültigen nach der Formel B = A[51]. Wo er aber *er selbst* ist – und das kann nur von innen her gesehen werden – da zeigt er sich als völlige Geschlossenheit, außer der es nichts gibt. Diese Geschlossenheit, die den Menschen in der Selbstwerdung überfällt und ihn in seinem Sich-selbst-Entwerfen ausmacht, meint nach Rosenzweig das Wort des Heraklit »Sein Ethos ist dem Menschen Daimon« (GS 2, 77). Helle des Daseins ist dem Selbst »nur – es selbst. Die ganze Welt und insbesondere die ganze sittliche Welt«, in der es sich etwa als Persönlichkeit bewegte, Persönlichkeit, die sich unter allgemeine Gesetze stellte und stellen müßte, »liegt in seinem Rücken; es ist ›darüber hinaus‹, – nicht als ob es sie nicht brauchte, aber in dem Sinn, daß es ihre Gesetze nicht als seine Gesetze anerkennt, sondern als bloße Voraussetzungen, die ihm gehören, ohne daß es hinwiederum ihnen gehorchen müßte. Die Welt des Ethischen ist selbst bloß – ›sein Ethos‹; weiter ist nichts von ihr geblieben. Das Selbst lebt in keiner sittlichen Welt, es hat sein Ethos. Das Selbst ist meta-ethisch« (GS 2, 79).

Geschichtlich begegnet dieses Selbst als der antike tragische Held, dessen aller Welt enthobene tragische Größe und Verschlossenheit im Schweigen zum Ausdruck kommt. Die »großen aktlangen Schweigen der aischyleischen Personen« sind die ursprüngliche Äußerung des Selbst. »Das Heroische ist stumm« (GS 2, 84)[52].

---

[51] Dann ist er in der Begrifflichkeit Rosenzweigs »Individualität« und »Persönlichkeit«. Beide Worte bezeichnen nach Rosenzweig eine Rolle des Menschen in der Welt, fallen also bereits aus dem reinen Phänomen des Selbst heraus (vgl. GS 2, 69–70 und 73–75)

[52] Bereits *1911* hatte Rosenzweig den Entwurf zu einem Werk »Der Held. Eine Geschichte der tragischen Individualität in Deutschland seit Lessing« niedergeschrieben (Br 66). Die Phänomenologie des Selbst ist bei der Konzeption des Stern seit langem vorbereitet. In »Hegel und der Staat« vgl. dazu H I,74, 218; H II, 130, 144–145, 177.

Für diese selbstische Geschlossenheit des Urphänomens Mensch gewinnt Rosenzweig nun aber wiederum ein Beispiel an dem *Kunstwerk*. Dieses war bereits, nämlich in seiner »äußeren Form«, ein Beispiel für das paradoxe Urphänomen des mythischen Gottes: »Nicht anders und so«. Es war, dies wird nun im Nachhinein klar, »in der Insichgeschlossenheit der inneren Form« auch ein Beispiel für das Urphänomen der plastischen Welt (GS 2, 87). Es wird nun, in seinem Gehalt, der nicht zu sagen, sondern nur zu verschweigen ist, ein Beispiel für das Urphänomen des Selbst, das sich selbst nicht sagen, sondern nur verschweigen kann. Denn es gibt außerhalb seiner nichts. Ebendeshalb kann denn ja auch der Mensch in der Betrachtung des großen Kunstwerks zum Selbst erwachen. Und er wird, insofern er in der Betrachtung des Kunstwerks zum Selbst erwacht, vor dem Kunstwerk verstummen. Das Kunstwerk wie das Selbst sind in ihrem Sein ausschließende Ganzheiten. Deshalb führt vom Beschauer zum Kunstwerk keine Brücke des Wortes. Im reinen stummen Schauen vollzieht der Beschauer des Kunstwerks nichts als »die Wendung hinein ins eigene Innere« (GS 2, 89).

Wir fassen zusammen:

Die Erörterung der drei Urphänomene zeigte uns, daß jedes von ihnen für sich den Horizont des Seins ausfüllt. Es gibt deshalb keinen Ort, in dem die Urphänomene erörtert werden könnten. Jedes der Urphänomene ist sein eigener Ort. Das Sein zeigt in jedem der drei Orte eine Zirkelstruktur. Es ist in sich selbst hell als die alles einschließende aber nach außen hin ausschließende Totalität. Deshalb kann auch keines der drei Urphänomene auf eines der anderen zurückgeführt werden.

Diese ihre *Unverbindlichkeit* zeigt aber zugleich ihre *Unwirklichkeit an*. Es sind, wenn auch positive, d. h. nicht ausgegrenzte, sondern alles einschließende, so doch »Begriffe«, Noemata, deren wir ansichtig wurden. Es sind äußerste Gehalte, die von nichts mehr gehalten sind, sondern alles enthalten. Es sind die Urintuitionen, die sich, nach Rosenzweig, Kant zeigten (vgl. GS 2, 72). Aber ihre schlechthinnige Unverbundenheit, die es im Grunde noch nicht einmal erlaubt, von einer Dreiheit zu sprechen[53], bleibt dem Denken das Rätsel und das Problem.

---

[53] Gegen die Formulierung von E. Freund »Die Erfahrung vor dem Denken erfährt zwar nur ein dreifaches Sein …« (78) müssen deshalb wohl Bedenken angemeldet werden.

6. Das Umschlagen des Denkens in die Dimension der Zeitlichkeit

Das Problem, das für das Denken aufsteht, gerade nachdem sich ihm die drei Urphänomene der Welt, des Menschen und des Gottes gezeigt haben, ist die Frage, ob und wie denn jenen drei Phänomenen wirkliche Wirklichkeit entspreche. Denn das Sein, das in diesen drei paradoxen Phänomenen zum Vorschein kommt, erscheint jeweils für sich als das All. Es setzt ja jeweils Nichts voraus. Aber drei All»s« kann es nicht geben. Und so ist das Denken, das diese drei Phänomene mit dem Maß der Wirklichkeit, die ihm immer schon als eine gegeben ist, mißt, verwirrt und entsetzt. Es wird zunächst versuchen, die Dreiheit der Phänomene *als* Dreiheit zu begreifen, d. h. sie in eine Einheit zurückzuführen. Da ihm aber außer den drei Urphänomenen nichts gegeben ist, könnte es dies nur durch die Reduktion zweier Phänomene auf das dritte erreichen. Auf diesem Wege jedoch bekommt das Denken den Boden der Wirklichkeit nicht unter die Füße, sondern nur ein Vielleicht und Möglicherweise. Vielleicht ist alles der Gott oder alles die Welt oder alles der Mensch. Das Denken sieht sich außerstande, diese Möglichkeiten in die wirkliche Wirklichkeit zu überführen. Das heißt aber: Im Grunde hat die Erhebung der Urphänomene, wenn sie auch über die Eindimensionalität der idealistischen Wesensbegriffe hinaus zu der lebendigen Paradoxie der positiven Begriffe führte, das Denken in seinem Verhältnis zu der Wirklichkeit um keinen Schritt weitergebracht. Insofern gehört die ganze Erhebung der positiven Begriffe als eine letzte mögliche, wenn auch freilich das System sprengende Stufe und Vollendung noch in die als Idealismus verstandene Philosophie hinein. Das Nichts im »Nichts des Gottes, der Welt und des Menschen«, mit dem wir unser letztes Kapitel überschrieben, erweist sich im Nachhinein lediglich als ein heuristisches Prinzip, das dem Denken half, die reinen Phänomene zu erfassen. Aber das Denken dachte diese Phänomene vorerst als reine Möglichkeit. Und zwar deshalb, weil es sie *zeitlos* dachte in der Zeitlosigkeit des, wenn auch positiven, Begriffs. Das Nichts, in dessen Licht das Sein erschien, war bis jetzt nur das Nichts des zeitlosen Problematischwerdens. Es war das Nichts als der zeitlose Ort

---

Das Sein wird eben gerade nicht als dreifach erfahren. Die »Elemente« stehen schlechthin unverbindbar nebeneinander. Rosenzweig spricht deshalb – mit Bedacht – nirgends von einer Dreiheit.

der Stellung des Problems. Es war also gerade noch nicht das Nichts des wirklichen menschlichen Todes, von dem als der scharfen und unbezweifelbaren Grenze, die die Wirklichkeit des menschlichen Daseins zum Vorschein bringt, wir am Anfang des Weges den Stoß in die Wirklichkeit erfuhren.

Das Nichts, das als die Fraglichkeit das paradoxe So der Urphänomene hervorbrachte, muß also vom Nichts, das als letzte Fraglichkeit in die Frage nach der wirklichen Wirklichkeit stößt, klar unterschieden werden. Anders kann man kaum begreifen, in welchem Maße der II. Teil des Stern über den I. Teil hinausführt. Der I. Teil des Stern hatte zu den Urphänomenen als den »reinen Tatsächlichkeiten« (GS 2, 96)[54] geführt. Im Lichte des Nichts des Wissens *von* ihnen waren diese zwar in sich als äußerste Gehalte hell geworden. Nicht jedoch wurde dadurch ihr Verhältnis zu der einen wirklichen Wirklichkeit geklärt. Dieses vielmehr blieb gerade fraglich. Deshalb müssen nun die reinen und in sich hellen Phänomene selbst *noch einmal* in ein Nichts der Fraglichkeit gestellt werden. Dieses betrifft nun nicht mehr die Phänomene selbst jeweils in sich selbst, sondern ihr Verhältnis zueinander und das darin zum Vorschein kommende Verhältnis ihrer zu der wirklichen Wirklichkeit.

Rosenzweig gebraucht, um diesen entscheidenden neuen Schritt zu verdeutlichen, wiederum das Gleichnis der Differentialrechnung. Ob der Punkt x_1 in Wirklichkeit Element einer Geraden, einer Parabel, einer Fläche oder gar eines Körpers ist, ist solange nicht auszumachen, als ich x_1 alleine betrachte. Denn für sich allein, nur unter der Voraussetzung seines Seins, kann der Punkt alles sein. So können auch der Gott, die Welt und der Mensch unter der bloßen Voraussetzung ihres zeitlosen Seins möglicherweise alles sein. Sie sind so bloße Integrale. Was der Punkt x_1 aber in Wirklichkeit ist, bestimmt sich dadurch, daß er in seinem Geschehen erfaßt wird, nämlich »durch die Gleichung, die ihn zu x_2, y_2, z_2 in differentiale Beziehung bringt. Vorher ist der Punkt Allmöglichkeit, gerade weil er als feste ›Tatsächlichkeit‹ im Raum Sein hat«.

So aber können »auch die drei Elemente des Alls ein jedes in

---

[54] Den Begriff der »reinen Tatsache« hat *Schelling* in seiner Vorlesung »Darstellung des philosophischen Empirismus« gebraucht. Vgl. Werke V, 274: »Das geschichtlich Erste in der Philosophie, ihr geschichtlich erstes Bestreben wird also nur eben dahin gehen können, das was an der Welt die eigentliche, reine Tatsache ist, zu erforschen ...« Rosenzweig gebraucht das Wort im gleichen Sinne, jedoch mit dem Unterschied, daß sich ihm von vornherein drei solcher reiner Tatsachen zeigen.

seiner inneren Richtigkeit und Struktur, in seiner Zahl und Ordnung erst erkannt werden, wenn sie miteinander in eindeutige, dem Wirbel der Möglichkeiten entrückte, wirkliche Beziehung treten« (GS 2, 94). Solange uns jene in der Zeit geschehende Beziehung der drei Urphänomene nicht aufgeht, bleibt alles in den Wirbel der reinen Möglichkeit verschlungen. Jede Beziehung ist möglich. Alles kann alles sein. »Es gibt keine feste Ordnung zwischen den drei Punkten Gott, Welt, Mensch; es gibt kein Oben und Unten, kein Rechts und Links« (GS 2, 92). Oder aber, hier kommen wir nun wieder zu dem Motiv, das wir als Rosenzweigs Leitmotiv erkannten: alles ist *orientierungslos*.

Erst in der zeitlich geschehenden Beziehung geschieht Orientierung oder Offenbarung der wirklichen Wirklichkeit. Das Sein des Seienden offenbart sich in seiner gerichteten Wirklichkeit.

Der II. Teil des Stern ist deshalb dem Versuch gewidmet, diese Zeitigung der Beziehung[55], die das Sein des Seienden als wirkliches offenbart, dem Denken aufgehen zu lassen.

Dies ist offensichtlich jedoch nicht mit der Methode des idealistisch-metaphysischen Denkens, das ja zeitlos ist, zu erreichen. Rosenzweig muß deshalb einen neuen Weg des Denkens suchen, der als Methode eben jener Zeitigung der Wirklichkeit selbst gerecht wird.

Nicht zeitloses, sondern sich ereignendes, zeitigendes Denken ist aber das *Sprechen*. Die Sprache, nicht insofern sie vorliegt, sondern *insofern sie gesprochen wird*, wird deshalb zum Organon des neuen Denkens, dem die sich zeitigende Wirklichkeit als »Bahn« oder »Weg« aufgeht.

Im Stern wird diese neue Methode des Denkens, die in gewisse Weise das Stichwort der Schellingschen Weltalter aufnimmt[56], wie

---

[55] Diesen Charakter der Zeitigung hat E. Freund m. E. in ihrer Darstellung nicht genügend herausgearbeitet. Zu Beginn der Explikation des II. Teiles des Stern schreibt *Freund:* »Die gläubige Erfahrung, und damit auch ihr Inhalt, das Sein – ›das Wort der Offenbarung ist: Ich bin, der ich bin ... Das Seiende *ist*, nichts weiter‹ – hat bei Rosenzweig zwei Grade« (Freund 108). Das Zitat, das belegen soll, daß bei Rosenzweig der Inhalt der Offenbarung das Sein sei, ist der 1. Aufl. von Bubers »Ich und Du« entnommen (vgl. dort 129). Gerade diese Stelle hat Buber aber später unter dem Einfluß der im wesentlichen von Rosenzweig herkommenden neuen, Gott als den zeitigenden sehenden Übersetzung von Ex 3, 14 (vgl. unten 180 f.) abgeändert (vgl. jetzt *Buber*, Werke 1, 154).

[56] Vgl. *Schelling*, SW VIII, 201: »Das Vergangene wird gewußt, das Gegenwärtige wird erkannt, das Zukünftige wird geahndet. Das Gewußte wird erzählt, das Erkannte wird dargestellt, das Zukünftige wird geweissagt.«

selbstverständlich in Anspruch genommen. Um den Gedanken so durchsichtig zu machen wie dies nur immer möglich ist, lösen wir jene Weise, im Sprechen zu denken, jedoch zunächst einmal aus dem Kontext heraus und stellen sie für sich dar.

a) *Die Sprache als das Aufscheinen der Bahn und die Grammatik als das Organon des Neuen Denkens*

Das Denken hat bisher zeitlos gedacht. Die positiven Begriffe der Urphänomene erwiesen sich jeweils für sich als ein, wenn auch innerlich Bewegtes, so doch in seiner Ganzheit Unbewegtes, weil Äußerstes und Zeitloses. Sie konnten deshalb in algebraischen Symbolen ausgedrückt werden, in Gleichungen, die mit einem Blick überschaubar waren, weil ihr Inhalt in der Beziehung der beiden Glieder zueinander ruhte und sich nicht veränderte. Sie gehörten im ganzen noch dem Bereich des Wesens als dem Bereich des immer schon Gewesenen zu, in anderer Weise freilich als die Wesenheiten der alten Philosophie. Sie zeigen sich deshalb als Abstraktionen (vgl. GS 1/2, 1071). Aber Abstraktionen wovon? Von nichts anderem als von der lebendigen, sich fortwährend ereignenden zeitlichen und so allein wirklichen Wirklichkeit. Für diese muß sich nun das Denken öffnen. Diese muß ihm gerade in ihrer Zeitigung selbst aufgehen.

Aber hat das Denken denn überhaupt die Möglichkeit, dieses Sich-Ereignen *als* Sich-Ereignen zu denken? Ist es nicht vielmehr als Denken immer schon ganz auf die Zeitlosigkeit festgelegt? Woher kommt ihm überhaupt die Möglichkeit, anderes als das zeitlose Wesen zu verstehen? Kann es kraft des eigenen Wesens je bei anderem als dem Zeitlosen sein? Soll das Denken das Sich-Ereignen der wirklichen Wirklichkeit *als* Sich-Ereignen denken, so muß es ja wohl mit sich selbst eine Erfahrung machen, die es ihm erlaubt, rechtmäßig von dem Sich-Ereignen als Sich-Ereignen zu sprechen. Es muß eine Erfahrung mit sich machen, durch die es in der Zeitlichkeit der Wirklichkeit selbst innesteht. Denn sonst könnte ihm diese nie aufgehen. Diese Erfahrung kann aber offenbar nicht die in der zeitlosen Theoria des einen All sich sammelnde Erfahrung sein, die das Denken in der langen Geschichte der abendländischen Philosophie vornehmlich als seinen Grund ansah. Es muß eine Grunderfahrung anderer Art sein, welche die Zeitlichkeit selbst schon in sich trägt und nicht aus sich eliminieren kann.

Diese Erfahrung aber ist die Erfahrung der *Sprache*, insofern sie *gesprochen wird.* Es ist die Erfahrung des Sprechens als eines Vorgangs, in dem das Denken sich selbst ereignet. Indem das Denken deshalb auf den Vorgang seines Sprechens achtet, ist es bei seiner eigenen Zeitlichkeit und steht in der Zeitlichkeit der sich ereignenden Wirklichkeit inne, die durch es zur Sprache kommt. In der Sprache, die gesprochen *wird* – nicht jedoch in den Wörtern, die gesprochen *worden sind* – kommt das Ereignis der Wirklichkeit selbst zum Vorschein.

Zeit, die für das zeitlose Denken eine apriorische Anschauungsform war, ein zeitlos gegebenes Maß, mit dem Zeitliches gemessen wurde, eine immer schon gegebene Erstreckung, in die der Numerus der Bewegung nach dem Früher und Später eingetragen werden konnte, wird in der Sprache, insofern sie gesprochen wird, *selbst zeitlich wirklich.* »Nicht in ihr geschieht, was geschieht, sondern sie, sie selber geschieht« (GS 3, 148). Indem Sprache sich ereignet, geschieht Zeit. Es ereignet sich eine Zeit, eine geschichtliche Weile als Helle der Wirklichkeit, die sich selbst auseinander- und darlegt.

In der sich ereignenden Sprache kann das Denken sich also auf die sich zeitlich ereignende Wirklichkeit selbst einlassen. Es kann dies allerdings nur gelassen, d. h. im reinen fragenden Sich-Anheim-geben. Es muß sich hüten, in seinem Sich-Einlassen mit der Sprache etwa das »Wesen« der Sprache finden und erklären zu wollen, um so die Sprache dann doch wieder in ein zeitlos Gedachtes und Beherrschtes hinein aufzulösen. Sondern das Denken muß sich selbst jeder Voraussetzung enthalten und an das Sprechen selbst als an das wirkliche und geschehende Denken freigeben. Es muß selbst sprechendes Denken oder denkendes Sprechen werden. Wie aber geschieht dies?

Wir erinnern uns hier daran, daß Rosenzweig bereits die paradoxen Glieder der Urphänomene auf dem Erfahrungsfeld der Sprache dem Denken nahe brachte (vgl. oben 98 f.). Kam dort aber nur der jeweils verschiedene Charakter des in sich ruhenden Wesen der Satzaussage in den Blick, das zeitlose Sein gemäß seinen verschiedenen Grundcharakteren als göttlich, weltlich oder menschlich (A, = A, B), so ist das Denken jetzt an das Sich-Ereignen des Satzes selbst, eben an die Sprache gemäß ihrem »ganz wirklich Gesprochenwerden« (GS 2, 194) gewiesen. Insofern die Sprache nicht nur eine äußere Denomination der Wirklichkeit ist, sondern in ihr zum Vorschein kommt, was wirklich *ist*, kommt in diesem Gesprochen*werden* der Sprache die sich zeitigende Wirklichkeit als sich *zeitigende* selbst zum Vorschein.

Der Ausdruck dieser Zeitigung der Wirklichkeit in der sich als Weile geschichtlich ereignenden Sprache aber ist nach Rosenzweig die Grammatik. Denn die Grammatik ist nichts logisch a priori Deduzierbares, sondern sie ist das geschichtlich gezeitigte Gepräge der Sprache. Die in der Grammatik zum Ausdruck kommende Ordnung wird, wie Rosenzweig sehr genau beobachtet, »der Grammatik und in gewissem Sinn der Sprache überhaupt von außen, nämlich aus der Rolle der Sprache gegenüber der Wirklichkeit, zugeführt« (GS 2, 140).

Die Zeitlichkeit der Sprache aber prägt sich nach Rosenzweig grammatisch auf dreierlei Weise aus:

α) Zunächst in den *Wortformen:* Satzgegenstand und Satzaussage als Begriffe gehören, so sahen wir, der Logik an. Sie sind feststehende *Begriffe,* die zwar in Beziehung zueinander gesetzt werden können. Aber auch diese Beziehung ist eine ein für allemal feststehende. Dagegen hat die Grammatik als Lehre von den z. B. in Konjugation und Deklination und im Satzgeschehen gegebenen Wortformen gerade die Bewegung der Sprache selbst zu ihrem Inhalt.

Nicht die Worte »sind die Sprache, sondern der Satz« (GS 2, 140). Worte einfach neben Worten sagen gar nichts. Erst ihre Verbin*dung,* die dadurch geschieht, daß ein Satz gesprochen *wird,* sagt etwas. Im Sprechen des Satzes geschieht die Bewegung der Verbindung der Wörter, und diese erst macht die Sprache aus. Dieses innere Geschehen der Sprache, diese ihre Zeitlichkeit aber bildet die Wortformen aus: Kasus, Numerus, die Personen und die Formen des Verbs. Das im Sprechen des Satzes geschehende Geschehen bildet aus, ob es heißt – es sei ein triviales Beispiel erlaubt -: Der Mann prügelt *den Hund.* Oder: *Der Hund* beißt den Mann. Oder: Der Mann gibt *dem Hunde* Futter. Sein hat sich immer schon als je neue Beziehung ereignet. Die Ausbildung der Fälle wäre ohne dieses dem Sprechen jedes Satzes zugrunde liegende und sich in ihm manifestierende Ereignis nicht möglich.

Dabei kann aber nun nach Rosenzweig alles im Sprechen des Satzes mögliche Geschehen auf das, das Ur-ja des sich je neu Ereignenden zum Ausdruck bringende, bewertende »Eigenschaftswort« zurückgeführt werden (GS 2, 141–142). Unter diesem versteht Rosenzweig ein Eigenschaftswort, das zunächst einmal keine anschaulichen Eigenschaften zum Inhalt hat, weil diese nur kraft einer Ausgrenzung bestehen (z. B. Blau gegenüber allen anderen Farben, viereckig gegenüber rund, dreieckig usw.). Sie sind nur zu bejahen »durch gleichzeitige unendliche Verneinung« (GS 2, 141). Zum andern hat das bewertende »Eigenschaftswort« kein Negativum zum Inhalt, das ja nur kraft der Negation eines Positiven bestünde und also auf dieses zurückgeführt werden müßte. Sondern das »bewertende Eigenschaftswort« bringt ein reines positives So zum Ausdruck, dessen Gegenteil nur durch die Negation seiner behauptet werden kann, also z.B. gut, schön, Worte, die die Sprache ja auch für »Ja« gebraucht. Wir sagen, wenn wir bejahend zustimmen wollen: »Gut!, Schön!«[57]

Die dieser Untersuchung gesteckten Grenzen verbieten es uns, den ganzen weiteren Kontext der Ableitung der Wortformen bei Rosenzweig auszuleuchten und ihn auf seine Verwandtschaft mit ähnlichen Versuchen, etwa bei Wilhelm von Humboldt und Ferdinand Ebner, hin zu betrachten. Es muß uns hier genügen, festzuhalten, daß die Sprache, in der das Sein überhaupt zum Vorschein kommt, sich zunächst als das im zeitlichen Sprechen des Satzes, auf immer neue Weise *ereignende* Ur-ja zeigt. Dieses Sich-Ereignen des Ur-ja bildet die Wortformen der Sprache aus, die hier auf dieser ersten Stufe als die einfache, sagende, erzählende, fest-stellende und be-dingende Sprache (GS 2, 207) verstanden ist. Ihre gemäßeste Form ist der Indikativ. Ihre angemessenste Zeit die Vergangenheit. Die ihr natürliche Person ist die dritte Person: Er-sie-es. Zeitlichkeit erscheint hier noch in großer Nähe zu bloßer logischer Bewegung. Die Bewegung geschieht nur in einem schon vorgegebenen, festgestellten Raum der Helle[58].

β) Aber die Sprache ist ja nicht nur erzählendes Sagen von Vorliegendem. Sie ist, und hier kommt auch ihr zeitlicher Charaker erst wirklich zum Austrag, viel ursprünglicher noch: *Wechselrede*. Sprache ereignet sich in Wirklichkeit so, daß Satz und Satz einander abwechseln, daß Satz und Satz sich einander geben als Wort und Ant-Wort. Und das geschieht nicht so, daß die Antwort nur explizierte, was das Wort schon gesagt hat. Daher, daß die Antwort nur die

---

[57] m Grunde sind dies die alten Transzendentalien. Eine weiterführende Analyse des bewertenden Eigenschaftswortes müssen wir uns hier versagen, zumal Rosenzweig sie selbst nicht durchführt.

[58] Insoweit stimmt Rosenzweig im übrigen noch mit dem späten *Cohen* überein. Vgl. Aesthetik des reinen Gefühls 1, 359 ff. Sprache ist Ausdrucksbewegung des Denkens.

Explikation aus der schon geschehenen Rede ist, bezieht nach Rosenzweig ein großer Teil der platonischen Dialoge seine Langweiligkeit (GS 3, 151). Sie sind in Wirklichkeit mit Rollenverteilung gesprochene Monologe. Sondern im wirklichen Gespräch ist es so, daß die Rede des einen Gesprächspartners mit ihrem Ende wirklich am Ende ist. Und die Antwort bringt etwas Neues. Sie fängt neu an. Im wirklichen Gespräch geschieht fortlaufend Neues. Gerade das macht ja die Lebendigkeit des Gespräches aus. Und auch die als Dialog verkleidete monologische Ableitung zehrt noch vom Glanz dieser Lebendigkeit und macht sich so dem Leser schmackhafter.

In dem je neuen, zwischen Rede und Antwort sich ereignenden Geschehen des Gesprächs aber erfährt die Sprache, die gesprochen wird, ursprünglich ihre *Zeitlichkeit*. Ereignete sich vorhin in der zeitlichen Bewegung der Sprache ein im Grunde doch Eines, nämlich das im bewertenden Eigenschaftswort angezeigte Ur-ja, so ereignet sich nun immer *Neues*, dadurch, daß das unzurückführbare je meine Ich in der Sprache zur Sprache kommt. Die Rede kann auf kein anderes Stammwort zurückgeführt werden als auf das Ich, das sich im Gespräch offenbart. Das Ich, das in der Metaethik als das Verschlossenste erschien (B= B), tritt im Ereignis des Gespräches aus sich heraus. Aber in diesem Aus-sich-Heraustreten offenbart es sich nicht mehr nur als ein Ich für sich, sondern es zeigt sich als Ich für ein Du. Und hier liegt erst eigentlich der Ursprung der Sprache. In der Rede *zwischen* Ich und Du entsteht Sprache als die immer neu sich ereignende Gabe des Seins. Sprache, in der Sein als gelichtetes anwest, ist nicht der Raum der Helle, den das Ich aus eigener Vollmacht nur für sich eröffnet, sondern die Gelichtetheit, die sich zwischen mir selbst und dem Anderen selbst von sich selbst her zuträgt. Zwischen mir selbst und dir selbst gibt sich von sich selbst her, was ist. In diesem sich gebenden Offenbarwerden werde aber zugleich ich selbst offenbar, wie auch der andere selbst, der Partner des Gespräches. Das Offenbarwerden des Seins braucht uns beide als uns selbst in seinem Offenbarwerden. Sprechen als das Offenbarwerden des Seins zwischen mir selbst und dir selbst beansprucht darin mich selbst ganz wie es den Partner ganz beansprucht[59].

Dieses Ereignis der Sprache im Ereignis des Gespräches hat des-

---

[59] Vgl. dazu GS 4/1, 3: »Wer etwas zu sagen hat, wird es neu sagen. Er wird zum Sprachschöpfer. Die Sprache hat, nachdem er gesprochen hat, ein andres Gesicht als zuvor.«

halb die Grundform des *Imperativs:* »Sei!«, der sowohl mich selbst wie den Partner selbst zu sein heißt. Ich selbst bin darin mit meinem Namen, meinem *eigenen Namen,* gerufen, wie auch der Andere selbst. Im Ereignis des Gesprächs bin ich geheißen im eigenen Namen zu sprechen und zu antworten. Und dies gerade dadurch, daß auch der Andere selbst in seinem eigenen Namen redet und antwortet. Das Gespräch ereignet sich dadurch, daß wir selbst einander selbst ansprechen und einander selbst anworten. Dem, daß ich in dem sich im Zwiegespräch ereignenden Sprechen *selbst* spreche, selbst die Dinge nenne, entspricht der *Nominativ (GS 2, 207).* Und weil dieses sich ereignende Sprechen nicht Sprechen überhaupt, sondern je *mein* Sprechen oder *dein* Sprechen ist, entspricht ihm die absolute, auf keine Gattung und kein Geschlecht zurückzuführende *Einzahl* von Ich und Du. Als Zeit aber entspricht dem Ereignis des Gespräches die *Gegenwart.* Die Partner des Gespräches sind im Gespräch einander als sie selbst ganz gegenwärtig. Und eben darin ist Sein das zwischen ihnen hell wird, ganz gegenwärtig. Das Ereignis des Gespräches schafft Gegenwart. Und auch die, das Gesagte, den einfachen erzählenden Satz als Einheit ermöglichende Gegenwärtigkeit, die im »ist« der Copula jedes Satzes sich spiegelt, entspringt hier.

Im Gespräch erfährt das sprechende Denken die Zeitlichkeit des Sprechens jetzt aber in voller Schärfe. Denn das Ereignis, als welches das Sprechen sich ereignet, liegt nun ganz außerhalb seiner. Das Sagen des erzählenden Sprechens erfuhr die Zeitlichkeit sozusagen noch innerhalb der eigenen Mauern. In den Wortformen prägte sich das den Satz entstehen lassende Ereignis aus. Es zeigte sich innerhalb des Satzes an. Der Sprecher des Zwiegesprächs hingegen weiß, daß das Ereignis des Gespräches völlig seiner Macht entzogen ist wie auch der des Partners. Das Gespräch kommt in Gang und ereignet sich. Woher? Das Wunder des Gesprächs besteht ja gerade darin, daß beide Sprecher, wären sie auf sich gestellt, sofort enden müßten. Das Ereignis des Gesprächs ist so reine Offenbarung. Sein, das vorhin noch als das zwar zeitliche, aber doch im Ur-ja vorhandene erfahren werden konnte, zeigt sich nun als das reine Geschenk: nichts als Offenbarung. Im Gespräch, das nicht ohne die beiden Sprechenden ist, sind die beiden Sprechenden doch ganz dem Ereignis des Gespräches überantwortet. Und was vom Standpunkt der Metaethik aus unmöglich schien, daß nämlich das Selbst sich dem Selbst nicht nur schweigend zeigt, sondern sprechend offenbart und so aus Selbst (B= B) und

Selbst (B= B) Ich und Du werden, das geschieht hier, ohne daß Ich und Du über das Ereignis, das sie zu Ich und Du macht, verfügen könnten. Sie können sich ihm nur übereignen und so Sprechende werden.

Aber in diesem Ereignis des Gesprächs gründet in Wirklichkeit auch alles vorhin scheinbar in sich ruhende und nur von innen her bewegte erzählende Sagen. Denn es käme in Wirklichkeit gar nicht zum erzählenden Sagen, wenn es nicht vorher zum Gespräch käme. Nie würde ein Mensch daran denken, zu sprechen, würde er nicht darin sich selbst dem Du offenbaren wollen. Und nie würde ein Mensch hören, würde er darin nicht zuerst und vor allem auf den Anderen, der sich ihm in der Rede offenbart, hören. So ist in Wirklichkeit auch alles erzählende Sagen letztlich im Ereignis des Gespräches gegründet, das sich ereignet zwischen Ich und Du, zwischen mir und dir. Indem ich dich bei deinem Eigennamen rufe und du mir als der so Gerufene selbst antwortest, entsteht Sprache. In diesem aus Anruf und Antwort entspringenden Ereignis wurzelt alle Sprache.

Wir stehen hier ohne allen Zweifel in der Mitte des ganzen Rosenzweigschen Denkens. Wir sind bei dem Ur-Gedanken, auf den Rosenzweig hin denkt und von dem her er denkt. Rosenzweig selbst hat das deutlich genug bemerkt (vgl. etwa GS 2, 194–195 und GS 3, 151 f.)[60]. Sein, insoweit es dem menschlichen Denken hell wird – und anders kann von Sein nicht gesprochen werden – zeigt sich als Sprache. Aber Sprache ereignet sich je neu zwischen zweien im Ereignis des Gespräches. Entspringt aber, was Sein heißen kann, letztlich auf diese Weise, nämlich als Sprache, die sich zwischen zweien ereignet, so kann Sein nicht mehr zeitlos und nur als die Helle des sich selbst hellen transzendentalen Subjektes verstanden werden. Sondern Sein als dem Menschen helles Sein ist zutiefst davon gekennzeichnet, daß es sich ereignet und daß es sich im Zwischen ereignet. Das wirkliche Denken, dem Sein hell ist, kann sich dementsprechend nicht mehr als zeitloses und nicht mehr als des Anderen unbedürftiges Denken verstehen. Vielmehr weiß das Denken nun darum, daß es erst dadurch beim Sein ist, *daß es des Anderen wie der Zeit bedarf.* Sein, das in der Helle des menschlichen Denkens hell wird, stellt sich durch die Rückführung auf sein Sich-Ereignen in der Sprache zugleich als das Unverfügbare her, wie dies Rosenzweig in

---

[60] Wir werden später auf die Genesis dieser Ur-Intuition Rosenzweigs noch näher eingehen Vgl. unten 140 f.

dem Aufsatz »Das neue Denken«, der das neue Seinsverständnis einem breiteren Publikum erläutern wollte, deutlich zum Ausdruck gebracht hat: »Im wirklichen Gespräch geschieht eben etwas; ich weiß nicht vorher, was mir der andre sagen wird, weil ich nämlich auch noch nicht einmal weiß, was ich selber sagen werde; ja vielleicht noch nicht einmal, daß ich überhaupt etwas sagen werde! ... Zeit brauchen heißt: nichts vorwegnehmen können, alles abwarten müssen, mit dem Eigenen vom andern abhängig sein. Das alles ist dem denkenden Denker völlig undenkbar, während es dem Sprachdenker einzig entspricht. Sprachdenker – denn natürlich ist auch das neue, das sprechende Denken ein Denken, so gut wie das alte, das denkende Denken nicht ohne inneres Sprechen geschah; der Unterschied zwischen altem und neuem, logischem und grammatischem Denken liegt nicht in laut und leise, sondern im Bedürfen des andern und, was dasselbe ist, im Ernstnehmen der Zeit« (GS 3, 151 f.).

Wir haben mit dieser Erörterung des sprechenden Denkens *als* eines sprechenden bislang allerdings nur formal das Zentrum des Rosenzweigschen Denkens erfaßt. Wir lösten mit Absicht das sprechende Denken unter der formalen Hinsicht des sich ereignenden Gespräches zunächst einmal aus dem übrigen Kontext des Rosenzweigschen Werkes heraus, um möglichst deutlich den Bereich aufzuzeigen, in dem das Denken als sich ereignendes Sprechen seine Zeitlichkeit als seine Betroffenheit vom Tode erfährt und so ernst nehmen muß. Was es inhaltlich heißt, daß das sprechende Denken in seiner Zeitlichkeit, seinem Enden-Müssen und Dennoch-sein-Dürfen innesteht, werden wir noch zeigen müssen.

γ) ist das Sprechen als Gespräch der Ursprung von Sprache überhaupt, so, daß auch Sprechen als Erzählen dort gründet, so kennt Rosenzweig doch noch eine Weise des Sprechens, die zwar nicht dem Ursprung, aber dem Ziel nach über das sich ereignende Gespräch hinausführt. Diese Weise des Sprechens ist der *Zwiegesang* (GS 2, 258 ff. vgl. GS 4/1, 16).

Was meint Rosenzweig damit? Wir versuchen dies zu erfassen: Der Zwiegesang besteht darin, daß zwei ihn singen. Daß er der beiden Partner und der Zeit bedarf, hat er deshalb mit dem Gespräch gemeinsam. Dadurch, daß zwei ihn singen, ist er Gespräch. Denn daß zwei den Zwiegesang singen, dies geschieht ja nicht deshalb, damit das, was an sich auch einer sagen könnte, nur lauter gesagt werde. Beide Partner singen den Zwiegesang vielmehr ganz als sie selbst.

Er ist jeweils ihr allereigenstes Wort. Aber sie stimmen in dem, was sie sagen, miteinander überein. Ein Gemeinsames, das von zweien dennoch jeweils als das je von ihnen selbst zu Sagende gesagt wird, ist der Grund für den Zwiegesang. Der Zwiegesang besteht also in zweierlei:

Der gemeinsame Inhalt ist ein Teil der erzählenden Sprache, von deren Stammwort, dem Ur-ja, herkommend. Aber er wird von beiden als das je von ihnen selbst her, als Offenbarung ihrer selbst zu Sagende gesagt. Schematisiert hat deshalb der Zwiegesang die Form:

I. Sprecher:	II. Sprecher:
Es ist so	Ja, es ist so
Ja, es ist so	Ja, es ist so
Ja, es ist so	Ja, es ist so,

wobei jedes »Ja es ist so« für Ich oder Du, mich oder dich steht. Der den Zwiegesang beginnt, geht von dem Gemeinsamen bereits aus. Deshalb ist, wie der Indikativ die Form der erzählenden Sprache und der Imperativ die Form des Zwiegesprächs, so der *Kohortativ* die Form des Zwiegesangs:

I. Sprecher:	II. Sprecher:
Lasset uns singen, denn	Ja, es ist so
es ist so	

Aber, so könnte man nun fragen, warum wird dann der Zwiegesang überhaupt gesungen? Ist dies nicht töricht?

Es ist offenbar deshalb nicht töricht, weil eben das, was das Wunder des Gespräches war, das Offenbarwerden des Seins des Seienden im Sich-Ereignen des Gesprächs, mit jeder neuen Strophe des Zwiegesangs sich neu ereignet und beide Partner so im Wunder des Ereignisses verharren. Zugleich aber mit diesem Verharren im immer neuen Sagen desselben gewinnt durch jedes neue Sagen das Sein des Gesagten eine festere Einheit.

Die Einheit des in der gewöhnlichen erzählenden Rede Gesagten wird durch jeden neuen Satz, der in der Erzählung gesagt wird, überholt und so relativiert. Er wird im Fortgang des Gespräches und der Erzählung in seiner Einheit schwankend gemacht, in Frage gestellt, ja wohl auch aufgelöst. Jeder neue wahre Satz des Gespräches trägt neue Hinsichten bei, die den zuerst gesagten Satz anders beleuchten und so seine Einheit fraglich erscheinen lassen.

Im Zwiegesang hingegen bestätigt jede neue Strophe, jedes neue »Und es ist so« die Einheit des Gesagten und schließt sie fester zusammen: Es ist so und anders kann es gar nicht sein. Inhalte die auf diese Weise gesagt werden können, bringen Menschen zum Zwiegesang: der Refrain des Liedes, die Pointe einer Geschichte, der Schlüsselsatz eines Märchens, der Leitvers in der Liturgie.

Ist das Stammwort, als dessen je neues Ereignis jeder Satz der erzählenden Sprache angesehen werden kann, das bewertende Eigenschaftswort »gut«, so wäre der Satz, der letztlich allein im Zwiegesang gesungen werden könnte, der Satz »Es ist gut«. Aber dieser Satz wäre dann durchdekliniert und durchkonjugiert durch alle in allen Sprachen ihm möglichen Fälle und Zeiten, durch alle ihm möglichen Ereignisse. Und da die erzählende Sprache immer aus dem Ereignis des Gesprächs zwischen zwei Menschen entspringt, wären darin auch alle sich ereignet habenden Gespräche zwischen Menschen und diese Menschen je als sie selbst in ihren Gesprächen miteinbegriffen. Ein solcher Zwiegesang könnte aber erst am Ende aller Geschichte gesungen werden. Jeder innerhalb der Geschichte von Menschen gesungene Zwiegesang ist deshalb nur eine Vorwegnahme dieses eigentlichen Zwiegesangs und eine Weissagung seiner.

Er kann nur gesungen werden kraft der Hoffnung, daß der alles einbegreifende Zwiegesang einmal gesungen werde[61].

b) Sein als geschehende Offenbarung

Ist das Sprechen die Grunderfahrung, die das in seine Zeitlichkeit eingekehrte Denken mit sich selbst macht, so gilt es, in diesem nun erschlossenen Bereich, erneut die Urphänomene Gott, Welt und Mensch zu bedenken. Dies muß freilich nun auf die Weise des sich an seine Zeitlichkeit freigebenden Denkens geschehen, d. h. nicht mehr so, daß das Denken die, wenn auch positiven, Begriffe in der Statik des Begriffs zu begreifen sucht, um darin, wenn auch auf paradoxe Weise, den Gott, die Welt und den Menschen festzustellen. Sondern es muß so geschehen, daß das Denken in seinem eigenen Sprechen auf das *Zueinander* der drei Urphänomene achtet, das sich

---

[61] Rosenzweig verwahrt sich dagegen, daß die drei Weisen der Sprache mit Hegels Thesis, Antithesis und Synthesis verwechselt werden (GS 2, 256). Es ist wohl unnötig, diese Verwahrung hier zu wiederholen. Der entscheidende Unterschied ergibt sich vom Zentrum des Gedankens aus. Das Gespräch zwischen mir selbst und dir selbst ist so schlechthin Ereignis, daß es sich jeder logischen Ableitung widersetzt. Deshalb ist auch die Hoffnung aller Sprachen auf die Vollendung ihrer und aller in ihnen zur Sprache kommenden Geschichte in dem vollendenden Zwiegesang nur eine Hoffnung – und nichts weiter.

in der geschehenden Zeitigung des Sprechens selber anzeigt. Das sprechende Denken wird also von vornherein darauf verzichten, festzustellen. Es wird vielmehr nur auf das im Geschehen des Sprechens selbst sich zeigende und das Geschehen als Geschehen bestimmende Verhältnis zueinander der durch die positiven Begriffe markierten Nichtse des Wissens achten. Im Geschehen der Wirklichkeit, das sich als Geschehen des Sprechens zeigt, zeigen sich auch die drei Nichtse nach wie vor als Nichtse des Wissens. Aber sie zeigen sich dennoch wirklich, weil die geschehende Wirklichkeit in ihrem Geschehen bestimmend. Das sprechende Denken achtet auf nichts als auf den Vorgang des Sprechens (d. i. des Geschehens der Wirklichkeit) selbst und gibt sich an ihn frei. Es ist ganz bei der Sache, d. h. bei seiner Sache, nämlich beim Sprechen selbst. Insofern es für dieses Geschehen, bei dem es denkend, es geschehen lassend, ist, Worte gebraucht, sind diese Worte keine Begriffe, sondern nur Namen für ein nicht in Begriffe faßbares *Geschehen* (bildlich: für die in einem Punkte durch den Differentialquotienten gefaßte *Bewegung* der Bahn), wie dies ja auch durch die Endsilben der Worte, die wir hier gebrauchen werden, zum Ausdruck kommt: Schöp*fung*, Offenbar*ung*, Erlös*ung*. Es wird sich zeigen, daß sowohl Schöpfung wie Erlösung letztlich nur von der Offenbarung aus gesehen werden können.

Dafür, daß das denkende Sprechen zu seiner eigenen Sache kommt, dienen Rosenzweig im Stern nun allerdings die positiven Begriffe der Urphänomene. Man würde den II. Teil des Stern jedoch völlig falsch verstehen, wenn man meinte, wozu freilich die Methode Rosenzweigs verleiten könnte, daß aus der Beziehung der drei positiven Begriffe zueinander drei übergeordnete neue positive Begriffe konstruiert werden sollten. Es geht vielmehr für das in seine eigene Zeitlichkeit gelangte Denken ganz und gar und nur darum, *bei dem Geschehen selber* zu sein, das durch die, durch die drei positiven Begriffe markierten Nichtse des Wissens bestimmt wird. In den dem Stern nachgeschickten Prolegomena (Bü 24), nämlich dem Büchlein vom gesunden und kranken Menschenverstand, hat Rosenzweig dies besonders deutlich herausgearbeitet[62]. Es kommt für den durch die Frage »Was ist eigentlich?« gelähmten Patienten nicht auf die drei Gebirge Gott, Welt, Mensch als solche an. Sondern auf das Fahren, Reiten, Wandern in der Landschaft zwischen ihnen, das ihn sehen

---

[62] Vgl. dazu meine Besprechung im Philosophischen Jahrbuch der Görres-Gesellschaft 73, 390–392.

lehrt, wie sein Weg jeweils von allen drei Gebirgen zugleich bestimmt ist. Dadurch aber lernt er im steigenden Maße selber *gehen;* d. h. sich in der wirklichen Wirklichkeit bewegen, leben und denken. Da der simplifizierende Aufbau des Büchleins dieses entscheidende Moment des sich an seine eigene Zeitlichkeit freigebenden Denkens stärker herausarbeitet, werden wir, wenn wir auch im wesentlichen dem Gedankengang des Hauptwerkes folgen, diese Anweisung der »Prolegomena« doch dauernd im Blick behalten.

α) *Schöpfung*

Das sprechende Denken geht bei seinem Versuch, denkend bei der wirklichen Wirklichkeit zu sein, zunächst einmal auf die Welt aus. Oder besser: Er sucht darauf zu achten, was in seinem Sprechen von Welt geschieht.

Das Sprechen spricht, indem es spricht, immer schon von einer Welt. Alle Dinge, die es ausspricht, sind Weltdinge, gehören einer Welt zu. So bewegt sich das Sprechen immer schon in einer Welt. Diese selbst freilich bekommt es nie in den Griff. Bleibt es stehen, um, indem es aus dem denkenden Sprechen zum metaphysischen Denken wird, darüber nach-zu-denken, was die Welt eigentlich sei, so ergeben sich ihm nacheinander als mögliche Antworten: Nichts, das Ich, der Gott, Alles als das »wechselweise Ineinander-scheinen alles Scheinbaren« (Bü 69). Aber jede dieser Antworten ist nur eine mögliche Antwort, die sich an nichts als wirkliche Antwort ausweisen kann. Jede der möglichen Antworten ist gleich unsicher. Und da diese unüberwindliche Unsicherheit sich so als das einzig Sichere erweist, lösen sich im Grunde alle Antworten in die erste Antwort auf: Nichts (vgl. Bü 65–71).

Möglicherweise bin ich die Welt. Aber natürlich nicht insofern ich selbst Teil der Welt, in der Welt Erscheinendes bin, sondern insofern ich Bewußtsein meiner selbst bin. Aber kann dies Bewußtsein meiner selbst die Welt sein, da mir doch Wesen begegnen, die, wie ich, Selbstbewußtsein haben? Ich muß offenbar auf ein Bewußtsein überhaupt rekurrieren. Aber von einem solchen Bewußtsein überhaupt weiß ich in Wirklichkeit nichts. Und ebenso: Die Welt könnte der Gott sein. Aber wer ist Gott? Wenn der Gott wirklich der Gott sein soll, der das Wesen der Welt ist, so darf er selbst kein Teil der nur erscheinenden, scheinbaren Welt sein. Aber was ist er dann? Er kann nur nichts sein. So bliebe als letzte Antwort, daß die Welt in dem bloßen Ineinanderscheinen ihrer Erscheinungen Alles sei. Aber auch hier ist die Welt selbst nichts. Dem Zugriff des feststellenwollenden Denkens entzieht sich die Welt.

Dieser Verlegenheit des metaphysischen Denkens gegenüber geht nun das sprechende Denken immer schon davon aus, daß die Welt »etwas ist«[63]. Das denkende Sprechen weiß, wiewohl es dies nicht erklären kann, daß die Welt nicht Nichts ist. Und daß sie deshalb auch nicht Alles sein kann, weil sie dann wiederum nur das Mögliche und in seiner Wirklichkeit Unverläßliche wäre.

Aber was denkt das sprechende Denken dann?

Es gibt sich selbst sprechend daran frei, daß es nur von Welt sprechen kann, weil es »noch anderes gibt«. »Die Welt ist Etwas – das heißt: Sie ist nicht Nichts, sie ist aber auch nicht Alles, sondern es gibt noch andres« (Bü 72). Rosenzweig verläßt hier offenbar mit Absicht »ist« als Prädikat und wählt, wie später Heidegger[64], »es gibt«[65]. Denn das Denken gibt sich als sprechendes Denken daran frei, daß es von dem unreduzierbaren Sein der Welt in Wirklichkeit nur sprechen kann, weil es in der zeitlich sich ereignenden Wirklichkeit noch anderes gibt. Das Denken gibt sich sprechend daran frei, daß es von Welt in Wirklichkeit nicht reden kann, ohne nicht im gleichen Augenblick vom Menschen und von Gott mit zu reden. Nur indem es sich an diese Bewegung freigibt, ist es bei der wirklichen Welt.

Im Sprechen selbst kommt dies darin zum Ausdruck, daß die Sprache die Dinge nicht aus-sagt, sondern *nennt*. Die lebendige Sprache macht gar nicht den Anspruch, die Dinge der Welt auszusagen, so als sei sie mit allem Wesen von Welt schon an ein Ende gekommen und habe es ausgeschöpft. Der Sprechende nennt vielmehr die Dinge beim Namen. Aber was heißt das? Zunächst einmal, daß er, indem er

---

[63] Ist« steht hier betont. Es hat die Bedeutung der reinen Prädikation von Sein überhaupt, so daß »etwas« nicht quidditas meint, sondern vielmehr zu bloßen Anzeige für das Ereignis von Sein wird. Rosenzweig schreibt deshalb Etwas in dieser Bedeutung im Büchlein stets groß. Etwas ist keine Antwort bei der man stehenbleiben dürfte, »nichts Letztes«, »sondern wirklich nur etwas ganz Oberflächliches« (Bü 71). Es hat die Bedeutung eines Wegweisers. Es ist »nur ein Sprungbrett« (Bü 71), »nur Anspruch, nur erstes Wort« (Bü 86).

[64] Vgl. Sein und Zeit 226; Unterwegs zur Sprache 193, 258.

[65] Ähnlich vgl. Bü 86 »und gehen wir mit in der Bewegung, in der des Menschen Leben statt zu ›sein‹ geschieht«. Die Antwort auf die Frage »Was ist die Welt (der Mensch, der Gott) eigentlich?« muß der Form haben: »die Welt ist eigentlich …« In solchen »ist ei-gentlich«-Sätzen aber besteht, so zeigt Rosenzweig, »ein Zwang für das Prädikat, weiser zu sein als das Subjekt; die Aussage muß etwas hinzubringen« (Bü 80). Zu der verändernden Kraft des »ist« vgl. auch GS 3, 144–149; 739.

die Dinge benennt, ein Zeichen *seiner* Begegnung mit dem Begegnenden setzt. Der Name gehört nicht zu der Welt, insofern Welt das scheinbar immer schon Vorhandene meint. Er ist vielmehr das Zeichen der Anwesenheit des Menschen, *sein* Siegel, das er dem Begegnenden aufprägt (Bü 73). Seine eigene Welt als die dem einzelnen Menschen je eigene einzelne geschichtliche Welt spricht sich so in den von ihm gegebenen Namen aus. Aber das heißt nun für das sprechende Denken gerade nicht, daß das Ich das Wesen der Welt sei. Denn dann müßte das Sprechen allerdings sofort stillestehn und wieder in das große Mißtrauen versinken, das ihm alle Wirklichkeit unsicher macht. Gerade aber das tut der wirklich Sprechende nicht. Sondern er spricht *weiter* und zeigt damit, daß er darauf vertraut, daß *sein* Die-Dinge-beim-Namen-Nennen, die Dinge *wirklich* beim Namen nennt. Der Name ist ihm nicht bloß ein äußerliches Etikett, das er dem Begegnenden aufklebt und das nach Belieben vertauscht werden könnte. Sondern das Sprechen nennt die Dinge *im Ernste* beim Namen. Es ist ihm ganz ernst damit. Zwischen dem Ding und seinem Namen ist, insofern es sprechend genannt wird, keine Differenz mehr. Als genanntes ist das Ding ganz in seinem Namen. Als genanntes ist es endgültig *so* genannt, im Ernste und in alle Ewigkeit, nicht etwa nur secundum quid. Indem der Sprechende den Namen des Begegnenden nannte, nannte er ihn vollständig. Vollständiger konnte er ihn nicht nennen.

Nun weiß aber freilich der Sprechende nach wie vor darum, daß sein Sprechen geschichtlich ist. Wie jedes Sprechen geschichtlich ist. Jedem Ding wurde irgendwann einmal sein Name aufgeprägt. In vielen Fällen kann man heute noch feststellen, wann das geschah. Und andere Menschentümer haben dasselbe »Ding« anders benannt. Viele Worte scharen sich um ein »Ding« und kaum zwei meinen genau das gleiche. Dennoch aber vertraut der Sprechende gerade angesichts dieser Einsicht darauf, daß er mit seinem Sprechen das Ding *wirklich* nennt, ebenso wirklich wie jene anderen Sprecher vor ihm. Und er vertraut darauf, daß alle Menschentümer nach ihm dieses sein Beim-Namen-Nennen der Dinge verstehen. Das heißt aber, so sagt Rosenzweig, er vertraut im Grunde darauf, »daß der Anfang, den der stets einzelne Mensch mit seinem Worte setzt, fortgesetzt ›wird‹[66] bis zum letzten Ziele der allgemeinen

---

[66] Rosenzweig setzt hier »wird« in Anführungszeichen, offensichtlich um anzuzeigen,

Sprache« (Bü 74)[67]. Sprechen als das Welt-erbildende Nennen des Menschen geschieht immer schon aus Vertrauen heraus und auf Verheißung hin. Es geschieht aus dem Vertrauen, daß die Worte die Wirklichkeit nennen, und in der reinen Hoffnung, daß alle Worte, die je genannt wurden, und auch das Wort, das ich nun nenne, sich fortsetzen und übersetzen lassen bis hin zu dem Augenblick, wo sie letztes Wort geworden sind. Oder, anders ausgedrückt: Alles menschliche Sprechen als geschichtliches Welt-Erbilden geschieht immer schon in der reinen Hoffnung auf ein letztes Wort, das außerhalb aller menschlichen Möglichkeiten liegt, in der Hoffnung auf das alle Sprachen endlich vollendende Wort Gottes. So gesehen, spreche ich immer schon in der geheimen Hoffnung auf die geheime Verheißung der jenseits meiner und aller Menschen Macht liegende Vollendung. Vertrauen und die Gabe der Hoffnung ermöglichen überhaupt erst ernsthaftes Sprechen. Die Sprache, die ernsthaft gesprochen wird, erweist sich so als das, was »nichts in der Welt ohne Menschen-, ohne Gottesspur« läßt (Bü 76). Welt ist das, was es im Gesprochenwerden der Sprache gibt, als das immer neue Ereignis, in dem zugleich Mensch und Gott mitspielen. »Im kleinsten Dinge wirken so alle drei Gewalten ineinander. Es ist ein Stück Welt, Menschen geben ihm seinen Namen, Gott spricht ihm, dem vielfach benannten, den Urteilsspruch des Schicksals« (Bü 77). Insoweit Sprache als zu erzählende vorliegt, zeigt sich darin Welt als Schöpfung. Insofern sie gesprochen wird als Offenbarung und insofern ich im Sprechen ausschaue auf die eine vollendende zukünftige Sprache, als Weissagung von Erlösung.

Dem im Büchlein vom gesunden und kranken Menschenverstand beschriebenen Geschehen des Sprechens im Nennen des Namens entspricht im Stern der Abschnitt über das *Dasein*. In dem positiven Be-

---

daß eben dieses Fortgesetzt*werden* in keiner Weise in der Macht des wissenden Denkens liegt, sondern nur rein erhofft werden kann.

[67] Der Gedanke von der einen, alles vollendenden Sprache, in der die Verheißung des Seins sich überhaupt erst erfüllt, findet sich schon bei *Hölderlin*. Vgl. die Strophe in der Dichtung »Versöhnender, der du nimmergeglaubt«: »Daß alle sich einander erfahren und wenn / Die Stille wiederkehrt, eine Sprache unter Lebenden sei ...« (Werke II, 142). Ebenso hat *Wilhelm von Humboldt* von der einen Sprache gesprochen, die hinter allen Sprachen liegt (vgl. Werke III, 144, 151). Ob Rosenzweig die Stellen bei Hölderlin und von Humboldt kannte, inwieweit er davon angeregt war und wie er sie möglicherweise interpretierte, könnte nur aus dem noch unveröffentlichten Nachlaß Rosenzweigs geklärt werden.

griff von Welt (B =A) ist das dauernde Wesen der gestalteten Welt das Allgemeine, d. h. konkreter die Gattung, die das Individuum in sich enthält und dauernd aus sich gebiert. Übersetzt man den welt-offenbarenden Namen aus der Wirklichkeit der gesprochenen Spra-che in die Ebene des positiven Begriffes, so entspricht ihm dort der Gattungsbegriff. Die gleichen Worte, die die gesprochene Sprache als Namen nennt, sind auf der Ebene des Urphänomens »Welt« die Gat-tungsbegriffe. Nun aber sahen wir, daß die Welt als das reine Phäno-men, das sich im positiven Begriff spiegelt, gerade hinsichtlich ihrer Wirklichkeit fragwürdig bleibt. Deshalb muß die Methode des Ur-sprungsdenkens nun erneut angewandt werden. Das Urphänomen Welt als ganzes, das ursprünglich erfragt wurde, muß seinerseits als ganzes noch einmal in das Licht der absoluten Fraglichkeit, in das Nichts des Wissens von ihm gestellt werden, damit das Denken zu seiner Wirklichkeit kommen kann. Und ebenso müssen die Urphäno-mene des Gottes und des Menschen erneut in das Licht der reinen Fraglichkeit gestellt werden, damit das Denken bei der wirklichen Wirklichkeit sein kann. Dies ist grundsätzlich der Weg des Denkens im II. Teil des Stern. Zeigten sich der Gott, die Welt und der Mensch auch als reine tatsächliche Gehalte, die alles, was göttlich, weltlich, menschlich ist, enthalten: von ihrer wirklichen Wirklichkeit wissen wir nichts!

In das Licht dieser Fraglichkeit muß also nun das reine Phäno-men der Welt gestellt werden. War in dem reinen Phänomen der Welt das konkrete Beständige, Dauer Verleihende, der Punkt, an dem die Spannung zwischen B und = A zur Ruhe des labilen Gleich-gewichts kam, die Gattung, so muß diese nun hinsichtlich ihrer Wirklichkeit fraglich werden. Diese Fraglichkeit ist aber die Fraglich-keit des *Daseins*, das, in der Begrifflichkeit Rosenzweigs, »im Gegen-satz zum Sein, das Allgemeine« bedeutet, »das des Besonderen voll und nicht immer und überall ist, sondern – darin von dem Besonde-ren angesteckt – fortwährend neu werden muß um sich zu erhalten« (GS 2, 134). Um die Begrifflichkeit zu erläutern sei ein Beispiel er-laubt: »Pferd« etwa ist ein Gattungsbegriff. Frage ich nach der Wirk-lichkeit der Gattung, so wird mir aus dem Begriff der Gattung Da-sein, nämlich: daß es wirklich Pferde gibt. In solchen wirklichen Gat-tungen besteht die Welt. Dieses Da des Seins als Da der Gattung ist nun aber gerade das Fragwürdige. Es ist nicht mehr das Selbstver-ständliche, das es im positiven Begriff der Welt war. Im Licht der er-neuten Fragwürdigkeit, des Nichts des Wissens von der Wirklichkeit der Urphänomene, erscheint das Dasein nicht mehr durch sich selbst verständlich, d. h. also: Es erscheint als eines anderen bedürftig. Das Dasein erscheint einmal bedürftig einer dauernden Erneuerung seines Da. Denn daß es das in der Wirklichkeit *Währende* ist, ist in ihm selbst als Da-sein gerade nicht begründet. Und das Dasein ist zweitens bedürftig der Notwendigkeit. Es ist, wie Rosenzweig sich ausdrückt »als Ganzes von Dasein selber noch bedürftig nach – Sein. Denn Sein, unbedingtes und allgemeines Sein, ist das, was dem Dasein fehlt, wonach es in seiner aller Erscheinungen übervollen Allgemeinheit verlangt, um Bestand und Wahrheit zu gewinnen« (GS 2, 134). Das heißt, auch wenn das Dasein je und je erneuert wird, so steht es damit in seiner Wahrheit doch noch nicht fest, weil es ja ein nicht notwendiges Sein ist. Diese seine Notwendigkeit als seine Wahrheit muß ihm eigens noch gewährt werden. Weder aber sie noch die Erneuerung in jedem Augenblick kann in Wirklichkeit aus dem, was in dem reinen Phänomen der Welt enthalten ist, gewährt werden. Denn in dem ganzen reinen Phänomen der Welt ist ja noch nicht seine Wirklichkeit gewährt. Die Welt in ihrem positiven Begriff ist im ganzen noch einmal in das Nichts der Fraglichkeit getaucht. Es muß also ein Sein »außer« dem Dasein, »aber im Stromkreis der Wirklichkeit« geben, welches das Dasein je neu in die Wirklichkeit hineinreißt und ihm (als nicht notwendigem einzelnen Allgemeinen) zugleich durch seine einfältige Einheit die Notwendigkeit gewährt. Das heißt aber, dem denkenden Sprechen, das vom Dasein ja immer schon als vom wirklichen Dasein spricht~ offenbart sich, indem Dasein für es fraglich wird, Dasein als *gegebenes*.

Die Welt als wirkliche Welt, d. h. als Dasein, offenbart sich als je neu von außerhalb ihrer selbst in die Wirklichkeit hineingerissen. Und gleichzeitig gewährt jene sie aus dem Nichts gebende Macht dem verzweigten Logos der Welt, der sich in den verzweigten und aufeinander nicht zurückführbaren Gattungen zeigt, das wahrhafte Sein-Dürfen, d. h. die Notwendigkeit.

Sowohl das immer neue Sein-Dürfen wie die Notwendigkeit und Wahrheit werden der wirklichen Welt aus dem Nichts ihrer selbst geschenkt. Die Welt offenbart sich als *Geschöpf:* aus dem Nichts ihrer selbst Gegeben*werdendes.* Dadurch, daß die Welt sich aus dem *Nichts* ihrer selbst gegeben wird, ist aber zugleich gesagt, daß sie darin ganz frei gelassen ist. Sie darf und muß sie selbst sein. Ihre Kreatürlichkeit ist ihrer Welthaftigkeit in nichts abträglich.

β) *Offenbarung*

Wie die vorliegende Welt, deren Sein in der gesprochenen Sprache erschien, sich dem sich an seine Zeitlichkeit freigebenden Denken als Schöpfung zeigte, so zeigt der sprechende Mensch sich als der, der nur kraft der Offenbarung anfangen kann zu sprechen. Wir skizzieren den Gedankengang zunächst wieder so, wie er sich in den »nachgeschickten Prolegomena« findet.

Auf die Frage nach dem Sein des Menschen: »Was ist der Mensch eigentlich?« kann wie bei der Frage nach dem Sein der Welt zunächst versucht werden, das Sein des Menschen *zurückzuführen*, nämlich auf den Gott oder auf die Welt. Die Frage nach dem Sein des Menschen hat genauerhin die Form: »Was ist der Mensch eigentlich?« Die Antwort müßte heißen: »Der Mensch ist eigentlich ...« In solchen »ist-Sätzen« aber besteht, so bemerkt Rosenzweig, ein Zwang für das Prädikat, weiser zu sein als das Subjekt; die Aussage muß etwas hinzubringen, sie muß stets eigentlicher, der Wahrheit näher sein als der Aussagegegenstand ...« (Bü 80). Bleibt das Denken im Zug dieser reduzieren wollenden Frage, so kann die Antwort lauten: Möglicherweise ist der Mensch Gott. Ist das nicht seine Eigentlichkeit, in die hinein er aufgehoben werden muß? Und ist er dann nicht erst eigentlich ganz, was er ist, wenn er seine kleine Eigenwillkür aufhebt in einen Allwillen hinein und hinaufsteigt zu dem göttlichen Willen, der in ihm zur Sprache kommt? So kann das Denken versuchen zu denken. Aber im gleichen Augenblick, in dem ich diesen Gedanken denke, greife ich darin nichts mehr. Ich greife ins Leere. Ich greife nur Nichts. Denn Mensch und Gott derart identisch geworden, *sagen* mir in Wirklichkeit nichts. In Wirklichkeit und hinsichtlich der Wirklichkeit erhalte ich keine Auskunft (Bü 81). Ich bin aus dem Zirkel der Allmöglichkeit auf keine Weise herausgekommen. Und dasselbe geschieht, wenn ich nach der anderen Seite hin zu denken versuche, die Eigentlichkeit des Menschen und des Gottes zusammen lägen in der Welt. Möglicherweise entläßt die Welt aus sich den Menschen wie den Gott, so wie der Baum Blatt und Blüte aus sich entläßt. So kann ich zu denken versuchen. Doch auch hier greife ich am Ende nichts als die nichtssagende völlige Identiät von Mensch und Gott mit der Welt. Gerade die Wirklichkeit des Menschen selbst bleibt fraglich. So bleibt scheinbar nur der Ausweg, daß der Mensch entschlossen er selber sei, nichts weiter. Und sich in dieser seiner Wirklichkeit zu greifen suche. Aber auch dieser Griff des Begreifenwollens greift ins Leere. Denn er greift nur das Tausenderlei der Erlebnisse, die von Augenblick zu Augenblick wechseln. Mich selbst aber, der ich in meiner einfältigen Wirklichkeit die Frage »Wer bin ich eigentlich?« stelle, greife ich nicht. Ich selbst in dieser meiner einfältigen Wirklichkeit bleibe vielmehr gerade das Fragliche. Das Menschsein, dessen wir als eines reinen Phänomens ansichtig wurden, muß hinsichtlich seiner Wirklichkeit noch einmal in das Licht seiner Fraglichkeit gestellt werden.

Der Umschlag aus dem zeitlos feststellenden Denken, das aus dem Zirkel der Allmöglichkeit nicht herauskommt, in das der zeitlichen Wirklichkeit gerecht werdende Denken geschieht auch hier in dem Augenblick, in dem das Denken den Anspruch, hinter das »Eigentliche« seines Seins zu kommen, aufgibt und sich freigibt an die Bewegung, in der das Sein des Menschen *geschieht* (Bü 86). Diese Bewegung aber ist das *Sprechen*. Nur, daß nun das Sprechen in einem noch grundlegenderen Sinn verstanden werden muß als in dem Sinn des Erzählens von vorliegender und aus dem Nichts als Geschöpf gegebener Welt. Sprechen ist nämlich nun *mein* Sprechen; genauerhin dies: daß ich *anfange* zu sprechen. Ich spreche. Und in meinem Sprechen spricht sich jeweils eine ganze Sprachwelt aus. Mein Sprechen zeigt mein In-der-Welt-sein. Jedes einzelne Wort und jeder einzelne Satz sind schon Ausdruck dieser Welt. Die Welt finde ich einerseits vor. Ich werde in sie hineingeboren. Aber indem ich sie selbst sprechend vorbringe, wird sie doch *meine.* Sie ist das, was *ich selbst* sagen will. Sie zeigt *mein* In-der-Welt sein. Ich als ich selbst eröffne sprechend diese Welt und bringe so auch immer Neues, bisher nie Gesehenes, nie Gesagtes hervor. Alles ist vom Punkte meiner selbst her eingefärbt. Deshalb spreche *ich* ja.

Aber wieso komme ich überhaupt dazu, mich sprechend zu äußern? Wieso komme ich dazu, mein Verstehen, in dem mir die Welt hell wird und eine Totalität ist, vorzubringen und laut werden zu lassen? In mir selbst als dem reinen Phänomen des Selbst finde ich dafür keinen Grund. Vielmehr, so sahen wir ja bereits bei den Überlegungen über die Sprache (vgl, oben 108 f.), zeitigt sich das Sprechen erst dadurch, daß ich mich als Ich eines Du und als Du eines Ich verstehe. Ich selbst als *ich selbst setze* mich damit, daß ich zu sprechen anfange, *aus* und zeige mich. Aber wem? Dem Anderen, der ist wie ich. Oder: so kann ich dieses, daß ich selbst zu sprechen anfange, auch beschreiben: Ich fange deshalb selbst an zu sprechen, weil ich mich als Angerufenen finde. Ich fange deshalb an zu sprechen, weil ich den Anruf erfahre. Sei! Dieser Anruf meint: Sei als du selbst, der du dich als dich äußerndes In-der-Welt-sein und angesichts des Todes in die Zukunft hinein entwirfst. Dieses dein Dich-Entwerfen aber wird wirklich, indem du es dem Gericht der Wirklichkeit aussetzt. Ich fange selbst an zu sprechen, weil ich bei meinem Namen gerufen werde. Dies ruft mich, der ich vorher nur ein Stück Welt war – »unter der Macht der Vergangenheit und dem Banne des Außen« – in meine eigene Gegenwart. In dem Augenblick, in welchem ich den Ruf höre, der mich anruft, beginne ich selbst zu sprechen. Ich fange wie von selbst an, In-der-Welt-sein als *mein* In-der-Welt-sein vorzubringen. Ich *selbst* spreche.

Aber mit diesem Genanntwerden beim Namen[68] verhält es sich merkwürdig.

Denn der Name (mein Eigenname), der eben dieses Selbst-Anfangenkönnen im Augenblick, die Geistes-Gegenwärtigkeit, und d. h. mit einem anderen Wort mich als Selbst und Freiheit bezeichnet, ist auf der einen Seite das in der Zeit Dauernde. Immer bin ich ich selbst: der mit diesem seinem eigenen Namen Genannte. Jedoch ist dieser mein Name andererseits kein »Wesen«, in dem ich als ein Was besessen werden könnte. Mein Eigenname meint ja vielmehr nur, daß ich je im Augenblick als ich selbst wieder neu anfangen kann. Gerade dieses Neuanfangen aber ist kein Wesen. Denn als solches wäre es festgestellt, gehörte immer schon der Vergangenheit zu und hätte gerade das, was es selbst ausmacht, nämlich je neu anfangen zu können, verloren. Es zeigt sich also, daß der Augenblick und das je im Augenblick selbst Neuanfangen-Können, das der Eigenname meint, im Sinne des immer schon Vorliegenden überhaupt nicht »sein« können (Bü 88). Im Eigennamen birgt sich das Paradox, daß ich, um sein zu können, was ich selbst bin, nicht »sein« kann. Vielmehr muß ich jeden Augenblick neu geboren werden. Dieses je neue Anfangen, daß ich als Eigenname und Sprechender bin, erhebt sich freilich über einem Naturgrund, den Rosenzweig mit dem Familien- und Geschlechtsnamen kennzeichnet. Immer ist durch meine Abstammung und mein Herkommen schon ein Grund vorgegeben, in dem ich welthaft bin. Aber in diesem Grunde erhebe ich mich doch als ich selbst. Dieses Sich-Erheben, das geschieht, indem ich beginne selbst zu sprechen, ist nicht be-gründet. Es ist vielmehr gezeitigt von dem

---

[68] Wir folgen hier der in sich verständlichen Rosenzweigschen Sprache. Es bedarf keiner Erörterung, daß das Angesprochenwerden, aufgrund dessen ich anfange, selbst zu sprechen, *mich* meint, auch ohne, daß mein Name ausdrücklich ausgesprochen wird.

Anruf. Es ist gezeitigt durch den Anruf, der sich zunächst als der Anruf des Anderen zeigt, der ich nicht bin, aber der ist wie ich.

Also befähigt mich der Andere zur Antwort? Darauf muß zugleich mit Ja und mit Nein geantwortet werden.

Ja: Denn die Sprache, durch die ich erst, mich verwirklichend, bin, ist immer die Sprache zwischen mir und dem Anderen. Insofern bedarf ich des Anderen, und er befähigt mich zu sein.

Aber doch zugleich Nein: Denn der Andere, der ist wie ich, verfügt ja ebensowenig über mich, meine Antwort und mein Antwortenkönnen, wie ich über ihn und sein Antwortenkönnen verfüge. Sondern durch das Ins-Gespräch-Kommen sind wir beide, einer durch den anderen, von dem Unsagbaren überhaupt angerufen, das uns miteinander sprechen heißt. Dieses stiftet je neu die wirkliche Wirklichkeit des Gespräches. Und reißt uns so aus der bloßen Möglichkeit, selbst zu sein, in die Wirklichkeit des Selbstseins.

Gleichzeitig aber ist dies, was mich und dich anruft und uns beide selbst zu sein heißt, nicht nur das uns im Augenblick in die Wirklichkeit Hinreißende und so Gegenwart Stiftende. Sondern es ist, weil es mich selbst ja immer neu selbst anzufangen heißt, das, was als die unverfügbare immer neu verheißende Macht auf mich zukommt und mich je neu in die Zukunft zu gehen heißt.

Daß ich selbst bin und anfange zu sprechen, ist so ein Geschehen, in dem immer schon zugleich mitspielen:

a) Das Vorliegende, Erzählbare, aus dem ich herkomme: Welt,

b) *und* die mich zum Sprechen im Anruf beim Namen zeitigende und zugleich unverfügbare, sich mir stets neu verheißende Macht.

Der Mensch wird »durch den Doppelklang seines Namens in jedem Augenblick daran gemahnt, daß er Menschenkind nur ist, wenn er Welt-und Gotteskind zu sein sich nicht versagt« (Bü 90). Das Selbst erweist sich als ein Integral. Was es in der im Augenblick gezeitigten Wirklichkeit ist, geht erst aus der differentialen Beziehung zu der Welt und zu Gott zugleich hervor.

In der strengeren und zugleich theologischeren Sprache des Stern entfaltet Rosenzweig diese »allzeiterneuerte Geburt der Seele«, die in dem Gerufenwerden beim Namen geschieht, als das Verhältnis der göttlichen *Liebe.* In diesem Verhältnis ereignet sich für den Menschen Sein als Offenbarung. Und diese ist zuinnerst verschwistert mit der Erfahrung des Todes.

Zeichnen wir diesen Weg des Stern nach: Der Weg geht davon aus, daß ich mich selbst immer schon vorfinde. Ich erfahre mich immer schon als seiend. Ich bin mir immer schon vorgegeben. Wenn ich versuche, dieses Phänomen, das ich bin und das ich selbst bin, so und nicht anders, rein zu fassen, zeigt sich mir dies als das Urphänomen des Metaethischen. Ich bin ich selbst und darin das Unbedingte, freier Wille, der sich selbst verwirklicht: Nicht anders (B =) und So (B). Ich erfahre mich selbst als das Besondere, das doch grenzenlos den Horizont füllt. Ich erfahre mich als das Sein im Besonderen, das vom »neben ihm« nichts weiß, weil es überall ist (vgl. GS 2, 69). So finde ich mich vor. Aber damit bin ich im Grunde auch schon am Ende. Ich bin nur so und nicht anders. Weiter komme ich nicht. Mein Dasein als Selbst zeigt sich als reine Insichgeschlossenheit bei ebenso reiner Endlichkeit (GS 2, 75). »Das Selbst ist der einsame Mensch im härtesten Sinn des Wortes« (GS 2, 77). Diese Einsamkeit kommt vollendet zum Ausdruck in der Majestät des Todes, die das Selbst aufs höchste vereinzelt und schlechthin unberührbar macht (GS 2, 77–78). In dieser Einsamkeit und Vereinzelung, die das Selbst als Selbst ausmacht, kann das Selbst schlechthin nicht über sich selbst hinaus. Sein Merkzeichen ist deshalb auch, daß es *schweigt* (GS 2, 83). Dies zeigte sich als das Urphänomen des Selbst.

Aber die »wirkliche Wirklichkeit« besteht nun doch darin, daß ich *rede*. Daß ich mich selbst als das Grenzenlose, das ich bin, sprechend aussetze und so über mich selbst hinausgehe. Was bringt mich dazu? Indem das Denken nicht mehr nur zeitlos anschaut, so wie es dies in der Erhebung der Urphänomene tat, sondern sich selbst freigibt an das, was darin *geschieht*, daß ich selbst anfange zu sprechen, erfährt es, daß ich mich nur deshalb aussetzen und über mich selbst hinausgehen kann, weil ich angesprochen werde von einem anderen als mir selbst. Dieses, was nicht ich bin, läßt mich sein und deshalb kann ich mich selbst auf es hin verlassen. Das mich Ansprechende und Sein-Lassende ist ein anderes als ich selbst. Aber es meint dennoch mich selbst – und nichts sonst. Es läßt *mich* sein. Und zwar als mich selbst, ohne Einschränkung, ganz und umfassend. Für diese Erfahrung, in der ich erfahre, daß ich selbst ganz sein gelassen bin, aber haben wir nur ein Wort: ich erfahre *Liebe*. Indem ich anfange zu sprechen, erfahre ich mich von der unsagbaren Macht des anderen, die mich sein läßt, geliebt. Indem ich mich sprechend selbst verlasse, mich aussetze und über mich selbst hinausgehe, gehe ich auf diese Liebe ein. Indem ich anfange zu sprechen, kehrt sich also der Stolz, in dem das Selbst bestand und in sich verschlossen war, um und verwandelt sich in die Demut. Auch die Demut ist ein Stolz (GS 2, 187). Sprechend höre ich nicht auf, ich selbst zu sein. Aber die Demut ist der sich dauernd verdankende Stolz, in dem das Selbst weiß, daß es selbst immer neu sein gelassen ist. Die Demut ist der Stolz, in dem ich darum weiß, daß ich sprechend immer neu selbst sein darf. Zeigte sich das Urphänomen Gott in der Metaphysik als göttliche Tat und göttliches Wesen in einem und trat die Tat in völliger Umkehrung ihrer selbst als ruhendes Wesen und Weisheit der Schöpfung nach außen, so tritt nun das göttliche Wesen in Umkehrung seiner selbst als immer neu mich meinende Freiheit, als immer neu mich meinende und anrufende Liebe (GS 2, 177–178) aus der göttlichen Verschlossenheit heraus. Die Macht, die mich entbindet zum Sprechen und so sein läßt, zeigt sich »als augenblicksentsprungenes Geschehen, als *ereignetes Ereignis*[69]. Schicksal, das ereignishaft mit der ganzen Wucht des Augenblicks hereinbricht, nicht verhängt von uran, sondern gerade als Verneinung alles von uran Geltendem, ja als Verneinung schon des Augenblicks, der unmittelbar diesem vorhergeht, Augenblick, der in seinem eigenen engen Raum die ganze Schwere des Verhängnisses hegt, eines Verhängnisses, nicht ›verhängt‹, sondern plötzlich da und in seiner Plötzlichkeit doch unabwendbar, als wäre es verhängt von uran …« (GS 2, 178). Dieses Ereignis, das mich aus mir selbst heraus und in die wirkliche Wirklichkeit hineinreißt, zeigt sich als das »ecce deus fortior me, qui veniens dominabitur mihi«. Man kann ihm keinen anderen Namen als den der Liebe geben. »Denn Liebe allein ist so zugleich schicksalshafte Gewalt über das Herz, in dem sie erwacht, und doch so neugeboren, so zunächst – vergangenheitslos, so ganz dem Augenblick entsprungen« (GS 2, 178). Von mir her wäre ich, wenn ich nur ich selbst in der Behauptung meines Selbst sein sollte, sofort am Ende. Ich könnte nur schweigen. Was mich aber je neu als Freiheit anfangen läßt, zeigt sich als das je neu mich als mich selbst Meinende und Anrufende, das mich aus meinem bloßen Selbst heraus in den Strom der wirklichen Wirklichkeit reißt und mich gerade so selbst erst wirklich sein läßt. Diese Zeitigung im Augenblick durch die göttliche Liebe, die mich als

---

[69] Hervorhebung v. Vf. – Sollte je in einer Philosophiegeschichte der Ort genannt werden, an dem das Wort Ereignis zum erstenmal in dem Sinne gebraucht wird, in dem es später Heidegger gebrauchte, so müßte diese Stelle aus dem Stern genannt werden.

Sprechenden selbst sein läßt, bedeutet aber nun *Offenbarung* »im engeren, nein im engsten Sinn« (GS 2, 179).

Zwar war auch Schöpfung schon ein Offenbarwerden des Zueinanders der drei Urphänomene: insofern nämlich Welt, die als positiver Begriff doch noch nicht wirklich war und also in das Nichts der Fraglichkeit gestellt werden mußte, von dem sich an das Sprechen freigebenden Denken als das erfahren wurde, was zugleich von mir genannt ist *und* das von dem anderen, das »es auch noch gibt«, in den Strom der Wirklichkeit gerissen wurde. In der Sprache des Stern: Die vom Menschen im Sprechen vorgebrachte Welt wurde erfahren als gegründet in der Tat Gottes, die sich nach außen zur Ruhe der göttlichen Weisheit umkehrte. Aber Gott selbst blieb darin, sich als Schöpfer zeigend, doch gleichzeitig verborgen. Gottes Lebendigkeit wurde in der Schöpfertat zu Nichts (GS 2, 175). Angesichts der lebendigen Wirklichkeit der Welt ist der Schöpfer nur so etwas »wie der Ausgangspunkt eines Koordinatensystems 0 zwar festgelegt, aber nicht bestimmt, sondern nur Ursprung der im Koordinatensystem geschehenden Bestimmung« (GS 2, 175). In dem durch die göttliche Liebe ereigneten Ereignis aber tritt »Gottes Weibliches«, nämlich sein Wesen, seine Moira, in der Umkehrung ihrer selbst als lebendige Tat, mich selbst meinend, nach außen. Dies ist die »zweite Offenbarung«, die »nichts weiter ist als Offenbarung«. Dieses ereignete Ereignis, durch das ich als ich selbst in die Wirklichkeit gerissen werde, ist »ganz wesentlich Offenbarung … und nichts weiter«. Denn es ist »nichts … als das Sichauftun eines Verschlossenen, nichts als das die Selbstverneinung eines bloßen stummen Wesens durch ein lautes Wort, einer still ruhenden Immerwährendheit durch einen bewegten Augenblick« (GS 2, 179).

Ich selbst darf durch dieses Ereignis wirklich ich selbst sein. Wirklich ich selbst bin ich aber, indem ich anfange zu sprechen, d. h., indem ich anfange selbst wirklich in der Welt, welthaft als ich selbst da zu sein. Das ereignete Ereignis, das nichts ist als Offenbarung und mich selbst sein läßt, ist deshalb *immer vermittelt durch Welt*. Die zweite Offenbarung besteht nicht ohne die erste. Immer ist es ein auch welthaft Seiendes, das im Lichte des Augen-Blicks des mich selbst sein lassenden Ereignisses aufstrahlt und zum Zeugnis der geschehenden Offenbarung wird[70]. Im Lichte des sich ereignenden und

---

[70] Andererseits gewinnt das Sein der Welt als Geschaffensein sein Lebendigsein erst in diesem Ereignis der zweiten Offenbarung. Erst dadurch, daß das Seiende »irgendwann

mich selbst sprechend sein lassenden Augen-Blicks gewinnt auch alles welthafte Seiende Gegenwart. In dem ereigneten Ereignis des Verhältnisses meiner mit dem mich als mich selbst meinenden unsagbaren Ursprung von Sprache schenkt sich *Sein als Gegenwart*.

Dieses Verhältnis aber ist derart, daß ich darin ganz in mein Selbstsein freigelassen bin wie auch die mich als mich selbst meinende Macht. Gegenüber der Schwierigkeit, die auch in der herkömmlichen jüdischen Religionsphilosophie eine Rolle spielte, nämlich der Frage, ob denn nicht Gott durch sein Sich-Äußern, das Eingehen eines Verhältnisses, abhängig und bedürftig werde, erklärt Rosenzweig, daß Liebe eben gerade keine Eigenschaft sei, etwas *an* Gott. Die Liebe ist vielmehr Ereignis Gottes selbst: »momenthafte Selbstverwandlung« (GS 2, 182), durch die der sich selbst so Verwandelnde gerade selbst ganz er selbst, d. h. frei bleibt. Liebe ist »keine Eigenschaft, sondern ein Ereignis« (GS 2, 183). Das heißt: die Liebe Gottes ist gerade nicht »die feste unveränderliche Grundform seines Antlitzes, nicht die starre Maske, die der Former vom Antlitz des Toten abnimmt, sondern das flüchtige, nie versiegende Mienenspiel, das immer junge Leuchten, das über die ewigen Züge geht« (GS 2, 183). In dem je neuen Augenblick der Liebe ist der Liebende darin je neu ganz er selbst. Er ist so je neu ganz frei. Ebendeshalb ist »die Liebe des Liebenden … immer ›glücklich‹, wer wollte ihm sagen, daß er noch etwas bedürfe außer zu lieben?« (GS 2, 182–183)

Dieser reinsten Gegen-wart des mich Liebenden antworte ich mit der mich verdankenden Demut, in die der mich als Selbst konstituierende Stolz im Ereignis der Offenbarung umgeschlagen ist. In dieser sich verdankenden Demut gebe ich meinerseits Gott ganz an sich selbst frei. Ich mache mir kein Bild und keinen Vorentwurf von ihm. Denn »Liebe scheut davor, ein Bildnis vom Liebenden zu machen; das Bildnis ließe das lebendige Antlitz zum Toten erstarren« (GS 2, 183). Ich lasse den Liebenden vielmehr ganz sein, was er jeweils neu selbst in seiner Liebe ist. Daß der mich als Selbst konstituierende Stolz in meinem *Gott freilassenden* Mich-Verdanken aufgehoben ist, ist andererseits der Grund dafür, daß ich dem mich

---

einmal in der Zeit von dem Aufleuchten einer nicht einfürallemal geschehenen, sondern in diesem Augenblick geschehenden Offenbarung überstrahlt wird, erst damit wird ihm der Umstand, daß es einer Offenbarung das Dasein dankt, zu mehr als zu einem ›Umstand‹, – zum inneren Kern seiner Tatsächlichkeit« (GS 2, 180). So wie alle er-zählende, feststellende, be-dingende Rede erst in der sich ereignenden Rede und von ihr her ihre Lebendigkeit gewinnt. Vgl. dazu auch GS 4/1, 82–83.

Bernhard Casper

Anrufenden gegenüber *treu* sein kann. Kein nur welthaft Seiendes (B =A), vielmehr nur ein durch den Trotz auf sich selbst konstituiertes Selbst (B= B) kann in allem Neuanfangen dem es selbst immer wieder Meinenden gegenüber beständig, und das heißt treu sein. Daß ich selbst gemeint bin als je neu Anfangendürfender, der gerade in dieser seiner Zeitlichkeit zur Treue gerufen ist, drückt sich für mich in meinem eigenen Namen aus, der ja immer derselbe bleibt. *Und,* so müssen wir nun hinzufügen, es zeigt sich für mich in dem Namen Gottes, den ich als immer selben anrufe. In diesem sich ereignenden Verhältnis der Treue dessen Pole durch meinen eigenen Namen und den Namen Gottes den ich anrufe, bezeichnet sind, gründet in Wirklichkeit alles Sein als Gegenwart.

Man kann dieses Verhältnis der Treue vom Menschen her auch das Verhältnis des *Glaubens* nennen. Es ist dadurch gekennzeichnet daß ich selbst als selbst immer neu Anfangenkönnender und darin mir selbst Treubleibender auf einen anderen hin ausstehe, der mich je neu meint und anruft und gerade darin sich selbst und mir immer treu bleibt.

Weil in diesem Verhältnis, dessen beide Pole durch meinen Namen und den Namen Gottes chiffriert sind, alles Sein als Gegenwart gründet, kann Rosenzweig sagen, daß der Satz, Name sei nicht Schall und Rauch, sondern Wort und Feuer, der »mittelste Satz« seines ganzen Werkes sei (GS 1/1, 758).

γ) Erlösung

Um den zentralen Gedanken Rosenzweigs zu Ende zu denken, bleibt es uns noch, zu betrachten, wie Wirklichkeit als Offenbarung immer schon unter der Verheißung der Erlösung steht.

In dem Büchlein vom gesunden und kranken Menschenverstand wird (92 ff.) der Horizont der Erlösung aufgerissen durch die Frage »Was ist Gott?« Auf diese können zunächst die bekannten möglichen reduzierenden Antworten gegeben werden: Gott »ist eigentlich« Nichts, Welt (Natur), Geist (Mensch überhaupt), Alles. Die Antworten lösen sich nacheinander in die Antwort »Nichts« auf. Wir zeichnen die Ableitungen dieser Auflösungen (Bü 92–99) hier nicht nach, da sie im Prinzip für uns durchsichtig sind. Die totale Identifikation sagt dem Denken nichts. Sie bringt es aus dem Kreis der reinen Möglichkeiten nicht heraus. Sie führt lediglich zu der totalen unendlichen Aufsteigerung der Natur einerseits oder andererseits des Geistes als des Wesens des Menschen überhaupt. Sowohl in der einen wie in der anderen Totalisierung werden aber die Natur selbst und der Mensch selbst für das Denken vernichtet (Bü 95 und 98). Und damit wird auch der Gott, der zuvor mit dem Wesen der Natur oder des Menschen ineins gesetzt war, zu Nichts. In dem kurzen Abschnitt, in dem Rosenzweig zeigt, daß auch die Antwort, Gott sei »die Summe seiner wandelnden Gestalten« (Bü 98) sich in die Antwort »Nichts« auflösen muß, kritisiert Rosenzweig offenbar den von Dilthey herkommenden Versuch, in dessen Bannkreis wir den jungen Buber fanden, Gott zu greifen als jeweils die Einheit einer geschichtlichen Welt. »Ein jeder Gott das Riesengrab der Menschen, die ihn glaubten, der Welt, die sie umgab, mit der sie ihn rings umschufen« (Bü 99). Aber auch hier ist Gott selbst dann nichts: ein in allen Göttern, die als Einheiten geschichtlicher Welten verstanden werden, toter Gott.

Demgegenüber wird nun das sich an seine eigene Zeitlichkeit in der Sprache freigebende Denken der Bahn der sich zeitigenden Wirklichkeit inne und kann so im Ernste von dem wirklichen Gott sprechen. Dies, daß ich im Ernste von dem wirklichen Gott spreche, vereint aber zwei Ströme der Wirklichkeit, von denen wir bislang mehr oder minder nur getrennt gesprochen haben. Gott wird in Wirklichkeit von Menschen gerühmt und angerufen. Aber wie geschieht dies? Nur dadurch, daß in diesem Rühmen zwei Hinsichten der Wirklichkeit zusammenkommen und zu *einer* Hinsicht werden.

Denn einmal rühme ich Gott als den, der mich im Augenblick als der unsagbare Ursprung von Sprache je neu selbst sprechend sein läßt. Jenes Ereignis, das dadurch gekennzeichnet ist, daß ich bei meinem Eigennamen gerufen werde und so, im Modus der Zeitlichkeit seiend, doch immer neu anfangen kann, läßt mich den rühmen, der mich selbst – oder besser uns: mich selbst und dich selbst, die wir im Gespräch sind – erst sein läßt. Wir sind beide selbst nur aus dem ereigneten Ereignis des Gespräches heraus. Indem wir anfangen zu sprechen, rufen wir – mit welchem Namen auch immer – den an, der uns im ereigneten Ereignis selbst sein läßt. Gott hat so seinen Namen »um unseretwillen … Um unseretwillen, die wir in diesem Namen, den wir gemeinsam riefen[71], erst Wir wurden« (Bü 101). Aber in diesem Ereignis des Gespräches, in dem ich selbst ent-

---

[71] Es versteht sich von selbst, daß mit dem Anrufen hier kein Anrufen gemein ist, das beherrschen will. Solches mag im Einander-Anrufen von Menscher immer mitschwingen. Hier geht es jedoch allein um das bejahende Sich-Freigeben in das Verhältnis des Geliebtwerdens.

bunden werde zum Sprechen, wie du selbst entbunden wirst zum Sprechen – wir beide dürfen als Gezeitigte selbst sein – geschieht nun ein Zweites. Nämlich: es bildet sich eine *Welt*, die durch unser Sprechen zur Sprache kommt als eine Sprachwelt. Mein *Sprechen ist* der Ausgriff *meines* In-der-Welt-seins. So wie dein Sprechen der Ausgriff deines In-der-Welt-seins ist. Beide Ausgriffe aber verfügen sich in das Zwischen des Gesprächs. Dinge werden in ihm benannt von mir selbst und dir selbst. Und nun sind sie zwischen uns hell in in der Helle des gemeinsamen Gesprächs. Diese Helle aber bleibt nicht nur die Helle zwischen dir und mir. Sondern kraft der unendlichen Offenheit, in der wir als miteinander wirklich über Wirkliches Sprechende sind, können andere und werden viele andere an unserem Gespräch teilnehmen und ihr Sprechen mit dem unseren verfügen. So entsteht aus dem Gespräch die *Sprache*. Rosenzweig folgt hier der Sache nach Wilhelm von Humboldt und seiner Beschreibung der Entstehung der Sprache aus der Mundart[72], die ihrerseits in etwa von Rosenstock aufgegriffen wurde[73]: »Es entsteht die verflochtene Einheit der Sprache, die eine Welt ist, in der die vielen Dinge aufgelöst sind. Und über die eine Sprache, die noch erst immer eine einzelne Welt ist, beginnen sich die Sprachen zu verflechten, die Sprachen der Einzelnen zur Sprache des Volks« (Bü 102). Diese so entstandene Welt ist dann aber der Grund, auf dem man relativ sicher stehen kann. Es ist eine relative Totalität entstanden, aus der sich das Sein des Seienden zuspricht. Es ist, für eine Zeitlang wenigstens, ein Allgemeines entstanden (B =A), von dem her das Einzelne sicher besessen werden kann. Die Dinge stehen in einer festen Ordnung, wie Rosenzweig sagt (Bü 102). Es ist objektiv so und so, eben mit jener Objektivität, aus der nach Wilhelm von Humboldt das Sprechen in der dritten Person entspringt[74], Bubers spätere Ich-Es-Welt. Rosenzweig ist im Gegensatz zu dem frühen dialogischen Buber nun allerdings weit davon entfernt, diese Wirklichkeit von Welt als ein Zurücksinken hinter die wirkliche Wirklichkeit des ereigneten Ereignisses zu brandmarken. Die objektive Weltwirklichkeit ist vielmehr notwendig und entspricht dem im Ereignis sich ereignenden Sinn von Sein. Denn dieses will von vornherein Beständigkeit gewinnen, wie auch die Sprache, obwohl wirklich nur als gesprochen *wer-*

---

[72] *Humboldt* III, 218, 230 ff., 295.
[73] Vgl. Angewandte Seelenkunde 50–51.
[74] *Humboldt* III, 139, 202, 207.

dende, doch die Beständigkeit der ein für allemal gesprochen *seienden* Sprache gewinnen will und beansprucht. Der Sinn von Sein ist *auch* jenes Bleiben und Dauern, das dem Menschen notwendig ist, damit er Mensch sein kann: Ordnung und Gesetz. Die im Gespräch entsprungene und sich zur Sprache objektiviert habende Welt ist der Boden, auf dem der Mensch relativ sicher stehen kann. Sprache als schon vorhandene ist ihm so notwendig wie sein eigenes Sprechen. Die Sprache als schon vorhandene, aus Worten bestehende Welt aber, so sahen wir im Stern, läuft zurück auf das Stammwort »Ja, Gut«. Insofern dieses in seinem Dauern zeitlich immer neu gewährt wird, d. h. von außerhalb seiner selbst in den Strom der Wirklichkeit hineingerissen, wird auch darin, also in der Welt der Sprache, die aus feststehenden Worten besteht, das andere der Welt und des Menschen vorausgesetzt. Es wird hier nun aber vorausgesetzt und gerühmt nicht als der mich und dich bei meinem und deinem Namen Rufende und uns so Seinlassende, sondern als der die Welt sein gelassen Habende, als der Schöpfer.

Gott wird so – wie dies ja auch die Religionsgeschichte – zeigt immer mit einem Doppelnamen angerufen: Herr – Gott, JHWH – Elohim (Bü 103)[75].

Stehen beide Namen, mit denen Gott gerühmt wird, nun unverbunden nebeneinander? Keineswegs! Denn es zeigt sich bei genauerem Zusehen, daß die Welt, als die aus dem Nichts wirklich gegebene, der die schon vorliegende Sprache entspricht, eine in Wirklichkeit noch »unfertige Welt« (GS 2, 243)[76] ist. Denn sie ist Schöpfung nur als das »jeden Augenblick im Ganzen« Erneuerte (GS 2, 244). Aus dem Nichts in die Wirklichkeit gegeben von außerhalb seiner, zeigt sich mir in Wirklichkeit nur das schon Vorliegende, in dem die Welt besteht[77]. Gerade deshalb ist aber noch nicht ausgemacht, was endgültig das Wesen von Welt wirklich sein wird. Die sich als geschaffen zeigende Welt ist als Welt jetzt immer nur »Erscheinung« (GS 2, 244), eine vorläufige und damit fragliche Allgemeingültigkeit. Immer noch und immer wieder kann und muß Welt von neuen, zum Sprechen ermächtigten Menschen als von ihnen selbst neu gesagt und vorgebracht und die vergangene Welt damit in Frage gestellt werden. Es kommt daher, daß jedes Wort »weil es eben nicht bloß

---

[75] Vgl. außerdem GS 3, 801–815.
[76] Vgl. GS 2, 244: »Die Welt ist noch nicht fertig«.
[77] Vgl., was oben 147–149 über die Gattungen gesagt wurde.

das Wort dieses Augenblicks ist, sondern immer schon die Spuren vergangener Schicksale in seinem Gesicht trägt, immer schon etwas Maskenhaftes« an sich hat (GS 4/1, 181). Es spiegelt immer schon auch eine bereits tote Welt wider. Denn nie ist die einzelne geschichtliche Welt schon jede mögliche Wirklichkeit von Welt überhaupt.

Umgekehrt bringt diese Fraglichkeit aber auch das Bedürfnis mit sich, die Sprachwelten, die in sich nur vorläufige und fragliche Allgemeinheiten sind, immer wieder miteinander ins Gespräch zu bringen. Die vielen Sprachen, die sich gegenseitig in Frage stellen, wollen andererseits doch ineinander übersetzt werden. Durch jede geglückte Übersetzung aber geschieht ein Neues, vorher in keiner der beiden Sprachen Gegebenes. Und solches geschieht immer wieder neu aus der reinen Hoffnung auf die endgültige *eine* Sprache, in der die Wirklichkeit von Welt endgültig gemäß ihrer ganz wesentlichen Wirklichkeit gesagt wäre. Die vorläufigen Ordnungen, die jetzt jeweils Welt ausmachen, möchten ineinander übersetzt werden kraft der Hoffnung auf eine letzte Gemeinsamkeit, in der sie alle geborgen und *sein* gelassen wären. Diese letzte Gemeinsamkeit wird aber jetzt und hier nie völlig erreicht und ist deshalb in Wirklichkeit auch nur als die Richtung der reinen, sich freigebenden Hoffnung anzugeben, in deren Zug die ereigneten Sprachen, die immer schon ereignete Übersetzungen sind, sich finden.

Das heißt aber mit anderen Worten: Das uns als mich selbst und dich selbst je neu zeitigende und anfangen lassende Ereignis, durch das wir in die Wirklichkeit hineingerissen sind, *und* die daraus entspringende, Ordnung und Bestand gewährende Welt, der es ihrerseits nicht von ihr selbst her gewährt ist, wirklich zu sein, können hier und jetzt nie vollständig zur Deckung gebracht werden. Es bleibt eine unaufhebbare Differenz, eine dauernde Spannung, deren Spiel in der Geschichte nie zur Ruhe kommt. Aus dieser Spannung erwächst allenfalls die reine Hoffnung auf eine Vollendung, in der alles weltliche Sein ganz in dem uns als uns selbst, d. h. uns nach allen unseren welthaften Möglichkeiten hin seinlassenden Ursprung zur Gemeinschaft gekommen wäre.

Diese Vollendung aber, so führt der Stern nun aus, wird vorweggenommen durch die *Liebe zum Nächsten*[78]. In der Liebe zum Näch-

---

[78] Rosenzweig berührt sich hier in gewisser Weise mit zentralen Stücken der Cohenschen »Religion der Vernunft«. Auch dort konkretisiert sich das Gottesverhältnis und damit die Gotteserkenntnis in der Liebe zum Nächsten. Vgl. näherhin dazu unten 167 f.

sten wird sowohl die Welt als Vorliegendes wie der andere Mensch als zunächst nur Vorliegender und Teil von Welt, eingeholt in den Ursprung des Offenbarungsereignisses, den unsagbaren Ursprung von Sprache überhaupt. Diese Einholung geschieht durch mich selbst; d.h. genauer: durch mich selbst, insofern ich im Ereignis der widerfahrenden Offenbarung vom tragischen zum *sein* gelassenen Charakter geworden bin (GS 2, 238). Wir dürfen uns dabei daran erinnern, daß Rosenzweig unter Charakter die Eigenheit des Menschen (B) versteht, insofern sie schon mit dem freien Willen (B =) vermittelt ist (GS 2, 73). Die Liebe zum Nächsten ist so einerseits Überwindung der Mystik, die sich sozusagen im reinen Offenbarungsereignis weltlos festsetzen will (GS 2, 231–232). Sie ist die Überwindung der Versuchung, sich bloß mit dem mich selbst sein lassenden Verhältnis des Geliebtwerdens von dem Sprache gewährenden Ursprung zu begnügen und die Welt außer acht zu lassen. Die Liebe zum Nächsten ist vielmehr Weltzuwendung und bedeutet so das Offenbarwerden, die Gestaltwerdung des von dem unsäglichen Ursprung sein gelassenen Selbst in der Welt. Das sein dürfende Selbst erschließt sich in seinem In-der-Welt-sein als redende Gestalt (GS 2,232).

Andererseits aber ist die Liebe zum Nächsten überhaupt erst ermöglicht durch das Offenbarungsereignis, dessen Ausstrahlung in das In-der-Welt-sein des Menschen hinein sie ist. Erst indem ich mich als der beim Namen Gerufene erfahre, der in seiner unendlichen Freiheit sprechend, sich zeitigend, sein darf, werde ich fähig, auf Hoffnung hin das Ende der verheißenen Vollendung jeweils an einem Punkte vorwegzunehmen, dadurch, daß ich mich dem Nächsten zuwende und ihn ohne Einschränkung sein lasse, nicht als von mir entworfene »Erscheinung«, sondern als ihn selbst, den anderen, gemäß dem, was er in der nur erhofften Vollendung sein wird.

Die Liebe zum Nächsten ist deshalb auch nicht einfachhin Tat meiner Freiheit, sondern Tat meiner je neu *sein gelassenen* Freiheit. Das heißt, sie ist die Erfüllung des *Gebotes* der Nächstenliebe, das aus dem Verhältnis des im Offenbarungsereignis erfahrenen Geliebtwerdens entspringt (GS 2, 239). Wäre die Nächstenliebe nur Tat der Freiheit, so stünde sie unter der kantischen Forderung der Autonomie, die nur fordert, daß der Mensch überhaupt will, als Forderung aber deshalb gerade keinen notwendigen Inhalt hat. Aus diesem Grunde kommt die einzelne kantisch verstandene moralische Tat auch zu keiner Sicherheit. »Im Moralischen ist alles ungewiß, alles kann schließlich moralisch sein, aber nichts ist mit Gewißheit moralisch«

(GS 2, 239)[79]. Im Gegensatz zu diesem unbegrenzt vieldeutigen moralischen Gesetz braucht das inhaltlich klare und eindeutige[80] Gebot der Nächstenliebe, die aus der gerichteten Freiheit des Charakters entspringt, eine *Voraussetzung jenseits der Freiheit*[81]: fac quod jubes et jube quod vis – dem, daß Gott, befiehlt, was er will‹, muß, weil der Inhalt des Befehles hier der ist, zu lieben, das ›göttliche schon Getansein‹ dessen, was er befiehlt, vorangehen« (GS 2, 239). Allerdings ist wiederum dieses Vorangegangensein des Offenbarungsereignisses nicht eine abzusichernde und zu besitzende Vergangenheit, sondern das mich zeitigende und seinlassende Verhältnis selber, in das ich mich immer neu freigeben muß. Die Liebe zum Nächsten ist so »Liebestat des Glaubens«, und sie bedarf ihrerseits geradezu der immer neuen Enttäuschung, um nicht zur organisierten Zwecktat zu entarten. Sie »muß ganz in den Augenblick verlorene Tat der Liebe sein« (GS 2, 240).

In dieser Verlorenheit in den Augenblick aber wird im Glauben und auf Hoffnung hin für einen Augenblick das vollendende Ende aller Geschichte vorweggenommen. Es wird ein Stück der Welt als Schöpfung rein verdankt. Und so in sein endzeitliches Erlöst-sein eingesetzt. Es darf ganz selbst sein, was es endgültig sein wird. Das Ich hat zum Er Du sagen gelernt (GS 2, 305; GS 1/1, 596), und dadurch hat eben dieses Stück Welt, das als Welt durch das Personalpronomen der dritten Person bezeichnet war, in sein endgültiges Wesen gefunden, welches, indem ich mich mit diesem Stück Welt verdanke, in der Hoffnung vorweggenommen wird. Dieses erlösende reine Verdanken kann nur dem gegenüber geschehen, der sich *zugleich* als der Offenbarende *und* Geschaffen-habende, Herr und Gott, und also als der Erlöser zeigt. Es ist auch nur dadurch möglich, daß er sich so zeigt und mich in seiner offenbarenden Liebe, aus der das auf die Welt gehende Liebesgebot fließt, fähig macht, Welt so auf ihr endgültiges Wesen hin zu verdanken.

Dieses erlösende Verdanken ist hier und jetzt immer nur par-

---

[79] Vgl. dazu auch *Heidegger* zu Kants praktischer Vernunft: »Deshalb ist, vom Gehalt her gesehen, der reine Wille und sein Gesetz formal. Er ist sich selbst der einzige Inhalt als die Form« (Vorträge und Aufsätze 89).

[80] Natürlich ist auch der Inhalt des Gebotes der Nächstenliebe insofern in doppelter Hinsicht unendlich, als alles geliebt werden kann und soll und d. h. in den unendlichen Ursprung, dem wir uns verdanken, eingeholt.

[81] Hervorhebung v. Vf.

tiell, ein *partieller Dualis* (GS 2, 262 ff.)[82], der zur Sprache kommt in dem dialogischen Zwiegesang zwischen zweien, dessen Stammsatz lautet »denn Er ist gut« (GS 2, 258–259). In diesem, im Zwiegesang gesungenen Satz, sieht Rosenzweig »das Dach über dem Haus der Sprache« (GS 2, 258). Aus der sich freigebenden Hoffnung darauf, daß einmal alles menschliche Sprechen durch alle geschichtlichen Übersetzungen hindurch in den Zwiegesang dieses Satzes übersetzt werden wird, lebt im Grunde immer schon alles menschliche Sprechen, das als geschichtliches Gespräch nur in der immer neuen Übersetzung besteht.

Der Zwiegesang wird jetzt als partieller Dualis immer wieder nur zwischen zweien gesungen. Aber er kann nur gesungen werden in der Hoffnung und als Vorwegnahme dessen, daß »wir alle« ihn singen werden (GS 2, 263–264) und dann alle Welt in ihn eingegangen sein wird.

7. Die Gründung des neuen Seinsverständnisses in dem Bedenken der Geschichte und des Gespräches

Wir stellen mit unserer Untersuchung die These auf, daß der entscheidende und umfassendste Durchbruch zu dem Denken, das sich später das dialogische nannte, in dem Werk Franz Rosenzweigs geschah. Jedoch war vorerst von dem dialogischen Denken scheinbar kaum die Rede. Vielmehr erschien dies als die entscheidende Wende, daß das bislang zeitlose Philosophieren seine eigene Zeitlichkeit ernst nahm und so zum sprechenden Denken wurde. Dieser Umschlag ist jedoch gar kein anderer als der in das Denken, das man mit dem Wort, das seit Bubers Schriften üblich wurde, das dialogische Denken nennt. Wie ja eben auch die Erfahrung des Sprechendürfens als die Erfahrung des Wunders, daß ich immer neu anfange zu sprechen, die Erfahrung der Sprache gemäß ihrem »ganz wirklichen Gesprochenwerden« (GS 2, 194), keine andere Erfahrung als die Erfahrung des Gespräches ist. Von dieser Erfahrung der Sprache gemäß ihrem »ganz wirklichen Gesprochenwerden« aber geht das Mittelstück«

---

[82] Im Hintergrund steht hier von Humboldts Schrift über den Dualis. Außerdem hatte auch Rosenstock den Dualis in der Angewandten Seelenkunde erwähnt. Rosenzweig nennt von Humboldt hier nicht und verarbeitet im übrigen die Humboldtsche Theorie über den Dualis sehr frei.

(GS 2, 194) des Stern aus. Sie ist die Urintuition und das von Rosenzweig mit allen seinen Konsequenzen gesehene Grundphänomen, in dem das Neue Denken wurzelt.

Um dieses Grundphänomen, aus dem der entscheidende Gedanke hervorgeht, noch deutlicher ans Licht zu heben, sollen noch einmal die beiden Felder dargestellt werden, auf denen Rosenzweig eben dieses Grundphänomens ansichtig wird. Dabei soll nun besonders auf die Genese des Gedankens geachtet werden, so wie sich vor allem in den Briefen Rosenzweigs zeigt[83]. Die Erfahrung der Grundphänomene der Geschichte und der Sprache, in denen das neue Seinsverständnis zum Durchbruch kommt, bahnt sich für Rosenzweig ja lange vor der Konzeption des Stern an. Der entscheidende Gedanke hat eine Inkubationszeit, in der er heranreift und sich selbst klärt.

Wir dürfen bei der Darstellung dieser Zeit zunächst auf das zurückgreifen, was wir bereits in den Kapiteln 1 und 3 ausführten. Dort wurde von der Bedeutung Kants für Rosenzweig und von seiner intensiven Auseinandersetzung mit dem Deutschen Idealismus berichtet. Es wurde deutlich, daß Rosenzweig sich zunächst selbst als Historiker verstand und der Durchbruch zur Philosophie sich für ihn als der Durchbruch von der Erforschung der Geschichte als einer Reihe von bloßen Gestalten zu der einen, alle Gestalten transzendierenden Wirklichkeit ereignete. Hier ist bereits das eine Erfahrungsfeld genannt, das für das Neue Denken von entscheidender Bedeutung wurde: das Feld der Erforschung der *Geschichte*.

Vielleicht kann man angesichts der Biographie Rosenzweigs von einem Idealfall der Voraussetzungen für ein philosophisches, d. h. transzendierendes Denken im 20. Jahrhundert sprechen, das ja nie ohne eine Erfahrung des Transzendierten bestehen kann. Rosenzweig begann mit dem Studium der Naturwissenschaften und wechselte später zur Geschichtswissenschaft über, weil es dort seiner Ansicht nach um eine umfassendere Wirklichkeit ging. Ihr gegenüber scheint die Philosophie zunächst das bloß Mögliche zu erforschen. Noch 1909 unterscheidet Rosenzweig die »Wirklichkeitssuppe« des Historikers von den Möglichkeitsfragen« der Philosophen (GS 1/1,

---

[83] Einen noch genaueren Aufschluß über die Genese des Gedankens könnten vermutlich die Tagebücher Rosenzweigs geben, die im Leo-Baeck-Institut in New York aufbewahrt werden. Nachtrag zur 2. Aufl.: Diese sind mittlerweile zum größeren Teil in GS 1 veröffentlicht worden. Wo dies nötig erscheint, ziehe ich sie im folgenden mit heran.

99). Aber je mehr Rosenzweig die Methode der geistesgeschichtlichen Forschung beherrscht, desto mehr kehrt sich ihm dies Verhältnis um. Schließlich ist ihm die Geschichte als der Zug der wechselnden Gestalten das bloß Relative, d. h. in seiner Wirklichkeit nirgends Festgemachte. Und in dieser Situation entspringt die Frage nach der alle transzendierenden und richtenden wirklichen Wirklichkeit.

Die ersten Spuren dieser Frage zeigen sich bereits in der im Sommer 1914 geschriebenen Abhandlung über »Das älteste Systemprogramm des Deutschen Idealismus«, insofern dort der Systembegriff des Idealismus selbst in Frage gestellt wird (GS 3, 40 ff.). Noch deutlichere Spuren der Frage finden sich in dem ebenfalls 1914 geschriebenen Aufsatz »Atheistische Theologie«, auf den wir bereits in Kap. 1 zu sprechen kamen. In diesem Aufsatz spricht Rosenzweig schon von einer »Zweiheit« (GS 3, 694), die in dem Phänomen der Geschichte erscheine. So wolle man in der jüdischen Volkstumstheologie den Willen zur Einheit als den Inbegriff des jüdischen Wesens verstehen[84]. Das jüdische Volk, das an sich selbst glauben müsse, entfalte in seiner Geschichte sich selbst, d. h. den Willen zur Einheit. Aber Rosenzweig zeigt in einer scharfsinnigen Überlegung, daß der Wille zur Einheit, gerade wenn man ihn als die die Geschichte erzeugende Kraft bedenke, seine Immanenz verliere, »seine schlechthinnige Innermenschlichkeit, er tritt dem Einzelnen wiederum *gegenüber*«[85] (GS 3, 695). Der Gedanke der Einheit erweist sich bei genauerem Zusehen nicht als etwas blindlings Aufgehendes, sondern er zeigt sich als Gebot. Er zeigt sich als die Gabe des Gottes, »der zwischen Volk und Menschheit die Brücke schlägt«, des Gottes, dem, wie Rosenzweig sagt, »die Geschichtlichkeit der Geschichte untertan ist« (GS 3, 697). Im Gegensatz zu dem »Rationalismus« einerseits und andererseits zu mystischen Alleinheitslehren, denen offenbar Buber zu dieser Zeit noch verpflichtet ist – beides sind unzulässige Vermenschlichungen der ganzen Wirklichkeit der Geschichte – sucht der junge Rosenzweig hier bereits der Geschichtlichkeit der Geschichte selbst gerecht zu werden. Die Frage nach der Geschichtlichkeit der Geschichte aber wird ihm, wie wir sahen, zu der Frage nach der Offenbarung. Denn diese ist ohne allen Zweifel das der Geschichtlichkeit der Geschichte entsprechende Paradoxon des Histo-

---

[84] Dies war in etwa die vom Boden des Historismus aus zulässige Position des jungen *Buber.* Vgl. dazu Buber, Werke IV, 284; 76; 104, 12.
[85] Hervorhebung vom Vf. Vgl. dazu auch GS 3, 169.

Bernhard Casper

risch-Überhistorischen (GS 3, 689), das Paradoxon des in der Geschichte Erscheinenden, aber die Geschichte Richtenden. Die Frage nach diesem als die Frage nach der durch alle Geschichtlichkeit hindurch sich offenbarenden wirklichen Wirklichkeit wird Rosenzweig so zu dem Leitfaden, der ihn unmittelbar bis in die Mitte des Neuen Denkens führt. Die Urzelle des Stern nimmt ganz bewußt die Frage nach der Offenbarung aus dem Aufsatz »Atheistische Theologie« wieder auf (GS 3, 125). Geschichte ist so das eine der beiden Felder, auf dem sich der Weg zu dem Neuen Denken anbahnt. Da wir darüber bereits in Kap. 1 handelten, brauchten wir den Zusammenhang hier noch einmal in großen Zügen herzustellen.

Das andere Feld der Erfahrung des Denkens, auf dem sich der Gang zu der Urintuition eines neuen Seinsverständnisses vollzieht, wird für Rosenzweig aber die Erfahrung der *Sprache*.

Auf die Bedeutung der Sprache als jener Wirklichkeit, in der das Sein geschichtlich sich zuschickt, mochte Rosenzweig ebenfalls bereits bei der Analyse des »Ältesten Systemprogramms« aufmerksam werden, in dem die Dichtung als jene umfassende Wirklichkeit erscheint, die allein »alle übrigen Wissenschaften und Künste überleben wird« (GS 3, 23). Rosenzweig parallelisiert diese Stelle mit den Sätzen aus dem Hyperion Hölderlins, nach denen die Philosophie erst aus der Dichtung entspringt wie Minerva aus Jupiters Haupt (GS 3, 39). Ob diese Stelle Rosenzweig damals bereits zu einem über die Erkenntnis Diltheys[86] hinausgehenden weiteren Nachdenken über das Verhältnis von Sprache und Denken anregte, könnte nur aus dem noch unveröffentlichten Nachlaß geklärt werden[87]. Ebenso

---

[86] Vgl. etwa Dilthey Werke V, 368.

[87] Möglicherweise könnte der Nachlaß auch darüber Auskunft geben, wie intensiv Rosenzweig von den 1914 von Norbert von Hellingrath herausgegebenen späten Hymnen Hölderlins angeregt war, von denen *Heidegger* berichtet, sie hätten »damals auf uns Studenten wie ein Erdbeben gewirkt (Unterwegs zur Sprache 182). Rosenzweig zitiert aus diesen Hymnen im Zusammenhang mit der Problematik der Zeit bereits H I, 99. (Die Angabe in den Anm. H I, 235 ist verschrieben. Das Zitat steht nicht im V. sondern im IV. Band der Ausgabe auf der angegebenen Seite.) Da der IV. Band der Hellingrathschen Ausgabe erst 1914 erschien, muß Rosenzweig die Stelle nachgetragen haben, als er das Manuskript nach seiner Promotion druckfertig machte. Auch die beiden Motti, die Rosenzweig seinem Erstlingswerk voranstellt, sind den späten Gedichten Hölderlins entnommen. Daß Hölderlin überhaupt für Rosenzweigs Denken eine wichtige Rolle spielte, bestätigte mir Frau Edith Scheinmann in einem Gespräch in Zürich am 15. 5. 1966. Tagebucheintragungen vom Juni 1914 zeigen, daß sich Rosenzweig damals eingehender mit Hölderlin beschäftigte.

könnte nur der Nachlaß darüber Aufschluß geben, wann und wie Rosenzweig zum erstenmal auf die Schriften Wilhelm von Humboldts stieß. In den veröffentlichten Werken Rosenzweigs werden die sprachphilosophischen Schriften Humboldts jedenfalls nirgends ausdrücklich erwähnt. Es scheint mir aber dennoch viel dafür zu sprechen, daß Rosenzweig sie im Laufe seiner Beschäftigung mit dem Deutschen Idealismus kennenlernte und daß von da an ihre Gedanken befruchtend mit in sein eigenes Denken eingingen. Besonders eine Stelle in dem 1916 geschriebenen Aufsatz »Volksschule und Reichsschule« zeigt eine große Nähe zu den berühmten Stellen über das Personalpronomen in Humboldts Schriften über den Dualis und die Verschiedenheit des menschlichen Sprachbaues: »Das Sichinsichselberbewegen des Bewußtseins, die Dialektik von einzelnem, allgemeinem und Gegenstandsbewußtsein, von der Philosophie erst seit 120 Jahren wirklich entdeckt, ist von der Sprache, wenigstens von einem Teil der Sprachen, schon vor langen Jahrtausenden im Ich-Du-Er des persönlichen Fürworts gefunden; zur Not zeigt schon die Kindersprache, was das Ich-, was noch viel mehr das erste Du-sagen, mit dem eigentlich der Mensch erst Mensch wird, bedeutet; eben im ›Du‹ erhebt sich die noch rein solipsistische Bezeichnung Ich-Es zur Allgemeinheit und Notwendigkeit[88] (GS 3, 401). Zwar wird die Entdeckung Humboldts, daß die Sprache im Personalpronomen das Verhältnis vom Ich zum Du von dem Verhältnis des Ich zum Es unterscheide, hier nur erwähnt. Es wird nur das Material bereitgelegt. Und das Material wird auf vorerst noch sehr undifferenzierte Weise in den Kontext der Philosophie des Deutschen Idealismus hineingestellt, insofern Rosenzweig das Ich-Du einfach mit dem allgemeinen, das Ich-Es mit dem Gegenstandsbewußtsein identifiziert. Jedoch ist, so möchte man sagen, Rosenzweig hier bereits auf seiner Fährte. – Aus dem gleichen Jahr 1916 stammt der umfangreiche Briefwechsel mit Eugen Rosenstock über Judentum und Christentum. Er entwikkelt sich für Rosenzweig untergründig bald zu einer Diskussion über »das Gesetz, unter dem unser (aller) Denken post Hegel mortuum steht«. Dieses Gesetz aber ist, so erkennt Rosenzweig, daß es »das große ernsthafte ›es muß nun dies, nun dies, nun dieses gemacht werden‹, dies gewaltig-objektive Neutrum nicht mehr gibt, und daß statt dessen nur noch das ›ich muß‹ gilt, und nur weil doch schließlich und

---

[88] Vgl. *Humboldt* III, 137–140 und 201–207. GS 3, 383 gebraucht Rosenzweig das Wort »System des menschlichen Sprachbaues«.

insofern als der Ich doch ein Stück des Es ist, *wird* dieses ›ich muß‹ das was er gar nicht sein wollte: ›es muß‹« (GS 1/1, 220)[89].

Diese Auseinandersetzung mit dem Prinzip des Deutschen Idealismus geschieht im Verlauf des Briefwechsels mit Rosenstock nun immer bewußter. Und so kommt es schließlich in einem undatierten, Anfang Dezember 1916 geschriebenen Brief, zu einem ersten vagen Entwurf des Gedankens, der später der Grundgedanke des Stern werden wird. Rosenzweig beginnt diesen Brief damit, daß er die Methode des eigenen Denkens zu fassen und sie vor Rosenstock zu verteidigen sucht. Er geht dabei von der einfachen, ihm als Historiker geläufigen Erfahrung aus, daß er die Neigung habe, »die ganze Geschichte zwischen mich und das Problem[90] zu schieben«, also nicht nur mit dem eigenen Kopf zu denken, sondern mit »*den Köpfen aller Beteiligten* ... Ich würde mir sonst selber nichts glauben.« Rosenzweig nennt diese ihm aus dem Umgang mit der Geschichte erwachsene Methode des Denkens das »dialogisierende Verfahren« (GS 1/1, 292)[91].

Wir stehen hier unmittelbar an dem Ort der Erfahrung des Denkens, die hier zunächst nur einmal erfahren wird, die aber, indem sie sich selber hell wird und begreift, schließlich den entscheidenden Gedanken des Neuen Denkens ausbildet. Denn: Ich habe die Neigung »mit den Köpfen aller Beteiligten zu denken. Ich würde mir sonst selber nicht glauben.« Warum? Offenbar nicht deshalb, weil vier Augen mehr sehen als zwei. Denn dann könnte ich ja zumindest in einem gewissen Maß mir selber glauben. Meine von mir erkannte Wahrheit könnte dann zwar quantitativ vergrößert werden. Aber sie wäre doch die Wahrheit. Jedoch, so liegen die Dinge für den, der die in der Geschichte geschehende und geschehene Wahrheit erfahren will, offenbar gar nicht. Sondern für ihn kommt es, wie Rosenzweig sich ausdrückt, gar nicht darauf an, daß er etwas »über« das Lebendige sage, also sich eine »Theorie über« mache, in die er dann die fremde geschichtliche Welt unterbringt. Sondern ihm geht es um das *fremde Lebendige* selbst. Ihm geht es darum, den Augenblick abzu-

---

[89] Vgl. dazu auch GS 1/1, 222 f.

[90] Gedacht ist hier offenbar nicht an ein bestimmtes Problem, sondern irgendeines, das in der Geschichte schon einmal erörtert wurde und das man nun nicht mehr angehen kann, ohne die geschichtliche Stimme mitzuhören.

[91] »Ihres ist«, so bemerkt er gegenüber dem Widerpart Rosenstock, »gewissermaßen lyrisch (pindarisch): Sie bilden einen Begriff des Ganzen und erzählen dann belegweise einige historische Mythen dazu« (GS 1/1, 292). Dafür, daß lyrisch monologisch bedeutet, vgl. GS 1/1, 376.

passen, wo das fremde Lebendige selber sich selber ausspricht«
(GS 1/1, 292). Dieses »Selber-sich-selber-Aussprechen« bezeichnet
Rosenzweig in dem angeführten Brief als Monolog. Insofern ist, so
müssen wir ergänzen, auch mein Selber-mich-selber-Aussprechen,
das auch darin zur Sprache kommt, daß ich die fremde Welt (z. B. als
Historiker) zur Sprache bringe, ein Monolog. Aber, so heißt nun der
nächste Satz des Briefes: »Der Dialog, den diese Monologe untereinander bilden ... also den Dialog aus diesen Monologen halte ich für
die *ganze Wahrheit*« (GS 1/1, 292). Indem Rosenzweig aber nun diesen Satz ausspricht, in dem ihm seine eigene Erfahrung hell wird,
wird er sofort auf etwas aufmerksam, das wie ein Blitz dieses Hellwerden durchschneidet und es in ein noch anderes Licht stellt. Rosenzweig wird gezwungen, den Satz, den er angefangen hatte und den
wir eben im ganzen wiedergaben, zu unterbrechen und die blitzartige
neue Erkenntnis in einer langen Klammerbemerkung in den angefangenen Satz einzufügen. Was nämlich geht Rosenzweig plötzlich
auf, indem er den Satz über den Dialog aus den Monologen der je
selbst für sich selbst seienden Welten niederschreibt? Es geht ihm
auf, daß es offenbar doch ein Wunder ist, durch nichts als durch sich
selbst zu erklären, daß jenes jeweils für sich selbst Seiende überhaupt
anfängt zu sprechen und – was dasselbe Wunder ist, daß ich anfange
zu hören auf die fremde Welt selbst. An sich kann ich in den Monologen – und es sind »Monologe im eigentlichsten Sinn: Selbst-
bekenntnisse«[92] – keinen Grund finden, daß sie über sich hinausgehen. Was könnte das Selbst über sein Äußerstes hinaus finden?
Aber daß die Monologe dennoch über sich selbst hinausgehen, ist
das Wunder: daß sie einen Dialog untereinander machen, ist das große Weltgeheimnis, das offenbare, offenbarte, ja der Inhalt der Offenbarung«. Dies ist der Kern der in den Satz eingeschobenen Klammerbemerkung, der die blitzartige Erkenntnis, die im Prinzip die
Antwort auf die Frage nach der Offenbarung gibt, festhält. Daß Menschen überhaupt selbst zueinander sprechen und aufeinander selbst
hören, ist hier als Offenbarung verstanden. Offenbarung wessen?
Offenbarung, sagen wir es zunächst einmal sehr formal, des menschlichen Seindürfens, welches geschichtlich sich zuschickt. Indem ich so

---

[92] Vgl. dazu auch GS 1/1, 319: »Wie überhaupt alle anständigen Begriffe nicht ineinander ›enthalten‹ sind, diese Unausrechenbarkeit des Verhältnisses (sog. ›Irrationalität‹)
der Begriffe«; weil nämlich alle »anständigen« Begriffe Teil einer unverrechenbaren
Welt sind.

Interesse daran habe, was über mich selbst hinaus für sich selbst ist (und somit anderes als ich und nicht einfach unter mein Ich-denke subsumierbar), zeige ich, daß ich ausstehe auf die erst in der ganzen Weltgeschichte sich vollziehende ganze Wahrheit, die mich als Sprechenden und Hörenden sein läßt und mir zugleich transzendent ist. In der Tatsache des so verstandenen Dialogs kommt insofern nach Rosenzweig »*die Einheit des Menschengeschlechtes*«[93] zur Sprache, »symbolisiert durch den ›ersten‹, bewirkt – und bewährt – durch den letzten Tag der Welt«, wie es ebenfalls noch in der Klammerbemerkung heißt (GS 1/1, 292). Insofern ist der stattfindende Dialog als das konkrete geistige Leben des Menschen, das hier und jetzt Welt ausbildet, immer schon ein Mittleres. Dieses Mittlere liegt immer schon zwischen Protologie und Eschatologie. Protologie, insofern es dem Gespräch, von jedem her, der es mitspricht, immer um die Welt geht, die immer schon vorliegt und von der man deshalb erzählen kann. Eschatologie, indem es ebenso dem Gespräch von jedem her, der es mitspricht, immer schon um die letzten Dinge geht, um die in der Zukunft liegende und nur in der Hoffnung vorwegzunehmende vollendende Endgültigkeit dessen, was wir jetzt sprechen. Denn diese vollendende Endgültigkeit kann das, was wir jetzt sprechen, nur angesichts der Fülle des alle künftige Geschichte Erfüllenden erhalten. Das Gespräch findet in der Gegenwart statt und ist Gegenwart. Aber jeder, der es mitspricht, spricht über das vorliegend Vergangene und ist aus auf das Zukünftige. »Alle ›Monologe‹ handeln ja nur von den πρῶτα und den ἔσχατα, und es ist die wahre Synthese der ›ersten‹ und ›letzten‹ Dinge, daß sie den Inhalt der ›mittleren Dinge‹ d. i. der dialogischen Weltgeschichte bilden. Die *ganze* Wahrheit also wirklich steckt in der Geschichte (›wer sie heraus kann reißen, der hat sie‹)« (GS 1/1, 292 f.). Diese Wahrheit ist aber die Wahrheit von Menschen insofern sie »zugleich absolute Monologe und dennoch *den* Dialog« sprechen (GS 1/1, 293).

Man sieht leicht, daß hier bereits die ganze Grundanlage des Stern vorhanden ist. Und daß diese Grundanlage nichts als eine Explikation der dialogischen Erfahrung ist, die nun für Rosenzweig immer heller wird und immer grundlegendere Bedeutung gewinnt. – In den in der Unruhe der mazedonischen Front während des Jahres 1917 geschriebenen Briefen kann man immer wieder Spuren davon finden, daß die dialogische Erfahrung aus Rosenzweigs Denken nicht

---

[93] Hervorhebung vom Vf.

mehr wegzudenken ist. So kritisiert Rosenzweig etwa im Januar 1917 an Simmel: Er denkt nicht im geheimen Dialog mit seinem Gegenüber« (GS 1/1, 341 f.). Oder, so heißt es im Oktober bei der Erörterung des Fremdwortproblems: »Die Sprache muß weder deutsch noch undeutsch, sondern *von Angesicht zu Angesicht* sein. ich darf nicht aus der Wirklichkeit heraus*springen* wollen« (GS 1/1, 469). Ein Brief an Gertrud Oppenheim vom 30. 5. 1917 (GS 1/1, 412 ff.), der anknüpft an die Frage »Was ist Wahrheit?« – und Rosenzweig fügt hinzu: »bitte übrigens mit J. S. Bach das ›ist‹ zu betonen« – wiederholt noch einmal in großen Zügen, nun allerdings noch mehr auf Offenbarung hin gedacht, den Entwurf des gegenüber Rosenstock im Dezember 1916 Geäußerten. In diesem Brief taucht denn auch zum erstenmal der Satz über den Namen auf, den Rosenzweig später den Kernsatz des Stern nennen wird (GS 1/2, 758). – Schließlich kommt es am 19. 10. 1917, wiederum in einer Erörterung über die Sprache, zu einem Brief an Eugen Rosenstock, in dem das Prinzip des dialogischen Denkens, nun in aller Klarheit der Reflexion, von Rosenzweig ausgesprochen wird: »Vor allem aber: das eigentliche Wunder, das meine Ich, entsteht gar nicht im Ich, sondern das Ich als *die* Substanz (›ante festum‹) ist durchaus nicht *mein* Ich, sondern eben Ich überhaupt, und durch das Er wird es zwar vervielfacht, aber nunmehr Ding unter Dingen. Sondern *mein* Ich entsteht im Du. Mit dem Dusagen begreife ich, daß der Andre kein ›Ding‹ ist, sondern ›wie ich‹. Weil aber demnach ein *Andrer* sein kann wie ich, so hört das Ich auf das einmalige ›Transzendentale‹ ante omnia festa zu sein und wird *ein* Ich, *mein* Ich und *doch* kein Es. Mit dem ersten Du ist die Schöpfung des Menschen fertig« (GS 1/1, 471). Was die Klammerbemerkung in dem Brief vom Dezember 1916 bereits erkannte, wird hier noch einmal in noch größerer Deutlichkeit ausgesprochen. Das »meine Ich«, das waren in der Klammerbemerkung die »Monologe«: mein Mich-selbst-Aussprechen. Dieses Ich ist aber gerade nicht das Ich des Idealismus, das transzendentale Ego ante omnia festa, Ich überhaupt, *die* Substanz der idealistischen Philosophie. Denn dieses idealistische »Ich überhaupt« führt immer nur zum Er, einem Fall von »Ich überhaupt«, der auf das »Ich überhaupt« zurückführbar ist. Gerade ein solcher Fall, der eines der vielen Vielfachen des »Ich überhaupt« wäre, ist aber das »meine Ich« nicht. »Sondern *mein Ich entsteht im Du.*« Das heißt: Im Ereignis der Begegnung mit dem Anderen, in dem wir beide begreifen, »daß der Andere kein ›Ding‹« ist, sondern »wie ich«, kann das »meine Ich« überhaupt erst sein. Durch dieses

Ereignis der Begegnung, in dem die Anderheit des Anderen vorausgesetzt und zugleich erkannt wird, wird der Ausgang des Denkens von dem transzendentalen Ego prinzipiell gesprengt: »Weil aber demnach ein Anderer sein kann ›wie ich‹ (eben dies wird in dem Ereignis der Begegnung, der wirklichen Wechselrede, erkannt[94]), so hört das Ich auf das einmalige ›Transzendentale‹ ante omnia festa zu sein ...« Mit anderen Worten: Gerade im völligen Ernstnehmen des Ich, welches erkennt, daß das Ich nicht »Ich überhaupt«, sondern das »meine Ich« ist, wird der idealistische Ansatz überschritten. – Fast genau einen Monat nach diesem Brief, der auch hinsichtlich der Differenz von Schöpfung und Offenbarung einen wichtigen Vorverweis auf spätere Gedanken enthält, schreibt Rosenzweig die »Urzelle« des Stern der Erlösung nieder, in der die dialogische Grunderfahrung bereits mit den Begriffen beschrieben ist, mit denen sie später im Stern zur Sprache kommen sollte (GS 3, 125 ff.). Wir haben diese Vorgeschichte des Stern so ausführlich dargestellt und biographisch belegt, weil durch sie in aller Deutlichkeit sichtbar wird, wie der Grundgedanke des Stern, nämlich der des sich an seine eigene Zeitlichkeit freigebenden Denkens für das Sein als geschichtliches vorkommt, ganz in der nicht mehr weiter zurückführbaren Erfahrung des *Gespräches als eines Ereignisses* wurzelt. Das Hervortreten dieser Urerfahrung des dialogischen Ereignisses, das mich überhaupt erst wirklich sein läßt, ist bei Rosenzweig, ähnlich wie stärker noch bei Ebner, ohne Zweifel mitveranlaßt durch das Erleben der furchtbaren Kriegsjahre 1916 und 1917[95]. Aber es ist letzten Endes, vermittelt durch die Erfahrungsfelder der Geschichte und der Sprache, hervorgerufen durch die denkerische Auseinandersetzung mit dem Deutschen Idealismus, die sich im Nachhinein selbst als ein Gespräch erweist, in dem sich der Sinn von Sein neu zuschickt. In dem Augenblick, in dem die dialogische Grunderfahrung klar hervorgetreten und sich selbst hell geworden ist, begreift sie sich deshalb mit Recht als eine Überwindung des im nur monologischen »Ich denke« allein wurzelnden idealistischen Ansatzes[96]. Sosehr alles Denken und damit alles Hellwerden der Wirklichkeit auch *mein* Denken ist und sein muß, sosehr es

---

[94] Erläuterung des Vf.

[95] Vgl. die Einleitung des Stern und GS 1/1, 490 f.: »deswegen werden die Menschen das Du lieben, weil sie das Leben lieben werden, denn sie haben das Er und den Tod geschmeckt ...« Gemeint ist offenbar das Er der Militärsprache.

[96] Welche Überwindung Rosenzweig auch für das Spätwerk Cohens in Anspruch nimmt. über das Verhältnis Rosenzweigs zu Cohen vgl. näherhin unten 167 ff.

auch das »Ich denke« ist und gar nichts anderes sein kann, sowenig habe ich als Ich-selbst doch von mir her Macht, Ich-selbst zu sein. »Sondern *mein Ich entsteht im Du*« (GS 1/1, 471), indem ich nämlich anfange zu sprechen, mich dir, dem Anderen gegenüber, zu äußern, der du kein »Ding« bist, sondern – unverfügbar – »wie ich«. Das Sein meiner selbst als Freiheit, d. h. als immer neu anfangendes zeitliches Selbst-in-der-Welt-sein, zeigt sich in diesem Anfangen als meines, das nur insofern meines ist, als es mir aus dem Überschreiten meiner auf ein anderes Selbst, das ist wie ich«, her zukommt. Der Gedanke, daß der Mensch das endlich-unendliche Wesen ist, das nur ist, indem es sich selbst überschreitet als In-der-Welt-sein, ist hier selbst noch einmal überschritten durch die Erkenntnis, daß dieses Überschreiten, aus dem mir erst *sein* zukommt, in Wirklichkeit ein Mich-Überschreiten auf den Anderen hin ist, der ist wie ich. Und darin zeigt es sich als ein Mich-selbst-Verlassen auf das Ereignis, das mich selbst wie dich selbst, das uns im Gespräch miteinander *sein* läßt. Daß ich selbst sein darf, kommt mir zu nicht von mir selbst her, sondern weil ich stets über mich selbst hinausgehe. Dieses Hinausgehen über mich selbst, kraft dessen ich erst bin, ereignet sich aber als das Ereignis zwischen Freiheit und Freiheit. Indem diese Grundstellung erkannt wird, in der das geschichtlich vorkommende Sein des Seienden überhaupt erst ist, wird Hegels architektonisches System überwunden (GS 1/1, 484), dessen Grundintuition eben die Intuition des Architektonischen, d. h. des Schöpferischen war, in dem aus *einem* Geist *ein* Werk als ein geschlossenes Ganzes, nämlich das Außer-sich dieses Geistes, hervorgeht. Hegels berühmter Satz, daß die Gestalt, in der die Wahrheit existiere, nur das wissenschaftliche System derselben sein könne[97], geht wie die Erkenntnis Kants, daß die menschliche Vernunft ihrer Natur nach architektonisch sei, d. h. alle Erkenntnisse als zu einem möglichen System gehörig betrachten müsse[98], von der Erfahrung der Identität von Wahrheit und Einheit aus. Sie versteht diese Einheit aber wie die ganze abendländische Philosophie, die schon in ihren Anfängen das Sein als Kugel vorstellte (GS 2, 283), immanent, d. h. einem an der ungeschichtlichen Erfahrung des Geistes gemessenen Geiste immanent, der das System als die eine Architektur aus sich entläßt. Das Sein des Seienden ist nur diese Einheit. Alle Teile sind nur um der Einheit willen da und aus

---

[97] Phänomenologie 12.
[98] Kritik der reinen Vernunft A 474, B 502

ihr. Sie sind nichts für sich selbst. Hegels System ist »Architektur, wo die Steine das Gebäude zusammensetzen und um des Gebäudes willen da sind (und sonst aus keinem Grund)« (GS 1/1, 484). Das Sein erscheint im Idealismus eindeutig und in seiner Eindeutigkeit in keiner Weise fragwürdig, sondern vielmehr verfügbar, weil die Grundintuition des idealistischen Denkens monologisch ist. Es ist die Intuition des einen schöpferischen Geistes, der sein Anderes außer sich für sich setzt. Die idealistische Welt, so stellt Rosenzweig fest, »ist nicht durch das Wort geschaffen, sondern durch das Denken. Nur im ›reinen Denken‹, nämlich nur in einem dem Naturboden der Sprache entfremdeten, dialektisch Gegensätze erdenkenden Denken, ist der Übergang vom Ich zur Eigenschaft, wie ihn der Idealismus zugrunde legt, zu erfassen. Und da dieser erste Übergang entscheidend ist für alle späteren Übergänge, so bleibt das Mißtrauen gegen die Sprache ... dauernde Erbschaft des Idealismus ...« (GS 2, 157). Dem Grundphänomen der Sprache gegenüber erweist sich der idealistische Ausgangspunkt als eine Abstraktion. Er läßt den Anderen, der ist »wie ich«, mit dem ich doch erst sprechen kann, und zwischen welchem und mir Sprache so überhaupt erst sein kann und sinnvoll ist, immer schon aus. Erst hier, in der Erfahrung der Sprache als des sich ereignenden Gesprächs zwischen dir und mir aber erfährt das Denken die wahre, nämlich transzendente und in keiner Weise verfügbare Einheit der Wahrheit, aus der es selbst sein darf.

Die in der Erfahrung der Sprache sich zeigende, geschichtlich je neu vorkommende Einheit des Seins deutet deshalb nicht weniger als die idealistische Erfahrung der Einheit der Wahrheit auf ein »System«. Aber »System« bedeutet nun, in der im Ereignis des Dialogs hervorkommenden wirklichen Wirklichkeit, »daß jedes Einzelne den Trieb und Willen zur *Beziehung* auf alle anderen Einzelnen hat; das ›Ganze‹ liegt jenseits seines bewußten Gesichtskreises« (GS 1/1, 484). Die Einheit kann nur verstanden werden als die je neue vorläufige Einheit des geschichtlich sich ereignenden Gespräches zwischen dir und mir, in der die transgeschichtliche Einheit sich zwar je neu anzeigt, aber sich zugleich auch wieder als die schlechthin unverfügbare, endgültig nur zu erhoffende, verbirgt und entzieht.

Das Kennzeichen des Neuen Denkens wird deshalb das »und«, das als Fragezeichen nach allen Richtungen hin ausgeworfen werden muß, Ausdruck gleichsam für ein »philosophisches Relativitätsprinzip« (GS 1/1, 485), das das Denken in seine eigene zeitliche Wirklich-

keit schickt. Das Ganze taucht auf nur in dem je neuen Zwischen des
»und« des Gespräches, von dem und« des einzelnen Gespräches bis
hin zu dem »und« einer ganzen ausgebildeten Welt zwischen dir und
mir. Aber das Ganze geht als ganzes nie in dem »und« auf. Sondern es
ist nur kraft des schlechthin unverfügbaren Ganzen und weist als ein
Zeichen auf es hin. »Die Welt ... bricht aus dem Unendlichen hervor
und taucht wieder ins Unendliche zurück, beides ein Unendliches außer ihr« (GS 2, 284). Das »und« wird nur gefragt und gesprochen von
dem Selbst, das eben gerade deshalb unmittelbar in der Wirklichkeit
ist, nicht mehr »hinter dem Schirm einer ›Sache‹ arbeitet« (GS 1/1,
485). Indem die Situation des Gespräches als die Grundstellung erkannt wird, in der das Sein sich geschichtlich zuschickt, wird dem
Denken selbst die Möglichkeit genommen, sich hinter dem Es eines
gleichgültig seienden Seins des Seienden zu verstecken. Das Denken
muß sich engagieren. Ich muß nun selbst denken, weil ich selbst
sprechen muß. »An die Stelle der Methode, des Denkens, wie sie alle
frühere Philosophie ausgebildet hat, tritt die Methode des Sprechens« (GS 3, 151).

Das Sprechen aber nun bedarf der *Zeit*. Denn es ereignet sich.
Dem Sprechenden, der begegnet und so sprechen darf, wird die Zeit
selber »ganz wirklich. Nicht in ihr geschieht, was geschieht, sondern
sie, sie selber geschieht« (GS 3, 148; vgl. GS 3, 239). Zeit und Sein
rücken zusammen ins Selbe. Das Gespräch zeitigt sich. Und der
Sprechende *ist* nun im Gespräch und hat Zeit. Er ist in der Gegenwart, in der alle Zeit wie alles Sein ihren Sinn gewinnen. Und durch
die sich ereignende Gegenwart hat er denn auch Vergangenheit und
Zukunft.

Dies aber, daß er der Zeit bedarf, um sprechen zu können, ist nur
die andere Seite dessen, daß er des *Anderen* bedarf. Von der Philosophie, so wie sie sich in Hegel vollendete, gilt: Das Denken ist zeitlos,
will es sein; es will mit einem Schlag tausend Verbindungen schla-
gen; das Letzte, das Ziel ist ihm das Erste.« Hingegen gilt von dem
Neuen Denken: »Sprechen ist zeitgebunden, zeitgenährt; es kann
und will diesen seinen Nährboden nicht verlassen; es weiß nicht im
voraus, wo es herauskommen wird; es läßt sich seine Stichworte vom
anderen geben. Es lebt überhaupt vom Leben des anderen ... Zeit
brauchen heißt: nichts vorwegnehmen können, alles abwarten müssen, mit dem Eigenen vom andern abhängig sein. Das alles ist dem
denkenden Denker völlig undenkbar, während es dem Sprachdenker
einzig entspricht. Sprachdenker – denn natürlich ist auch das neue,

das sprechende Denken ein Denken[99], so gut wie das alte, das denkende Denken nicht ohne inneres Sprechen geschah; der Unterschied zwischen altem und neuen, logischem und grammatischem Denken liegt nicht in laut und leise, sondern *im Bedürfen des anderen und, was dasselbe ist, im Ernstnehmen der Zeit*« (GS 3, 151 f.)[100]. Deutlicher als in diesen Sätzen kann der Doppelcharakter des Neuen Denkens kaum hervorgehoben werden.

Wahrheit ist für dieses Denken nicht die zeitlos von dem einen transzendentalen Ego her verfügbare, sondern die zeitlich und im Zwischen sich ereignende, die mich je neu über mich selbst hinausruft. »Wir finden ... nicht die Wahrheit in uns, sondern uns in der Wahrheit« (GS 2, 436). In einem letzten Vertrauen auf die Liebe, die uns je neu heißt zu sein, geben wir uns je neu frei an die Wahrheit (vgl. GS 2, 431 ff.). In diesem Verhältnis wird Wahrheit von einer »gehabten« zu der je neu geschichtlich bewährten.

Das sich hier zeigende geschichtliche und dialogische Seinsverständnis erweist sich dem alten monologischen Seinsverständnis gegenüber aber als überlegen, weil sich sehr wohl das alte zeitlose Seinsverständnis von dem neuen zeitlich-dialogischen her begreifen läßt, nicht aber umgekehrt. »Der Begriff der Bewährung der Wahrheit« wird zum Grundbegriff einer neuen Erkenntnistheorie, von der her gesehen die Widerspruchslosigkeits- und Gegenstandstheorien der alten« und deren statischer Objektivitätsbegriff als ein Grenzfall erscheinen. Die hoffnungslos statischen Wahrheiten, wie die der Mathematik, die von der alten Erkenntnistheorie zum Ausgangspunkt gemacht wurden, ohne daß sie dann wirklich über diesen Ausgangspunkt hinauskam, sind von hier aus als der untere Grenzfall zu begreifen, wie die Ruhe als Grenzfall der Bewegung, während die höheren und höchsten Wahrheiten[101] nur von hier aus als Wahrheiten begriffen werden können, statt zu Fiktionen, Postulaten, Bedürfnissen umgestempelt werden zu müssen« (GS 3, 159)[102].

In praxi erweist das Neue Denken seinen Überschuß über das alte Seinsverständnis dadurch, daß es eben gerade Phänomenen gewachsen ist, vor denen das statisch-zeitlose Seinsverständnis versag-

---

[99] Vgl dazu auch GS 1/2, 737 und GS 1/2, 1135.
[100] Hervorhebung v. Vf.
[101] Gemeint sind hier die Wahrheiten, die ihren Ort nie im monologischen Subjekt, sondern nur im Zwischen haben, also z.B. die Treue oder auch das religiöse Verhältnis des Glaubens.
[102] Vgl.GS 1/2, 1015.

te. Dem Neuen Denken ist das Phänomen des *Verstehens fremder geschichtlicher Welten* zugänglich. Indem das Denken auf die fremde geschichtliche Welt achtet, ereignet sich ein Gespräch zwischen ihm selbst und der fremden geschichtlichen Welt selbst, in dem beide in ein neues, von keinem der beiden Partner vorher verfügbares Zwischen hinein geborgen sind. Dieses Zwischen wird nun Gegenwart und in einem damit Eröffnung der Zukunft. Im Verstehen ereignet sich etwas Neues[103].

Das gleiche spielt sich ab in dem Vorgang des *Übersetzens*, der Rosenzweig vor allem in seinem letzten Lebensjahrsiebt, der Zeit, in der er selbst die Gedichte des Jehuda Halevi und dann mit Buber gemeinsam die Schrift übersetzte, immer von neuem faszinierte. Das reifste Zeugnis dieser Reflexion auf den Vorgang des Übersetzens ist das Vorwort zu den Hymnen und Gedichten des Jehuda Halevi (GS 4/1, 1–18 ff.) Die wirkliche Über-setzung, so führt Rosenzweig dort aus, muß sprachschöpferisch sein. Und zwar deshalb, weil sie in dem Ereignis des Gespräches des Übersetzers mit der fremden Sprachwelt selbst gründet. Die fremde Sprachwelt selbst aber liegt in dem Vorliegenden meiner eigenen Sprachwelt eben noch nicht vor. Eine Übersetzung, die nach der Art eines bloßen Verrechnens mit der Hilfe des Wörterbuchs funktionierte, ist deshalb gar keine wirkliche Übersetzung. Gerade was die fremde Sprachwelt selbst ausmachte, käme gar nicht zu Gesicht und ins Spiel. Erst indem ich im Ereignis der Begegnung der fremden Sprachwelt selbst als ihr selbst ansichtig werde, werde ich fähig, sie über-zu-setzen in meine Sprachwelt. Aber meiner Sprachwelt wird dadurch etwas widerfahren. Sie wird sich in dem Ereignis der Begegnung selbst wandeln. »Die Sprache hat, nachdem er (der Über-Setzer)[104] gesprochen hat, ein anderes Gesicht als zuvor … Es ist gar nicht möglich, daß eine Sprache, in die Shakespeare oder Jesaja oder Dante wirklich hineingesprochen hat, davon unberührt geblieben wäre« (GS 4/1, 3). So wird das Ereignis der Über-setzung selbst zum Modellfall für das Ereignis der immer neu geschichtlich sich zuschickenden Helle des Seins.« »Das Übersetzen ist überhaupt das eigentliche Ziel des Geistes; erst wenn etwas über-

---

[103] Hier liegt der Grund, warum jede Generation neu die Geschichte verstehen muß und doch zugleich die Geschichte als Vorliegendes und schon durch ein vielfaches Verstehen Gegangenes, nicht einfach Gemächte des Verstehenden wird. Sie bleibt vielmehr immer Partner.

[104] Anmerkung des Vf.

setzt ist, ist es wirklich *laut* geworden, nicht mehr aus der Welt zu schaffen« (GS 1/1, 460 f.). Jeder hätte seine eigene Sprache, wenn es ein monologisches Sprechen (wie es die Logiker, diese Möchtegern-Monologiker, für sich beanspruchen) in Wahrheit gäbe und nicht alles Sprechen schon dialogisches Sprechen wäre und also – Übersetzen« (GS 3, 749)[105].

Es wird von dem Punkt, den wir nun erreicht haben, im Nachhinein klar, wie sehr Rosenzweig nicht nur als Historiker, sondern auch als Jude und Deutscher, der lebensmäßig dauernd gezwungen war zu übersetzen, dazu vorherbestimmt sein mußte, den Durchbruch in jenes neue Verständnis von Sein zu vollziehen – exemplarisch für eine Welt, in der niemand mehr leben kann, wenn er nicht übersetzt.

8. Exkurs I: Rosenzweig und Schelling

Daß Franz Rosenzweigs Denken in einer großen Nähe zu dem Schellings steht, ist von Beginn der Rezeption Rosenzweigs an gesehen worden. Als erste hat Else Freund in ihrer verdienstvollen, unmittelbar nach dem Tode Rosenzweigs verfaßten Dissertation darauf aufmerksam gemacht[106]. Und die Rosenzweigrezeption in der 2. Hälfte des 20. Jahrhunderts, so wie sie paradigmatisch durch Stephan Mosès erfolgte, und dann durch Wolfdietrich Schmied-Kowarzik, Emil Fakkenheim, William Kluback und Myriam Bienenstock – und neuerdings durch Francesco Ciglia, Fabio Popolla und Emilia D'Antuono[107] setzt diese Nähe als konstitutiv für Rosenzweigs Denken voraus.

---

[105] Vgl. dazu auch GS 4/1, 3 und GS 1/1, 484, einen Brief, den Rosenzweig kurz nach der Niederschrift der Urzelle an Rosenstock schrieb: »A bas la terminologie, vive la Sprache! ... erst der Zwang zu *übersetzen* erlöst die Terminologie (in der bei rein innerem Leben der Geist rettungslos versumpft) zur Sprache.«

[106] Else Freund. Die Existenzphilosophie Franz Rosenzweigs ²Hamburg 1959.

[107] Stéphan Mosès. Système et Révélation. La philosophie de Franz Rosenzweig. Paris 1982. Vgl. die Beiträge von Mosès, Schmied-Kowarzik, Fackenheim und Kluback in: W. Schmied-Kowarzik (Hg.). Der Philosoph Franz Rosenzweig. (1886–1929) (Freiburg 1988). Zu den Arbeiten von F. Ciglia, Crutando la »Stella« Cinque studi su Rosenzweig. Padova 1999. F. Popolla »Nuovo Pensiero« e »Filosofia narrante« Rosenzweig interprete di Schelling. In: Annuario filosofico 14. Milano 1998, 253–280. Emilia D'Antuono. Ebraismo e filosofia. Saggio su Franz Rosenzweig. Napoli 1999. Minutiös genau trug im übrigen bereits 1985 F. X. Tilliette alle wichtigen Stellen zusammen, an welchen Rosenzweig sich auf Schelling bezieht. Mit Recht kommt er allerdings zu dem Gesamt-

Den Anlaß für eine solche Annahme bieten nicht zuletzt Rosenzweigs eigene Bemerkungen in der Einleitung zum Stern: »Es ist die Schellingsche Spätphilosophie, in deren Bahnen wir uns mit solchen Betrachtungen bewegen«[108] und auch die in dem »Neuen Denken«: »Eine erzählende Philosophie hat Schelling in der Vorrede seines genialen Fragments »Die Weltalter« geweissagt. Der 2. Band versucht sie zu geben«[109]; oder schließlich die Bemerkung in einem Brief an Hans Ehrenberg: Wenn die Weltalter »fertig geworden wären«, so verdiente der Stern, außerhalb der Juden, nicht, daß ein Hahn nach ihm krähte ...«[110].

Dennoch erscheint es gerade im Zusammenhang mit der Frage nach dem Wesen des »Dialogischen Denkens« als dessen wichtigsten Mitbegründer wir Rosenzweig in Anspruch nehmen, sinnvoll bei aller Nähe des Rosenzweigschen Denkens zu dem Schellings der Frage nachzugehen, ob sich nicht zugleich eine Differenz zwischen den beiden Gestalten des Denkens zeige.

Versucht man sich der Frage nach der Nähe Rosenzweigs zu Schelling *biographisch* zu nähern, so zeigt sich, daß Rosenzweig in den Jahren der Arbeit an »Hegel und der Staat« und der Entdeckung des »Ältesten Systemprogramms« gründlich mit dem frühen Schelling vertraut wurde und zumindest Gelegenheit hatte, auf den Bruch in Schellings Denken nach 1804 aufmerksam zu werden. Die Erstausgaben sowohl von »Philosophie und Religion«[111] wie von »Über das Wesen der menschlichen Freiheit«[112] finden sich in Rosenzweigs Bibliothek. Mit Georg Mehlis bemerkt Rosenzweig im Juni 1914 in Schellings »Philosophie und Religion« (1804) ausdrücklich den Übergang von dem Primat der ästhetischen zu dem der religiösen

---

urteil, daß Rosenzweigs Kenntnis des mittleren und späten Schelling, gemessen etwa an seiner Kenntnis Hegels, relativ gering gewesen sei und daß bei aller Nähe des Rosenzweigschen Denkens zu dem des späten Schelling wichtige Differenzen bleiben. Vgl. F. X. Tilliette. Rosenzweig et Schelling. In: Archivio di Filosofia. Anno LIII, N. 2–3, Padova 1985, 141–151.

[108] GS 2, 19–20.

[109] GS 3, 148.

[110] GS 1/2, 701.

[111] F. W. J. Schelling. Philosophie und Religion. 1804 (Cotta). Das Werk findet sich in der Liste der 1939 nach Palästina verschifften Bibliothek Rosenzweigs, die bei Kriegsausbruch in Tunis beschlagnahmt und in die Stadt- und Staatsbibliothek Tunis eingestellt wurde. Die Liste befindet sich in meinem Besitz.

[112] In der Liste der Bibliothek Rosenzweigs findet sich auch: F. W. J. Schelling. Philosophische Schriften. Landshut 1809 (Krüll).

Vernunft[113] und setzt sich von Diltheys These ab, daß – wie Hölderlin – »später Schelling in der Kunst das Organon des göttlichen Weltgrundes« gesehen habe[114].

Bereits 1908 hatte Rosenzweig Schelling aufgrund dessen »echthistorische(n) Betrachtungsweise« für den »erste(n) Neukantianer, schon in seiner ersten-fichteschen-Epoche« gehalten[115], d.h. den ersten, der aus dem Kreis eines rein idealistischen Denkens ausbrach .

Im Sommer 1914 finden sich dann in den Tagebüchern Rosenzweigs des öfteren Auszüge aus den Schellingmanuskripten Hans Ehrenbergs[116], die freilich erst nach dem 1. Weltkrieg in Hans Ehrenbergs »Disputation«[117] veröffentlicht wurden, – ein Werk, das Hans Ehrenberg »Dem Freunde Franz Rosenzweig und seinem Werke. Der Stern der Erlösung« widmet.

Bereits zu dieser Zeit kann Rosenzweig dann auch auf die Reclamausgabe der Weltalter von 1913 gestoßen sein, auf die er sich in dem Briefwechsel mit Eugen Rosenstock-Huessy 1916 beruft[118]. Die Weltalter werden ihm fortan der Inbegriff für das Schellingsche Denken sein, dem er sich verwandt weiß. Und sie hätten es ihm ohne Zweifel noch sehr viel mehr sein können, wenn er die Entwürfe der Weltalter gekannt hätte, die erst nach dem 2. Weltkrieg durch Manfred Schröter veröffentlicht wurden[119].

Darauf, daß Rosenzweig die Spätphilosophie Schellings im engeren Sinn des Wortes, nämlich die Philosophie der Mythologie und der Offenbarung, zumindest gekannt haben kann, gibt lediglich die Verwendung aus den beiden letzten Vorlesungen der Philosphie der Offenbarung stammenden Figur der petrinischen, paulinischen und johanneischen Kirche einen Hinweis[120].

---

[113] Vgl. GS 1/1, 161. Tagebuch vom 22.6.1914.

[114] GS 1/1, 163.

[115] GS 1/1, 82.

[116] GS 1/1, 166–167. Vgl. auch GS 1/2, 787. Einige in GS 1 nicht veröffentlichte Tagebuchstellen zu Hans Ehrenbergs Schellingmanuskript finden sich in dem im Leo Baeck-Institut, New York, aufbewahrten Original des Tagebuches auf S. 178.

[117] Hans Ehrenberg. Disputation. Drei Bücher vom deutschen Idealismus, München 1923–1925. Der 2. Band trägt den Titel »Schelling«.

[118] GS 1/1, 291. Vgl. GS 1/1, 410.

[119] F. W. J. v. Schelling. Die Weltalter. Fragmente. In den Urfassungen von 1811 und 1813, hg. v. Manfred Schröter. München 1946.

[120] GS 2, 311–318. Vgl. dazu die beiden Schlußvorlesungen der Schellingschen Philosophie der Offenbarung. SW XIV, 294–334. Im folgenden werden die Werke Schellings

Bei dieser Nähe zu Schelling, die sich derart durchaus biographisch dokumentieren läßt, wird man dennoch in der *Sache* Vorsicht walten lassen müssen. Denn Rosenzweigs Denken entfaltet sich selbständig. Es besteht seinem Wesentlichen nach nicht in einer einfachen Nachfolge oder einer »Vollendung« Schellings. Sondern es zeigt sich bei genauerem Zusehen zwar von dem Denken Schellings, insbesondere der Periode der Freiheitsschrift und der Weltalter, angeregt. Es zeigt in seiner Grundintention auch eine gewisse Analogie zu dem Grundanliegen der positiven Philosophie Schellings, nämlich dem Anliegen, dem Sein gegenüber dem Denken die Priorität einzuräumen. Aber es unterscheidet sich von dem Denken Schellings zugleich doch dadurch, daß es selbst *als es selbst* etwas bis dahin so nicht Gesehenes zur Sprache zu bringen hat.

Worin aber besteht dieses *Neue*?

1. Das Schelling und Rosenzweig Verbindende

Dies wird deutlich, wenn wir uns zunächst einmal Rechenschaft über die *Analogien* geben, die zwischen dem Denken Rosenzweigs und dem Schellings tatsächlich bestehen.

a) Die Potenzenlehre

Wer die Phänomenologie des Urphänomens »Gott« in Stern I mitvollzieht und dabei die Potenzenlehre der Weltalter vor Augen hat, wird hier leicht Parallelen wahrnehmen. Wie das Sein Gottes nicht einfachhin dank des Prinzips der Notwendigkeit gedacht werden kann, dem »ewigen Ja«, sondern ebenso aus der verneinenden Potenz der Freiheit heraus verstanden werden muß, dem »ewigen Nein«[121], und das Denken derart erst zu »dem wirklichen lebendigen Gott«, als einer »Einheit von Notwendigkeit und Freiheit« gelangt[122], so kommt auch Rosenzweig erst in dem »Und« des »So und nicht anders«, der Bejahung des Nichtnichts *und* der Verneinung des Nichts, zu dem Urphänomen des metaphysischen Gottes[123].

Ebenso wird man darin eine gewisse Parallele zu Rosenzweig

---

nach der Ausgabe F. W. J. v. Schelling. Sämtliche Werke. Hg. v. Karl-Friedrich August Schelling. Stuttgart-Augsburg 1856–1861 unter dem Sigel SW zititert.

[121] Vgl. dazu die Weltalter. SW VIII, 303–304, ebenso 299.

[122] F. W. J. v. Schelling. Die Weltalter, hg. mit Einleitung und Anmerkungen von L. Kuhlenbeck, Leipzig 1913.

[123] Vgl. GS 2, 28–33.

sehen dürfen, daß Schelling das »äußere Seyn« derart als Offenbarung und Liebe zugänglich macht[124], und die Schöpfung als Bund[125]. Zugleich wird man aber darauf aufmerksam machen müssen, daß bei Rosenzweig von Offenbarung, Liebe, Schöpfung, Wunder und Bund eben noch nicht im Kontext der Metaphysik von Stern I, sondern überhaupt erst in dem ganz anderen Kontext von Stern II gesprochen wird.

b) Phänomenologie der Freiheit

Wenn bei Schelling das Zusammen des Ja und des Nein in der Gottheit am Paradigma des Geschehens menschlicher Freiheit abgelesen wird[126], so mag man auch darin eine Parallele zu Rosenzweig finden: »Die Urkonzeption lag im Bereich des Metaethischen«[127]. Das Verhältnis von Gott und Mensch als das Verhältnis von Freiheit zu Freiheit, das Schelling in der Freiheitsschrift und den Weltaltern zu denken versucht, findet in der Phänomenologie der Offenbarung von Stern II und in der Phänomenologie des Gebetes von Stern III durchaus eine gewisse Entsprechung. Den Boden, auf dem er und Schelling gemeinsam stehen, gibt Rosenzweig derart an: »Für Hegel ist das Einerlei von Gott und Welt da in jeder Zeit ... Auch für Schelling ist das Werden der Welt Werden Gottes, aber Gott und Welt bleiben Zweie«[128].

In dieser unaufhebbaren Anderheit von Gott und Welt, Gott und Mensch füreinander ist prinzipiell denn auch die Möglichkeit gegeben, Gott nicht als Es, sondern als Er zu denken. »Vernunft und Gefühl befriedigt kein Gott, der ein lauteres Es ist, sie verlangen einen, der Er ist«[129]. Dies gilt für Rosenzweig ebenso wie für Schelling.

Und ebenso wird grundsätzlich das religiöse Verhältnis als geschichtliches denkbar, dessen wesentliches Moment die Versuchung[130], die Freiheit als die Möglichkeit »des Guten und des Bösen«[131] ist – und folglich auch die Bekehrung[132].

---

[124] SW VIII, 303.
[125] SW VIII, 333.
[126] SW VIII, 304.
[127] GS 1/2, 606.
[128] GS 1/1, 161.
[129] SW VIII, 255.
[130] Vgl. Philosophie der Mythologie. SW XII, 141–145.
[131] Philosophische Untersuchung über das Wesen der menschlichen Freiheit. SW VII, 364.
[132] F. W. J. v. Schelling. Die Weltalter. Fragmente. Hg. v. Manfred Schröter. München

c) Zeit und Geschichte

Insbesondere durch den mittleren Schelling wurde dem Denken ein Weg eröffnet, Sein prinzipiell nicht mehr zeitlos, sondern geschichtlich zu denken[133]. An einer entscheidenden Stelle der Weltalter macht Schelling darauf aufmerksam, daß der »neueren Philosophie« der Begriff »verschiedener Zeiten ... gänzlich abhanden gekommen« sei[134]. Die Defizienz sowohl des Cartesianismus wie des Idealismus besteht darin, daß sie nur eine Einheitszeit als Folge kennen, aber nicht mehr »verschiedene Zeiten«[135], Zeiten, die sich als jeweils neue geschichtliche Zeiten ereignen. Deshalb begreift die neuere Philosophie auch nicht, daß der Weg in das Gottesverhältnis nicht dialektisch erfolgen kann, sondern nur »historisch, d. h. eigentlich wissenschaftlich«[136].

Daran, daß Rosenzweig dieser Einsicht insgesamt zustimmte und sich mit ihr in den Grundlagen seines eigenen Denkens identifizierte, kann kein Zweifel sein. Allerdings wird man gerade auf der Grundlage dieses Gemeinsamen das beide Denker Unterscheidende herausarbeiten müssen.

2. Das Rosenzweig und Schelling Unterscheidende

Wo liegt der Unterschied zwischen Rosenzweig und Schelling? Er gründet in erster Linie darin, daß Rosenzweig in einer völlig neuen Epoche denkt, die sich nicht nur als die »post Hegel mortuum« darstellt, sondern vor allem als die nach dem von Nietzsche verkündeten »Tode Gottes«. Angesichts dieser Situation aber denkt Rosenzweig im Ausgang von Kant, der ihm durch sein »südwestdeutsches« Studium und dann noch einmal neu durch Cohen vermittelt wurde[137].

a) Theogonie oder Empirie des Bedürfens des Anderen?

Wenn Schelling in den Weltaltern schreibt: »Das ganze räumlich ausgedehnte Weltall ist nichts anderes als das schwellende Herz der Gottheit, das ... in beständigem Pulsschlag ... von Ausdehnung und

---

1946, 119 = SW VIII, 259. Vgl. dazu Wolfgang Wieland. Schellings Lehre von der Zeit. Grundlagen und Voraussetzungen der Weltalterphilosophie. Heidelberg 1956, 30.
[133] Vgl. dazu Wolfgang Wieland a. a. O.
[134] SW VIII, 302.
[135] SW VIII, 303.
[136] SW VIII, 259.
[137] Vgl. GS 1/1, 599: »Nur Nietzsche (und Kant) lasse ich am Leben.«

Zusammenziehung fortdauert«[138], so spricht sich darin der theo-
gonisch-organologische Grundcharakter seines Seinsverständnisses
aus.

Als der transzendentale Horizont des Schellingschen Denkens
gerade auch in der Periode der Freiheitsschrift und der Weltalter zeigt
sich »das All oder Gott« als die allein »vollgültige Antwort«[139]. Sein
wird als »unablässige Theurgie«[140] gedacht. Diese allerdings wird als
Geschehen der »ewigen Freiheit« verstanden[141]. Die Leitfrage, von
der Schelling ausgeht, heißt dabei: »Aber wie kam die Gottheit dazu,
oder wie fing sie es an, sich zu offenbaren?«[142]. An der menschlichen
Freiheit, deren Paradigma das künstlerische Schaffen ist, wird die
Antwort abgelesen: die Gottheit kam dazu, sich zu offenbaren, weil
sie das »überschwänglich Freie« ist[143]. Diese Antwort steht der des
Timaios Platons[144] sehr nahe; nur, daß das Gute hier in einer Phänomenologie des Geschehens der Freiheit entfaltet wird.

Dieses Geschehen zeigt sich als »spielende Lust und besonnene
Freiheit«[145], die dann von Schelling auch sophiologisch und trinita-
risch ausgelegt werden kann[146].

Man kann nun in der Tat dazu versucht sein, Rosenzweigs
»Neues Denken« von diesem Seinsverständnis Schellings her zu lesen. Man wird sich aber gerade angesichts eines solchen Versuchs
und bei genauerem Hinsehen sehr schnell darüber klar werden, daß
Rosenzweigs Denken eben keineswegs ein insgesamt theogonisches
ist. Rosenzweigs Leitfrage ist nicht die, wie die Gottheit aus sich her-
auskomme und ein Sein außer ihr beginnen lassen könne, sondern
sie ist – im Ausgang von Kant – viel bescheidener und viel nüchter-
ner und zugleich viel »empirisch« bezogener, die nach der *Möglich-*
keit, jeweils Gott, Welt und Mensch zu denken, um dann die nach der
Möglichkeit, das Wunder der Offenbarung zu erleben; und schließlich die nach der *Möglichkeit* »das Reich zu erbeten«.

---

[138] SW VIII, 326.
[139] SW VII, 174.
[140] SW VIII, 297.
[141] SW VIII, 300.
[142] SW VIII, 305.
[143] SW VIII, 305.
[144] Timaios, 29e.
[145] SW VIII, 296. Vgl. 279 »Künstlerische Lust« und 288 »Schöpferische Kraft«.
[146] Vgl. SW VIII, 296–297.

Während nach Schelling das Wirken der Potenzen in einer hierarchisch-dialektischen Ordnung geschieht[147], tritt in Rosenzweigs Analysen der Möglichkeit, das Urphänomen des metaphysischen Gottes zu denken, viel mehr der von der Vernunft nicht aufzulösende antinomische Charakter der beiden Seiten des »Nichtanders« und »So« hervor. Dieser stürzt das Denken in eine Perplexität und ermächtigt es gerade nicht, das Verstehen der Gottheit in eine Einheit hinein aufzuheben.

Rosenzweig denkt von der Situation des sich seiner *Sterblichkeit* bewußt gewordenen Selbst her, das des »anderen bedarf« – und folglich auch im Denken angewiesen ist auf das andere, welches sich als das Andere und darin Uneinholbare gerade in der Antinomie seines Gehaltssinnes zeigt.

Gerade deshalb muß das Denken denn auch die Zeit, nicht als die Zeit »in der etwas geschieht«, sondern als die Zeit »die selbst geschieht«[148] ernst nehmen. Während Schelling *Sein* als *Leben*, entstanden »zuerst aus der Sehnsucht der Ewigkeit nach sich selber«[149] begreifen kann und Zeit derart nur als »ein Durchgangsstadium, das die Ewigkeit – als reiner Wille gedacht – auf dem Weg zu sich selbst durchläuft«[150], wird für Rosenzweig zu der Ursprungserfahrung, in der sich das Denken findet, die *Zeit* in ihrem *ganz wirklichen Gezeitigtwerden*, das »ereignete Ereignis«[151] so wie die *Sprache »in ihrem ganz wirklichen Gesprochenwerden«*[152] – insofern sie nämlich zwischen dem Anderen und mir geschieht.

In dieser Differenz in dem *Verständnis von Zeit* scheint mir die eigentliche Differenz zwischen Schelling und Rosenzweig zu liegen. Rosenzweigs Denken erweist sich gerade vor der Folie der Weltalter Schellings, durch die es angeregt ist, als ein die kantische Frage nach den Möglichkeiten des Denkens aufnehmendes geschichtlich-hermeneutisches Denken.

---

[147] Vgl. SW VIII, 275 und 321.
[148] Vgl. GS 3, 148.
[149] F. W. J. v. Schelling. Die Weltalter. Fragmente. Hg. v. Manfred Schröter. München 1946, 147 = Druck II (1813), 73.
[150] Vgl. W. Wieland, a. a. O., 88.
[151] GS 2, 178.
[152] GS 2, 194.

b) Wollen als Ursein oder das »ereignete Ereignis« des Beim-Namen-Genanntwerdens?

Eben deshalb wird für Rosenzweig zum Ausgangs- und Mittelpunkt seines »Systems der Philosophie« auch nicht die Einsicht in Wollen als Ursein[153], sondern die Erfahrung des Beim-Namen-Genanntwordenseins[154]. Diese Erfahrung fällt zusammen mit der im »ereigneten Ereignis« geschehenden Offenbarung.

Freilich versteht auch Schelling den göttlichen Willen als »Willen der Liebe« und die aus ihm folgende Offenbarung als »Handlung und Tat«[155]. Und vermutlich kann man in der Tat in der Liebe »vielleicht die zentrale Erfahrung der gesamten Zeitekstatik« sehen[156]. Aber die Frage ist, von woher diese Erfahrung gelesen wird. Und in welcher Weise sie als Erfahrung des eigenen geschichtlichen Ich-bin interpretiert wird.

In Schellings Entfaltung des theogonischen Prozesses als des Prozesses der Liebe wird diese Erfahrung im Ausgang von dem göttlichen Wollen entfaltet. Und diese Erfahrung kann – hier durchaus übereinstimmend mit dem großen Gedanken der Überlieferung, die sich bei Platon und Dante finden – dahin verstanden werden, daß das Denken in seinem Anschauen und Betrachten, in seiner »Theoria« eben diese Erfahrung eingeholt habe.

Von Rosenzweig hingegen wird zwar die *Möglichkeit* der Erfahrung des unbedingten Geliebtwerdens, die mich im Ereignis der Offenbarung trifft, aufgewiesen. Zugleich tritt dabei aber angesichts der kritischen Distanz, die das Denken sich selbst gegenüber haben muß, eine Differenz zutage: nämlich die zwischen dem *Denken* als einem reinen interpretativen Vermögen und dem *tatsächlich künftig zu lebenden Leben*. Angesichts dieser Differenz erweist sich die Erfahrung des unbedingten Geliebt- und Beim-Namen-Gerufenseins als eine »nur« appellative Erfahrung, die erst durch das tatsächlich gelebte Leben bewährt, d. h. bewahrheitet werden kann. Rosenzweig ist sich völlig klar darüber, daß der Stern eben nur »ein System der Philosophie«[157] ist und »daß nach Abschluß dieses Buches das Leben erst anfängt, die Bewährung durch das Leben *nach* der »Theoria««[158].

---

153 SW VII, 350.
154 GS 2, 209. Vgl. dazu GS 1/2, 752.
155 SW VII, 396.
156 Wieland, a. a. O., 57.
157 Vgl. GS 1/2, 909.
158 GS 1/2, 762.

Das Geschehen des »ereigneten Ereignisses« der Offenbarung gibt sich dem Denken als kritischem und bis zum Äußersten gehenden Zuschauen nicht als *Besitzwissen,* mit dem es fertig wäre, sondern vielmehr als ein zu einer messianischen Zukunft herausfordernder *Anspruch,* der in der tatsächlichen menschlichen Geschichte allererst *bewährt* werden will. Damit wird dem Menschen aber jede Macht über eine als Prozeß zu verstehende Geschichte genommen. Vielmehr wird derjenige, der sich antwortend auf die Offenbarung einläßt, in eine offene *diachrone* Freiheitsgeschichte entlassen, die nur durch das Gebet erleuchtet wird. Für den III. Teil des Stern »Über die Möglichkeit, das Reich zu erbeten« findet sich bei Schelling kein Gegenstück – ebenso wenig wie bei Kant. Allerdings findet sich ein solches Gegenstück durchaus bei Cohen[159].

c) Das Ernstnehmen der Zeit im Bedürfen des Anderen und die
   Prekariität der messianisch herausgeforderten Geschichte
Den für ihn wichtigsten Unterschied des eigenen Denkens gegenüber dem Schellings sieht Rosenzweig in einer Tagebucheintragung vom 30.6.1922 darin, daß für den Schelling der Potenzenlehre Zeit nur als »sich entfaltende Zeit« gedacht werden könne, nicht aber als real *geschehende*[160]. Das »Ernstnehmen der Zeit«, welches das »Neue Denken« mit dem »Bedürfen des anderen« in eins setzt[161], bedeutet nichts weniger als dies: mit der *ursprünglichen,* d. h. auf nichts anderes mehr zurückführbaren »Realität der Zeit«, die im Bedüfen des anderen offenbar wird, *im Denken zu beginnen* und in ihr den letzten Rechtstitel allen Denkens zu sehen. Es bedeutet die »Unzulässigkeit, die Ewigkeitskategorie irgendwie in das Geschehen hineinspuken zu lassen«[162].

Hier wird der entscheidende Bruch mit dem das ganze abendländische Denken begleitenden Axiom »Zeit – Abbild der Ewigkeit«[163] vollzogen. Es werden ausdrücklich »die beiden größten Weisheiten der Philosophie: die »Einheit allen Seins« und die »Vielheit allen Geschehens«« geleugnet[164].

---

[159] Nämlich in dem XVII. Kapitel »Das Gebet« der »Religion der Vernunft aus den Quellen des Judentums«. ²Köln 1959, 431–463.
[160] GS 1/2, 800.
[161] GS 3, 151–152.
[162] GS 1/2, 800.
[163] Platon. Timaios. 37d6.
[164] GS 1/2, 800. Damit wird zugleich die »Unzulässigkeit der coincidentia oppositorum«

Freigesetzt wird dadurch aber das Sich-Einlassen mit der *ursprünglichen* »Realität der Zeit«, welche sich als das diachrone Ereignis zwischen dem anderen und mir erweist, Zeit, die als »sie selber geschieht«[165], und in diesem Sinne die in ihrem Ursprung auf nichts anderes mehr reduzierbare dialogische Freiheitsgeschichte bedeutet.

Deshalb trägt denn für Rosenzweig die für den durch die Herausforderung der Offenbarung getroffenen Menschen weitergehende Geschichte, welche nun in einer ganz neuen Weise eigentlich erst *seine* Geschichte ist, das Stigma der *Prekarietät* an sich. In dem ständig neuen Ereignis, welches sich in dem »Bedürfen des anderen« zuträgt, bleibt gerade auch der Mensch, der im Ereignis der Offenbarung von dem »stummen Selbst« zur »redenden Seele« wurde[166], der Versuchung und dem möglichen Scheitern ausgesetzt[167]. Der Satz »Um der Entscheidung willen ist die Welt geschaffen«[168] wird durch das Ereignis der Offenbarung gerade nicht aufgehoben, sondern allererst in Geltung gesetzt.

Oder anders gesprochen: die Zeit, die selbst geschieht als die ursprüngliche Wirklichkeit sich zeitigenden menschlichen Daseins erweist sich als die prekäre Entscheidungszeit *zwischen* dem, was für ein bloß zuschauendes analysierendes Denken in den Urphänomen des metaphysischen Gottes und des metaethischen Menschen jeweils zur Sprache kommt. Diese Zeit als die »sein« und Zeit koninzidieren lassende Zeit, als das »Wenn ihr mich bezeugt bin ich Gott und sonst nicht«,[169] erweist sich als die Zeit der reinen Hoffnung. »Der Stern«, so schreibt Rosenzweig an Rudolf Ehrenberg, heißt eben »nicht umsonst Stern der *Erlösung* …, denn er steht auf dem Himmel der *Zukunft* dessen, was man »hofft««[170].

Die Wirklichkeit der Zeit als der Zeit der Hoffnung auf das freie Ereignis der Erlösung, das real nur geschehen kann *zwischen* Mensch und Gott, die füreinander andere sind, aber kann in keiner Weise vor-

---

behauptet (a.a.O.). Der Text der GS gibt an dieser Stelle das maschinengeschriebene Manuskript des Leo-Baeck-Instituts, S. 190, richtig wieder. Offensichtlich handelt es sich bei diesem aber bereits um eine fehlerhafte Abschrift aus dem handschriftlichen Mansuskript Rosenzweigs. Aus dem Kontext geht klar hervor, daß es nicht G = W, sondern G ≠ W heißen muß.

[165] GS 3, 148.
[166] GS 2, 221.
[167] Vgl. dazu GS 2, 295 f.
[168] GS 3, 82.
[169] GS 2, 191.
[170] GS 1/2, 643.

weggenommen werden. Das heißt dann aber, es kann in diesem Sinne auch nicht »geweissagt« werden. Mit Recht vermuten Pöggeler und Tilliette hier einen entscheidenden Unterschied zwischen Schelling und Rosenzweig.[171]

Der Modus des Sich-Zeitigens von Sein und Zeit ist ein je anderer für das Sein, das *gewußt* und folglich *erzählt* werden kann, für das »sein«, das *erkannt*, erlebt und folglich *dargestellt* werden kann und für das, was »*geahndet* und geweissagt« gerade deshalb aber nur *erbetet* werden kann. Eben deshalb legt Rosenzweig ja auch größten Wert darauf, daß die drei »Teile« des Stern kein Kontinuum darstellen, obwohl sie aufeinander verweisen. Sie sollten von der 2. Auflage an in drei getrennten Bänden erscheinen[172]. Rosenzweig wollte damit auch äußerlich sichtbar machen, daß die Sprach- und Denk*handlung* in jedem der drei »Teile« eine je eigene und ursprüngliche ist: erkennen, erleben, erbeten.

Der eigentliche Ernst von »*sein*« als geschehender Geschichte aber ist erst mit der mit der menschlichen Freiheit, die sich immer schon gegenüber anderer menschlicher Freiheit findet, aufs Spiel gesetzten zukünftigen Geschichte gegeben. Diese findet sich zwar durch das in die Geschichte eingetretene Offenbarungsereignis und die erhoffte messianische Erlösung orientiert. Sie erweist sich als die Geschichte des Reiches Gottes, das zukünftig ist »– aber zukünftig ist es immer«[173]. Diese Geschichte bleibt die durch und durch und in jedem Augenblick immer selbst *versuchte*. Darin besteht ihre Tatsächlichkeit.

In einer unveröffentlichten Tagebuchnotiz vom 23. August 1910 bemerkt Rosenzweig: »Nie ist Herder über eine transzendente Geschichtsphilosophie herausgekommen. Gott hat der Menschheit ihr Geschick in die Hand gegeben – nicht seins«[174]. Und in seinem Tagebuch von 1914 bemerkt Rosenzweig in einer gewissen Parallele

---

[171] Vgl. Otto Pöggeler. Rosenzweig und Hegel. In: Wolfdietrich Schmied-Kowarzik (Hg.). Der Philosoph Franz Rosenzweig (1886–1929). Freiburg 1988, 852. Vgl. Xavier Tilliette. Rosenzweig et Schelling, in: Archivio di Filosofia, Padova 1985, 141–152. Tilliette hebt darauf ab, daß die »Valences des temps (commencement-centre-fin)« bei Schelling und Rosenzweig je verschiedene seien. Er führt dafür GS 2, 290 an und vergleicht dieses Stück mit Schellings Philosophie der Mythologie SW XII, 274–275. A. a. O. 149.

[172] Dies ist in der 2. Auflage auch geschehen, in späteren Auflagen aber nicht mehr.

[173] GS 2, 250.

[174] Im Leo Baeck-Institut New York befindliches Manuskript, S. 124.

dazu, daß für Schelling »das Werden der Welt Werden Gottes«[175] bedeutet.

Für das »seins«-Verständnis des Sterns hingegen kann Geschichte nur gedacht werden als dialogische, im *diachronen* sterblichen Bedürfen des Anderen ihren Fußpunkt gewinnende und derart von unten her zu lesende Geschichte der zu erhoffenden messianischen Erlösung. Dies belegt denn auch die in dem »Neuen Denken« vorgetragene, von Rosenzweig selbst sogenannte »messianische Erkenntnistheorie«. »Wahrheit hört so auf, zu sein, was wahr »ist«, und wird das, was als wahr bewährt werden will.« Der Weg führt »über die Wahrheiten, die sich der Mensch etwas kosten läßt, hin zu denen, die er nicht anders bewähren kann als mit dem Opfer seines Lebens, und schließlich zu denen, deren Wahrheit erst der Lebenseinsatz aller Geschlechter bewähren kann«[176]. Im Gegensatz zu einem theogonischen wird man hier von einem *inkarnierten* Denken sprechen dürfen. In Rosenzweigs Denken läßt sich das Denken in anderer Weise als in dem Schellings mit der *Zeitlichkeit* des Denkens selbst ein; – die Zeitlichkeit, durch die es auf das andere seiner selbst verwiesen ist.

9. Exkurs II: Cohen und Rosenzweig

Das Verhältnis seines eigenen Denkens zu dem Hermann Cohens hat Franz Rosenzweig selbst ausführlich und unter Einschluß des persönlichen Verhältnisses zu dem großen Marburger Neukantianer in seiner »Einleitung in die Akademieausgabe der jüdischen Schriften Hermann Cohens« dargestellt[177]. Aus dieser geht hervor, daß Rosenzweig neben Rickert und Meinecke Cohen zu den drei Universitätslehrern zählt, deren Schüler er wurde[178]; daß er aber von Cohen bis zum Jahr 1913 »so gut wie nichts« kannte[179]. Nach dem Abschluß seiner Dissertation allerdings wird Rosenzweig dann vom November 1913 bis zum Sommer 1914 an der »Hochschule (Lehranstalt) für die Wissenschaft des Judentums« zu dem Hörer und Schüler Cohens, der

---

[175] GS 1/1, 161.
[176] GS 3, 158–159.
[177] Zu der »Einleitung in die Akademieausgabe« sind mehrere kleinere Texte der 20er Jahre hinzuzunehmen. Vgl. insgesamt GS 3, 169–240.
[178] Vgl. GS 3, 114.
[179] GS 3, 239.

später von sich sagen konnte, es sei wichtiger gewesen, daß Cohen in diesen wenigen Monaten auf *ihn* gewirkt habe »als auf ganz Berlin W«[180]. Angesichts des alten Cohen drängte sich ihm zum »ersten Mal … der Name Philosoph auf«[181]. Und wenn Rosenzweig später von Cohens »Religion der Vernunft« sagt, daß diesem Werk »schwerlich auf christlicher Seite etwas Gleichwertiges gegenüberzustellen« sei »seit Hegel und Schelling«[182], so wird daraus klar, welchen Rang Rosenzweig dem Denken Cohens beimißt.

Allein, man wird das Verhältnis Rosenzweigs zu Cohen genauer analysieren müssen, um die wahre Bedeutung zu erkennen, die das Denken Cohens für Rosenzweig gewann, und um doch zugleich die Differenz wahrzunehmen, in der Rosenzweigs eigener Gedanke zu dem Cohens steht.

1) *Die biographischen Fakten*, die für das Verhältnis Rosenzweigs zu Cohen von Belang sind, kann man dabei in wenigen Sätzen aufzählen: Rosenzweig hörte 1913 und 1914 in Berlin jene Vorlesung, die Cohen 1915 unter dem Titel »Der Begriff der Religion im System der Philosophie« veröffentlichte[183] – und ebenso Vorlesungen über die Psalmen, die Cohen in dieser Zeit hielt. Im Mai 1918 läßt er sich Cohens »Logik der reinen Erkenntnis« an die Front schicken[184]. Diese findet er allerdings »wahnsinnig schwer« und meint, daß er sich nicht darüber klar sei, »ob es sich *lohnt*«, sie »zu verstehen«[185]. Ein Brief vom Februar 1919 sagt, daß er erst im August 1918 begonnen habe, die »Logik der reinen Erkenntnis« zu lesen, die Lektüre aber sehr bald schon »wegen eigener systematischer Arbeiten« eingestellt habe[186]. Cohen selbst hatte ihm aber im März 1918 einen größeren Teil des Manuskripts der »Religion der Vernunft« zugesandt[187], den er sofort las und über den er sich begeistert äußerte[188].

---

[180] GS 1/1, 530.
[181] GS 1/1, 442.
[182] GS 1/1, 514.
[183] GS 3, 205.
[184] GS 1/1, 565.
[185] GS 1/1, 592.
[186] GS 1/2, 623. Die eigene systematische Arbeit ist die am Stern der Erlösung. Vgl. 1/1, 599.
[187] Vgl. GS 1/1, 516 und 521. Cohen gegenüber spricht Rosenzweig a. a. O. von den S. 213–404 des maschinenschriftlichen Manuskripts. Da sich in früheren Briefen Rosenzweigs keine Bemerkungen über das Manuskript finden, kann man sich fragen, ob Rosenzweig nur diese Seiten vorlagen.
[188] Vgl. etwa GS 1/1, 516; GS 3, 183 und 222.

Nach dem Tode Cohens (4. 4. 1918) bietet er sich an, an der Edition des nachgelassenen Werkes mitzuarbeiten[189]. Und nach dem Abschluß des Sterns beginnt er vom Frühjahr 1919 an, sich auch mit anderen Werken Cohens zu beschäftigen, insbesondere mit der »Ethik des reinen Willens« und der »Ästetik des reinen Gefühls«, auf die er in der im Herbst 1923 verfaßten »Einleitung in die Akademieausgabe der jüdischen Schriften« Cohens kurz eingeht. Es muß aber offenbleiben, wie intensiv sich Rosenzweig mit den drei Hauptwerken Cohens auseinandergesetzt hat. Der Schwerpunkt seines Interesses liegt bei der nachgelassenen »Religion der Vernunft aus den Quellen des Judentums« und den von daher gelesenen jüdischen Schriften Cohens.

Dabei wußte Rosenzweig sich von seiner eigenen Lebensgeschichte her Cohen zutiefst verwandt, nämlich als einem »Meister der Umkehr«[190]. Und vor diesem lebensgeschichtlichen Hintergrund, der immerhin die Frage erlaubt, ob Rosenzweig, den Cohen seinen »Seelentrost« nannte[191], in den entscheidenden Berliner Jahren 1913 und 1914 nicht auch seinerseits für den Durchbruch Cohens zu seinem Alterswerk bedeutsam wurde, kann nun die Frage gestellt werden, worin die Analogien zwischen dem Denken Cohens und dem Rosenzweigs denn wirklich liegen.

2) Rosenzweig selbst weist im Hinblick auf das, was er Cohen verdankt in erster Linie auf das *Ursprungsdenken* hin. Die Suche nach dem Ursprünglichen, dem ersten Anfang und damit auch dem letzten Rechtstitel des Denkens, ist ja vielen philosophischen Neuansätzen zu Beginn des 20. Jahrhunderts eigen. Die Phänomenologie etwa versteht sich als »Ursprungswissenschaft«. In diesem Sinne fragt Rosenzweig in Stern I nach den ursprünglichen Möglichkeiten, die äußersten »Inhalte« des Denkens – »Gott«, »Welt« und »Mensch« – durch das Denken zu verfassen und beruft sich dabei ausdrücklich auf Cohens Methode einer »Logik des Ursprungs«. Dabei erwähnt er zwar Cohens Infinitesimalschrift. Sieht man jedoch genauer zu, so bemerkt man leicht, daß Rosenzweig hier mindestens ebenso sehr, wenn nicht sogar überhaupt in erster Linie, auf die »Logik des Ursprungs« zurückgeht, die sich in dem ersten Viertel der »Logik der reinen Erkenntnis« findet.

---

[189] GS 1/1, 600.
[190] GS 3, 184.
[191] GS 1/1, 150.

Allerdings geschieht dies mit einem entscheidenden Unterschied. Denn Cohen geht von dem Grundsatz aus, den er von Aristoteles vertreten sieht: »Das Sein ruht nicht in sich selbst; sondern das Denken erst läßt es entstehen«[192]. »Nur das Denken selbst kann erzeugen, was als Sein gelten darf«[193]. Diese ursprüngliche Erzeugung aber hat zur Voraussetzung nichts anderes als das Nichts. »Auf dem Umweg des Nichts stellt das Urteil den Ursprung des Etwas dar«[194].

Die beiden letzten Ursprungsurteile aber sind in dem Identitätssatz einerseits und in dem Widerspruchsprinzip andererseits gegeben. Der Identitätssatz wird dabei von Cohen als Ursprungsurteil der *Bejahung* begriffen[195], durch welches das Denken »auf dem Umweg des Nichts« den ersten ursprünglichen Boden der Selbigkeit des Seins erzeugt. Das Widerspruchsprinzip (A ist nicht non A) begreift Cohen als das Ursprungsurteil der *Verneinung*[196], durch welches das Denken auf »dem Umweg des Nichts« die Bestimmtheit des Etwas sichert.

Nun scheint Rosenzweigs Phänomenologie der Urphänomene in Stern I auf den ersten Blick ähnlich vorzugehen. Und Rosenzweig selbst beruft sich denn ja auch ausdrücklich auf Cohen[197]. Der entscheidende Unterschied zwischen ihm und Cohen besteht aber darin, daß Cohens Logik des Ursprungs sich insgesamt im Horizont der überlieferten Ontologie und deren Gleichung zwischen Denken und Sein hält und daß überdies innerhalb dieser Gleichung das Sein als durch das Denken erzeugt verstanden wird[198]. Demgegenüber aber räumt Rosenzweig in seinem »großäugigen Sehen der Urphänomene« dem »Sein« der Urphänomene selbst den Primat ein. Dieser zeigt sich in dem *antinomischen* Charakter der Urphänomene selbst, der durch das Denken nicht aufzulösen ist und derart dem Denken seine Grenze deutlich werden läßt. Deren Anzeige geschieht in dem »und«

---

[192] Hermann Cohen. Logik der reinen Erkenntnis. Hildesheim ⁴1977 = Hermann Cohen. Werke. Hg. v. Hermann Cohen-Archiv am Philosophischen Seminar der Universität Zürich unter der Leitung von Helmuth Holzhey. Band 6. Im folgenden abgekürzt: LrE.

[193] LrE, 81.

[194] LrE, 84.

[195] Vgl. LrE, 96.

[196] Vgl. LrE, 104 u. ö.

[197] GS 2, 23 f.

[198] Vgl. LrE, 84. Mit Recht bemerkt Rosenzweig, daß Cohen viel mehr Hegelianer war als er selbst es wahrhaben wollte. Vgl. GS 2, 23 und GS 3, 182.

des »So *und* nicht anders«, dem jeweiligen »Meta« der Meta-physik, der Meta-logik und der Meta-ethik.

Schon mit dem bloßen Versuch, die reinen Möglichkeiten der ursprünglichen Phänome des Göttlichen, des Weltlichen und des Menschlichen zu denken, scheitert das formal-logisch sich in sich selbst schließenwollende Identitätsdenken und wird gerade so auf sein ursprüngliches »Bedürfen des anderen« verwiesen.

Das Erkenntnisprinzip Cohens ist in der »*Reinheit*« der Erkenntnis als dem Kennzeichen der Vernunft gegeben[199]. Für Rosenzweig hingegen ist gerade die in den Antinomien gegebene *Unreinheit* der Urphänomene der Prüfstein für die Tatsache, daß das Denken es nicht nur mit sich selber, sondern mit der Wirklichkeit als dem dem Denken gegenüber »*anderen*« zu tun hat. Mit Recht bemerkt Reiner Wiehl, daß es im Werke Rosenzweigs um eine »wohlbewußte Transformation« der Cohenschen Logik des Ursprungs gehe, die zu einer »Hermeneutik des Metamathematischen in seinem philosophischen Gebrauch« führe[200].

3) Unter dieser Voraussetzung konnte Rosenzweig dann allerdings durchaus dem »neuen Grundbegriff« zustimmen, den Cohen in seiner Berliner Religionsvorlesung entdeckt, nämlich dem der *Korrelation*[201]. In diesem neuen Grundbegriff Cohens wird nämlich der »Zauberkreis« des reinen Erzeugungsdenkens – und damit der »große Gedanke der Immanenz« – »undicht«[202]. Denn wer von »Korrelation« spricht, spricht von zwei für einander jeweils *anderen* Wirklichkeiten: »... Was sich wechselseitig aufeinander bezieht, das ist nicht in Gefahr, sich einander die Wirklichkeit streitig zu machen«. Es wird vielmehr »für beide Glieder der korrelativen Beziehung die Tatsächlichkeit gerettet«[203], so interpretiert Rosenzweig Cohen über Cohen hinaus. Denn es kann kein Zweifel daran sein, daß Cohen auch in der »Religion der Vernunft« Korrelation ungeschichtlich-rational von der Einzigkeit Gottes her zu begründen sucht: »Die Einzigkeit Gottes bedingt sein Verhältnis zur Vernunft des Menschen. Und die Vernunft des Menschen, als Schöpfung Gottes, bedingt sein

---

[199] Vgl. LrE, 38 f.

[200] Reiner Wiehl. Logik und Metalogik bei Cohen und Rosenzweig. In: Wolfdietrich Schmied-Kowarzik. Der Philosoph Franz Rosenzweig (1886–1929). Freiburg 1988, 628 und 638.

[201] GS 3, 206; vgl. 208.

[202] GS 3, 209.

[203] GS 3, 209.

Vernunftverhältnis zu Gott, daher aber auch den Vollzug dieses Vernunftverhältnisses in der Offenbarung, welche mit samt der Schöpfung die Korrelation von Mensch und Gott begründet[204].

In einem solchen Satz scheint zwar formal der Grundriß für den Stern der Erlösung vorgezeichnet zu sein. Und dennoch setzt Rosenzweigs Kritik an dem Alterswerk Cohens gerade hier an, weil ihm die Anderheit von Gott und Mensch füreinander und die *Geschichtlichkeit des Offenbarungsereignisses* von Cohen zu wenig ernst genommen zu werden scheint. Eben deshalb wünscht er, daß Cohen den Begriff der Korrelation fallenlasse und dafür den biblischen Terminus »Bund« setzen möge[205].

Mit einer Formel, die an das christologische Paradox von Chalcedon erinnert[206], interpretiert Rosenzweig in seiner »Einleitung in die Akademieausgabe der jüdischen Schriften Hermann Cohens«: »... Korrelation, in der Gott und Mensch gerade deshalb zusammenkommen, weil sie wesentlich getrennt bleiben«[207].

Für Rosenzweig überschreitet Cohen mit der Grundkategorie der Korrelation faktisch »die Schranken aller bisherigen Philosophie«[208]. Und im Ausgang von diesem Urteil wird man in der Tat diesen formal von Cohen benutzten neuen Zugang zu einem Verständnis von »*sein*« überall in Rosenzweigs »neuem Denken« als den alles fundierenden Zugang begreifen dürfen[209]: nur daß Rosen-

---

[204] Hermann Cohen. Die Religion der Vernunft aus den Quellen des Judentums. ²Köln 1959, 95; im folgenden abgekürzt: RdV. Alexander Altmann bemerkt mit Recht, daß auch in Cohens Nachlaßwerk der Begriff der Korrelation nicht den idealistischen Aufriß sprengt. »... die sinnerschließende Interpretation greift prinzipiell nicht über den Bereich des begrifflich erzeugenden Denkens hinaus.« Alexander Altmann. Hermann Cohens Begriff der Korrelation, in: Helmuth Holzhey (Hg.). Auslegungen, Frankfurt/M. 1994, 252.

[205] Näherhin vgl. dazu Bernhard Casper. Korrelation oder ereignetes Ereignis? Zur Deutung des Spätwerkes Hermann Cohens durch Franz Rosenzweig. In: Stéphan Mosès u. Hartwig Wiedebach (Hg.). Hermann Cohen's Philosophy of Religion. Hildesheim 1997, 51–69.

[206] »Ungetrennt und unvermischt« finden sich die beiden »Wesenheiten«, die göttliche und die menschliche, in der »einen Hypostasis« Jesu Christi. Vgl. Heinrich Denzinger. Enchiridion symbolorum. Kompendium der Glaubensbekenntnisse und kirchlichen Lehrentscheidungen. Lateinisch/deutsch. Hg. v. Peter Hünermann. Freiburg 1991, 142 (= Nr. 302).

[207] GS 3, 214.

[208] GS 3, 210.

[209] Man gewinnt von daher auch das Recht, Rosenzweigs hermeneutisches Denken als ein im weitesten Sinn phänomenologisches zu verstehen. Husserl: Phänomenologie ist

---

zweig das, was von Cohen mit dem Terminus »Korrelation« formal angezeigt wurde, ausdrücklich als »Bedürfen des anderen«, und, was dasselbe ist, »Ernstnehmen der Zeit«[210] begreift und es derart in eine Hermeneutik der Mitmenschlichkeit und Geschichtlichkeit einbringt. Diese ist nur einem Denken, das sich mit der Zeitigung von Sprache selbst einläßt, zugänglich.

4) Und wiederum kann man gerade auch für diesen Ausgang von der *Mitmenschlichkeit* in Cohens nachgelassenem Werk wichtige Ansatzpunkte finden. Es sind die Passagen, in denen Cohen einerseits das große Thema, das ihn immer wieder beschäftigte, nämlich das des Zusammenhangs zwischen Ethik und Religion, zu einem neuen vertieften Erkenntnisganzen hinführt und andererseits am meisten zu einem existentiell-hermeneutischen Denken vorstößt.

Rosenzweig sieht in Cohens Denken ein Denken, das in Wirklichkeit »vom Wechselverhältnis von Ich und Du ausgeht«[211]. Dabei kann er sich auf die berühmten Passagen aus der »Religion der Vernunft« berufen, in denen Cohen die Differenz zwischen Nebenmensch und Mitmensch aufdeckt und dadurch gerade auch nach eigenem Verständnis aus der Abstraktheit einer zeitlosen, wenn auch prinzipienfähigen, Ethik des *reinen Willens* ausbricht, um ein »Verhältnis zur geschichtlichen Erfahrung« zu gewinnen[212]. In dieser kann dann auch erst das wirkliche Gottesverhältnis gewonnen werden: »Die Korrelation von Mensch und Gott kann nämlich nicht in Vollzug treten, wenn nicht vorerst an der eingeschlossenen Korrelation von Mensch und Mensch«[213]. Allerdings geht Cohen Rosenzweig hier nicht weit genug. Denn obwohl Cohens Leistung gerade darin besteht, daß er das »Religiöse« nicht »einordnet, mißt, bewertet, beurteilt usw., sondern aus ihm heraus ordnet, mißt usw.«[214], so neigt er doch dazu, den »nur diesseitigen, nur politischen Charakter der messianischen Prophezeiung« »herauszupräparieren«[215]. Derart hindert er sich aber selbst daran ganz zu einer Hermeneutik der Fak-

---

»Korrelationsforschung«. Husserliana 1. Edmund Husserl: Gesammelte Werke 1, Den Haag 1973, S. 38.

[210] GS 3, 151–152.

[211] GS 3, 230.

[212] RdV, 131.

[213] RdV, 133. Vgl. dazu GS 3, 208.

[214] GS 3, 225.

[215] GS 3, 197. Vgl. dazu auch die rührende Geschichte zu »bald in unseren Tagen« – »o bitte sagen Sie fünfzig«, GS 4, 1, 203.

tizität vorzustoßen[216]. Es findet bei Cohen in diesem Sinne kein »Versuch, das Judentum aus sich selbst heraus zu konstruieren« statt, so bemerkt Rosenzweig angesichts der Religionsschrift von 1915[217]. Aber auch die »Religion der Vernunft« geht Rosenzweig hier noch nicht weit genug. Denn würde Cohen wirklich aus der Wurzel eines »Ernstnehmens der Zeit« heraus denken, dann müßte von ihm die Offenbarung nicht nur als »die Schöpfung der Vernunft«[218], – so wahr diese Formel ist – sondern als die Zeitigung des Ereignisses selber entdeckt werden; des Ereignisses, das messianisch unendlich offen ist.

Cohen entdeckt prinzipiell, daß die Bresche im System »das Biographische selber«[219] ist. Und insofern kann Rosenzweig bereits 1916 fragen: »Ob ihn Hermann zwingt, nun einmal den Begriff der Offenbarung einzuführen?«[220].

Aber Rosenzweig denkt Offenbarung als das »ereignete Ereignis« eben nicht nur im Horizont von Vernunft, sondern als das im Kontext des freien Sich-Ereignens von Sprache sich Zutragende zwischen Gott, der für die reine Vernunft antinomisch rätselhaft bleibt und dem Menschen, der sich selbst als der »Freiherr seines Ethos« das Rätsel ist. Dieses derart »ereignete Ereignis« fordert den Menschen messianisch heraus.

5) Angesichts dieser durch das *Sprach-* und *Zeitigungs*denken Rosenzweigs gegenüber Cohen gegebenen Differenz wird man auf die von Interpreten (E. Freund, K. Löwith, H. Habermas, W. Schmied-Kowarzik) immer wieder ins Spiel gebrachte Nähe des Rosenzweigschen Denkens zu dem *Heideggers* aufmerksam machen dürfen. Rosenzweig selbst stellte in seiner Stellungnahme zu den Davoser Gesprächen 1928/29 diese Nähe allerdings gerade in einen Zusammenhang mit der Bewegung des Denkens, die bei dem späten Cohen beginnt. »Und hier hat nun Heidegger … die Haltung unseres, des neuen Denkens vertreten, die ganz in der Linie liegt, die von jenem »letzten Cohen« ausgeht«. Die Grundhinsicht des Cohenschen Spätwerkes, nämlich die der Korrelation, erweist sich für Rosenzweig als »der Anlauf zum – um es denn heideggersch auszudrücken –

---

[216] GS 3, 225: »Der weitere Schritt wäre ein Umarbeiten des großen Systems von diesem Punkt aus. Das tat Cohen natürlich nicht mehr«.
[217] GS 1/1, 182.
[218] RdV, 84.
[219] GS 3, 225.
[220] GS 3, 89.

Bernhard Casper

»Einsprung in das Dasein«« [221]. Cohen war insofern – so Rosenzweig – »noch zukunftsvoller als er wußte« [222].

10. Das religiöse Verhältnis im Neuen Denken

> »Ich sprach einmal vor einem Jahr mit Strauß von Ihnen. Da sagte er: ›Er kann das Wort Religion nicht entbehren.‹ Worauf ich: ›Damit ist er gestraft.‹ ... Wer seine Liebe bei Namen nennt, der braucht das Wort ›Geliebte‹ nicht mehr« (GS 1/2, 898 f.)

Es muß am Ende unserer Überlegungen erörtert werden, wie sich das religiöse Verhältnis in dem neuen Denken Rosenzweigs zeigt.

Dabei ist zunächst einmal ganz allgemein mit Nachdruck darauf aufmerksam zu machen, daß Rosenzweig von dem Verständnis des Seins als sich ereignender Sprache her überhaupt einen ganz neuen Zugang zu dem Verständnis des religiösen Verhältnisses gewinnt.

Eben jener Überschuß des neuen Denkens über das alte besteht ja gerade darin, daß es die Wirklichkeit höherer, nämlich existentialer Ordnung, die ihrerseits nicht innerhalb eines Umfassenden feststellbar ist, sondern selbst dieses Umfassende ausmacht, *als* Wirklichkeit, ja sogar als die wirklichere Wirklichkeit sehen kann. Das neuzeitliche, zeitlos feststellende Seinsverständnis, das in Kant zu seinem kritischen Selbstbewußtsein kam, mußte jene Wahrheiten höherer Ordnung zu Postulaten, Fiktionen und Bedürfnissen umstempeln, denen die feststellbare mathematisch-physikalische Wirklichkeit abging. Wirklich konnte für dieses Seinsverständnis nur das innerhalb des Entwurfes des transzendentalen Ego Begreifbare, nicht aber dieses Ich in seinem In-der-Welt-sein selbst sein. Nun aber wird Sein als geschichtlich verstehende Sprache verstanden. Dies bedeutet scheinbar die äußerste Verschärfung der Philosophie der Subjektivität. In Wirklichkeit aber wird gerade darin das neuzeitlich metaphysische Denken überwunden. Sein zeigt sich als das unverfügbare, zeitlich sich ereignende, das in der Sprache aufgeht und mich ganz in Anspruch nimmt. Seinem äußersten Horizont nach zeigt sich Sein nicht mehr als zeitlos vorliegendes, sondern als je neue Offenbarung, d. h.

---

[221] GS 3, 237.
[222] GS 3, 208. Vgl. dazu auch Reyes Mate. Heidegger y el Judaismo y sobre La tolerancia compasiva. Barcelona 1998, 12.

als je neues Gewährtwerden von Sein, das mich selbst wie den Anderen selbst sein läßt. In diesem Gewährtwerden aber wird jeweils wieder das Zueinander der drei Urphänomene offenbar. Dieses ist es, was sich zuäußerst zeigt. Gerade in diesem Verständnis von Sein aber liegt nun ein neuer Zugang zum Verständnis des religiösen Verhältnisses, das jetzt nicht mehr in Konkurrenz zu dem Bereich des naturwissenschaftlich Erfaßbaren steht, sondern diesen sein läßt und übersteigt. Denn in dem Horizont des neuen Seinsverständnisses zeigt sich, daß das neuzeitlich metaphysische zeitlose Seinsverständnis abkünftig ist. Das die Zeitlichkeit des in der Sprache sich ereignenden Seins ernst nehmende Seinsverständnis erweist sich dem metaphysischen Seinsverständnis gegenüber als das umfassendere. Und in ihm kann nun jene Wahrheit höherer Ordnung, die nicht »ist« sondern »bewährt werden will« (GS 3, 158), gesehen werden – jene Wahrheit, die deshalb »bewährt werden will«, weil sie das Äußerste des in der sich ereignenden Sprache offenbar werdenden Seins betrifft. Die Wahrheit des religiösen Verhältnisses zeigt sich als die Wahrheit jener Wahrheiten, die mit dem ganzen Dasein bewährt werden müssen, ja »deren Wahrheit« im Grunde »erst der Lebenseinsatz aller Geschlechter bewähren kann« (GS 3, 159). Es zeigt sich als die Wahrheit, die letztlich mich selbst ganz wie den Anderen ganz in dem sich ereignenden Gespräch immer wieder als die selbe anfordert und so erst sein läßt. Rosenzweig möchte freilich für diese Wahrheit und das durch sie bestimmte Verhältnis, wie die Stelle aus dem Brief an Martin Buber, die wir dem Kapitel voranstellten, zeigt, das Wort »Religion« nicht gebrauchen. Denn dieses Wort besagt, so wie es allgemein gebraucht wird, daß Religion als eine Sonderwahrheit unter anderen Wahrheiten, als ein Bereich neben anderen Bereichen der Wirklichkeit angesehen wird. Für Rosenzweigs Denken kann Religion aber nicht derart ein Bereich unter anderen Bereichen der Wirklichkeit sein. »Religiös« kann nicht zu »Wirklichkeit« als Adjektiv treten[223]. Und zwar deshalb nicht, weil die Wirklichkeit selbst ihrer umfassendsten Hinsicht nach ja in dem Verhältnis, das in dem je neuen Ereignis des Seins offenbar wird, besteht.

---

[223] In Bubers Vorrede zu der Gesamtausgabe der »Reden über das Judentum« spielt die Wendung »religiöse Wirklichkeit« eine wichtige Rolle (vgl. jetzt *Buber* IV, 3 ff.). Der Brief Rosenzweigs an Buber, aus dem wir zu Beginn des Abschnitts zitierten, setzt an diesem Ausdruck mit seiner Kritik an.

Wir entfalten im folgenden schrittweise, wie sich das wirkliche religiöse Verhältnis für das Denken Rosenzweigs zeigt.

a) Der Ursprung des religiösen Verhältnisses in der dialogischen Situation

Der Ausgangspunkt für das Neue Denken ist die dialogische Situation. In ihr erfährt das Selbst, daß es sprechen darf und so mit seiner Welt sein gelassen ist in der Wirklichkeit des gewährten Gesprächs. Im Ereignis des Gesprächs wird Gegenwart gewährt. Der Sprechende hat nun mit dem, was er sagt, *Zeit*. Im Gespräch zeitigt sich Zeit; und Sein gewinnt als gezeitigtes Stand und Sinn. Ist das Sein des Seienden als zeitloses und monologisch gedachtes seiner selbst unsicher – es weiß nicht, ob es wirklich ist – so gewinnt es im Ereignis des Gesprächs den Boden der Wirklichkeit. Es ist nun wirklich und nichts als wirklich, nicht von sich selbst als Inhalt her, denn dieser wird um nichts vermehrt, sondern, weil es *sein gelassen* ist. Sein zeigt sich im Ereignis des Gesprächs als Offenbarung im engeren Sinn[224]. Das Sprechendürfen, der aufspringende Lichtbogen der Begegnung, wird als Wirklichkeit gezeitigt von einem selber nicht mehr Sagbaren, das doch allererst Sein als *Sprache* sein läßt. Ich werde, indem ich anfange zu sprechen, entbunden durch die sich zeitigende Wirklichkeit des Gesprächs, in den Strom der Wirklichkeit hineingerissen. Das alltägliche Sprechen wird sich dessen nicht bewußt. Es gibt allenfalls durch die Naivität, mit der es darauf vertraut, daß Seiendes ist und der Sinn von Sein feststeht, davon Zeugnis, daß es dieses Ereignis einmal vertrauend angenommen hat. Aber indem das sich selbst prüfende Denken darauf aufmerksam ist, daß Sein ja allererst so für es sein gelassen ist, wendet es sich dem unsagbaren, aber alles Sagen im Ereignis des Gesprächs sein lassenden Ursprung selbst zu. Das sprechende Denken wird dessen eingedenk, daß es erst im Ereignis des Gespräches Zeit und Sein hat. Sich verdankend, wendet es sich deshalb dem Ursprung zu, der ihm Sein als Gegenwart gewährt. Das religiöse Verhältnis wird so zu dem, als das Rosenzweig schon 1916 die Religion des Judentums ansprach, nämlich zu der »Religion der brennenden Gegenwärtigkeit, wo Vergangenes und Zukünf-

---

[224] Vgl. oben 146. Jedoch ist damit noch nicht Offenbarung im spezifisch theologischen Sinn gemeint, sondern allenfalls der phänomenologisch beschriebene Raum für diese.

tiges nur in ihrem Aufflammen im Gegenwärtigen erkannt werden« (GS 3, 401).

Indem ich mein Sein als Sprechendürfen verdanke, wende ich mich dem unsagbaren Ursprung von Sprache als dem Gegenwart gewährenden immer schon zu. Gott wird erfahren als der unsagbare, je neu Sprache gewährende Ursprung. Er ist der Gewährthabende, aber dennoch nie in seinem Gewährthaben zu Fassende. Er bleibt in Wirklichkeit der immer Zukünftige, der mich je neu zu sprechen anfangen heißt.

Das Denkmal dieser neuen Erfahrung des wirklichen Gottes, in der das Denken sich ganz in sein eigenes sprachliches Gezeitigtwerden freigibt, ist die *neue Übersetzung* von *Exodus* 3, 14: »Ich werde dasein, als der ich dasein werde.«[225] Die Ansätze zu dieser Übersetzung lassen sich bei Rosenzweig wesentlich früher als bei Buber finden[226]. Während Buber noch 1923 in der ersten Auflage von »Ich und Du« übersetzt: »Ich bin, der ich bin« (129), heißt es bei Rosenzweig bereits in einem Brief vom 2.8.1917: »Also, um Mörike zu geben, was Mörikes ist: Was Gott ist wird in Ewigkeit kein Mensch ergründen, doch wird er treu sich alle Zeit mit uns verbünden. Oder – genau das gleiche: – wie Raschi die Offenbarung am Horeb ›Ich bin der ich bin‹ umdeutet: das heißt: ich bin mit euch wie ich mit euren Vätern war. – Das bloße Sein geht eben den Menschen weiter nichts an« (GS 1/1, 426). – Später, in einer Rechtfertigung der Übersetzung gegenüber Martin Goldner, schreibt Rosenzweig: »Denn das hebräische »haja« ist ja nicht wie das indogermanische ›sein‹ seinem Wesen nach Kopula, also statisch, sondern ein Wort des Werdens, Eintretens, Geschehens.« »Stolberg und alle die hier das ›Sein‹, den ›Seienden‹, den ›Ewigen‹ finden, platonisieren« (GS 1/2, 1161). – Noch früher, nämlich im Tagebuch Rosenzweigs aus dem Jahre 1910 – und vielleicht ist dies überhaupt das früheste Dokument, in dem wir das Neue Denken in Ansätzen greifen können – heißt es: »Daher weigern wir uns auch, ›Gott in der Geschichte‹ zu sehen, weil wir die Geschichte (in religiöser Beziehung) nicht als Bild, nicht als Sein sehen wollen; sondern wir *leugnen* Gott in *ihr*, um ihn in dem Prozeß, durch den sie *wird*, zu *restaurieren*. Wir sehen Gott in jedem ethischen Geschehen, aber

---

[225] Die Schrift. Zu verdeutschen unternommen von Martin Buber gemeinsam mit Franz Rosenzweig. Die fünf Bücher der Weisung. Zweites Buch S. 15 (Berlin 1926).
[226] Außer den hier angegebenen Stellen vgl. GS 2, 303 und GS 1/2, 1162, die unten S. 186 interpretiert werden.

nicht in dem fertigen Ganzen, in der Geschichte; ... Für Hegel war die Geschichte göttlich ... Der Kampf gegen die Geschichte im Sinne des 19. scl. ist uns deshalb zugleich Kampf für die Religion im Sinne des 20.« (GS 1/1, 113)[227]. Zwar hat Rosenzweig hier den dialogischen Gedanken noch nicht gedacht. Deshalb erscheint, in einer gewissen Abhängigkeit von Kant, an der Stelle, an der später das Ereignis des Gespräches steht, das »ethische Geschehen«. Diesem »Ethischen«, der Verwirklichung des Selbst, werden wir später in der gleichen Stellung, nämlich als unmittelbare Vorstufe des dialogischen Gedankens, weit stärker noch bei Ebner begegnen. Die ethische Verwirklichung des Selbst ist Vorstufe. Sie hat sich hier für Rosenzweig noch nicht als eine im Gespräch gegründete gezeigt. Aber Gott ist an dieser Stelle bereits gesehen als der, der das in der ethischen Selbstverwirklichung geschehende Geschehen der Geschichte je neu anfangen läßt, gerade deshalb, weil er nicht in der Geschichte aufgeht. Im Geschehen der Geschichte, das sich später als je neu im Gespräch geschehend erweist, öffnet und schickt das Sein sich zu als je neue Offenbarung. Nach der geschehenen Offenbarung kann dann, freilich auf eine nun neue Weise, von Gott gesagt werden »ER ist« (GS 3, 160). Um zu verstehen, auf welche Weise dieses neue »ist« gesprochen werden kann, müssen wir jedoch zuvor zwei weitere Dimensionen der Zuwendung zu dem Sein als Sprache offenbarenden Ursprung bedenken.

b) Welthaftigkeit und Endzeitlichkeit

Die Zuwendung geschieht im Sich-verdanken gegenüber dem Anfangen-lassenden, der mich als Sprechenden sein läßt. Das heißt aber: Sie geschieht so, daß ich mich immer schon aus einer Welt dem Ursprung zuwende und mit einer Welt dem Ursprung zuwende. Denn sprechend gehe ich immer schon auf eine Welt ein und erschließe zugleich neu eine Welt. Dies ist die Grundsituation des Gesprächs, daß das Sprechen, rein anfangend, dennoch nie angesichts des reinen Nichts anfängt. Sondern anfangend, ist es doch zugleich in das Gespräch eingesetzt, das immer schon war und nun, durch das

---

[227] Als erster hat, so scheint es, *Schelling* Ex 3,14 mit »Ich werde seyn, der ich seyn werde« wiedergegeben (Phil. d. Offb. I, 269–270). Es ist zu vermuten, daß Rosenzweig die Stelle kannte. Jedoch spielt er in seinen veröffentlichten Schriften nirgends darauf an.

neu anfangende Sprechen, neu wird. Indem ich anfange zu sprechen, bin ich bestimmt von etwas, wovon ich spreche. Dieses liegt für mich bereits vor. Es ist das Etwas einer Welt, auf die ich sprechend eingehe. Ich versuche sie zu verstehen und zur Sprache zu bringen. Anders kann ich gar nicht anfangen zu sprechen. Mein Sprechen ist immer schon welthaft, insofern es von der schon vorliegenden Welt spricht und erzählt. Indem ich mich dem mich sprechen lassenden Ursprung verdanke, kann ich mich nur als ein solcher verdanken, der immer schon von vorliegender Welt erzählt, indem er spricht. Die Zuwendung ist deshalb schon aus diesem Grunde notwendig welthaft. Sie ist aber auf eine noch gesteigerte Weise welthaft dadurch, daß durch *mein* Verstehen und Sprechen *neu* zur Welt wird, was *zwischen* mir und dem anderen ist. Nie ist das im Vorgang des Gesprächs Verstandene und zur Sprache Gebrachte einfachhin nur das, was es vorher war. Sondern es ist das neu zwischen dir selbst und mir selbst Entsprungene, die neue Welt zwischen dir und mir. Wer nicht etwas neu zu sagen hat, braucht im Grunde selbst gar nichts zu sagen. Er kann stumm bleiben. Aber gerade ein solches Stummbleiben wäre unmenschlich. Das eigentliche Ereignis des Gespräches ist so das Wunder des Neuen zwischen dir und mir, das immer eine neue Welt ist, die sein darf. Von dieser neuen Welt her, deren Seindürfen das eigentliche Offenbarungsereignis ist, darf dann eigentlich auch die vergangene und zu erzählende Welt erst wirklich sein. Als nur vorliegende ist sie zwar die verfügbare Welt, auf deren Boden man sich scheinbar rein sachlich verständigen kann. Es liegt ja in ihr scheinbar alles objektiv fest. Aber sie wäre, isoliert verstanden, zugleich die vom Ursprung abgekommene völlig gleichgültige Welt, die gerade deshalb auch nicht mehr in ihrem Ursprung, d. h. als sie selbst vernommen wird[228]. Erst indem ich mit ihr selbst spreche und sie übersetze, wird sie in das, was sie selbst ist, hineingerissen und so wirklich. Als vorliegende verdankt sie sich mit im Ereignis des Gesprächs.

Und wie das Sich-Ereignen der neuen Welt im Ereignis des Gesprächs, so ist auch das Verdanken in dem Verhältnis mit dem unsagbaren Ursprung, das dieses Sich-Ereignen in den Ursprung hinein freigibt, nun in einer doppelten Weise welthaft. Nie kann ich mich Gott zuwenden, ohne es in dieser zweifach welthaften Weise, auf-

---

[228] Und andererseits doch davon lebt, daß ich ihr irgendwie noch selbst Interesse entgegenbringe. Der absolute Nullpunkt der völligen Ich-Es-Welt, die für mich ohne jedes Interesse wäre, wird in Wirklichkeit nie erreicht.

grund der vorliegenden Welt und mit der ins Gespräch gekommenen Welt, zu tun[229]. Und umgekehrt: Offenbarung kann nie weltlos erscheinen, sondern ist immer schon das reine, heile Seinlassen von Welt. Oder, mit einem Wort, das der Überlieferung des Glaubens vertrauter ist: Offenbarung zeigt sich als das den Stoff der Welt ergreifende *Gebot* (GS 2,196–197)[230]. Das Geheimnis der Schöpfung löst sich in das Gebot der Offenbarung auf (GS 4/1, 151). Das Gebot aller Gebote ist so das »Du sollst lieben den Ewigen, deinen Gott von ganzem Herzen und von ganzer Seele und aus allem Vermögen«, das nichts als das aus dem Sein-gelassen-sein entspringende reine Sichverdanken zum Inhalt hat. Aber die nur andere Seite dieses Gebotes ist das Gebot der Nächstenliebe: »Wie ER dich liebt, so liebe Du« (GS 2, 228)[231], das die Welt mit dem »eigenen Wort« (GS 2, 228) des Menschen in das Ereignis des Sein-gelassenseins hineinnimmt.

Die Hinwendung zu dem unsagbaren Ursprung von Sprache kann deshalb nie bedeuten, daß ich mich aus der Welt hinauswende. Vielmehr wende ich mich erst dadurch wirklich dem unsagbaren Ursprung zu, daß ich mich der Welt als der in der Sprache sein-gelassen-seienden und immer neu sein-gelassen-werdenden zuwende. Anders kann mein Verhältnis mit dem unsagbaren Ursprung gar nicht bestehen. Denn »Gott hat eben nicht die Religion, sondern die Welt geschaffen« (GS 3, 153)[232].

Aber das Aufgehen von Offenbarung birgt nicht nur die Gegenwart und in ihr das vorliegende Vergangene in den Ursprung, sondern es birgt die zeitliche Gegenwart nur so, daß es zugleich über sie hinausstößt in die nur zu erhoffende *endzeitliche Vollendung*. Im gleichen Augenblick, in dem in dem Verhältnis der Hinwendung Gegenwart rein verdankt wird, weitet sich das Verhältnis der Gewährung zu dem Verhältnis der Verheißung. Denn wir sahen, daß der dialogische Vorgang in seiner reinen Form das Sich-Ereignen einer

---

[229] Im Ereignis der Offenbarung zeigt sich überdies, daß die vorliegende Welt, weil sie nur als zu verdankende sein gelassen ist, immer schon zu verdanken war. Das heißt, die vorliegende Welt zeigt sich in der Offenbarung als Schöpfung. Vgl. oben S. 147. Dieser Zusammenhang wird hier noch einmal sehr klar.

[230] Vgl GS 1/2, 1003.

[231] Vgl. dazu GS 1/1, 663. Rosenzweig wurde auf dieses Wort des Talmud durch Hermann Cohen aufmerksam.

[232] Vgl. ebenso GS 3, 818, 725. GS 3, 379 fordert Rosenzweig einen »missionierenden Religionsunterricht«, der sich mit den Mächten des wirklichen Lebens auseinandersetzt. Insofern Welt das Zwischen ist, hat das wirkliche religiöse Verhältnis deshalb von vornherein auch immer den Charakter der Publizität (GS 1/1, 230; vgl. GS 1/1, 229).

neuen Welt zwischen dir und mir bedeutet. Ein je Neues ereignet sich in dem Vorgang des Übersetzens, der, auf den Modellfall gebracht, der Vorgang von Rede und Antwort im Gespräch ist. Jedes Neue aber kann wieder mit einem Alten ins Gespräch treten. Und es kann seinerseits ein Altes werden, das von einem Neuen befragt und ins Gespräch gezogen wird. Alle Sprachen sind ineinander übersetzbar. Und alle neuen Sprachen werden alte Sprachen, die in immer neue übersetzt werden können. Gegenwart ist immer Zwischenzeit (GS 3, 498). Und die Geschichte stellt sich in Wahrheit als ein fortlaufend neues Sich-Ereignen von Gesprächen dar. Und warum sind alle Sprachen ineinander übersetzbar? Weil das in der Übersetzung sich ereignende Neue von dem immer noch Neueren überboten werden kann. Und dieses dann das schon Vorliegende auf immer neue Weise aufnimmt. So ist seiner prinzipiellen neuen Übersetzbarkeit wegen alles je Neue zwar als Neues je möglich, aber gleichzeitig dadurch als das noch nicht Vollendete, nämlich vollendet Übersetzte, ausgewiesen. Der das Gespräch gewährende Ursprung gewährt Gegenwärtigkeit. Diese ist, indem sie dem Ursprung verdankt wird, ganz Gegenwart, bis zum Äußersten. Aber doch so, daß gerade darin der sein-lassende Ursprung selber mich anweist, mich je neu dem Gespräch zu stellen. Denn er läßt mich nur sein im Gespräch. Das Ereignis des Gespräches selber ist offen allen Sprechenden gegenüber. Es will nie nur für sich sein, sondern immer neu im Gespräch. Es will immer neu übersetzt werden. Und darin liegt offenbar eine Verheißung, die von dem die Übersetzung je neu stiftenden Ereignis herrührt, das sich als das immer neue doch zugleich als das immer gleich neu sein-lassende zeigt. Es liegt darin die Verheißung, und es ist in der Tat nichts als Verheißung, daß am Ende einmal alle Sprachen in einer neuesten und jüngsten Sprache, die anders wäre als alle geschichtlich vorkommenden Sprachen, ineinander übersetzt und so von dem unendlich Seinlassenden her endgültig geborgen und sein gelassen sein könnten. In eine solche Hoffnung weist im je neuen Ereignis des Gesprächs der Ursprung die sich ihm Verdankenden vor. Das sich ereignende Zwischen trägt in sich die Verheißung des alles zeitlich gezeitigten Zwischen in sich bergenden endzeitlichen und jenseits der Geschichte liegenden alles vollendenden heiligen Zwischen (vgl. GS 3, 135). Das Sich-Verdanken wird deshalb erst dann in Wahrheit dem Ursprung gerecht, wenn ich, indem ich mich der Offenbarung verdanke, in der ich als welthafter sein gelassen bin, zugleich rein darauf vertraue, daß ich angesichts der ja weitergehenden Geschichte, angesichts alles Möglichen, was mich geschichtlich in Frage stellen kann, überhaupt so sein darf. Das heißt aber, daß ich mich im Verdanken frei gebe an die Hoffnung auf die endzeitliche Vollendung, in der ich mit allem sein darf. Die philosophische Relativitätstheorie, die Sein in der Relativität des je neuen geschichtlichen »Ereignisses zwischen« versteht, besteht doch nur, indem ich auf das jenseits der Geschichte liegende unverfügbare »absolute« Zwischen hinblicke. Dieses bleibt freilich »außerhalb des Systems«. Es kann also in der Tat nur in dem Sich-Verlassen des Glaubens rein erhofft werden.

Gott als der mich jetzt seinlassende offenbart sich darin zugleich als der mich immer sein-lassen-werdende, als der Herr der Zukunft (GS 4/1, 201). »Ich bin«, so sagt Rosenzweig im Stern – und wir finden hier abermals einen Vorgriff auf die spätere Übersetzung von Ex 3, 14 – »ist in seinem Munde wie ›Ich werde sein‹ und findest erst darin seine Erklärung« (GS 2, 303). Nur weil dieser dir gegenwärtig Werdende dir immer gegenwärtig werden wird, wenn du ihn brauchst und rufst – ich *werde* da sein – nur deshalb ist er dann unserm Nachdenken, Nach-denken, freilich auch der Immerseiende« (GS 1/2, 1161).

Der »Gottesbegriff«, den die Philosophie nach Rosenzweig zu erreichen suchte[233], ist dem sprechenden und im Sprechen andenkenden Denken unter den Händen zerronnen. Gott ist ihm der verborgene Gott, der sich nur je im Augenblick als der das dialogische Sein Gewährende offenbart. In dieser Offenbarung ist das Sein des schon Vorliegenden, weil es immer schon zu verdanken war, als Schöpfung geborgen und die endzeitliche Vollendung alles Seins des Seienden verheißen. So kann von dieser Herzmitte der Offenbarung aus Gott in einem neuen Sinne und nun erst in Wahrheit angerufen werden als der, der ist: »Jetzt, da ... Gott selbst sich als Schöpfer, Offenbarer, Erlöser offenbart, brennt in dem Gott der Wahrheit der Erste und Letzte und der Herzmittengegenwärtige in eins, und von diesem Gott, in welchem wirkliches Gewesen und wirkliches Ist und wirkliches Werden zusammenschießen, dürfen wir – nun erst – sagen: Er ist« (GS 3, 159 f.; vgl. GS 4/1, 69–70). Diese Verhältnisse verweisen uns wie von selbst auf den Glauben als auf die Struktur, in der für das dialogische Denken allein das religiöse Verhältnis bestehen kann.

---

[233] 17 Die Frage ist allerdings, ob die negative Theologie der abendländischen Überlieferung nicht an vielen Stellen zumindest offen ist für die Gotteserfahrung, um die es Rosenzweig hier geht.

c) Der Glaube als das dialogische Verhältnis mit dem seinlassenden Ursprung

Der unsagbare Ursprung zeigt sich als der, der je neu das Gespräch sein läßt. Im Ereignis des Gesprächs berühre ich ihn; oder vielmehr: er berührt mich in seinem Seinlassen. Aber wie berührt er mich? So, daß er mir und dem Partner gewährt zu sein, und zwar *selbst* zu sein. Gerade darin besteht ja das sich im Anfangen des Gesprächs Ereignende, daß ich nicht nur als ein schon Vorzufindender, als Teil vorliegender Welt, spreche, der an sich stumm bleiben könnte, weil er, wenn er spräche, eine bloße Sprechmaschine wäre; sondern daß ich selbst als ich selbst anfange zu sprechen. So wie der andere anfängt als er selbst zu sprechen. Ich selbst, der ich als Selbst immer schon alle Bestimmbarkeit überschritten habe, darf, indem sich das Gespräch ereignet, anfangen zu sprechen. Das heißt aber: der im Ereignis des Gesprächs sich ereignende Ursprung berührt mich selbst gerade als Selbst. Er läßt mich als mich selbst sein, wie auch den Partner. Er meint uns beide selbst. Und darin mich selbst. Indem ich also des uns sein lassenden Uprrungs eingedenk werde, werde ich dankbar dessen eingedenk, daß ich von ihm ganz und gar als ich selbst gemeint und sein gelassen bin. Das heißt aber: Das Verhältnis, das ich auf dem Grunde meines Sprechens zu dem unsagbaren Ursprung von Sprache habe, hat selbst den Charakter des Gesprächs. Es hat die Grundstruktur, die Rosenzweig in dem Gedicht »Gewaltiger« Jehuda Halevis findet, dessen monumentale Schlußstrophe er aus dem Hebräischen so übersetzt:

> »Schaunde, die nie zu schaun!
>   Schaundem, der nie zu schaun,
>   nah' du und bring Preisdanks-
>   und Segensworts Klang Ihm!«
>   (GS 4/1, 26)

Ich selbst, die Seele, die als In-der-Welt-sein doch nie Vorliegendes, 3. Person, werden kann (GS 4/1, 114): »Schaunde, die nie zu schaun«: ich trete, indem ich dessen eingedenk bin, daß ich als ich selbst sein darf, in ein Verhältnis zu dem Ursprung, der mich anschaut und zugleich doch, wie ich selbst, nie als ein Etwas zu schaun ist. Und bringe so »Preisdanks- und Segensworts Klang Ihm«.

Das Verhältnis, in dem ich andenkend mit dem mich sein lassenden Ursprung stehe, kann selbst nur das dialogische Verhältnis der

Gegenseitigkeit sein, in dem Freiheit durch Freiheit gerufen und sein gelassen ist: menschliche Freiheit durch göttliche Freiheit (GS 3, 203, 432 f.; GS 1/2, 663). Der von Menschen genannte Name Gottes kann nur der reine Anruf, in seiner grammatischen Form: der reine Vokativ, sein (GS 3, 811; vgl. GS 1/2, 1162). Dieses Verhältnis der Gegenseitigkeit ist aber das Verhältnis der *Treue*. Und diese eben ist das »jüdische Urwort, aus dem die Welt sich den Glauben gewonnen hat« (GS 4/1, 191). Das Verhältnis der Treue ist zwar zeitlich und gezeitigt. Aber es übersteigt doch zugleich die Zeit, weil nicht die Zeit es, sondern es die Zeit enthält. In dem Verhältnis der Treue geschieht die Zeit selbst. Das Verhältnis der Treue gewährt Gegenwart. Und die in ihm stehen, haben nun Zeit. So auch in dem Verhältnis des Glaubens. Dem Glauben entspricht das Bleiben (GS 1/1, 283)[234], ein »totales, den ganzen Menschen umfassendes Gehaltensein« (GS 3, 835). Dieses umfaßt die Zukunft, in welche hinein die sich aus dem Verhältnis zeitigende Zeit sich erstreckt, immer schon mit; wie im übrigen auch die Vergangenheit, die in ihr geborgen ist.

Freilich: das Verhältnis des Glaubens umfaßt die Zukunft gerade nicht so, daß die Zukunft in ihrem Was festgelegt wäre. Nichts muß geschehen. Und alles kann geschehen. Aber dieses Alles ist, was es auch sei, in seinem Sinn doch schon geborgen in dem Verhältnis der Treue. Was sich auch ereignen mag: es ruht in dem in der Treue zugesagten und mich meinenden Sinn und seiner verheißenen Vollendung. Wie umgekehrt auch, was geschehen ist, darin ruht. In dem im Verhältnis des Glaubens gelebten Hier und Jetzt bewährt sich die von der Schrift ausgesprochene Gewißheit, daß Gott den Menschen, schon ehe er ins Leben tritt, erkannt und geliebt hat« (GS 4/1, 96)[235]. Die mir im Ereignis des Seindürfens widerfahrene Offenbarung, die ein Verhältnis der Treue ist, schließt die Verheißung, der ich vertrauen darf, schon mit ein. Die verheißene Vollendung bleibt reine Verheißung. Sie liegt als Was noch in keiner Weise vor. Aber weil sie in dem Verhältnis der Treue zugesagt ist, kann der Glaubende sich nun der geschehenden Zeit selbst anvertrauen. Er braucht die Zeit, um ihrer Herr zu werden, nicht anzuhalten in einem »Tic des zeitlosen Erkennens« (GS 3, 149). Vielmehr: »er kann warten, weiterleben, er hat keine ›fixe Idee‹, er weiß: kommt Zeit, kommt Rat« (GS 3, 149).

---

[234] Vgl Is 7, 9.
[235] Vgl. Is 45, 4; Jer 1, 5; Ps 103, 14; 139, 1.

Der metaphysische Gott ist ihm vergangen und zu dem unaussagbaren, aber vorsehenden und anzurufenden Gott geworden.

Dieses sich im Glauben vollziehende Verhältnis mit der unsagbaren göttlichen Wahrheit ist so gerade, das sieht man hier deutlich, nicht außerhalb der Zeit. Sondern es nimmt die Zeit selbst ganz ernst. Es ist ganz *zeitlich* wie es ganz *weltlich* ist. Es ist dies so sehr, daß vor der in dem Verhältnis lebendig gewordenen Zeit das Verlangen des Glaubenden nach »Ewigkeit« schweigen lernt, weil es von dem Verhältnis der Treue selbst gestillt, d. h. zum Schweigen gebracht worden ist (GS 3, 815). Der Glaubende kann sich voll und ganz allem Einzelnen als ereignetem zuwenden. Der Glaube begründet gerade so keinen Sonderbereich neben der übrigen Wirklichkeit. Der Glaubende besteht in seinem Glauben nur so, daß er immer neu die geschichtlich vorkommende Welt ganz ernst- und annimmt. Und sie so einbringt in das Verhältnis, das ihm in der sich ereignenden und die Welt sein lassenden Offenbarung widerfährt. Die Offenbarung bedeutet ja »*nicht* Benachrichtigung und Beschreibung« von irgend etwas Gesondertem. Sondern Offenbarung geschieht in »Gebot und Verheißung«. Beides aber sind Weisen, in denen das Sein der Welt von dem göttlichen Anspruch ergriffen wird. Und so erst sein gelassen wird. Der göttliche Anspruch in Gebot und Verheißung ergreift meine Welt mit mir, oder besser: unsere Welt, die zwischen uns ist und unsere Sache ist. »Man glaubt eben nicht an das Faktum (le fait) Gott. ›Was Gott ist, hat in Ewigkeit kein Mensch ergründet‹ und *daß* er ist, das geht höchstens ihn selbst etwas an. *Man glaubt an das Faciendum* (chose à faire) Welt ...« (GS 1/1, 426; vgl. auch GS 3, 558).

Hier liegt denn letztlich auch der Grund, warum die denkende Erhellung von Welt – Philosophie – die an sich ungläubig ist, da sie auf das schon Geschehene in sich geht, *und* die Ansage des Ursprungs – Theologie – mit innerer Notwendigkeit zusammengehören. »Die göttliche Wahrheit verbirgt sich dem, der nur mit einer Hand nach ihr langt, einerlei, ob diese langende Hand die der sich voraussetzungslos wähnenden ... Sachlichkeit des Philosophen ist, oder die der erlebnisstolz sich vor der Welt verschließenden Blindheit des Theologen. Sie will mit beiden Händen angefleht werden. Wer sie mit dem doppelten Gebet des Gläubigen und des Ungläubigen anruft, dem wird sie sich nicht versagen« (GS 2, 329–330). Denn die Ansage der sein lassenden göttlichen Wahrheit und die Hinwendung zu ihr können nicht wirkliche Ansage und Hinwendung sein, wenn diese

Wahrheit nicht die Wahrheit der wirklichen, d. h. aber von dem voraussetzungslos fragenden Denken erhellten Wirklichkeit, der Welt, ist. Es kann nicht wirklich gegaubt und es kann nicht wirklich Theologie getrieben werden, wenn nicht vorher die Philosophie »sozusagen zum ›Alten Testament‹ der Theologie« geworden ist (GS 2, 120). Nur so ist ein menschliches Verhältnis zu dem sein lassenden Geheimnis möglich.

Was aber in dem derart zugleich ereigneten und welthaften Verhältnis zu der göttlichen Wahrheit geschieht, ist, daß das Sein, das als bloße Helle in der Leere des nicht Gerichteten schwebt, nun sein darf (vgl. GS 2, 428 ff. GS 1/1, 413, 306, GS 1/1, 317).

Der Glaube wendet sich so in das Einfache hinein, das von keinem »Wissen über« einzuholen ist und deshalb von diesem als das scheinbar Absurde ausgestoßen werden muß. Der Glaube wendet sich in das Einfache des Sinnes von Sein hinein, das je neu sein darf. Der Glaube kann so »das vom Wissen ausgestoßene Einfache in seine Hut nehmen und damit selber ganz einfach werden« (GS 2, 157)[236].

d) Das Gebet und der Festtag

In dem dialogischen Verhältnis mit der göttlichen Wahrheit in Offenbarung und Glaube antwortet, schon im Entwurf der Urzelle (GS 3, 131), dem Gebot das Gebet. Das Verhältnis mit der sein lassenden Wahrheit geschieht grundsätzlich so, daß Welt immer neu hineingestellt wird in das seinlassende Verhältnis selbst. Die Erleuchtung dieses so an der Welt sich vollziehenden Verhältnisses aber geschieht im *Gebet.* Gebet ist zunächst als Gebet des Einzelnen gedacht und hat für Rosenzweig durchaus den Klang der Bitte um etwas, das geschehen soll. Insofern der Inhalt des Gebetes so das vom Menschen Erwünschte ist, der Inbegriff seines Ausseins-auf, stiftet das Gebet die »menschliche Weltordnung« (GS 2, 293). Dieses Aussein-auf aber muß nun, wenn das Gebet rechtes Gebet sein soll, Moment des dialogischen Verhältnisses mit dem sein lassenden Ursprung selbst sein. Dieses Verhältnis aber ist ganz und gar das Verhältnis von Freiheit zu Freiheit. Und hier liegt der Grund, warum sowohl Gott den Menschen wie der Mensch Gott versuchen kann, warum »Gott lie-

---

[236] Vgl. dazu auch den Schluß des Stern: »... ganz gegenwärtiges Vertrauen ... Es ist das Allereinfachste und gerade darum das Schwerste. Es wagt jeden Augenblick zur Wahrheit Wahrlich zu sagen.« Außerdem GS 4/1, 57.

ben« immer zugleich »die glücklichste und unglücklichste Liebe« ist
(GS 4/1, 40).

Gott kann den Menschen versuchen. Er kann dem Menschen
sein Walten, das in der geschichtlich sich zuschickenden und sich ereignenden Wirklichkeit offenbar wird, verbergen. Ja, er muß dies,
damit der Mensch Gelegenheit habe, ihm wahrhaft, also in Freiheit,
zu glauben und zu vertrauen« (GS 2, 296).

Und der Mensch kann Gott versuchen. Sein Aussein-auf, das
sich immer welthaft vollzieht und im Gebet hell wird und sich äußert, muß letztlich aussein auf den Sinn von Sein überhaupt, auf die
Vollendung von allem. Letztlich kann man nur um die vollendete
Erlösung, um das Kommen des Reiches beten. Aber diese letzte Hinsicht ist nicht die nächste. Die nächste Hinsicht ist vielmehr, daß auch
um das tägliche Brot, um den zeitlichen Frieden und die Vergebung
der konkreten Schuld gebetet wird. Wenn auch die äußersten Strahlen des Lichtes, welches das Gebet ist, nur auf das Kommen des Reiches gehen können, so muß doch das Zentrum dieses Lichtes das
Nächste-zu-liebende erleuchten, gerade weil das Verhältnis mit dem
unsagbaren Ursprung seine eigene Zeitlichkeit und Weltlichkeit
ernst nimmt. Und hier liegt die Möglichkeit der Freiheit des Menschen, Gott zu versuchen. Indem er nämlich das Nächste überspringt
und sich dem Übernächsten zuwendet, versucht er sich der Vollendung zu bemächtigen und fällt gerade so aus dem gegenseitigen
Verhältnis des Vertrauens heraus. Das Gott versuchende Gebet
bringt eine durch das dialogische Verhältnis begründete, aber dieses
Verhältnis schon verlassende Stellung des Menschen in dem Verhältnis mit dem unsagbaren Ursprung zum Ausdruck. Es ist tyrannisch.
Es greift vor. Es ist das Gebet zur unrechten Zeit. Ihm gegenüber ist
das rechte, nämlich das sich in dem dialogischen Verhältnis mit dem
zeitigenden Ursprung haltende Gebet, das Gebet zur rechten Zeit,
oder auch: das Gebet zur angenehmen Zeit, das Gebet zur Gnadenzeit
(GS 2, 303 ff. und 321 ff.). Es lenkt die Kraft der Liebe in das Heute
und auf das Nächste. Es macht sie zur Nächsten-Liebe. Und ihm kann
deshalb Erfüllung zuteil werden.

Nun muß hier sicher gesagt werden, daß Rosenzweig in diesen
Partien des Stern über das Gebet nicht die ganze Fülle dessen beschreibt, was Gebet bedeuten kann. Ihm liegt in der Einleitung zum
III. Teil des Stern zunächst vielmehr nur daran, das Gebet überhaupt
in seiner Stellung in dem gezeitigten weltlich-zeitlichen Verhältnis
mit dein Ursprung zu begreifen, um von daher den Zugang zu der

Wirklichkeit des Festtags zu gewinnen, mit dessen Bedenken der Stern endet.

Denn das Gebet, wie wir es bis jetzt sahen, ist ja das Gebet des Einzelnen. Und es muß zudem gefragt werden, worin es sich unterscheide von dem Gebet des Ungläubigen zum eigenen Schicksal, das Rosenzweig in dem Gebet Goethes sieht: »Schaff, das Tagwerk meiner Hände, hohes Glück, daß ichs vollende.« Dieses Gebet ist nach Rosenzweig zwar ungläubig, wenn man von dem vollen Sinn von Glauben ausgeht. Aber es ist doch ein »geschöpflich-gläubiges Gebet« (GS 2, 315). Es ist ein Gebet angesichts des eigenen zeitlich-weltlichen Seindürfens. Insofern kommt es auch zur angenehmen Zeit, zur Gnadenzeit (GS 2, 319). Es ist das Gebet, in dem das Leben ganz zeitlich, die Zeit ganz lebendig wird (GS 2, 320). Es ist das Leben als der breite Strom, der voll über die Klippe des Augenblicks hinwegströmt. Und so kann Ewigkeit im Augenblick über es kommen. Es ist das »reine Leben, das immer genau an der rechten Stelle der Zeit ist, immer gerade recht kommt, nicht zu früh und nicht zu spät« (GS 2, 320 f.). Dieses Gebet ist welthaft und zeitlich, insofern Zeit und Welt im Augenblick aufgehen. Dennoch bleibt dieses Gebet nur im *Eigenen*. Es ist, wie Rosenzweig sagt, ›die Andacht des Ungläubigen vor dem reinen Leben«. Aber es ist nicht die »Bitte um das ewige Leben«, das erst der Inbegriff alles und das heißt eben auch alles anderen geschichtlich sich Ereignenden sein kann. Es blickt nicht vor in die Fülle der Freiheit sich zeitigender Geschichte und die ihr verheißene Vollendung. Gerade um jenen Inbegriff der Vollendung alles geschichtlich sich zeitigenden je Neuen, in dem schlechthin Neuen Lied, in dem alle Sprachen zur Gemeinschaft kommen, bittet es nicht. Um diese Zukunft, die nicht nur die Zukunft des Eigenen, sondern auch die Zukunft alles anderen ist, geht es ihm nicht. Gerade um diese Zukunft muß aber gebetet werden. Sie muß in das Heute vorgezogen werden. Und dies geschieht in dem jüdischen und dem christlichen *Fest*.

Welches Verhältnis zur Zeit und zur Welt hat das Fest? Die Zeit zeitigt sich in jedem Augenblick neu. Insofern ist der Sinn von Sein jeden Augenblick neu gegeben und zunächst nur für sich gegeben. Ereignis steht zunächst neben Ereignis, Welt neben Welt. Allerdings, so sahen wir, besteht das geistige Leben darin, daß ein Ereignis fortlaufend in die anderen übersetzt wird, eine Welt in die andere. Das wirkliche menschliche Leben besteht erst im Vorgang der Übersetzung. Darin zeigt sich aber an, daß in dem Verstehen von sich zeitigender Zeit das je Neue immer schon als die Gabe des unsagbar Selben verstanden und seine nicht vorauszusehende Vollendung in dem Selben erhofft wird. In der Struktur der Zeit entspricht dieser Anzeige des Selben der bloßen Reihung der Augenblicke gegenüber die *Stunde*, die die bloße Reihung des sich Ereignens der Augenblicke zum Stehen und zur Vollendung zugleich bringt (GS 2, 322). »In der Stunde also wird ein Augenblick zum stets, wenn er vergehen sollte, wieder neu Angehenden und also Unvergänglichen, zum Nunc stans, zur Ewigkeit umgeschaffen. Und«, so fährt Rosenzweig fort, »nach dem Bilde der selbstgestifteten Stunde, in welcher der Mensch sich von der Vergänglichkeit des Augenblicks erlöst, schafft er nun die Zeiten um, welche die Schöpfung seinem Leben gesetzt hat« (GS 2, 323). In der bloßen Reihung der Augenblicke ist das je neu sich Zuschickende nicht orientiert. Es ist in seinem Sein bloß relativ. Erst in der Wiederkehr des Selben, dem *dies festus*, wird der eine unsagbare Sinn des geschichtlich je neu sich Zuschickenden angezeigt und zugleich sein endzeitliches Hervortreten erhofft. In der Sprache entspricht dieser Anzeige und Hoffnung, wie wir sahen, der Zwiegesang, der hier und jetzt nur ein partieller Dualis sein kann (vgl. oben S. 130). Das Wesen des Zwiegesangs besteht in der immer neuen Wiederkehr des Selben, durch die jedesmal die Einheit des Gesagten neu und stärker hervortritt und so das eigentliche Wunder des Gespräches, nämlich sein Sich-Ereignen, immer wunderbarer wird (vgl. oben S. 130). Zugleich aber wird darin auf die nur zu erhoffende und dereinstige unsägliche Einheit alles Gesagten vorverwiesen.

So wie die Stunde die bloße Relativität des sich ereignenden Augenblicks zum Stehen und damit ihren absoluten Sinn hervorbringt, so wird der Festtag zu dem Stundenschlag, dem »Immerwieder«, das in der bloßen Abfolge der Ereignisse diese zum Stehen und ihr Sich-Ereignen als die Gabe des Selben und Unsäglichen zum Vorschein bringt.

Zugleich damit aber zeigt er die Hoffnung auf die endzeitliche Vollendung an. Festtage werden gefeiert, damit das bloße Sich-Ereignen der zeitlich vorkommenden Welt hineingenommen werde in das immer Selbe des Verhältnisses mit dem unsagbaren zeitigenden Ursprung, in das Verhältnis der Treue, das zugleich das Verhältnis der Verheißung ist.

Dieses Hineinheben aber kann nun nur so geschehen, daß es durch *alle gemeinsam* geschieht. Erwies sich das Gebet als die Erhellung des Sinnes von Sein zunächst nur vom einzelnen aus, so geschieht im *Kult* die Erleuchtung dieses Sinnes durch alle und für alle. Keiner kann den Festtag alleine feiern. Sondern er braucht dazu die andern, alle andern. Dadurch kommt nur auf eine neue Weise hervor, daß das Sein ja überhaupt Sein-zwischen ist, das als zeitlich-geschichtliches Ereignis nur in der Beziehung zwischen dir und mir besteht. So kann auch der Sinn von Sein in Wahrheit nur erleuchtet werden, wenn er als der Sinn des zwischen dir und mir sich Ereignenden erleuchtet wird. Er kann nur in der gemeinsamen Feier des Festtages erleuchtet und als Gestalt vor Augen gestellt werden. »Die Zeiten, die der Kult bereitet, sind keinem eigen ohne alle andern« (GS 2, 325). Die Erleuchtung, die dem Einzelnen wird – hier kann sie keine andre sein als die, welche allen andren auch geschehen kann« (GS 2, 325). Rosenzweig schließt daraus, daß das im gemeinsamen Kult Erhellte eigentlich nur »das Fernste, das Reich« (GS 2, 325) sein könne, weil ja in Wirklichkeit nur dieses allen gemeinsam sei und so auch die *Sprache* der Feier des Festtags deshalb, weil keine geschichtlich vorkommende Sprache schon ganz gemeinsame Sprache sein kann, sich eigentlich erst in der gemeinsamen stummen, das Schweigen des vollendenden Verstehens zum Ausdruck bringenden *Gebärde* vollende (GS 2, 328 bis 329). Diese These, die den eschatologischen Charakter der festtäglichen Feier stark herausarbeitet und darin eine Art Regel für alles mögliche kultische Sprechen gibt, ist sicher allen Bedenkens wert; obwohl sie immer mit ihrem Gegenteil, daß nämlich kultisches Sprechen hier und jetzt nur geschichtlich-welthaftes Sprechen sein kann, zusammengesehen werden muß. Es wäre an dieser Stelle sicher auch zu bedenken, inwieweit Rosenzweig dem christlichen Kult, dem er das II. Buch des III. Teils des Stern widmet, gerecht geworden ist. Jedoch würde eine solche Untersuchung den Rahmen unserer Arbeit sprengen, wie wir es uns überhaupt versagen müssen, auf die Fülle der im dritten Teil des Stern vorgetragen Gedanken, die ihrer Entdeckung durch eine auf die Praxis zielende Phänomenologie der Religion vorerst noch harren, näher einzugehen. Es muß uns genügen, zu sehen, daß und wie Rosenzweig grundsätzlich den Ansatz des geschichtlich-dialogischen Seinsverständnisses bis zu einer Phänomenologie des Kultes als des Festtags vortreibt. Diese nimmt die beiden Dimensionen des neuen Seinsverständnisses – das Verhältnis als das sich Sein geschichtlich-welthaft zwischen Menschen ereignet und das sich darin eröffnende Verhältnis mit dem die Geschichte sein lassenden unsagbaren Ursprung von Sprache – in eines zusammen.

e) Religion, Religionen und »Religion«

Um den Begriff zu klären, den wir unserer ganzen Untersuchung voranstellten, soll die Erörterung des Rosenzweigschen Denkens vorerst mit einer kurzen Erläuterung des verschiedenen Gebrauchs des Wortes Religion abgeschlossen werden.

Was wir bisher sahen, hat deutlich gemacht, daß Rosenzweigs Denken seiner innersten Intention nach auf das religiöse Verhältnis zielt. Das Denken, das seinen Grund in dem Verhältnis des Glaubens zu dem unsagbaren Ursprung von Sprache findet, weil es erst von diesem her sein gelassen ist, ist in sich selbst religiös, so wie auch alles alltägliche, werktägliche Leben, das um seinen Sinn in der Feier des Festtages weiß. Religion ist deshalb kein Sonderbereich. Sondern die ganze Weite des Lebens deckt sich mit der Wirklichkeit des religiösen Verhältnisses. Der Stern entläßt nicht umsonst seine Leser »ins Leben« (GS 2, 472). Er versteht sich selbst als das Tor zum Leben. Das im Stern erörterte Verhältnis mit dem unsagbaren Ursprung von Sprache bedeutet durch alle Dimensionen des Daseins hindurch: »Einfältig wandeln mit deinem Gott ... ganz gegenwärtiges Vertrauen ... Es ist das Allereinfachste und gerade darum das Allerschwerste. Es wagt jeden Augenblick zur Wahrheit Wahrlich zu sagen« (GS 2, 472).

Rosenzweig ist bereit, diese Wirklichkeit des Verhältnisses mit dem zeitigenden Ursprung auch in den konkreten Gestalten der Religionen wiederzuerkennen. Die geschichtlich vorkommenden Religionen sind Leiber um diese Seele (GS 1/2, 995). Das I. Buch des I. Teils des Stern zeigt dabei grundsätzlich, wie Rosenzweig die Religionen der Antike versteht[237].

Gerade weil Rosenzweig das verwirklichte religiöse Verhältnis in der ganzen Weite des Daseins sieht, muß er jedoch skeptisch sein gegen ein herkömmliches Verständnis von Religion. Er muß ein Verständnis von Religion ablehnen, in dem man Religion »auch« hat, wie etwa Wissenschaft und Kunst (vgl. GS 3, 131). Daß man das Wort Religion in den Plural setzen kann, ist nach Rosenzweig »der beste Beweis dafür, daß kein Wort von der Sache, die es meint, weniger weiß als dies« (GS 1/2, 622). Religion in diesem Sinne setzt Rosenzweig dann zuweilen in Anführungszeichen, um die so verstandene »Religion« als das Zerrbild des wirklichen religiösen Verhältnisses

---

[237] Vgl. dazu auch GS 3, 195 f.

zu kennzeichnen (GS 3, 493, 497, 419; GS 1/2, 767, 622; GS 4/1, 215). Auch die im Anfang des Jahrhunderts viel gelehrte Religion der Tat, in deren Bannkreis wir den jungen Buber fanden, ist nach Rosenzweig nur ein solches Zerrbild des wirklichen religiösen Verhältnisses. Und zwar deshalb, weil Tat hier metaphysisch als ein Abgesondertes – etwa neben der Theorie oder der Beschauung – verstanden wird (GS 1/2, 639). Religion und Religiosität in diesem abgesonderten Sinn können Götter werden wie Kultur und Zivilisation, Volk und Staat, Nation und Rasse, Kunst und Wissenschaft, Wirtschaft und Klasse (GS 4/1, 64). In diesem abgesonderten Sinne sind Judentum und Christentum nach Rosenzweig in ihrem Ursprung nie Religionen gewesen, im Gegensatz zu allen heidnischen Religionen, die von Anfang an spezialistisch, d. h. »gestiftet«[238] waren. Judentum und Christentum sind allenfalls im Laufe ihrer Geschichte spezialistisch, d. h. Religionen in dem abgesonderten Sinn, geworden. Die Kraft von Judentum und Christentum besteht, so meint Rosenzweig, aber nun gerade darin, daß sie immer wieder in sich die Antriebe finden, um sich »von dieser ihrer Religionshaftigkeit zu befreien und aus der Spezialität und ihren Ummauerungen wieder in das offene Feld der Wirklichkeit zurückzufinden« (GS 3, 154). Um der Wirklichkeit und des lebendigen Gottes willen hat die Offenbarung deshalb »nur dies zu tun: die Welt auch wieder unreligiös zu machen« (GS 1/2, 768).

Es wirft auf Rosenzweigs eigenen Denkweg ein bezeichnendes Licht, daß er in der Einleitung zu Hermann Cohens Jüdischen Schriften sagt, nicht nur Hermann Cohen, sondern auch die großen Idealisten hätten im Grunde dies gewollt, was wir nun als Rosenzweigs eigenes Anliegen erkannten, nämlich: die Religion in dem abgesonderten Sinne »einmal überflüssig zu machen« (GS 3, 197) um der Wirklichkeit und des wirklichen Gottes willen.

---

[238] Stiftung hat hier nicht den Sinn, in dem die Religionsgeschichte gewöhnlich vom Christentum als von einer »Stifterreligion« spricht. Sondern Stiftung bedeutet für Rosenzweig hier ganz offenbar »menschliche Setzung«, die, weil menschlich, deshalb immer spezialistisch sein muß. Judentum und Christentum hingegen verdanken ihr Dasein der Offenbarung. Sie können deshalb alle geschichtlichen »gestifteten« Spezialisierungen (in denen sie sich immer wieder ausdrücken müssen) immer wieder überwinden. Sie sind letzten Endes nur dem Einen, der sich in der wirklichen Wirklichkeit offenbart, treu.

Zweiter Abschnitt
Ferdinand Ebners Pneumatologie

1. Historische und methodische Vorbemerkungen

Nachdem wir den Weg zu dem Neuen Denken des »spekulativsten Dialogikers«[1], Franz Rosenzweig, nachvollzogen haben, gilt es nun die Weise kennenzulernen, in der Ferdinand Ebner den dialogischen Gedanken entfaltet.

Dabei kann man es, rein historisch gesehen, bezweifeln, ob Ferdinand Ebner erst an die zweite und nicht vielmehr an die erste Stelle einer Erörterung des dialogischen Denkens zu setzen sei. Denn Rosenzweigs Durchbruch zu dem Neuen Denken vollzieht sich, so sahen wir, im wesentlichen in den Jahren 1916 und 1917. In Ferdinand Ebners Notizen und Tagebüchern, die 1963 im größeren Umfang von Franz Seyr aus dem Nachlaß veröffentlicht wurden[2], lassen sich aber bereits von 1912 an Ansätze zu dem dialogischen Gedanken, so wie ihn Ebner vorlegt, aufzeigen. So heißt es bereits im Juni 1912: »Das ›Ich‹ ist unmittelbar in sich selbst erlebte Tatsache. Nicht aber das ›Du‹. Hier liegt das für die Ethik schwierigste Problem: – die Anerkennung des ›Ich‹ im Anderen, wodurch eben das ›Du‹ ist, die Setzung des ›Du‹ als ethische Forderung« (II, 94). Und im Januar 1913: »Eine Objektivierung‹ des Ich wäre freilich in der ethischen Setzung des ›Du‹ zu suchen« (II, 103[3])[4]. Wenn wir dennoch in unserer Unter-

---

[1] Vgl *Theunissen* 505.
[2] Schriften, II. Band. Seyr hat etwa ein Achtel des in thematischen Aufzeichnungen und Tagebüchern enthaltenen Nachlasses veröffentlicht (vgl. II, 1155). Er hat sich dabei bemüht, auch »jene Denkmotive zu berücksichtigen«, die in den bis dahin veröffentlichten Schriften Ebners »nicht zur Entfaltung« kamen (a. a. O.). Wir müssen uns darauf verlassen, daß Seyr keine wichtigen Gedanken Ebners übersehen und daß er die Stücke richtig angeordnet hat.
[3] Vgl. weiterhin II, 16; 17; 23; 79; 88; 93; 108; 118; 119; 120; 126; 133; 234–237.
[4] Eine genetische Entwicklung des Denkens Ebners, die allerdings auch das von Seyr nicht veröffentlichte Material prüfen müßte, ist bis jetzt nicht gegeben worden. Auch unsere Interpretation, die zwar aufgrund des veröffentlichten Materials zuweilen gene-

suchung Rosenzweig voranstellten, so hat das darin seinen Grund, daß, wie sich nach der Entwicklung der Ebnerschen Dialogik zeigen wird, Rosenzweigs Gedanke methodisch vollständiger und ausgewogener ist. Rosenzweig ist ja der einzige der uns beschäftigenden Denker gewesen, der sich ausdrücklich zu einem System bekannte im Sinne einer »Vollständigkeit und Rundung, die sich selber trägt« (Bü 25). Ebner hingegen schrieb bewußt »Fragmente«, Bruchstücke durchaus eines Ganzen, unter dessen Geheiß alle Bruchstücke stehen. Aber das Ganze wird als Ganzes in den Bruchstücken nicht thematisierbar, so wie es bei Rosenzweig, am deutlichsten in der Gestalt des Stern – wenn auch in der Enthaltung von dem ausdenkenden Denken – thematisierbar wird. Ebners Denkstil ist deshalb ein ganz anderer als der Rosenzweigs. Ebner denkt intensiv immer wieder auf eine einzige Mitte zu; aber in dem Wissen, daß um der Intensität willen, mit der allein auf die Mitte hin gedacht werden kann, die Geschlossenheit darangegeben und das Experiment des Denkens als immer neues Fragen gewagt werden muß. Wenn Ebner später einmal bemerkt, es sei den christlichen Denkern offenbar eigen, daß sie in der Form von Tagebüchern denken[5], so gilt das ganz offensichtlich auch für ihn selbst. Rosenzweig ist trotz allem in seinem Denken von dem Stile Hegels geprägt. Ebners Denken dagegen hat etwas von dem Denken Pascals und Kierkegaards an sich[6]. Es kommt ihm bei aller Redlichkeit des Denkens gar nicht auf eine Rundung an, sondern darauf, den Leser selbst zu bewegen, auf die notwendige Mitte hin zu denken. Während Rosenzweigs Denken durchaus als Philosophie ansetzt, ist Ebners Denken von vornherein religiöses Denken, dem es um das Heil, das eigene und das des anderen Menschen, geht.

Daraus ergibt sich für die Darstellung eine besondere Schwierigkeit. Unsere Untersuchung muß notwendigerweise systematisch vorgehen. Aber sie muß zugleich dessen eingedenk bleiben, daß Ebners Gedanken nicht Teile eines gerundeten Gedankenganzen sind, sondern eher als ein von der unsagbaren Mitte des Heiles geleitetes im-

---

tische Gesichtspunkte berücksichtigt, kann in keiner Weise den Anspruch erheben, eine solche Entwicklung zu liefern. Die Lebensgeschichte des merkwürdigen und großen Denkers, der in Sachen der Philosophie ganz und gar Autodidakt war, vgl. in den bereits vorliegenden Biographien, also vor allem in Ebners eigenen Lebenserinnerungen (II, 1037 bis 1105) und der Biographie Seyrs (II, 1109–1154).

[5] Vgl II, 948.
[6] Vgl. dazu Ebners Selbstverständnis III, 144.

mer neues Fragen, das zu Bruchstücken der Antwort findet, verstanden werden wollen. Nur mit dieser Vorsicht werden wir dem Ebnerschen Denken gerecht werden können.

Unsere Darstellung, die einerseits von der notwendigen Behutsamkeit gegenüber dem fragmentarischen Werk Ebners geleitet ist, nimmt andererseits Rücksicht auf die bereits vorliegenden Arbeiten, die Ebners Werk systematisch zu interpretieren suchten[7]. Diese Arbeiten tragen Wertvolles zur Erhellung des Ebnerschen Werkes bei. Jedoch geht unsere Interpretation grundsätzlich selbständig vor. Sie muß dies um so mehr, als sie gehalten ist, das erst seit 1965 in solcher Vollständigkeit vorliegende Material der Schriften Ebners in seiner ganzen Breite zu beachten.

2. Die Erfahrung des Existierens in der Erfahrung des Sprechens

Überschaut man die Landschaft der Ebnerschen Gedanken im ganzen, so fällt sofort auf, daß sie ihr Zentrum, genauso wie das Neue Denken Rosenzweigs, in der Erfahrung des *Sprechendürfens* findet. Nicht »das« Ich und »das« Du sind die Wirklichkeiten, von denen Ebner ausgeht, sondern die Sprache, insofern sie gesprochen wird, ist das Erfahrungsfeld, auf dem er allererst zu Ich und Du und darüber hinaus zu der sein Denken bewegenden Mitte findet. »Wenn es eine pneumatologische Intuition gibt, so ist ihr einzig möglicher Gegenstand die Sprache«, so heißt es in den Ebnerschen Notizen am 30.7.1921. Und am selben Tag: »Denken am ›Leitseil der Sprache‹« (II, 276–277)[8]. Später sieht sich Ebner mit dieser intuitiven Mitte

---

[7] Als wichtigste Arbeiten seien hier die von Elisabeth Angerer, John Cullberg, Nikolaus Fheodoroff, Edgar Hättich, Peter Sandmann, Theodor Schleiermacher, Franz Seyr (Anmerkungen zu Ferdinand Ebners Pneumatologie in: Jahresbericht des Bundesrealgymnasiums in Tulln, 1951), Michael Theunissen und Eugen Thumher genannt. Die Arbeiten von Franz Franzen und Bernhard Langemeyer sehen das Werk Ebners im Lichte kontroverstheologisch-ökumenischer und dogmatischer Hinsichten. Beide Arbeiten nehmen wohl deshalb auch von den philosophischen Vorarbeiten z. B. Angerers, Hättichs und Thurnhers keine Notiz.

[8] Vgl. auch den Entwurf der Pneumatologie, der davon ausgeht, daß der Mensch ein sprechendes Wesen sei (II, 284) und II, 267: »Vom Du-Problem reden und nicht merken, daß man es da bereits mit dem tieferen Problem der Sprache zu tun habe.« Ferner II, 36; 281; 628; 929. I, 704; 745; 765. Außerdem III, 583 und Ebners Kritik an Buber III, 650.

seiner Pneumatologie durchaus in Übereinstimmung mit den zentralen Partien des Rosenzweigschen Stern (vgl. I, 801 ff.)[9].

Die Erfahrung des Sprechendürfens, die zum phänomenalen Mittelpunkt seines Denkens wird, macht Ebner aber zunächst ganz selbständig und ursprünglich. Er ist damit auch in keiner Weise abkünftig von den Autoren, die er schon in den Fragmenten für den Aufbau seines eigenen Gedankens heranzieht. Man mag aus der Lektüre der Ebnerschen Werke zwar zunächst den Eindruck gewinnen, Ebner führe sein dialogisches Denken »vornehmlich auf Hamann und Humboldt, aber auch auf Jakob Grimm zurück«[10]. Schaut man jedoch genauer zu und differenziert man Ebners Denken über die Sprache gegen das Denken der drei Genannten, so sieht man sofort, in welchem Maß Ebner eigenständig ist und unmittelbar vom Phänomen selber her dachte. Gerade von *Wilhelm von Humboldt,* der Ebners dialogischem Denken am nächsten steht, kannte Ebner nur die wenigen Stellen aus der kleinen Schrift »Über das vergleichende Sprachstudium« von 1820, die Scheler in »Zur Idee des Menschen« zitiert[11]. Diese enthalten aber lediglich die These, daß die Sprache, durch die der Mensch allein Mensch sei, nur durch die Sprache entstehe, also keinen Grund außerhalb ihrer selbst habe, von dem sie ableitbar sei. Gerade aus dem hinsichtlich einer Dialogik wichtigen § 20 der Humboldtschen Schrift, in dem davon die Rede ist, daß die Verschiedenheit der Sprachen die Verschiedenheit von Weltansichten sei und daß die Summe des Erkennbaren als das von dem menschlichen Geiste zu bearbeitende Feld *zwischen* allen Sprachen liege, zitiert Scheler nicht. Vollends unbekannt waren Ebner die beiden für Humboldts Sprachphilosophie eigentlich wichtigen Schriften »Über den Dualis« (1827) und »Über die Verschiedenheiten des mensch-

---

[9] Daß Ebner hier auch mit dem späten Heidegger übereinkommt, hat zuerst *Thurnher* (Sprache, Denken, Sein 230) bemerkt.

[10] *Theunissen* 256.

[11] Nach Haensel in Ebner, Das Wort und die geistigen Realitäten (Wien ²1952). 350. Vgl. *Scheler,* Vom Umsturz der Werte (² 1919) 284, 287, 290. Tatsächlich bezieht sich Ebner nur auf die Stellen, die von Scheler zitiert werden. Da die Schriften Ebners nicht angeben, welche Stelle aus »Über das vergleichende Sprachstudium« Ebner jeweils zitiert, verifiziere ich nachstehend. In der Klammer ist jeweils die Bezugstelle in *Humboldt,* Werke III angegeben. Ebner, Schriften I, 86 (ohne Bezugstelle bei Humboldt); I, 89 (10); I, 93 (11); I, 127 (3–4); I, 165 (3–4); I, 410 (ll?); I, 679 (11); I, 700 (20); I, 702 (19); I, 749 (10); I, 750 (12); I, 766 (3–4); I, 770 (3); I, 891 (19); I, 903 (20); I, 914 (3–4); II, 929 (ohne); III, 585 (ohne). Die ganze Schrift »Über das vergleichende Sprachstudium« lernte Ebner offenbar erst im August 1920 kennen (vgl. II, 929 und III, 585).

lichen Sprachbaus« (1827–1829), in denen Humboldt die These entwickelt, daß alle menschliche Rede auf der Wechselrede beruhe[12] und daß die Pronomina »hypostasirte Verhältnisbegriffe«[13] seien, auf welcher These dann die These von der Differenz zwischen der zweiten und der dritten Person ruht. Ebenso konnte Ebner eine solche Anregung auch nicht der von ihm sehr geschätzten Vorlesung Jacob Grimms »Über den Ursprung der Sprache« von 1851 entnehmen[14], da in der Vorlesung Grimms die bereits von Humboldt berührte dialogische Frage gar nicht thematisch wird und Grimm lediglich gegenüber den Theorien, die Sprache sei angeboren oder sie sei geoffenbart, sich dafür entscheidet, die Sprache sei vom Menschen erfunden[15]. Diese Theorie lehnt Ebner im übrigen ab (I, 411; I, 92; I, 751 und 790). Man meint hier am ehesten, Gedanken *Hamanns* zu spüren, den Ebner 1914 in einer von Unger herausgegebenen Auswahl[16] kennenlernte und noch häufiger als Humboldt und Grimm zitiert[17]. Hamanns gegen Kant und Herder gerichtete These von dem zugleich menschlichen wie göttlichen Ursprung der Sprache ist ohne Zweifel der Boden, auf dem Ebner steht. Und Ebner nennt nach der Niederschrift der Fragmente Hamann seinen einzigen Vorgänger (II, 960). Man muß jedoch auf der andern Seite auch sehen, daß Ebner bei der ersten Lektüre mit Hamann nichts anfangen konnte (III, 82; 211) und ausdrücklich bekennt, Hamann erst verstanden zu haben, nachdem er selbst durch sein eigenes Denken auf den gött-

---

[12] *Humboldt* III, 137.

[13] *Humboldt* III, 204.

[14] Ich verifiziere auch hier. Die Seitenzahl in der Klammer gibt jeweils die Bezugstelle in *Grimm, Jacob*, über den Ursprung der Sprache (Berlin ⁶1866) an.
I, 87 (43); I, 88 (35); I, 92 (31); I, 125 (10); I, 140 (44); I, 162 (43); I, 163 (43); I, 164 (44); I, 201 (44); I, 203 (44); I, 242 (44); I, 411 (31) (49); I, 412 (19); I, 750 (31); I, 751 (31 u. 49); I, 752 (10); 1, 773 (43); I, 774 (43); I, 775 (44); I, 778 (44); I, 790 (31 u. 49); I, 868 (44); I, 879 (44). II, 815 bezieht sich auf die Schrift insgesamt.

[15] *Grimm* a. a. O.

[16] *Hamann, Johann Georg*, Sibyllinische Blätter des Magus, ausgewählt und eingeleitet von Rudof Unger (Jena 1905). Vgl. dazu *Haensel* 349 und für das Datum II, 578.

[17] Ich verifiziere auch hier. Ebner zitiert: Aus dem Vorwort von *Unger*, XV:I, 90; 645; 746; *Unger* 119: II, 396; *Unger*: 122: I, 88; 148; 859; *Unger* 127 (= *Nadler* III, 231): I, 126; 130; 751; *Unger* 128: I, 154; 418; 652; 884; 953; 959; *Unger* 129: I, 456; *Unger* 138 (= Nadler III, 190–191): I, 97; 99; 101; 457; 784; *Unger* 142: I, 98; 827; *Unger* 84 (= Nadler II, 74): I, 233; 459; I, 861 bezieht sich auf Nadler III, 278; I, 86; 127; 899 korrespondieren *Nadler* II, 113 ff.; I, 580; 647; 801 kann ich bei Unger nicht verifizieren. Leider ist auch das Verzeichnis der Hamannstellen im III. Band der Schriften (801) sehr unvollständig. I; 90; 97; 127; 801. II, 816; 960 fehlen.

lichen Ursprung der Sprache geführt worden sei (II, 911 vgl. II, 816). Sachlich mag dies damit zusammenhängen, daß die Stücke aus dem Werk Hamanns, die Ebner durch die Auswahl Ungers kannte, zwar von dem Abgrund der Sprache und ihrem göttlichen Ursprung sprechen. Aber sie hellen das Phänomen der Sprache in keiner Weise auf die geschehende Wechselrede hin auf. Gerade in diesem zentralen Gedanken, der das neue Denken Ebners wie das Rosenzweigs erst eigentlich in Gang bringt, konnte Ebner von Hamann keine Anregung empfangen.

Welches ist die »pneumatologische Intuition«, das Urphänomen, von dem das Denken Ebners ausgeht? Es ist die Sprache. Aber nicht insofern sie Bestand ist und aus *Wörtern* besteht, sondern insofern sie, diesen Unterschied konnte Ebner freilich noch Hamann entnehmen, aus *Worten* besteht, d. h. aus *Sätzen*. Es ist die Sprache, insofern sie, und dies ist nun Ebners eigenster Gedanke, Wechselrede ist, »Wort in der Aktualität seines Gesprochenwerdens« (II, 264).

a)   Die Sprache in ihrem Gesprochenwerden

»Ursprünglich ist jeder Satz Ausdruck eines Geschehens (Geschichte, Erzählung)«, so heißt es bei Ebner bereits in einer Notiz vom Januar 1915 (II, 235). Und wir haben allen Grund, anzunehmen, daß Ebner damit auf einen Satz zurückgeht, der ihm 1913 bei der ersten Lektüre von Schellings Weltaltern auffiel und der ihm damals als »die einzige Insel in dem Meere seiner (sc. Schellings) Gedanken« erschien, auf der er landen konnte: »Aber die Wahrheit zu sagen, gibt es in der wahren Wissenschaft (= Philosophie) so wenig als in der Geschichte eigentliche Sätze, d. h. Behauptungen, die an und für sich, oder abgesehen von der Bewegung, durch die sie erzeugt werden, einen Wert, oder die unbeschränkte und allgemeine Gültigkeit hätten. Die Bewegung ist aber das Wesentliche der Wissenschaft (= Philosophie)« (III, 40)[18]. Die Sprache hat ihr eigentliches Leben nicht darin, daß sie vorliegt in den Wörtern eines Wörterbuches, sondern, was Ebner an der Sprache interessiert und fesselt, was ihm zu der phänomenalen

---

[18] Das schmale 1913 erschienene Reclambändchen, durch das der Text der Weltalter in der Fassung des VIII. Bandes der Werke Schellings (Stuttgart und Augsburg 1861), 195–344 (= Werke, hrsg. v. Schröter IV, 570–720) einer breiteren Öffentlichkeit zugänglich wurde, ist sowohl für Ebner wie für Rosenzweig (vgl. GS 1/1, 410) zu einem ersten Anlaß für ihr neues Denken geworden

Grundintention wird, ist, daß die Sprache *gesprochen* wird. Die Sprache hat ihre Bedeutung in ihrer Aktualität (II, 260 und 272)[19]. Denn darin erst ist sie das, in dem der Mensch und durch das der Mensch *Mensch* ist. Der Mensch ist dadurch gekennzeichnet, daß er alles, was ist, ansprechen kann und aussprechen kann. Alles, was ist, wird ihm hell. Er sieht die Zusammenhänge mannigfaltigster Art. Das ihm Begegnende ist ihm licht. Es ist eine gelichtete Welt, ein in sich gegliedertes Ganzes. Und in dieser Helle und Lichtung, die der Geist ist, der alles einzelne entbirgt und an seinen Platz stellt, lebt der Mensch schon immer. Das Merkwürdige ist nun freilich, daß diese Helle und Lichtung zwar einerseits immer schon vorliegt. Wenn ein Mensch überhaupt anfängt zu denken, steht er schon in einer solchen Helle und Lichtung. Die Helle und Lichtung fängt mit sich selber an. Es gibt keine Möglichkeit, sie von etwas anderem als ihr selbst abzuleiten. Dies ist die These Schelers und Humboldts, daß die Sprache mit der Sprache beginnt. Aber, und hier geht nun Ebner über das, was er vorfand, hinaus: würde diese Helle nur vorliegen und sonst nichts, so ließe es sich nicht erklären, wieso mir daran liegt, daß ich *selbst* spreche. Es könnte dann nämlich bei jenem »Es denkt« bleiben, in das Lichtenberg aus der Einsicht in den immer schon vorliegenden unabänderlichen Charakter der Helle, an dem ich als ich selbst ja gar nicht beteiligt bin, das »Ich denke« umgeändert haben wollte (II, 379; vgl. I, 110; 713; 689). »Es denkt in mir – und nichts sonst« wäre die Konsequenz aus dem Charakter der Helle des Seins, wenn diese nur als immer schon vorliegende betrachtet würde. Das Ich wäre nur eine »grammatikalische Fiktion« (vgl. I, 196) und alles, was es von sich als sich selbst behauptete, wären nichts weiter als »Windbeuteleien der Ichheit« (vgl. I, 265). Aber gerade jene Urintention des Sprechens lehrt, daß in dem Sprechen mehr am Werke ist. Nicht nur »Es spricht in mir« konstituiert die Sprache, sondern vielmehr dies, daß ich selbst *als ich selbst* sprechen möchte und spreche. Ich selbst bin als ich selbst im Sprechen engagiert. Ich selbst greife sprechend aus und erbilde Welt, einen Raum der Helle und der Lichtung. Ich hebe an zu sprechen. Ich fange an, und zwar ich selbst als ich selbst, d. h. als Freiheit, ohne darin, in diesem Anfangen, von anderem ableitbar zu sein. In diesem Anfangen aber, in dieser seiner Aktualität, ist das Sprechen erst ganz, was es ist. Erst wenn ich dies sehe: »die geistige, die per- |

---

[19] Vgl. auch II, 234; 238; 254–55; 262–83; 267; 292; 297; 298. III, 169 und III, 186, wo der unmittelbare Anlaß zu den Fragmenten offenbar wird.

sönliche Aktualität des Wortes in ihrer Ursprünglichkeit (zum Unterschied von der sachlichen)«, werde ich dem Phänomen des Sprechens ganz gerecht. »Diese Aktualität« aber, so sagt Ebner an derselben Stelle, »war schöpferisch. Sie schuf den Menschen« (II, 260). Oder, so können wir die erste Erkenntnis Ebners wenden, die er aus dem Phänomen des Sprechens gewinnt: Die Aktualität der Sprache, dergemäß sie aus Worten besteht, die gesprochen werden als Sätze, in denen ich als ich selbst immer neu und ursprünglich anfange zu sprechen, macht überhaupt erst den Menschen als Menschen aus.

b) Das Engagement im Sprechen und das Ethos

Warum aber reicht das »Es spricht in mir«, demgemäß die Helle des Seins nur als die schon vorliegende hell wurde, nicht aus, um das Phänomen der Sprache im ganzen zu erklären? Deshalb, weil ich selbst *als ich selbst* im Sprechen *engagiert* bin: weil es mir selbst als mir selbst, und zwar im ganzen, *um etwas geht*. Diese Seite des Phänomens der Sprache hat Ebner offenbar an den Stellen vor Augen, an denen er darlegt, daß das cogito im volo gründe. Diese Stellen müssen im Zusammenhang mit denen im Werke Ebners gesehen werden, die über das Ethos handeln als über die Wirklichkeit, die zwar selbst noch nicht die Sprache in ihrer Aktualität erreicht, aber dennoch gleichsam Sprungbrett hin zu ihr ist. Man würde die Stellen, die das volo dem cogito vorordnen, mit Sicherheit falsch verstehen, wenn man meinte, Ebner wollte hier etwa einen subjektivistischen Voluntarismus vertreten[20]. Um die Fragestellung, die hinter einer solchen Begrifflichkeit liegt, konnte es ihm kaum gehen. Vielmehr wird man diese Stellen nur richtig deuten, wenn man beachtet, daß die ganze erste Periode des Denkens Ebners von der ethischen Fragestellung bestimmt ist. Die Frage nach einer möglichen Philosophie ist Ebner zunächst identisch mit der Frage nach einer möglichen Ethik. Wie Franz Seyr gezeigt hat, dauert diese erste geschlossene Periode des Ebnerschen Denkens etwa von 1909 bis 1916[21]. 1912 schreibt Ebner

---

[20] Mit Recht hat sich dagegen bereits Steinbüchel (87–90) gewandt. Cullberg (202) sieht in der »Ich-Du-Beziehung ein ausgesprochenes Willensverhältnis. Hinsichtlich Ebners schließt sich ihm Langemeyer (56) in etwa an. Es muß hier jedoch geklärt werden, was unter Willen zu verstehen sei. Cullberg schiebt diese Frage in die Ethik ab.
[21] Vgl. dazu *Seyr* in II, 1131 ff.

eine umfangreiche Sammlung »Aphorismen zur Ethik«. 1914 liegen 12 Kapitel eines Werkes »Ethik und Leben – Fragmente einer Metaphysik der individuellen Existenz« vor. Und 1916 hat Ebner das später unter dem »Titel Fragment aus dem Jahre 1916 erschienene Stück (I, 1015 ff.) vollendet. Diese ethische Periode ist anfangs bestimmt durch die Lektüre Bergsons, später durch die Kierkegaards. Kierkegaard gewinnt für Ebner in dieser Zeit eine immer größere Bedeutung[22]. Darüber hinaus ist es aber entscheidend – bislang ist das kaum beachtet worden – daß Ebners eigenes Selbstverständnis die Bemühungen um eine Philosophie als Ethik mit dem Denken *Kants* zusammensieht. Ebner hatte beide Kritiken sehr früh unmittelbar und schließlich auch in der Akzentuierung der Simmelschen Kantvorlesung (II, 1159) rezipiert[23]. Und in einem Brief an Zeitlinger kann Ebner 1913 sagen, daß er glaube, die Ethik Kants in ihrem innersten Kern verstanden zu haben und damit sein eigenes Verhältnis zu Kant zu begreifen (III, 59)[24]. Nach dem Maße Kants geht es Ebner in seinem frühen von »Ethik und Leben« bestimmten Denken um die »Gesetze der Freiheit«, durch die das transzendentale Subjekt sich selbst bestimmt. In der Autonomie des transzendentalen Subjekts wurzelt das Sein als das Seinsollende. Und diesem Grundgedanken der Ethik Kants verbindet sich bei dem frühen Ebner Kierkegaards Einsicht in das Wesen des Selbst als eines Verhältnisses, das sich zu sich selbst verhält. Dieses Bewußt-*Sein* (im Gegensatz zum bloßen Bewußtsein) wird später in den Fragmenten das »geistige sich bestimmende Ich« (I, 174) der Existentialaussage »Ich bin«, das »in seiner Willenswirklichkeit konkrete Ich« (I, 221 und 204).

Nach 1926 hat Ebner dieses in seiner Willenswirklichkeit konkrete Ich mit dem vom Charakter des Schöpferischen gezeichneten Ich Palagyis zusammenzubringen versucht, in dem Palagyi das »perennierende geistige Wesen« sieht, »das eben infolge seiner Wesenhaftigkeit« die zeitlich auseinanderliegenden intermittierenden geistigen Akte in einen geistigen Zusammenhang zu bringen vermag[25].

---

[22] Zu den Begriffen die Ebner von Kierkegaard übernahm, vgl. *Angerer* 7 und *Langemeyer* 42.

[23] Außerdem kannte Ebner das »Kant-Laienbrevier …, zusammgenstellt von Dr. Felix Groß«. Vgl. II, 582 und III, 171.

[24] Vgl. hier auch 1I 155; 311; 886. II, 66; 94; 127; 313; 456; 551; 582 (mit III, 171). III, 63.

[25] *Palagyi, Melchior*, Naturphilosophische Vorlesungen (Leipzig ²1924) 254. Vgl. dazu I, 758 ff. Ebner besaß die 1. Aufl. des Werkes seit 1914 (II, 587). Er hat damals das Werk jedoch nur zur Hälfte gelesen und stieß erst 1926 auf die für ihn wichtige zweite Hälfte

Und in diesem Zusammenhang zitiert Ebner dann auch Schelling: »Wollen ist Ursein« (I, 762). Denn insofern ich »Ich« sage, den Inhalt des Ich »reduplizierend« (I, 187), nämlich als das Verhältnis, das sich zu sich selbst verhält, – und im Grunde spreche ich in allem, was »Ich« sage, *mich* aus – geht es mir um etwas.

Aber worum geht es mir, indem ich so nicht *es* in mir sprechen lasse, sondern *selbst* spreche? Es geht mir um nichts einzelnes. Sondern es geht mir um alles überhaupt. Es geht mir – wir benützen nun wieder die Terminologie des »Fragments aus dem Jahre 1916«, mit dem Ebner seine ethische Periode abschließt – um das »*Seinwollen*« überhaupt und schlechthin (I, 1033), das gerade deshalb kein Habenwollen ist. Es geht mir um das »Sein- und Lebenwollen« (I, 1035), das Ebner auch die von jeder Zwecksetzung unterschiedene[26] »Unendlichkeit des ungebrochenen Willens zum Leben« nennt, oder »das eigentliche *metaphysische* Bedürfnis« (I, 1035). In diesem unbedingten Seinwollen zeigt sich das Ich als Bewußt-*Sein*. Es zeigt sich als dasjenige, das die Totalität der Idee konzipiert, die die »innere Sichselbstsetzung und Sichselbstbehauptung« der Natur gegenüber bedeutet (I, 1035; vgl. II, 251–252). Die Konzeption der Idee ist, so heißt es bei dem frühen Ebner, ein »Bewußtwerden des Seinsollenden« und impliziert also »einen das Individuum, in dessen Bewußtsein die Idee konzipiert wird, ansprechenden Imperativ zu ihrer Realisierung« (II, 27). Oder, das wird in der Konzeption der Idee deutlich: »Das eigentlichste Korrelatum des Ich … ist der ›kategorische Imperativ‹ am Grunde des Bewußtseins überhaupt. Der Konzeption der Idee wohnt zuletzt immer ethische Bedeutung inne« (II, 120 vgl. I, 1045). Anders gewendet, Ebner schreibt dies schon 1912: »Ethos ist

---

mit der 17. Vorlesung, in der er eigene Gedanken wiederzufinden glaubte (II, 1087 und III, 594 ff.; 740). Alle Zitationen Ebners aus Palagyi stammen aus der Zeit nach 1926 (vgl. Index in III, 806 und die dort nicht verzeichneten Stellen I, 749 und 959). Auf die Konzeption des Ebnerschen Gedankens haben also die Vorlesungen Palagyis keinen Einfluß gehabt. Wir lassen deshalb die Beziehungen Ebners zu Palagyi außer acht und damit auch die Frage, ob Ebner Palagyi richtig interpretiert habe

[26] Auch hinter dieser Formulierung, die die Unbedingtheit des ethischen Seinwollens von jeder Zwecksetzung freihält, steht ein Gedanke *Kants*: »Der kategorische (unbedingte) Imperativ ist derjenige, welcher nicht etwa mittelbar, durch die Vorstellung eines Zwecks, der durch die Handlung erreicht werden könne, sondern der sie durch die bloße Vorstellung dieser Handlung selbst (ihrer Form), also unmittelbar als objektiv-notwendig denkt und notwendig macht« (Grundlegung der Metaphysik der Sitten. Einl. IV [AB 21]. Werke IV, 328).

zielsetzendes, Zukunft schaffendes Leben« (II, 102 vgl. I, 169 und 689). Insofern ich Ich selbst bin und mich selbst verwirkliche, entwerfe ich das Seinsollende überhaupt und dies ist nur ein anderer Ausdruck dafür, daß mein Seinwollen überhaupt zum Vorschein kommt. Das Ethische bringt den ungebrochenen Willen des Menschen zu *sein* zum Vorschein (vgl. I, 1022). Es ist die »lntension des Ich« (I, 689) und zeigt das Ausstehen meiner selbst auf den Sinn von Sein überhaupt. Das Bewußt-Sein als das bewußte »Ich bin«, das Ebner später den »Ursatz« nennt (I, 231), wird sich so in der ethischen Besinnung (vgl. II, 125. I, 1043; später I, 190; 227; 311) hell.

Aber kann die ethische Besinnung als das Bewußt-Sein und das Seinwollen, das auf das Seinsollen überhaupt aus ist, den Sinn von Sein gewähren? Der spätere Ebner lehnt das mit allem Nachdruck ab. Und dies ist bei aller Verehrung für Kierkegaard denn auch der Punkt, an dem er nach seinem eigenen Verständnis (I, 782) über Kierkegaard hinausgehen wird. In der ethischen Besinnung, dem bewußten Sein, in dem ich selbst als ich selbst bin, zeigt sich mir zwar das Seinwollen meiner selbst überhaupt. Aber gerade dieses Seinwollen überhaupt kann das, auf was es aus ist, das Sein als das gesollte überhaupt, von sich aus nicht herstellen. Es bleibt ein bloßes Aussein-auf, eine unendliche Bedürftigkeit, die, auf sich selbst gestellt, mit Notwendigkeit in den grenzenlosen Hochmut hineintreibt oder in die Verzweiflung (I, 314 vgl. 309). Die »ethische Besonnenheit führt über die Objektivierung der Problematizität des Lebens zur Tragik zwar hinweg und stößt in das Daseinsproblem hinein« (I, 171). Aber sie löst es nicht, sondern verschärft und vertieft es nur (I, 1041). Es ist von daher einsichtig, daß Ebner 1931 in dem Nachwort zu dem Fragment aus dem Jahre 1916 schreiben mußte: »Der ›Gedanke‹ dieses Fragments wurde nicht bis ans Ende gedacht. Er konnte wesentlich nicht bis ans Ende gedacht werden, denn sein Ursprung ist nicht das Leben, sondern die *Sehnsucht*[27] zu leben« (I, 1048). In der ethischen Besonnenheit als dem totalen Engagement meiner selbst in dem »Ich bin«, das hinter jedem Sprechen, in dem ich selbst spreche, steht, kommt nichts als die grenzenlose Sehnsucht zu *sein* zum Vorschein.

---

[27] Hervorhebung v. Vf.

c) Der Sprung in das Gespräch
Das Bedürfen des Anderen und der Zeit

So kann die ethische Besonnenheit also allenfalls propädeutische Bedeutung haben. Sie kann die Aporetik des Daseinsproblems offenbaren, die darin besteht, daß ich von dem Seinwollen überhaupt bestimmt bin und mir das, woraufhin ich aus bin, dennoch selbst nicht gewähren kann. »In der Einsamkeit seiner Existenz trägt das Ich einen unauflöslichen Widerspruch in sich« (I, 194). So kann die ethische Frage, in der sich das Ich seiner »Ewigkeit und Außerzeitlichkeit« (a. a. O.) im Ernste bewußt wird, allenfalls zum Sprungbrett werden für den Absprung.

Aber den Absprung wohin? Dieses Wohin ist nicht ableitbar. Es ist allenfalls ablesbar an der Lösung, die sich für das Dasein in Wirklichkeit gibt.

Diese Lösung aber ist die *Sprache*, insofern sie gesprochen wird. Denn ich bin in allem, was ich im Ernste *spreche*, Ich selbst: jene unableitbare Totalität, welche, die Idee konzipierend, in der ethischen Besonnenheit Zukunft entwirft als das zu verwirklichende Ganze, in dem ich *mich* verwirkliche.

Indem das Ganze als Entwurf, in dem ich mich verwirkliche, Totalität ist, ist nichts außerhalb seiner. Kants Gedanke der Autonomie als einer Bedingung der Sittlichkeit hat hier seinen Ursprung. Aber wenn ich nur in der Totalität des von mir Entworfenen bleibe, brauche ich im Grunde nicht zu sprechen. Ich kann es im Grunde gar nicht äußern, weil es schon das Ganze ist. Ich kann allenfalls anderes in es hineinziehen und zu diesem Zwecke sprechen. Aber ein solches Sprechen wäre ein bloßes Mittel zur Durchsetzung der an sich schon hellen Helle der Totalität meines Entwurfs, die sich selbst durchsetzt. Im Grunde bedürfte die sich selbst helle totale Helle des Sprechens nicht. Das heißt nun aber, daß diese sich selbst lichte und sich als das Äußerste nicht mehr äußern könnende Totalität, die Ebner das »absolute Ich der Metaphysiker« nennt (I, 192–193), im Grunde das Ich aufhebt. Die Idee als Totalität wird selbst das Ewige, Außerzeitliche, Absolute. »Wird sie aber das, so hebt sie die Existenz des Ichs einfach auf« (I, 194). Denn was soll das »Ichselbst« noch angesichts der absoluten Helle, die gegen nichts mehr unterschieden ist? Es ist allenfalls der Ort der Erscheinung dieser Helle. Aber je mehr es dies ist, desto weniger kann es selbst sein. Es muß sich am Ende selbst völlig in die absolute Helle auflösen.

In einem damit aber ist gegeben, daß das sich so ins Nichts auflösende Selbst in keiner Weise der Wirklichkeit der absoluten Helle,
in die es sich auflöst, gewiß sein kann. Denn was unterscheidet jene
absolute, sich selbst nicht äußern könnende Helle von der absoluten
und sich selbst nicht äußern könnenden Helle des Traumes? Nichts!
Alles löst sich auf in die absolute Helle und wird in einem damit
unwirklich. Es gilt: »Der Idealismus ist wahrhaftig die auszehrende
Krankheit des Geistes« (I, 194).

Dieser Position gegenüber jedoch, die sich im Grunde nur als ein
nie ganz wirklich gewordener Grenzfall denken läßt, hat die lebendige Sprache immer schon einen anderen Weg gefunden. Denn in der
Sprache, insofern sie Wort-*werdung* im ursprünglichen Sinne ist:
Anheben und Vorangehen des Gesprächs, geschieht ja gerade dies,
daß ich mich mit meiner Welt, also der Idee, in der ich bin, *dir*, dem
Anderen als dem anderen und unverfügbaren, aussetze, und zwar um
der Wirklichkeit meiner und meiner Welt willen. Das Phänomen des
Gesprächs zeigt gerade dies, daß ich mich mit dem, was ich als ich
selbst zu sagen habe, an dich, den Anderen, wende. Ich will dich mit
dem, was ich sage, überzeugen oder dich fragen, oder es dir erzählen.
In jedem Falle setze ich mich aber damit dir aus, und zwar gerade um
der Wirklichkeit meiner und des Gesagten willen. Würde ich es nur
bei mir behalten, also jenes Äußerste, in dem ich bin, als ein solches
ansehen, das sich nicht äußern könne, so könnte ich, so sahen wir, der
Wirklichkeit jener Helle, als die ich bin, nicht sicher sein. Aber indem
ich mich als die Helle, die ich bin, dir, dem Anderen, d. h. dem meiner
Totalität paradoxerweise Äußeren gegenüber äußere – und du mich
hörst und mir antwortest (mag diese Antwort nun bejahend oder ver-
neinend sein) – werde ich wirklich der Wirklichkeit inne. Erst in diesem Verhältnis zu dem Anderen wird, so sagt Ebner, das Ich als »Ich
bin« und das heißt: »Ich selbst bin« »*objektiv*« (I, 168). Erst hier bedeutet »*sein*« Wirklichkeit in dem umfassenden konkreten Sinn, in
dem wir von Wirklichkeit reden. Denn in Wirklichkeit spielt sich ja
alles geistige Leben, in welchem Sein als Wirklichkeit und gelichtete
Helle immer neu hervorkommt, in diesem Verhältnis der Sprache als
dem Ereignis des Gespräches ab.

Ebner hat diesen seinen Grundgedanken in dem Vorwort zu den
Fragmenten folgendermaßen zusammenzufassen gesucht: »Vorausgesetzt, daß die menschliche Existenz in ihrem Kern überhaupt eine
geistige, das heißt eine in ihrer natürlichen Behauptung im Ablauf

des Weltgeschehens sich nicht erschöpfende Bedeutung[28] hat; – vorausgesetzt, daß man von etwas Geistigem *im* Menschen sprechen darf: so ist dieses wesentlich dadurch bestimmt, daß es vom Grund aus angelegt ist auf ein Verhältnis zu etwas Geistigem *außer* ihm, *durch* das es und *in* dem es existiert. Ein Ausdruck, und zwar eben der ›objektiv‹ faßbare und darum einer objektiven Erkenntnis zugängliche Ausdruck des Angelegtseins auf eine derartige Beziehung ist in der Tatsache zu finden, daß der Mensch ein *sprechendes* Wesen ist, daß er ›das Wort hat‹« (I, 80–81). Die hier im ersten Anlauf durch die Worte »im« und »außer« noch hervorgerufene räumliche Vorstellung, die dadurch verstärkt wird, daß Ebner, der alten Formel ζῶ-ον λόγον ἔχον folgend das »Wort« in den Kasus des Besessenwerdens, den Akkusativ setzt, wird im übernächsten Satz aber sofort von Ebner selbst korrigiert: »Wenn wir nun, um ein Wort dafür zu haben, dieses Geistige im Menschen Ich nennen, das *außer* ihm aber, zu dem im Verhältnis das Ich existiert, Du, so haben wir zu bedenken, daß dieses Ich und dieses Du uns eben *durch* das Wort und in ihm in seiner ›Innerlichkeit‹ gegeben sind« (I, 81). Nicht also Ich und Du, für sich vorgestellt, verfügen jeweils über das Wort. Sondern das Wort selbst ist »in der Konkretheit und Aktualität seines Ausgesprochenwerdens in der durch das Sprechen geschaffenen Situation«, d. h. als sich ereignendes Gespräch, das Umfassende *durch* das Ich und Du erst sind. Es ist das, *in* dem in seiner Innerlichkeit Ich und Du enthalten sind[29]. Das Verhältnis des sich ereignenden Gespräches selber ist das Gründende, »in dem und *durch* das« (II, 254) ich selbst, der ich spreche, und du selbst, der du sprichst (paradoxerweise, denn als Selbst sind wir Totalitäten), erst da sind. Es ist die große »Zweisamkeit des Lebens ... der wir unser Dasein danken« (III, 729). Ebner spricht hier, so scheint es, die ihm bekannte Einsicht Humboldts aus: Der »Mensch ist nur Mensch durch Sprache«[30]. Aber diese Einsicht hat nun eine völlig neue Bedeutung und eine vorher nicht geahnte

---

[28] Das heißt, vorausgesetzt, daß das »Ich bin« sich als Freiheit versteht oder, mit Kierkegaard, dasjenige, das »sich zu sich selbst verhält und sich in diesem Zu-sich-selbst-Verhalten zu anderen verhält.« II, 253 geht Ebner zur Bestimmung des »Geistigen im Menschen« ausdrücklich auf diese Formel zurück.

[29] Vgl. dazu auch aus den Tagebüchern I, 861, wo Ebner diesen entscheidenden Fortschritt – hier gegenüber den Erkenntnissen Hamanns – selbst feststellt.

[30] *Humboldt* III, 11.

Tiefe bekommen[31]. Sie besagt nämlich, daß ich, um überhaupt sein zu können, was ich bin, weil des Verhältnisses des Gespräches, deshalb des Anderen bedarf. Die Sprache ist das »pneumatologische Faktum« in dem Sinne, daß jeder ihrer Sätze, in denen »das geistige Leben des Menschen ... in buchstäblich zu nehmendem Sinne zur ›Sprache gebracht‹ wird«, die »›Setzung‹ des Verhältnisses zwischen dem Ich und dem Du bedeutet« (II, 243). Der »Wortwerdung« liegt immer schon zugrunde: »die Beziehung des Ichs zum Du« (I, 115)[32]. Diese Beziehung ist aber nun in ihrem Sein in mehrfacher Hinsicht merkwürdig. Sie ist merkwürdig dadurch, daß sie eben weder das Ich noch das Du »ist«, sondern das, was sich *zwischen* mir und dir abspielt und zuträgt. Das Gespräch, das alles Sprechen gründet, hat seine Wirklichkeit nur als das Verhältnis *zwischen* mir und dir (I, 86–88 und I, 752). Es gehört weder nur mir an, als mein Entwurf, noch aber auch nur dir[33]. Wir beide sind vielmehr erst, was wir selbst sind (und d. h., was wir als Totalitäten sind) durch das Verhältnis: »das Ich und das Du sind in ihm«. Andererseits gilt jedoch ebenso, daß das Verhältnis, das Wort, nichts ist »ohne das Ich und Du«. Wenn ich mich selbst und du dich selbst aus dem Verhältnis des Gespräches zurückziehen, wird das Gesagte »ein totes Zeichen, eine unlebendige Abstraktion« (II, 275). So geht vorerst aus dem Urphänomen des Verhältnisses des Gesprächs für die Erkenntnis nur hervor, daß wir bedürftig sind. Wir *bedürfen*, weil des Verhältnisses des Gespräches, *einander*, um zu sein (I, 195, 198)[34].

Eine nur andere Seite dieser negativen Erkenntnis, – die wir deshalb negativ nennen, weil wir ja in ihr das Verhältnis nicht in die Hand bekommen, sondern angesichts seiner und in ihm stehend nur

---

[31] Vgl. dazu auch aus den Tagebüchern I, 861, wo Ebner diesen entscheidenden Fortschritt – hier gegenüber den Erkenntnissen Hamanns – selbst feststellt.

[32] Vgl. II, 173, 276, II, 283–284.

[33] Es gibt eine Reihe von Stellen, an denen Ebner zu sagen scheint, daß das Ich im Du gründe. Es sind diese Stellen m. E. dem experimentierenden Charakter des Denkens Ebners zuzuschreiben. Wir werden später auf sie eingehen.

[34] In der Überarbeitung der Fragmente belegt Ebner diesen Gedanken auch mit Hegel »Das Selbstbewußtsein erreicht seine Befriedigung nur in einem anderen Selbstbewußtsein« (I, 766). Vgl. dazu Angerer 47. *Angerer* hat diese Stelle nicht verifiziert. Sie findet sich in der Phänomenologie des Geistes (B. Selbstbewußtsein. IV. Die Wahrheit der Gewißheit seiner selbst), hrsg. v. Hoffmeister (Hamburg ⁶1952) 139. Die Stelle meint bei Hegel, daß das Selbstbewußtsein erst in der gedoppelten Reflexion bestehe. Auf diese Stelle geht Kierkegaards Begriff des Selbst als eines Verhältnisses, das sich zu sich selbst verhält, zurück. Jedoch meint diese Stelle gerade nicht, daß ich des Anderen bedarf.

sagen, was es nicht ist- weder mein Teil noch dein Teil -, ist aber die Erkenntnis, daß dieses Verhältnis nur in der *Freiheit* besteht. Es ist weder von mir erzwingbar noch von dir erzwingbar. Ich bin auf deine Freiheit angewiesen wie du auf meine (vgl. II, 256). Wir beide müssen uns an einander und darum an das sich in dem Verhältnis der Begegnung Zutragende freigeben.

Diese Freigabe aber ist etwas, das nicht ein für allemal da ist, sondern je neu anheben muß. Das heißt aber, ich und du, wir bedürfen in dem Verhältnis miteinander der *Zeit*. jeder Mensch hat, so sagt Ebner, »eine *Geschichte* seines geistigen Lebens« (I, 58). Eben das Verhältnis selbst trägt sich immer neu zu. Dieses ist der Sinn des »Ich bin«[35]. Man kann nach Ebner sogar sagen, daß Zeit überhaupt erst ihre wahre Bedeutung, nämlich ihre »Realitätsbedeutung« aus dieser Geschichtlichkeit im Sinne des sich immer neuen Zutragens der Begegnung (oder ihrer Verfehlung), gewinne. Durch das geistige Leben, nämlich das sich je neue Zutragen des Gesprächs, wird überhaupt erst »das Vergangene zur wirklichen ›Vergangenheit‹ gemacht« (I, 175). In der Begegnung selbst ist der Sinn von Gegenwart gegeben (I, 259, I, 306). Und andererseits ist das sich zutragende geistige Leben in seiner Gegenwärtigkeit eben auch schon »durch das Zukünftige bestimmt« (I, 261). In seiner Freigabe gibt es sich zugleich frei an die Zukunft.

Dieser »konkret erlebten Zeit« gegenüber hat es Kants in der transzendentalen Ästhetik versuchte Lösung des Zeitproblems nur mit der »abstrakt gedachten« Zeit zu tun (I, 213 vgl. I, 302 und II, 135). Andererseits ist freilich die Zeitlichkeit des Existierens, das je neue Anfangenmüssen, das auch je wieder ein Verfehlen der Begegnung bedeuten kann, weil es in der Zweideutigkeit steht, die darin liegt, daß der Mensch im Wort besteht und das Wort »hat«, ein Verweis auf die Gebrochenheit der Existenz, die nicht mehr rein im Ursprung steht. In diesem Sinne kann Ebner dann wie Augustinus im XI. Buch der Confessiones Geschichte und Sünde ineins setzen und sagen: »Die Zeit existiert ja in nichts anderem als in der Realität der Sünde« (I, 279; vgl. I, 319; I, 93; II, 270).

---

[35] Vgl. dazu schon II, 17, II, 33–34, II, 135, 154, 190. In diesem Zusammenhang steht auch das schöne Wort aus einem Brief an Ludwig Ficker »Und geschieht nicht alles zur rechten Zeit?« (III, 434), das Ebner niederschrieb, einige Wochen bevor er Rosenzweigs Stern erhielt (vgl. III, 447), in dem dieses Wort von der »rechten Zeit« ja geradezu ein Topos ist.

d) Sein als Gabe

Dem Wort ist es also wesentlich, »ein Ausdruck des Verhältnisses *zwischen* dem Ich und dem Du zu sein« (II, 274). Da aber im Wort, und nur in ihm, das Sein des Seienden hervor und zur Sprache kommt, kann man sich nun fragen, welchen Charakter von dieser Urerfahrung des Gegebenseins des Seins des Seienden im Gespräch her das Sein hat. Es wird dabei wesentlich darauf ankommen, auf den eigentümlichen Charakter des Zwischen, also des Verhältnisses selber, das nur als Zwischen ist, zu achten, der uns eben schon in dem Bedürfen des Anderen und der Zeit aufging. Was ist, ist, indem es zur Sprache kommt. Die Sprache aber ist nicht das bloße Gedachtwerden, sondern sie ist das Zwischen des Gespräches. Das Zwischen als die Beziehung liegt aller Wortwerdung immer schon zugrunde (I, 115). Und sie macht den wortgewordenen Gedanken erst zur »›objektiven‹ Wahrheit«, d. h. die Beziehung erst verleiht ihm, daß er »Bestand und Wesentlichkeit hat« (I, 122), wie Ebner sich ausdrückt. Man würde vielleicht besser sagen: sie erst verleiht ihm, daß er nicht bloß ein geträumter Gedanke ist, sondern ein Gedanke, in dem die Wirklichkeit zur Sprache kommt.

Diese Wirklichkeit verleihende Beziehung aber ist nun, das sahen wir ebenfalls bereits, meiner Verfügung entzogen. Wie sie andererseits auch deiner, des Partners, Verfügung entzogen ist. Wohl kann die Beziehung nicht ohne uns sein. Aber sie ist in ihrem Sich-Zutragen weder von mir noch von dir aus herstellbar. Das heißt aber mit anderen Worten: Sie zeigt sich als *Gabe* und *Geschenk*.

Und gerade dies wieder ist das Siegel dafür, daß in ihr wirklich die *Wirklichkeit* zur Sprache kommt. Denn gerade das ist ja der Sinn der Worte Sein, Wirklichkeit, Realität, daß etwas »außer mir (dem ›Subjekt‹ des Lebens, Erlebens, Bewußtseins, Denkens)« ist (II, 53). Sein meint immer schon Unverfügbarkeit[36]. Wiewohl das Sein nicht ohne den Erkennenden erkannt wird, richtet nicht er über das Sein, sondern das Sein über ihn. Diese Unverfügbarkeit des Seins aber zeigt sich in seiner Gegebenheit im Gespräch, das als das sich zutragende Zwischen das Unverfügbare ist. Sehr genau beobachtet Ebner, daß die Wortwerdung, die ja bedeutet, daß der Gedanke sich mit seiner eigenen Wirklichkeit der Wirklichkeit aussetzt, eine »Expropria-

---

[36] Vgl. dazu auch I, 715, wo Ebner diesen Gedanken mit Feuerbach belegt. Und I, 795, wo er – allerdings im größeren Zusammenhang des Gedankens der Schöpfung – auf Rosenzweig verweist.

tion des Gedankens durch das Wort« ist (II, 977; vgl. II, 276). Ich verfüge über das Gedachte als Gedachtes. Dies ist mein Proprium. Aber ich verfüge nicht über die Wirklichkeit des Gedachten. In der Wortwerdung wird durch die Wirklichkeit selbst, die das Ihre an sich nimmt, der Gedanke als bloßer Gedanke ent-eignet. Sein enthält in seinem Gegebensein im Gespräch seinen Charakter als Gabe und Gnade. Denn daß das Wort sich gibt, daß es gesprochen *wird*, ist reines Geschenk. Ebner hat das in einer Tagebuchnotiz vom 1. Juni 1922 in klassischer Deutlichkeit festgehalten:»Daß alles Sein Gnade ist – daß alle Gnade des Seins im Wort ist – daß der Mensch vom Wort lebt – daß alles, was ist, durch das Wort ist« (II, 301)[37].

Mit diesem seinem Seinsverständnis sieht sich Ebner in einem Gegensatz sowohl zu dem platonischen Seinsverständnis als Wesen wie zu dem spinozistischen als Substanz (I, 261). In beiden Verständnissen von Sein, die in unserem Gebrauch des Wortes »ist« zum Vorschein kommen, wird über das Sein verfügt. Diesem substantialistischen Seinsverständnis gegenüber wird das in seiner Gegebenheit im Gespräch vernommene Sein des Seienden in seiner Aktualität vernommen (II, 254; 260–262). Und es ist vielleicht nicht ohne Bedeutung, daß Ebner bei der Suche nach einem Verb, das diese Aktualität des Seins als Gabe zum Ausdruck bringt, schon 1921 auf genau dasselbe Verb stößt, das auch Rosenzweig findet und das später Heidegger gebrauchen wird, nämlich das Verb »es gibt«[38]. In einer Notiz vom 5. September dieses Jahres heißt es bei Ebner:»Die Umschreibung der Existentialbehauptung eines Ist-Satzes durch das ›Es gibt‹ ist nicht ohne tiefen Sinn. In ihr wird alles Sein als Gabe, d.h. im letzten Grunde als Gnade begriffen« (II, 293). Dieser Charakter des Seins als Gabe ist das Erste, das nicht mehr weiter Zurückführbare, in dem für Ebner Sein und Denken zusammengeschlossen sind. Es ist der Zirkel, mit dem Ebners Denken beginnt – wie jedes Denken mit einem ersten sich bewähren müssenden Zirkel beginnt[39].

---

[37] Vgl. dazu I, 405, 483, 854, II, 99–100, 111, 169, 274, 294, 775, 955, 959, 968; III, 497.
[38] Vgl. oben 134.
[39] Vgl. hierzu auch *Steinbüchel* 88–89.

e)   Die Dankbarkeit als Grundweise des Existierens.
   Ethos und Gnade

»Das innere Verhältnis des Individuums aber zur Idee der Gnade, im ›Erleben der Gnade‹, liegt in der Dankbarkeit …« (II, 26); d. h. der Sprechende wird sich dessen, daß Sein Gabe ist, die er sprechend vor und zur Sprache bringen darf, darin bewußt, daß er dankbar ist. Die Dankbarkeit wird so zu der Grundweise des Existierens, zu der Weise, in der der Satz »Ich bin« allein in Wahrheit gesprochen werden kann. »Das Denken ist«, so sagt Ebner bereits 1921 und weist damit wiederum auf Einsichten vor, die später Heidegger geäußert hat, »dem Wort verbunden und soll in seinem letzten und tiefsten Sinne sein Dankbarkeit gegenüber dem Wort« (II, 288)[40].

In der Dankbarkeit ist das Denken offen gegenüber dem Charakter des Seins, der sich am Sein als erster und umfassender zeigt. Gerade darin wird es aber allein sich selbst gerecht, insofern es ja immer das Denken eines »Ich bin« ist. Insofern Denken existentiales Denken ist, muß es in der Dankbarkeit geschehen. Oder aber, so kann der Gedanke auch gewendet werden: Dem Ethos, in welchem es dein »Ich bin« in seinem Sich-Entwerfen um die Wirklichkeit als Wirklichkeit geht, entspricht darin, daß das »Ich bin« sich als es selbst verwirklichen *darf*, die Gnade. Das Ethos zeigt sich als die Bedürftigkeit des Sein- und Lebenwollens (I, 1035). Die Ethik, insofern sie meine Leistung ist, vermag aber das Sein- und Lebendürfen nicht zu leisten.

Insofern aber Sein *gewährt* wird, zeigt es sich als Gnade. Mit diesem seinem Charakter antwortet es der ethischen Anlage, nämlich dem unbedingten Sein- und Lebenwollen des »Ich bin«, das sich nun erst, indem Sein gewährt wird, verwirklichen kann. »Ethos und Gnade … gehören zusammen. Diese hätte gar keinen Sinn ohne das Ethos« Aber umgekehrt gilt auch, daß die ethische Besonnenheit, die keine Gnade erfährt, den Menschen in die Verzweiflung treibt (I, 314). Das »Ich bin« erfährt sich als das absolute Aussein auf das Sein- und Lebenwollen. Dieses ist der Horizont, den es selbst immer schon entworfen hat. Aber das Sein und Lebenwollen wird ihm nur gewährt als Gnade. So kann es, wenn es diesem Verhältnis gerecht werden will, nur existieren in der Dankbarkeit.

---

[40] Vgl. dazu in den Tagebüchern schon 1917: »Möchte doch der Mensch nie aufhören, die Gabe seines Denkens in der Gesinnung der Dankbarkeit vor allem zu betätigen« (II, 679). Vgl. außerdem II, 81, 107; III, 273. Und I, 41: »Verhältnis zum Geiste, das niemals ›Sache‹ werden kann«.

3. Die defizienten Weisen des Daseins

Gegenüber dem sich verdankenden Denken, das sich im Sprechen an die Gabe des Seins freigibt, stehen bei Ebner wie bei Rosenzweig und später bei Buber die defizienten Weisen des Denkens und Daseins. Diese sind nicht selbständig, sondern abkünftig von dem ursprünglichen Verhältnis des sich verdankenden Denkens. Sie können deshalb nur von diesem her als Minderung und Verfehlung gedacht werden. Ebners ganzes Werk ist durchzogen von den immer neuen Beschreibungen dieser abkünftigen und verfehlten Weisen zu sein. Im wesentlichen stimmt er dabei in den Analysen der Phänomene mit Rosenzweig und Buber überein. Jedoch hat sein Denken einen direkteren und existentielleren Zug, in dem der Zusammenhang mit dem religiösen Verhältnis oft unmittelbar thematisch wird. Zur Vorbereitung unserer Erörterung des religiösen Verhältnisses bei Ebner soll deshalb eine Übersicht über die Ebnerschen Analysen der defizienten Weisen des Daseins gegeben werden.

a) Icheinsamkeit, Denken als verfügendes Begehren, Äußerlichkeit und zeitloser Besitz des Seins des Seienden

Während das sich an das Gespräch freigebende Denken des Anderen als des anderen bedarf, sind die defizienten Weisen des Denkens dadurch gekennzeichnet, daß sie jene Bedürftigkeit leugnen. Das defiziente Denken ist das Denken der »Icheinsamkeit«[41],das sich aus dem Gespräch zurückzieht, d.h. sich vor dem Du verschließt (I, 155)[42]. Gerade dieses »Fürsichsein des Ichs in seiner Einsamkeit« ist aber kein ursprüngliches Faktum im geistigen Leben des Menschen«, sondern »Ergebnis« (I, 91) eben jener Bewegung, in der das Selbst sich auf sich selbst zurückzieht. Diese Bewegung ist zwar immer nur eine relative und kann nie absolut an ihr Ziel kommen, weil die sie gründende Wirklichkeit das immer schon vorausliegende Verhältnis zu dem Du bleibt. Die Icheinsamkeit ist deshalb stets nur eine »relativ

---

[41] Vgl. I, 84–85, 89, 98, 103, 107, 120, 127, 169, 192–197, 306–307, 324, 420, 824 und viele andere Stellen. I, 197 nennt Ebner die Icheinsamkeit die »Krankheit zum Tode«. Auch der Kierkegaardsche Begriff der »Verschlossenheit« mag bei der Bildung des Wortes eine Rolle gespielt haben. Vgl. dazu *Haensel* in: Das Wort und die geistigen Realitäten[2], 351.

[42] An vielen Stellen (I, 158,183, 231, 265, 268, 324) entsprechen der Icheinsamkeit »Verschlossenheit« und »Abschiebung«.

zu nehmende Dulosigkeit des Ichs« (I, 174, 198). Was sich auch darin zeigt, daß selbst in den Daseinsgestalten, in denen diese Bewegung der Abschließung scheinbar in ihr Äußerstes gelangt, noch ein Du vorhanden ist: nämlich im *Wahnsinn* ein fiktives Du. Auch der Wahnsinnige redet in seinem Wahnsinn noch jemanden an, aber dieser jemand ist ein Geschöpf des Wahnsinnigen selbst. Und in der *Dichtung* und der *Metaphysik*: ein ideelles Du, d. h. ein an sich mögliches, aber noch nicht aktualisiertes Du.

Welches aber ist der Grund für diese Abschließung des Ich vor dem Du? Worumwillen geschieht sie? Sie geschieht scheinbar um der Reinheit des von dem Selbst Gedachten willen. Reinheit besagt hier dann, daß in dem Gedachten nur gedacht wird, worüber ich von mir her verfügen kann. Während die Bewegung des Sprechens im Gespräch ein Sich-Aussetzen dem Andern gegenüber bedeutet, über den ich nicht verfüge, zeigt die Bewegung, mit der ich mich vor dem Du abschließe, das Verfügenkönnen als ihren inneren Sinn[43]. Ich bin mir des Seins des Seienden, das ich denke, scheinbar völlig sicher, weil ich damit ja von nichts und von niemandem mehr abhänge. Der Sinn der sich abschließenden Bewegung ist die »Objektivierung alles Seins« (I, 255), die eben voraussetzt, daß das Sein im ganzen verfügbar ist. Sie macht das Sein zur Wesenheit und Substanz. Diese Objektivations- und Substantialisierungstendenz, die dem »Willen zur Macht« entspringt (I, 204), führt sprachlich nach Ebner zur Bildung des *obliquen Casus*. Während das »Ich« des Casus rectus das *Ansprechen* zum Ausdruck bringt und »innerlich dem Du erschlossen« ist (I, 204), zeigt der m-Laut der obliquen Casus »meiner, mir, mich« an, daß sich das Ich dieses Verhältnis ändert und sich – »nun nur mehr nach außen hin Subjekt des Wortes und der Aussage, aber nicht das der Beziehung zum Du in erster Linie, sondern vor allem das des ›Begehrens‹ – eben ›objektiv‹ auf sich selbst« bezieht (I, 203)[44].

Verbal entspricht diesem objektiv sich auf sich selbst beziehenden Seinsverständnis das »ist« der 3. Person, das aus einem anderen

---

[43] Vgl. dazu I, 208: »denn ›psychologisch‹ entspringt ja das Denken dem Begehren«. Später (I, 209, vgl. dazu schon die Tagebuchstelle II, 331) differenziert Ebner dann: Der Begriff entspringt der Tendenz des Habenwollens. Die Idee dagegen ist der Ausdruck des Seinwollens. Sie gehört bereits in den Bereich der Ethik, der das Sprungbrett zu dem dialogischen Leben hin ist. I, 114 beleuchtet diese Differenzierung. Vgl. außerdem I, 247, 1033.

[44] Zum Rückgang auf Jakob Grimm vgl. I, 201 mit *Grimm*, Über den Ursprung der Sprache 44.

Stamm als das »bin« und »bist« gebildet ist (I, 259–265)[45]. Ich als sich aussprechendes Ich und Du als angesprochenes sträuben sich, mit dem »ist« verbunden zu werden[46]. Und der Satz »Das Ich ist«, an den sich das Reden gewöhnt hat, besagt im Grunde gar nichts. Er ist leer; denn das Ich kann sich auf dem Felde des feststellbaren »ist« gar nicht behaupten, weil es nicht eindeutig als ein »ist« festzustellen ist, wobei sich Ebner auf den Physiker Ernst Mach berufen kann (I, 33; vgl. I, 188, 756 und 758)[47]. Daß der Sinn des »ist« gegenüber dem in der Beziehung des Gesprächs gegebenen Sinn des »Ich bin« sekundär ist, zeigt sich nach Ebner u. a. auch darin, daß in der indikativischen Seinsaussage in der 1. und 2. Person das Subjekt des Seins vom prädizierten Sein nicht getrennt werden kann. »Ich« und »bin«, »du« und »bist« sind jeweils eine selbstverständliche und untrennbare Einheit. Sie fallen ihrem ganzen Umfange nach zusammen. Dagegen können in jedem »ist-Satz« Subjekt und Prädikat getrennt werden. »Das Subjekt erscheint als spezieller, das Sein jedoch nicht erschöpfender Fall des Seins und ist diesem gleichsam untergeordnet« (I, 261–262; vgl. II, 236–237). Gerade deshalb kommt dem Subjekt das Sein aber nicht notwendig zu (I, 263), weshalb denn auch die Möglichkeitsform der Seinsaussage in der ersten und zweiten Person (sei – seist) aus dem sein-Stamm und nicht aus dem »bin – bist« der Wirklichkeitsform gebildet wird (I, 261). Oder umgekehrt: Die so als Sein gedachte objektive Substanz »ist gar nicht eine Seinsnotwendigkeit und die absolute Notwendigkeit des Seins schlechthin«, sondern vielmehr nur Denknotwendigkeit: »das ›bei allem Wechsel der Erscheinungen als beharrend‹ Gedachte nach Kant, dasjenige das wir denken müssen, wenn wir ein objektives Sein als wirklich seiend denken wollen«. Die Notwendigkeit des »ist« liegt nicht dem Sein an und für sich zugrunde, sondern wird zu ihm durch unser Denken als das im Sein Seiende hinzugedacht« (I, 263). Das heißt aber: Das im »ist«

---

[45] Vgl. auch I, 32–33, 94, 188, 828; II, 32, 139, 247, 354.

[46] Ebenso wie es mir nicht gelingt, einen in der 3. Person ausgesagten Satz aus dem Verhältnis des »Redens über« in das Verhältnis des »Ansprechens« zu ändern, ohne dabei mein Verhältnis zu dem Subjekt des Satzes mit zu verändern. Ein Satz in der 3. Person wäre »X hat blaue Augen«. Ich kann die Aussage nicht in die 2. Person transponieren (X hast blaue Augen), ohne nicht mein Verhältnis zu dem Subjekt mit zu verändern: »X, Du hast blaue Augen.« Vgl. *Theunissen* 303 und I, 255.

[47] Ob Ebner Mach selbst gelesen hat (vgl. II, 603) oder die These nur aus Referaten kannte, kann ich nicht ausmachen. Ich verifiziere bei *Mach* selbst: Die Analyse der Empfindungen und das Verhältnis des Physischen zum Psychischen (Jena 1903) 10–20 und 278–279.

zur Sprache kommende Sein ist in »eine Abhängigkeit vom Vor-
gestellt-, Gedacht- und Ausgesagtwerden geraten« (I, 263). Dieses
verfügende Abhängigkeitsverhältnis, welches das Sein des »ist« dem
Gewährtsein im Gespräche entzieht, bedingt aber andererseits die
Äußerlichkeit dieses Seins: »Wessen Sein durch die Prädikate ›ist‹
und ›sind‹ behauptet wird, existiert außerhalb des Verhältnisses, das
durch das Wort unmittelbar zwischen dem Ich und dem Du gesetzt
ist, oder vielleicht noch richtiger gesagt: es existiert außerhalb der
Perspektive auf Sein und Leben, die durch jenes Verhältnis dem
Menschen – dem Ich – gegeben ist« (I, 823). Es ist als das vom Denken abhängige und beherrschte das zwar insofern immer gleich gültige aber gerade deshalb mir als mir selbst und meinem Sein- und
Lebenwollen gleichgültige und äußerlich bleibende Sein. Es kann
sein oder auch nicht sein. Es kommt zur Sprache in den *Wörtern*,
die im Gegensatz zu den *Worten* stehen (I, 88, 158).

Ähnlich wie Rosenzweig, freilich ohne daß dies im gleichen
Maß thematisch wird, bemerkt Ebner dann schließlich in jener defi-
zienten Weise des Seins, die das Sein des »ist« hervorbringt, auch den
Charakter der künstlichen *Zeitlosigkeit*. Während das sprechende
Denken die Zeit braucht und ihm im Ereignis des Gesprächs selbst
die je neue Gegenwart geschenkt wird, braucht das objektivierende
Denken keine Zeit, weil sein »ist« immer schon vorliegt. Es lebt in
einer »ideellen Ewigkeit«, die die »konkrete«, im Augenblick des Gesprächs sich eröffnende Gegenwärtigkeit und Ewigkeit des »geistigen
Lebens« zum Verschwinden bringt (I, 259). Gegenüber dem *Wort als
Rede* ist es *Wort als Schrift*, in dem die geistige Aktualität des Wortes
immer weniger wahrnehmbar wird (II, 272). Es lebt im Grunde immer in der Vergangenheit[48]. Und es gibt für es deshalb keine Geschichte, weil es für es nichts wirklich Neues im umfassenden Sinne
geben kann (vgl. I, 175).

b) Die Metaphysik als der Traum vom Geiste

Nach dem, was wir bisher von den defizienten Weisen des Denkens
und Daseins erfuhren, wundert es uns nicht, daß Ebner die defizienten Weisen des Denkens verwirklicht sieht im Denken der Metaphy-

---

[48] Vgl. dazu schon 1913: »Ich bin, du bist – unmittelbare Aussagen, daß etwas geschieht.
›Etwas *ist*‹ impliziert eine Aussage über das relative Resultat eines Geschehens« (II,
234). Vgl. II, 339.

sik. Metaphysik ist nach ihm jenes Denken, welches versucht, das Sein des Seienden als objektiv gültiges dadurch zu denken, daß es das Sein aus dem Ereignis des Gespräches herauslöst und es seines Charakters als Gabe wie des Charakters der Zeitlichkeit entkleidet. Im Grunde ist alle Metaphysik Idealismus, der der Icheinsamkeit entspringt und das Sein des Seienden beherrschen möchte (vgl. I, 40).

Historisch ist dabei zu beachten, daß das, was Ebner unter Idealismus versteht, ihm zu hautnahen Erfahrung wurde durch das Werk Otto Weiningers »Geschlecht und Charakter«. Kaum einen anderen Autor zitiert Ebner so häufig wie den Modeautor Weininger[49]. Welche geschichtliche Stellung Weininger dabei für ihn hat, spricht Ebner zu Beginn des Fragmentes 16 klar aus: »Als der Idealismus des Abendlandes an sein geschichtliches Ende gekommen war, nach einem fast zweitausend Jahre dauernden, längst nicht mehr berechtigten Dasein, da gab er noch einmal ein freilich etwas krampfhaftes Lebenszeichen von sich – in Otto Weiningers ›Geschlecht und Charakter‹« (I, 284)[50]. Das Problem der Begegnung mit dem Du konkretisiert sich bei Weininger zum Problem der Begegnung mit der Frau[51]. Und Weiningers geschichtliche Bedeutung besteht nach Ebner gerade darin, daß er »zum erstenmal den Antifeminismus als die unausweichliche Konsequenz des Idealismus gezeigt hat« (I, 49)[52]. Als eine weitere Konsequenz des Idealismus zeigt sich der Antisemitismus (II, 291). Sowohl in ihm wie im Antifeminismus zeigt sich, daß der Idealismus das wirklich Andere nicht als das andere denken kann. In diesen konkreten Konsequenzen bei Weininger aber werden die Wurzeln des Idealismus überhaupt offenbar, die in der Icheinsamkeit liegen (I, 234–235). Man würde Ebner jedoch viel zu kurz interpretieren, wenn man meinte, seine Auffassung von Metaphysik und Idealismus sei alleine aus der Auseinandersetzung mit Weiningers Modewerk erwachsen. Weiningers Werk ist vielmehr nur ein naheliegender Anlaß, ein Beispiel für die konkreten Konsequenzen des icheinsamen idealistischen Denkens zu geben.

Dieses selbst aber hat für Ebner eine weit längere Herkunft. Es

---

[49] Vgl. Register in III, 809. Das Register verzeichnet jedoch nicht alle Stellen, die von Weininger handeln. So fehlen in Band I: 290–292, 422, 1033.

[50] Vgl. I, 305 und 965.

[51] Ein Problem, das tief mit Ebners eigener Lebensgeschichte verflochten ist. Vgl. II, 1046.

[52] Vgl. I, 289 und II, 793: Die Entwirklichung des Weibes in der Idee.

findet sich bereits bei den Griechen (I, 53, 293, 328)[53]. Und Descartes, der Entdecker des abstrakt philosophischen Ich (I, 221, 936), war ihm nicht weniger verfallen als Kant, in dessen Kritik der praktischen Vernunft jenes Denken freilich bereits an seine eigene Grenze kam (I, 155). Fichte schließlich wird für Ebner zum Inbegriff des icheinsamen Idealismus (I, 231)[54].

Das icheinsame metaphysische Denken, zu dem das ganze wissenschaftlich-mathematische Denken der Neuzeit gehört[55], aber bezeichnet Ebner als »Traum vom Geiste«[56][57]. Und zwar deshalb, weil dieses Denken einerseits von den Realitäten des geistigen Lebens, nämlich der im Gespräch sich ereignenden Wirklichkeit, abkünftig ist. Und andererseits auch deshalb, weil das icheinsame Denken in Wirklichkeit auf die sich im Gespräch ereignende Wirklichkeit aus ist. Man kann nämlich nicht träumen, wenn man nicht einerseits schon Wirklichkeit erfahren hat. Und andererseits möchte jeder Traum auch Wirklichkeit sein. Im Traum erscheint der Traum als Wirklichkeit. Was ihn aber von der Wirklichkeit unterscheidet, ist, daß ich bei dem Traum als ich selbst nicht da bin. Ich komme im Traum vielleicht selbst vor. Aber ich selbst schaue mir dann zu wie ein Zuschauer. Wir sagen sehr richtig: Es träumt mir. Der Traum kommt mir. Ich selbst bringe den Traum nicht als bewußt Seiender hervor. Ähnlich bleibt im metaphysischen Welterlebnis des Menschen das bewußt seiende »Ich selbst« in der Verborgenheit und kommt nicht zum Vorschein (I, 170). Gerade dadurch ist aber das so gegebene Sein des Seienden seiner eigenen Wirklichkeit in keiner

---

[53] Vgl. dazu die Anspielung auf die Kugelgestalt des Seins (I, 215), die sich auch bei *Rosenzweig* findet (GS 2, 283). Ich halte es jedoch für unwahrscheinlich, daß Ebner die Stelle bei Parmenides kannte.

[54] Vgl. I, 189, 258, 757, II, 508.

[55] Vgl. I, 174, 213, 224, 226, 230, 244.

[56] Vgl. I, 60, 89, 113, 170; II, 166, 368, 477, 482, 490.

[57] Es muß hier bemerkt werden, daß bereits Kant das Träumen und die Einsamkeit des Denkens in Verbindung brachte: »Aristoteles sagt irgendwo: Wenn wir wachen, haben wir eine gemeinschaftliche Welt, träumen wir aber, so hat jeder seine eigene. Mich dünkt, man sollte wohl den letzteren Satz umkehren und sagen können: Wenn von verschiedenen Menschen ein jeglicher seine eigene Welt hat, so ist zu vermuten, daß sie träumen« (Träume eines Geistersehers, I. Teil, 3. Hauptstück) Akad. Ausg. II, 342. Ebner kannte die Stelle wahrscheinlich, da sie sich in dem Kant-Laienbrevier v. Groß, das er besaß, findet. Er zitiert sie jedoch nie. Dennoch halte ich es für möglich, daß sie in seine Formulierung von der Metaphysik als dem »Traum vom Geiste miteingeflossen ist.

Weise sicher, sowenig wie ein Traum, so durchsichtig er auch sein mag, sich dessen sicher sein kann, daß er Wirklichkeit ist. Alles abendländische Denken von Platon bis Hegel, ja bis Nietzsche, dessen »Willen zur Macht« Ebner, Heidegger vorwegnehmend, als eine letzte Form der Metaphysik begreift (I, 204), steht nach Ebner aber unter diesem Gesetz. Es ist angesichts der wirklichen Wirklichkeit des geistigen Lebens das jugendliche Träumen vom Geist, Platonismus, der »schönste Traum eines Jünglings, abseits von den Wirklichkeiten des geistigen Lebens geträumt. Das Christentum aber«, und dieses stellt Ebner hier der derart als juvenil gekennzeichneten Metaphysik gegenüber, »ist das Wachsein des reifen Menschen im Geiste« (II, 489).

c)   *Das Fehlen des Engagements als Zeichen der Entwirklichung.*
     Genialität, Ästhetik und Tragik

Fragt man sich, wodurch denn das metaphysische Denken in der Sicht Ebners entscheidend bestimmt ist, so kann man neben den bereits genannten Merkmalen schließlich noch das Fehlen des Engagements als ein durchgängiges Kennzeichen angeben. Jene Intentionalität höchster Ordnung, in der es mir selbst um das Sein- und Lebenwollen geht, fehlt in dem metaphysischen Denken. Gerade dieses, daß es mir selbst zuäußerst um das Seindürfen im ganzen geht, um meine, in kein Allgemeines aufzulösende, »außerzeitliche und ewige« Bedeutung (I, 312), wird von ihm vernachlässigt. In der Metaphysik, wie in aller »geistigen Produktion«, kommt der Mensch nicht »zur Besinnung auf sich selbst und sein wahres geistiges Leben« (I, 89 Anm.). Er kommt nicht zur Besinnung auf den Geist als das Selbst im Sinne Kierkegaards, auf die Tatsache des »In-sich-Seins« (I, 45). Denn als Geist komme ich nur in dem Engagement der Anrede ins Spiel, nicht aber in dem scheinbar nur objektiven Reden über etwas (vgl. I, 830). Das Reden über etwas, das von der Anrede absieht, bemüht sich, ganz objektiv zu sein. Aber es wird in einem damit standpunkt- und perspektivelos (I, 94, 823). Es läßt die »in der Zeit liegende innere Willenswirklichkeit des Ich« verschwinden (I, 213) und damit jene eigentümliche Gegenwärtigkeit und Ewigkeit des im Augenblick sich schenkenden »Wirklichkeitsbereiches« (I, 134, 150) des Gesprächs. Diese Bewegung zeigt aber eine »Entwirklichung alles Existierenden« an, gegen die das metaphysische Denken mit der »Konzeption des Substanzbegriffes als des absolut notwendigen Seins ... gewissermaßen die objektive Maßregel«

ergreift. Das metaphysische Denken konzipiert den Substanzbegriff, weil es »aller Wirklichkeit überhaupt … ungewiß wird« (I, 263; vgl. I, 848). Dem Ich geht es um Objektivität. Aber das metaphysische »Ich denke«, das durch jene Suche nach Objektivität ins Spiel kommt, ist nur ein »mögliches«. Es ist das bloß »ideelle« Ich. Es ist jedoch niemals das »wirkliche« und »konkrete Ich« (I, 111)[58]. Für dieses Ich ist deshalb alles nur relativ. Es gibt kein absolutes Oben und Unten, Rechts und Links, Vorn und Hinten, wie Ebner in einer auffälligen Parallele mit Rosenzweig sagt (I, 213; vgl. oben 80). Es ist das Ich, dem es nicht *ernst* ist[59], sondern das z. B. in der Begegnung zwischen den Geschlechtern nur in einem poetisch-erotischen Verhältnis lebt (vgl. I, 286).

Allgemeiner erscheint als dieses unernste metaphysische Verhältnis bei Ebner an anderen Stellen dann auch das Verhältnis, welches das Genie zu der Wirklichkeit des in der Genialität entworfenen Seins hat (I, 111, 172, 334); und schließlich das ästhetische Verhältnis[60] in dem die »Problematizität des Lebens zur ›Tragik‹« objektiviert wird (I, 171)[61]. In dem ästhetischen Verhältnis sieht der Betrachtende die Widersprüchlichkeit des Lebens wohl. Aber er hält sie in Distanz, indem er sie zur Tragik objektiviert. Ebner gerät hier, ohne je vorher von Rosenzweig gehört zu haben, in eine vollständige sachliche Parallele zu diesem, für den sich ja, am Ende der Metaethik, die zwar vollständig durchsichtige, aber in ihrer Wirklichkeit völlig schwebende, insofern nur in einem unernsten, distanzierten Verhältnis angeschaute Widersprüchlichkeit des Menschen auch in der Gestalt des tragischen Menschen objektiviert.

Die in dem ästhetischen Verhältnis gehaltene Distanz zur Wirklichkeit zeigt sich ferner einerseits darin, daß es in ihm nicht zu einer *Entscheidung* kommt (II, 167). Und andererseits darin, daß das Ich in diesem Verhältnis im Grunde kein *Leiden* erfährt (I, 170–171, 228). Denn das in dem ästhetischen Verhältnis zum Vorschein kommende Sein des Seienden geht das Ich im Grunde selbst gar nichts an.

---

[58] Zum Begriff des konkreten Ich vgl. auch *Kierkegaard, Die Krankheit zum Tode, Schriften* II, 26.
[59] Dafür, daß Ebner sich mit der Verwendung des Gegensatzpaares »Träumen vom Geist – Ernst des Existierens« mit dem Gedanken Kierkegaards einig weiß, vgl. II, 773–774.
[60] Vgl. I, 134, 150, 507; II, 39, 167, 190, 269, 276.
[61] Vgl. zu dem Begriff des Tragischen auch II, 337.

d) *Icheinsamkeit und Sünde*

Wir haben nun freilich bei dem, was wir bis jetzt über die defizienten Weisen des Daseins sagten, noch eine Kennzeichnung ausgelassen, bis zu der hin Ebner, darin wohl mehr als Rosenzweig und Buber Kierkegaard verpflichtet, seine Analysen direkt vortreibt: nämlich bis zu der Kennzeichnung des icheinsamen Daseins als Sünde. Wenn wir die volle Breite des Ebnerschen Denkens wiedergeben wollen, können wir dieses Kapitel jedoch nicht schließen, ohne diesen theologischen Aspekt ausdrücklich einzubeziehen.

Das sich vor dem Du verschließende und sich aus der Wirklichkeit des Gesprächs zurückziehende Selbst entwirklicht dadurch nicht nur sich selbst und das Sein des Seienden, sondern es fällt darin von Gott ab. Die Abschließung ist »nichts anderes als der ›Abfall von Gott‹; der Versuch des Menschen in gottloser ›Innerlichkeit‹ – was für eine contradictio in adiecto! – zu existieren, der erste Mißbrauch und verkehrte Gebrauch der ›Freiheit‹« (I, 91; vgl. I, 824). Das Ich der Icheinsamkeit setzt sich selbst an die Stelle Gottes (I, 192). »Der Sündenfall ist«, so heißt es breits 1914 in den Tagebüchern, »der Sieg des Nicht-Ichs in uns über das Du ... In der Sünde schwindet ebenso das Ich als auch das Du aus unserem Bewußtsein« (II, 118). Mit diesem Sündenfall aber kann der Traum vom Geiste beginnen (I, 162). Das Böse hat geistige Realität nur in der Abschließung des Ichs im Menschen vor seinem Du« (II, 49). Und die Sünde ist nichts als »der Versuch des Ichs außerhalb des Wortes zu existieren« (II, 276). Das heißt: das Ich, das sein Sein doch nur der Gabe des Seins verdankt, die ihm gegeben ist im Wort als dem reinen Ausdruck des Verhältnisses, in das es eingesetzt ist, versucht unverdankt und unter Leugnung der Gabe zu sein. Es kann dies lediglich *versuchen*. Denn es *ist* nur kraft der Gabe. Und auch der Versuch der Leugnung der Gabe geschieht kraft der Gabe. Das Ich stürzt dadurch in den Zwiespalt als in die Gebrochenheit der Existenz, deren abstrakt gewordener Ausdruck für Ebner in den Fragmenten der Satz des Widerspruchs ist (I, 244 bis 245)[62]. Er stürzt aus der Einheit der Gabe des Seins in die Vielheit des sich widersprechenden Gegebenen. Der geschichtliche Mensch findet sich in dieser Gebrochenheit immer schon vor (I, 252; vgl. I, 59, 530; III, 365). Schuld und Erbschuld rücken für Ebner hier

---

[62] Vgl. dort den ganzen Gedanken, auf den wir hier ausführlicher nicht eingehen können.

ganz nahe zusammen. Es kommt ihm vom Phänomen her hier nicht darauf an, weiter zu differenzieren[63].

Insofern die Sünde aber erkannt wird, ist – auch hier zeigt sich wieder eine eigentümliche Nähe Ebners zu Kierkegaard[64] – »der Versuch des Ichs, außerhalb des Wortes zu existieren«, selbst schon wieder »beleuchtet vom Sein des Ichs *im* Wort (II, 276). Das heißt, insofern die Sünde *als* Sünde erkannt wird, ist das Ich aus der Icheinsamkeit der Sünde schon heimgekehrt in das sich verdankende Verhältnis. Dieses äußert sich denn ja auch darin, daß das Ich spricht, nämlich die Erkenntnis der Sünde ausspricht und im Sündenbekenntnis dem das Wort gewährenden Verhältnis anheimgibt (I, 856). Das neu sich verdankende Dasein wird ein Dasein, das seine Schuld bekennt. Es gibt in Rosenzweigs Stern einen Passus, der dies ähnlich sagt (GS 2, 200 f.). Von solchen Parallelen her wird die tiefe innere Verwandtschaft beider Denker sichtbar, die gerade in der theologisch bestimmten Frage nach dem Bösen größer ist als die Verwandtschaft jedes von ihnen mit Buber.

Bei Ebner liegt die religiöse Bestimmtheit des Denkens wohl am offensten zutage. Sie hat einerseits zur Folge, daß sich für ihn zuweilen die rein phänomenalen und die unmittelbar religiösen Horizonte sehr rasch ineinander schieben. Sie läßt andererseits die phänomenalen Hinsichten fast ausschließlich auf die eine Hinsicht, die uns nun beschäftigen muß, hingeordnet sein.

4. Das Verhältnis zu dem sein lassenden Geheimnis in dem Verhältnis des Sprechendürfens

> »Darin, daß der Mensch das Wort hat, worin das Sichentscheidende im Innern des Lebens ist, und Sinn für das Wort hat, worin es liegt, daß er von der Glaubensforderung geistig getroffen werden kann, darin hat er das Gottesverhältnis, Religion als Möglichkeit seiner Existenz« (II,280).

---

[63] Vgl. dazu auch I, 442, 483, 649. Das Sündenbewußtsein ist die Konkretion des Selbstbewußtseins.

[64] Nämlich im »Begriff der Angst«

a) Der Zugang zu dem Sein gewährenden Geheimnis im Geheimnis des Gewährtwerdens der Rede

Wer den Gedanken Ebners, so wie wir ihn bis jetzt entwickelten, mitvollzogen hat, dem ist leicht einsichtig, welche Stellung das Verhältnis meiner selbst zu Gott oder mit Gott in diesem Gedanken haben muß. Das Verhältnis mit dem unendlichen Geheimnis ist die eigentliche Mitte des Ebnerschen Denkens: der Schlußstein der die Gewölbe zusammenhält, das Gebirge, das alle Landschaft bestimmt. Freilich nicht so, als seien von diesem Verhältnisse her alle anderen Verhältnisse konstruiert. Gerade das ist nicht der Fall. Vielmehr ist es umgekehrt so, daß die Analyse der entscheidenden Phänomene des Menschseins, in die sich Ebner vertieft, immer wieder auf diese Mitte verweist, ohne sie je so zu erreichen, wie sie die Phänomene im einzelnen erreichen kann. Es gilt, dies nun nachzuvollziehen.

Der Mensch, so sahen wir, besteht in der Sprache als in dem Gespräch. Dieses ist das Zwischen, das sich zuschickt, indem es der Freiheit zweier oder mehrerer Partner bedarf und im Sich-Zuschicken die Wirklichkeit des Seins meiner selbst und deiner selbst eröffnet. Oder umgekehrt, so sagten wir: Ich bedarf des Anderen und der Zeit, um wirklich zu sein. Jene doppelte Bedürftigkeit aber zeigt nun, bei näherem Hinsehen, einen eigenartigen Zug. Denn was heißt das: Ich bedarf des Anderen? Bedarf der Andere nicht auch meiner? Das Merkwürdige an dem Phänomen des Gespräches ist, daß der Andere meiner genauso bedarf wie ich seiner, um zu sein. Wir bedürfen einander. Aber kann aus einer solchen gegenseitigen Bedürftigkeit je die Bedürfnislosigkeit des Seindürfens, die sich doch in dem Wort, insofern es gesprochen wird, offenbart, entstehen? Offensichtlich nicht.

Wir bedürfen einander, um zu sein. Aber wir sind, gerade deshalb, weil wir einander bedürfen, füreinander nicht der letzte Grund, daß wir sind. Weder bin ich der einzige Grund dafür, daß du sein darfst, noch bist du der einzige Grund dafür, daß ich sein darf. Jeder Versuch, das Seindürfen so zu begründen, bricht mit Notwendigkeit zusammen, wie Theunissen an dem gescheiterten Versuch Grisebachs, das Ich von dem Du her zu denken, gezeigt hat[65]. Aber woher dürfen wir denn nun beide sein, die wir nur sind, indem wir einander bedürfen, was sich eben in der Gabe der Sprache zeigt, in der wir nur sind, was wir sind?

---

[65] *Theunissen* 361 ff.

Dieses *Woher* bleibt ein Geheimnis. Und es ist wohl auch sinnlos, zu sagen, dieses Woher sei die Sprache selbst. Denn die Sprache, insofern sie gesprochen wird, ist ja wiederum nicht ohne dich und ohne mich, die wir sprechen. Die Tatsache, daß wir in der Sprache sind und nur in der Sprache sind, was wir sind, verweist vielmehr ihrerseits auf ein Verschwiegenes, ein Fragliches und von den Sprechenden selbst nicht in Gesprochenes Aufzulösendes. Dieses Verschwiegene und Fragliche ist aber nichts Leeres. Sondern es ist vielmehr voller Fülle. Denn es ist ja das Sein-lassende, das allererst Sprache und uns als Sprechende sein läßt. Für den Zugriff des Wortes und alles ist-Sagen bleibt es dunkel. Aber es zeigt sich als dasjenige Dunkel, das allererst gibt, daß es Worte gibt, Sprache als das Zwischen aus dem allererst ich bin und du bist. Wir sind nur, indem wir Sprechende sind, in der Kraft des Zwischen, das die Sprache als das Gespräch ist. Aber gerade jener Charakter der Sprache als Zwischen zeigte ja, daß die Sprache weder von mir her ist noch von dir her. Wiewohl sie nicht ohne uns ist. Aber sie ist so, daß weder ich darüber verfügen kann noch du darüber verfügst. Sie ist nur durch uns und läßt uns doch zugleich überhaupt erst sein. Sie zeigt sich so als ein »schlechthin Transzendentes« (I, 90). Sie geht in dem, was sie als sie selbst von sich selbst her ist, über mein Können hinaus, wie sie über dein Können hinausgeht. Die Sprache braucht uns. Aber gerade darin gründet sie uns allererst.

So weist ihre »ursprünglichste Aktualität« über das Können des Menschen hinaus und in den Bereich dessen, was des Menschen »Sprache mit dem Wort Gott benennt« (I, 653). Es zeigt sich, daß die Sprache selbst, wie es in den Fragmenten heißt, »göttlichen Ursprungs« (I, 90) ist.

Ebner hat gerade diesen Schritt von dem transzendenten Charakter der Sprache zu ihrem göttlichen Ursprung nicht sehr ausdrücklich bedacht. Wenn er 1921 nach der Veröffentlichung der Fragmente in einer Tagebuchnotiz die »Grundtatsachen« festzuhalten sucht, von denen eine künftige Pneumatologie als »gedankliche, ›objektive‹ Orientierung in den Realitäten des geistigen Lebens« auszugehen hätte und dort fordert, eine solche künftige Pneumatologie müsse zeigen, wie das Wissen um Gott »in der Duhaftigkeit des menschlichen Bewußtseins« liege und zusammenhänge »mit der Tatsache, daß der Mensch das Wort hat«, ja »in gewissem Sinne identisch mit« dieser Tatsache sei (II, 284), so ist diese Forderung doch von ihm selbst nicht erfüllt worden. Ebner hat die von ihm gesichtete künftige Pneumatologie, die auch den Schritt vom Sein gewährenden Zwischen der Sprache zu dem die Sprache gewährenden göttlichen Ursprung eingehender hätte bedenken müssen, selbst nicht mehr geschrieben. Das hängt einerseits mit dem fragmentarischen Charakter des Werkes Ebners überhaupt zusammen[66]. Und andererseits damit, daß für Ebner der Zusammenhang zu selbstverständlich war.

Versucht man aber selbst, den Zusammenhang genauer zu artikulieren, so zeigt sich, daß er nur folgendermaßen verstanden sein kann: Indem ich spreche, geht es mir im umfassenden Sinne um etwas. Es geht mir um das Seindürfen überhaupt. Aber gleichzeitig erfahre ich, daß ich, um sein zu können, des Anderen, der ist wie ich, und der Zeit bedarf. Und dies sieht von der Seite des Partners her ebenso aus. Wir beide bedürfen einander und der Zeit, um, sprechend, sein zu können. Sprache erweist sich so als das Transzendente, uns Brauchende und darin zugleich uns Sein-lassende. Die Sprache selbst ist so einerseits das Transzendente, aber andererseits nichts Selbständiges. Sie besteht ihrerseits nur dadurch, daß sie uns braucht. Dieses Verhältnis des Brauchens, in dem Sprache und Menschen einander bedürfen, verweist aber seinerseits auf den absolut unbedürftigen und einfältigen Ursprung, aus dem kommt, daß Sprache als je neu anhebendes Gespräch zwischen dir und mir je neu sein kann. Der Ursprung in sich bleibt dunkel und geht nie in ein Wort ein. Auch das Wort Gott weist nur auf ihn hin. Die Sprache »benennt« ihren eigenen Ursprung mit dem Wort Gott (I, 653). Aber indem der Ursprung uns – sprechend – sein läßt und unser Seinwollen und Seindürfen unendlichen Sinn hat, zeigt er sich nicht nur als Nichts und Leere, sondern als der meinem Sprechen und deinem Sprechen (und darin mir und dir selbst) den unendlichen Sinn gewährende. Der Ursprung von Sprache läßt mich sprechend sein wie er dich sprechend sein läßt in unserem jeweils unendlichen Sein- und Lebenwollen.

Gerade darin aber nun wiederum gewinne ich selbst ein Verhältnis zu dem sein lassenden verschwiegenen Ursprung von Sprache selbst; wie du selbst ein Verhältnis zu diesem Ursprung selbst gewinnst. Denn im Seinlassen, im Gewähren der Sprache, die mich selbst braucht, wie sie dich selbst braucht, zeigt sich der seinlassende Ursprung immer schon in einem Verhältnis zu uns beiden jeweils

---

[66] Vgl. I, 1079 über die Fragmente: »... wenn es mir auch nicht gegeben ist, seinen Grundgedanken in den Einzelheiten seiner Entwicklung erschöpfend zu behandeln.«

selbst; wie wir selbst uns als wir selbst zu ihm im Verhältnis erkennen.

Dieses Verhältnis in sich aber ist – Religion: Das Verhältnis, in dem ich als Sprechender allererst sein gelassen bin und das ich also als bewußt Seiender bewußt annehmen kann.

Das Entscheidende und früheren Wegen des Denkens zu Gott gegenüber Neue ist, daß ich auf dieses, mich selbst in meinem unendlichen Sinn sein lassende Verhältnis nicht aufmerksam werde, indem ich auf mich selbst reflektiere, insofern ich mich icheinsam, als der Entwerfer von Ideen verstehe. Und mag unter solchen Ideen auch die Idee des Göttlichen vorkommen. Aus dem Zirkel des nur von dem transzendentalen Subjekt her gedachten Seins führt kein Weg hinaus in die Wirklichkeit. Sondern ich werde auf das wirklich mich sein lassende Verhältnis aufmerksam nur dadurch, daß ich darauf aufmerksam werde, daß ich, um zu sein, des Anderen wie der Zeit und darin der Gabe des Seindürfens bedarf[67]. Weil ich auf diese doppelte Bedürftigkeit aber aufmerksam werde, indem ich darauf aufmerksam werde, daß ich erst bin, indem ich im Gespräch bin, rücken phänomenal das Verhältnis der Sprache und das religiöse Verhältnis eng ineinander. Und Ebner kann nach dem Vorbilde Hamanns sagen: »daß der Mensch das ›Wort hat‹ und daß er Religion hat, das ist geistig ein und dasselbe. Wie die Sprache ist auch Religion – nicht jedoch als eine von ihm erhobene, vielmehr eine an ihn gestellte Forderung – etwas unmittelbar in den Menschen Hineingelegtes[68]. Und ebensowenig wie jene aus einem Zustande vor der Sprache, konnte diese aus einem Bewußtseinszustande vor der Religion sich ›entwickelt‹ haben« (I, 130). Indem ich darauf aufmerksam werde, daß ich, um sprechen – und also selbst sein – zu können, des Anderen wie der Zeit bedarf, finde ich mich in dem religiösen Verhältnis.

Dies heißt denn freilich auch, daß in dem Verhältnis zu dem anderen Menschen selbst, das in meinem Sprechen mit ihm und seinem Sprechen mit mir Wirklichkeit wird, das Verhältnis mit dem seinlassenden Ursprung immer schon mit im Spiele ist. Das Ich ist erst durch die »Duhaftigkeit« seines Bewußtseins ermöglicht, wie Ebner sagt. Oder mit anderen Worten: Ich selbst bin erst als ich selbst dadurch, daß ich in Beziehung zu dir selbst bin. Durch diese Beziehung, die sich konkret äußert als das Wort, bin ich sein gelassen (I, 437).

---

[67] Vgl. dazu I, 51; II, 130–131.
[68] Vgl. dazu I, 97 und 126–128.

Die Beziehung selber, aus deren Aktualität »Ich bin« wie »Du bist«
erst ihre Aktualität erhalten (I, 438), ist also derart, so kann vom
Phänomen her gesagt werden, daß sie uns beiden selbst die Wirklichkeit selbst gewährt. Diese Gewährung ist aber weder kraft meiner
noch kraft deiner, noch kraft der Beziehung, die uns ja ihrerseits
braucht. Sondern sie ist von dem die Beziehung selbst gewährenden
und ereignenden Ursprung her. Von ihm her erfahre ich letzten Endes in der Beziehung zu dir selbst, daß ich selbst sein darf. Wie auch
du dies für dich selbst erfährst. Von dem Ursprung her erfahre ich in
der Beziehung zu dir selbst die »geistige Bedeutung« meines Existierens (I, 1025), daß ich nämlich überhaupt und selbst sein darf und
nicht nur »als ein bloßes Moment in der generellen Entwicklung«
(I, 1027)[69].

Es geht mir selbst in dem Verhältnis, insofern es umschlägt in
ein Verhältnis zu dem gewährenden Ursprung des Verhältnisses, im
Ernste um das Seindürfen überhaupt[70] – um das Seindürfen meiner
selbst wie deiner selbst und endlich das aller Menschen selbst[71]. Wie
umgekehrt auch du dies in dem Verhältnis zu mir selbst von dem
seinlassenden Ursprung her erfährst und wir beide voneinander dies,
daß wir beide selbst sind und sein dürfen, nur daher wissen, daß der
seinlassende Ursprung überhaupt in unserem Verhältnis zueinander
immer schon im Spiele ist.

b) Gott der anrufende und der angerufene

Indem es mir aber in dem Verhältnis zu dem das Verhältnis der Sprache gewährenden Ursprung im Ernste um mich selbst geht, oder umgekehrt: indem sich dieser Ursprung als der mich selbst im Verhältnis
des Gesprächs sein lassende zeigt, zeigt er sich als der mich anrufende. Indem ich durch das Verhältnis des Gesprächs selbst sein gelassen
bin, erfahre ich mich als von dem Sprache gewährenden Ursprung
selbst gemeint. In der Geistigkeit meines eigenen Ursprungs bin ich,

---

[69] Vgl. auch I, 129 II, 47.

[70] Insofern gibt es keine Religion ohne Ethos. Vgl. I, 306.

[71] Sehr hellsichtig beobachtet Ebner, daß mit dem reduzierenden icheinsamen idealistischen Denken die Selbst- wie die Menschenverachtung verbunden ist. In dem Verhältnis zwischen Menschen, das sich als religiöses Verhältnis versteht, darf ich selbst sein
wie der Andere selbst sein darf (vgl. II, 735). In diesem Sinne ist es zu verstehen, daß
eine wirkliche Ehe, in der beide Partner einander sich als sie selbst sein lassen, nur auf
dem Grunde des religiösen Verhältnisses denkbar ist (vgl. II, 793).

wie Ebner sagt, nicht erste, sondern zweite Person, »angesprochene Person«, immer schon selbst angerufen von dem mich im Gespräch sein lassenden Ursprung (vgl. I, 96–97). Genauso wie bei Rosenzweig[72] gründet also bei Ebner das Anfangen meines eigenen Sprechens darin, daß Gott als der das Verhältnis der Sprache gewährende Ursprung mich selbst im Gewähren der Sprache anruft. Ich selbst finde mich im ganzen und meinem Äußersten nach, demgemäß ich Ich-selbst bin – und nichts anderes – von dem die Beziehung des Sprechens gewährenden Ursprung gemeint und betroffen. Ich selbst finde mich, indem ich anfange zu sprechen, von dem Ursprung, der das Zwischen der Sprache gewährt, immer schon selbst angegangen und gemeint. Nie würde ich sonst als ich selbst anfangen zu sprechen.

Ist das Verhältnis aber derart, so ist umgekehrt damit auch gesagt, daß ich selbst zu dem die Sprache gewährenden Ursprung, der mich derart angeht und anspricht, nie ein Verhältnis des »Redens über« haben kann. Sondern ich kann nur dadurch ein Verhältnis zu dem Ursprung selbst haben, daß ich selbst ihn anrufe und anspreche. Nie kann mir der Sprache gewährende Ursprung zum Objekt werden, zu einem Etwas[73], über das ich rede. »In dem Augenblick, wo im Menschen das Wissen um Gott aus dem Sinn des ›Du bist‹ heraus in den eines Satzes in der ›dritten Person‹ tritt – um Gott gleichsam außerhalb des menschlich-persönlichen Verhältnisses im ›Du bist‹ in der ›objektiven‹ Sphäre der ›dritten Person‹ der Existentialaussage zu begreifen – verliert der Mensch Gott in seiner Realität aus dem geistigen Gesichtskreis« (I, 438). Ich kann in Wahrheit nicht *von* und über Gott, sondern nur *zu* ihm reden (I, 86, 258, 913; II, 27, 47). Was freilich nicht heißt, daß ich nicht mit einem anderen, der wie ich in dem Verhältnis des Ansprechens zu Gott steht, »über« Gott sprechen könnte. Aber diese Rede »Gott ist« hat dann in Wirklichkeit den Charakter des Anrufs. Sie ist in dem anrufenden Bekenntnis »Gott, du bist« einbegriffen und in ihm aufgehoben[74]. Dieses Verhältnis des Anrufens allein ist das ursprüngliche Verhältnis, das ich zu dem Sprache gewährenden Ursprung haben kann. Es liegt jeder Vorstellung von Gott wie jedem Nennen Gottes immer schon zu Grunde (I, 281; II, 36).

---

[72] Vgl. GS 2, 195 f.

[73] Auch der metaphysische Gottesbegriff der causa causarum wäre ein solches Etwas. Vgl. I, 156.

[74] Vgl. I, 257–258. Außerdem die Tagebucheintragung vom 1.4.1920 (II, 916).

Daraus ergibt sich denn, daß auch das »Wort Gott« ursprünglich ein reiner Vokativ gewesen sein muß, der erst zu dem Zwecke der Verständigung »über Gott mit dem ›Dritten‹« nominalisiert wurde (I, 248–249; vgl. I, 99, 831, 984). Der das Verhältnis der Sprache gewährende Ursprung zeigt sich, indem ich mich in das wirkliche Verhältnis mit ihm freigebe, als Du. ja, er zeigt sich, wie Ebner häufig sagen kann, als das »wahre Du«[75]. »›Die Duhaftigkeit‹ des menschlichen Bewußtseins entspricht unmittelbar der Allgegenwart Gottes« (II, 194). Denn insofern es mir überhaupt nur um die Wirklichkeit geht, die ich selbst als Ich eines Du sprechend vor und zur Sprache bringe, bin ich selbst von dem sein lassenden Ursprung überhaupt angesprochen und spreche ihn selbst an.

Dies darf nun freilich nicht dahin mißverstanden werden, als werde darin am Ende der seinlassende Ursprung, über den ich nie als über ein Etwas reden, sondern den ich nur anrufen kann, dann doch, nämlich als Du oder »wahres Du«, greifbar und aussagbar. Vielmehr ist auch in dem »Du bist« des Anrufs das »›absolute Sein‹ Gottes« nicht faßbar (I, 265). Gott bleibt vielmehr gerade im Anruf das reine, Sprache gewährende Geheimnis, der unsagbare Ursprung, auf den hin ich, ihn anrufend, nichts als ausstehe. Deshalb unterscheidet sich das Ansprechen des Du, insofern es den anderen Menschen meint, deutlich von dem Anrufen des Du oder des »wahren Du«, insofern dieses Gott meint. Ebner hat diese beiden Weisen des Ansprechens an der eben zitierten Stelle der Fragmente, die ihrer Unscheinbarkeit wegen jedoch leicht übersehen wird, m. E. genügend klar voneinander abgehoben. »Es gibt … im Deutschen bloß zwei Verba der Scinsaussage, aber drei Arten des Seins; also darunter eine für uns unsag-, weil unfaßbare, und das ist das ›absolute Sein‹ Gottes« (I, 265)[76]. Unter den zwei Verben der Seinsaussage versteht Ebner einerseits das »ist«, andererseits das »bin-bist«. In dem »bist« muß sowohl das Sein des anderen Menschen wie das Sein Gottes angerufen werden. Beide aber unterscheiden sich voneinander. Das Sein des anderen Menschen ist zwar auch unobjektivierbar. Aber es ist denn doch sagbar, weil es, wie Ebner bemerkt (I, 266), eigentlich kein

---

[75] I, 55, 94, 267, 280; II, 146, 153. Vgl. hier auch den Verweis auf *Jean Pauls* Levana (III, 418).

[76] Ähnlich differenziert Ebner II, 252. Vgl. auch II, 293–294. Der Sinn von Sein: Es gibt. Gott aber ist der Geber der Gabe.

Sein, sondern ein Werden ist[77]. In diesem Werden liegt die relative Faßbarkeit des menschlichen Du begründet. Den Sprache gewährenden Ursprung aber kann ich *nur* anrufen. Und weder sagen noch fassen. Das »Aus-Sich-selbst-Heraustreten«, das schon dem menschlichen Du gegenüber den »Wirklichkeitsbereich des geistigen Lebens« (I, 243) eröffnete, muß deshalb gegenüber dem sein lassenden und Sprache gewährenden Ursprung noch einmal eine noch reinere und radikalere Gestalt gewinnen als gegenüber dem menschlichen Du.

c) Die Freiheit des Verhältnisses. Der Glaube

Nach dem bisher Erörterten ist es von sich her klar, daß das Verhältnis meiner selbst mit dem Sein als Sprache gewährenden Ursprung nur in der Freiheit bestehen kann. Das Verhältnis besteht nur als Verhältnis von Freiheit zu Freiheit, der göttlichen Freiheit, die mich als mich selbst immer schon sein ließ und anrief, und meiner Freiheit, in der ich mich selbst, den Ursprung selbst anrufend, ihm zuwende. Das Verhältnis zwischen mir und dem Sprache gewährenden Ursprung ist derart, daß es sich auf keine Weise herstellen läßt. Denn ich verfüge von vornherein ja nie über den mich in der Sprache sein lassenden Ursprung von Sprache – noch viel weniger als ich über den Partner verfüge, dessen ich bedarf, um wirklich zu sprechen. Ich kann mich deshalb sprechend nur ohne jeden Rest an den Ursprung freigeben. Wenn ich dem Sprache gewährenden Ursprung selbst gerecht werden will, muß ich jede Vorstellung von ihm aufgeben, »an die sich immer nur der ›Heide‹ ängstlich klammert« (I, 282) und mich selbst in der Zuwendung des Anrufs rein auf den Ursprung selbst hin verlassen. Dieses freie Sich-Verlassen trägt als seine andere Seite freilich in sich, daß ich mich von dem Sprache gewährenden Ursprung auch wirklich abwenden kann. In diesem Sinne sagt Ebner bereits in dem Fragment aus dem Jahre 1916: »Es hätte also die Forderung, Religion zu haben, gar keinen Sinn, wenn nicht die Existenz des Menschen an und für sich die Möglichkeit ihres geistigen Verlorenseins in sich trüge« (I, 1025). Das wirkliche Verhältnis mit dem Sprache gewährenden Ursprung besteht nur in

---

[77] Hier wäre die Vermitteltheit des anderen durch Welt zu bedenken – ein Thema, das Ebner nicht ausgeführt hat. Vgl. unten S. 263 f.

der Überwindung der Versuchung, sich aus dem Verhältnis des reinen Sich-Verlassens herauszuwenden[78].

Zugleich mit dieser radikalen Freiheit des Verhältnisses ist aber gegeben, daß das Verhältnis weder abzuleiten noch auch von außerhalb seiner zu begreifen ist. Deshalb kann ich es einem anderen auch nicht mit-teilen (I, 122, 835). Ich bin in dem Verhältnis nur insofern, als ich darin ganz als ich selbst, d. h. unableitbare Freiheit bin. Dies bedeutet, daß ich das Verhältnis nicht aus einem größeren gemeinsamen Ganzen deduzieren und den Anderen so zwingend darum wissen lassen kann. Ich kann die Tatsache, daß ich in dem Verhältnis stehe, vor ihm nur *bezeugen*. Und der Andere selbst kann meiner Bezeugung, die ihm das Verhältnis, in dem ich ganz als ich selbst bin, offenbart, nur *glauben*. Das Gottesverhältnis ist, wie es in der Stelle hieß, die wir diesem Kapitel voranstellten, zwar eine in der Tatsache des Worthabens begründete »Möglichkeit der Existenz« (II, 280). Aber in Wirklichkeit beginnt das Gottesverhältnis erst mit dem Gottesverhältnis selbst. Es läßt sich in Wirklichkeit, wie Ebner sagt, »nur ›pneumatologisch‹ begründen, d. h. darin, daß der Mensch in der Realität seines Gottesverhältnisses ... sich selbst versteht« (I, 604). »Außerhalb des realen Gottesverhältnisses« kann dieses weder begründet noch widerlegt werden (I, 603).

Innerhalb des Verhältnisses wird dann allerdings die Tatsache, die für das Denken der Weg des Zugangs zu der Besinnung auf das Verhältnis mit dem Sprache gewährenden Ursprung war, nämlich, daß der Mensch das Wort hat, als eine »geistige Tatsache« (I, 604) hell. Ich verstehe mich nun selbst in der Tatsache, daß ich das Wort habe als den, der von dem Sprache gewährenden Ursprung selbst angesprochen ist und dem es so gewährt ist zu sein.

Insofern Ebners ganzes Denken dieses Verhältnis immer schon voraussetzt, hat es, dies muß nun deutlich gesagt werden, die Grenzen einer nur von dem transzendentalen Subjekt her verstandenen Philosophie immer schon überschritten. Es wird zu einer Phänomenologie des Verhältnisses mit dem Sein als Sprache gewährenden Ursprung, die man, wenn man dafür ein altes Wort gebrauchen will,

---

[78] Ebner steht hier in einer gewissen Nähe zu Gedanken, die *Schelling* in der Philosophie der Mythologie geäußert hat: Dem seiner selbst mächtigen Sein-können ist die Versuchung notwendig (Phil. d. Myth. II, 141–145). Der Unterschied liegt jedoch auf der Hand. Schelling denkt das Verhältnis mit dem Ursprung nicht in der gleichen Weise als unverfügbares Verhältnis.

auch eine Phänomenologie des *Glaubens* nennen kann. Glauben muß hier dann allerdings in einem vortheologischen allerursprünglichsten verbalen Sinn verstanden werden, demgemäß glauben nicht der Glaube an etwas ist – dies wäre nur ein Noch-nicht-Wissen von etwas – sondern das in der Freiheit bestehende Verhältnis meiner selbst zu dir selbst und deiner zu mir. Ich glaube dir selbst. Wir glauben einander (vgl. dazu I, 444–446). Nur daß das Verhältnis des Glaubens sich nun zwischen mir und dem alles Sein als Sprache gewährenden Ursprung zuträgt (vgl. II, 44). Es wird radikalisiert und hat schlechthin nichts mehr außerhalb seiner. Dennoch trägt dieses Verhältnis die wesentlichen Züge, die auch das Verhältnis zwischen mir und dem menschlichen Partner in der Beziehung des Gesprächs hat. Man könnte es deshalb das Ur-Gespräch nennen oder auch den Spiel-Raum, der jede Möglichkeit von Sprache einräumt.

Glauben setzt ein Angesprochenwerden voraus (I, 233; vgl. 856, II, 936), ein Entgegenkommen des mich meinenden unsagbaren Ursprungs, durch das ich überhaupt erst in das Verhältnis zu ihm gezogen werde. Ich erfahre in mir selbst »das Bewußtsein von der Existenz Gottes« als »Imperativ zum Glauben« (I, 96). Indem ich aber so glaube, d. h. mich einlasse auf das Verhältnis, bedeutet dies die Entscheidung meiner selbst im ganzen (I, 234; II, 255, 508, 532). Ich gebe mich ganz und gar und ohne Rest in das Verhältnis zu dem mich anrufenden Ursprung hinein. Ich verlasse mich ganz auf den Ursprung in einem Hinausgehen über mich selbst in der Demut des Geistes (II, 31)[79]. Gerade durch dieses Hinausgehen über mich selbst, insofern es auf den Sprache gewährenden Ursprung hin geschieht, werde ich ganz und in einem höchsten Maße ich selbst. »Glaube: das ist das Existenzbewußtsein kat'exochen, das realisierte Bewußt-Sein« (II, 187, vgl. 193, 1000). Und deshalb kann dann, in der Abwandlung des Cartesischen Satzes, gesagt werden: »Credo, ergo sum«. *Ich bin*, weil ich glaube (I, 481). In dem Verhältnis des Glaubens, das das Verhältnis des Sich-Verlassens auf den unsagbaren, Sprache gewährenden Ursprung ist, werde ich überhaupt erst wirklich ich selbst. Das Verhältnis des Glaubens ist so »der geistige Wirklichkeitsakt« (II, 51), die »›Bejahung‹ der Geistigkeit des Lebens« (I, 235)[80] und damit schließ-

---

[79] Vgl. auch hier wieder (oben 148 u. 186f.) die Parallele mit Rosenzweig
[80] Vgl. I, 278, 386, 458; II, 252. Ebner leitet »Ja« von ahd. jehan = gestehen, bekennen (bijehan = beichten, bekennen) ab (I, 235). Auch hier könnte man wieder eine Parallele zu Rosenzweig ziehen, für den sich der Sinn des Seins in dem »Ja, Gut« zeigt

lich »das innere Verwurzeltsein des Menschen in jener Realität, aus der sein Leben herausgewachsen ist« (II, 472).

Die Freigabe in das Verhältnis des Glaubens, durch die der Mensch wahrhaft frei wird (I, 924), ist deshalb die Freigabe an die Wirklichkeit selbst, weil die Erfahrung des Wort-Habens selbst zu jener Freigabe hindrängt. Ebner sagt: »... zur paradoxen Logik des Wortes gehört die Glaubensforderung« (I, 456) und nennt diese Forderung »den Angelpunkt unseres ganzen geistigen Lebens« (II, 960). Warum? Wir brauchen das nicht mehr ausführlich abzuleiten. Deshalb, weil die Erfahrung des Sprechens, in der ich allein mir als Ich-bin gegeben bin, in der Erfahrung der doppelten Bedürftigkeit auf die Erfahrung des Gewährtseins der Rede führt. Die paradoxe Logik des Wortes führt über das alles fassende Wort hinaus zum Ereignis der Gewährung der Sprache selbst. Insofern kann Ebner dann sagen, der Glaube als das Verhältnis mit dem mich meinenden, die Sprache gewährenden Geheimnis sei nichts anderes als das »In-der-Logik-des-Wortes-Bleiben« (II, 477–478). Dieses »In-der-Logik-des-Wortes-Bleiben« gewährt mir einerseits, daß ich ganz ich selbst sein darf. Es sammelt mich auf mich selber hin (I, 170, 455; II, 21, 58). Und es stillt die Frage, die ich als ich selbst *bin*, auf die jedoch keine endliche Antwort gegeben werden kann. »Der Glaube ist Stillestehn des Denkens, Ruhen der Gedanken in Gott« (I, 156).

d) Umkehr und Erinnerung

Von den Weisen, in denen sich das in der Freiheit bestehende Verhältnis mit dem Sein als Sprache gewährenden Ursprung vollzieht, müssen zwei, die in unserem Zusammenhang wichtig sind, besonders hervorgehoben werden.

Das Verhältnis des Glaubens kann sich so ereignen, daß es *Umkehr* bedeutet. Das heißt, es kann sich so ereignen, daß ich aus der icheinsamen Weise des Daseins, in der ich über das Sein des Seienden zu verfügen meinte, dazu komme, mich als den Seingelassenen zu verstehen und mich so dem gebenden Ursprung der Gabe der Sprache zu verdanken. In diesem Augenblick erscheint mir das, was hinter mir liegt, das Dasein in der Icheinsamkeit, als das verlorene Dasein und die Sünde. In ihm war ich es ja schuldig geblieben, mich verdankend aus dem mich allererst sein lassenden Ursprung zu empfangen. Ich versuchte verzweifelt, auf endliche Weise selbst zu sein und kehrte dem mich sein lassenden unendlichen Ursprung den Rücken. Indem ich mich nun in das Verhältnis mit dem Ursprung freigebe, kehre ich um. Ich verneine, was bislang war, d. h. mich selbst ganz und gar, wie ich bislang war, nämlich im Modus der Icheinsamkeit. Diese Verneinung ist deshalb total. Sie läßt »auch nicht einen letzten kleinen Rest unangetastet«. Das aber bedeutet: Die ganze Endlichkeit meiner icheinsamen Existenz »geht in dieser Verneinung unter«. Gerade dadurch aber bedeutet diese Umkehr »eine im Unendlichen verankerte absolute Bejahung« meines wahren Lebens (II, 144). Insofern sich die Umkehr aus dem icheinsamen Dasein erhebt, das mir jetzt erst als das icheinsame und verlorene aufgeht, ist sie dem seinlassenden Ursprung gegenüber *Bekenntnis* der Sünde. Es kann nicht bei der Erkenntnis der Sünde bleiben. Sondern sofern sich die Umkehr wirklich vollzieht, nämlich sofern ich aus der Icheinsamkeit wirklich in die Beziehung, die nur die Beziehung der Sprache sein kann, finde, muß die Erkenntnis der Sünde zu Wort kommen, d. h. sie muß bekannt werden (vgl. II, 858–860). Das »von Gott abgefallene und wortlos gewordene Sein« wird durch die Gnade Gottes in der Umkehr »aus seiner Unwahrheit herausgehoben und ganz ins Wort zurückgenommen« (1, 320)[81].

Die Einkehr in das Verhältnis mit dem seinlassenden Ursprung kann sich aber auch so ereignen, daß sie nicht aus dem Modus der Verlorenheit heraus geschieht, sondern gleichsam nur aus dem Zustand der Latenz heraus. Dann zeigt sich die Einkehr in das Verhältnis mit dem Sein als Sprache gewährenden Ursprung als *Erinnerung*. Das Wort Erinnerung bekommt bei Ebner in diesem Zusammenhang eine ganz spezifische Bedeutung. Es kommt »zu seiner letzten und eigentlichen Bedeutung: der Mensch erinnert sich der Abhängigkeit seiner Existenz vom Du. In dieser Erinnerung hat er die ›Innerlichkeit‹ seines Lebens« (I, 115). Ich kehre ein in die Innerlichkeit des Worthabens, welche die Innerlichkeit des Seingelassenseins ist. Darin weiß ich: Ich bedarf des Anderen. In dieser Erinnerung meiner Bedürftigkeit ist mir aber zugleich die »Erinnerung an Gott« gegeben, die nichts anderes ist als die Erinnerung der »Innerlichkeit« meines

---

[81] Während der Niederschrift der Fragmente weiß Ebner darum, daß allein eine solche Umkehr für den Autor wie für den Leser der Sinn der Fragmente sein kann. Das entstehende Werk ist »ein Buch, das von keinem Menschen mit Verständnis gelesen werden kann, der nicht über dieser Lektüre ein andrer würde« (Brief vom 16.12.1918 an Luise Karpischek (III, 237). In der Tat haben die Fragmente denn auch diese Wirkung gehabt. Vgl. *Karl Thieme*: »Unter dem Eindruck dieses Buches habe ich mich wohl zum erstenmal wirklich bekehrt …« (in: Stimmen der Freunde [Regensburg 1935] 40).

Daseins schlechthin, seines Seingelassenseins überhaupt (vgl. II, 273)[82].

Scheinbar hat hier Erinnerung also zunächst gar keinen zeitlichen Sinn. Eine andere Stelle zeigt jedoch deutlich, daß der zeitliche Sinn von »Erinnerung« in diesem zunächst scheinbar unzeitlichen Sinn der Einkehr in das Innen durchaus enthalten ist. »Das Pneuma«, so heißt es in den Fragmenten, »ist es auch, wodurch das Bewußtsein des Vergangenen erzeugt, das Vergangene zur wirklichen ›Vergangenheit‹ gemacht wird; also dasjenige, was die Geschichte konstituiert ...« (I, 175). Und der nächste Satz sagt von dem Pneuma: »Alle Erinnerung – Er›innerung‹ – ist in ihm« (1, 175). Unter dem Pneuma ist bei Ebner das Verhältnis mit dem Sprache gewährenden Ursprung selbst verstanden. Dieses Verhältnis als je neu geschenktes schenkt mir selbst in meinem Seindürfen je neu Gegenwart und macht so erst das Vergangene wirklich zum Vergangenen. Erst von der in dem Verhältnis mit dem Sprache gewährenden Ursprung je neu geschenkten Gegenwart her wird Vergangenheit wirklich zur Vergangenheit. Denn vorher war Gegenwart nicht wirklich Gegenwart, sondern bloß prolongierte und modifizierte Vergangenheit: das immer schon Gewesene. Durch sein eigenes je neues Sich-Schenken erzeugt das Verhältnis mit dem Sprache gewährenden Ursprung so erst wirklich Geschichte. Alle Er»innerung« aber, so sagt Ebner, ist in diesem Verhältnis. Das heißt, Erinnerung ist die Einkehr in das Verhältnis mit dem Sprache gewährenden Ursprung, das sich geschichtlich ereignet. Indem ich mich erinnere an das vergangene Ereignis, in dem ich sein gelassen war (und d. h., daß ich mich daran als an das vergangene Ereignis selbst freigebe, es also nicht nur reduzierend als bloßes Moment einer Entwicklung verstehe), kehre ich ein in das Verhältnis des Seingelassenseins selbst, durch das ich je neu sein gelassen bin. Dieses Verhältnis selbst aber zeigt sich, gerade weil es mich immer neu als mich selbst sein läßt und so Geschichte stiftet, also in jedem Sich-Ereignen mir selbst die Wirklichkeit neu gewährt, als das immer neu »Selbe«. Der unsagbare, Sprache gewährende Ursprung erweist sich gerade durch das je neu mit ihm sich ereignende unbedingte Verhältnis hindurch als *treu*. Zeitlichkeit verliert so den Charakter des bloßen Verlaufs und gewinnt den Charakter der Kontinuität der Treue. Erinnerung zeigt sich als Einkehr nicht bei dem bloß Gewese-

---

[82] III, 204 sagt Ebner ausdrücklich, daß das Wort »Innerlichkeit« für ihn von der Kierkegaardschen Bedeutungssphäre der Innerlichkeit bestimmt sei.

nen, das in der Folge vorausging, sondern bei dem Selben, das sich im ganzen je neu ereignete.

e) Die Bewährung des Verhältnisses zu Gott in dem zwischen-menschlichen Verhältnis

Sind Umkehr und Erinnerung die Weisen, in denen sich das Verhältnis mit dem Sprache gewährenden Ursprung vollzieht, so ist das Feld, auf dem dieses Verhältnis spielt und in dem es statthat, doch immer das zwischenmenschliche Verhältnis. Das zwischenmenschliche Verhältnis zeigt sich als die eigentliche Be-währung des Verhältnisses mit dem Sprache gewährenden Ursprung. Und zwar deshalb, weil ja von vornherein das Eingesetztsein in die Sprache ganz mit dem Bedürfen des Anderen verschränkt ist. Wenn »die geistige Situation der Sprache in der Aktualität ihres Gesprochenwerdens im letzten Grunde nichts anderes« ist »als das Verhältnis des Menschen zu Gott« (I, 95), so ist damit eben schon gesagt, daß die konkrete Situation der Sprache, die in dem mitmenschlichen Verhältnis besteht, die Bewährung des Verhältnisses mit dem Sprache gewährenden Ursprung bedeuten muß. Wirklichkeit ist uns nur als die Wirklichkeit des Zwischen gegeben: als das, was sich zwischen dir und mir ereignet. Und deshalb muß das wirkliche Verhältnis mit dem seinlassenden Ursprung, damit es nicht »im luftleeren Raum einer phantastischen Abstraktion alle Realitätsbedeutung verliere ... im Verhältnis des Menschen zum Menschen seinen konkreten Ausdruck finden« (I, 282)[83]. Das Verhältnis mit dem Sein als Sprache gewährenden und mich anrufenden Geheimnis »Gott« wird, wie Ebner vielleicht noch deutlicher in dem Aufsatz »Die Wirklichkeit Christi« sagt, »nur konkret und wirklich im Verhältnis zum Menschen« (I, 571).

Allerdings gehört diese Konkretion des Verhältnisses zu dem seinlassenden Ursprung in dem mitmenschlichen Verhältnis zu den Themen, auf die Ebner nicht besonders ausführlich eingegangen ist. Das Zueinander beider Verhältnisse oder, anders gesagt, das Verhältnis zwischen der »menschlich-maieutischen« und der »göttlich-generativen« Bedeutung des Wortes (I, 443)[84] wird im Werke Ebners nirgends genauer untersucht. In seiner spätesten Schrift, den Apho-

---

[83] Vgl. dazu umgekehrt auch I, 104: Bestünde der Mensch nicht von vornherein in der Beziehung zum Du, so hätte Gott nur eine ideelle Existenz.

[84] Ebner nimmt hier eine Unterscheidung Kierkegaards auf, die er jedoch umdeutet.

rismen 1931, die Hildegard Jone unter dem Titel »Wort und Liebe« herausgegeben hat, streift Ebner zwar die Frage noch einmal. Aber das Wie des Ineinanders beider Verhältnisse bleibt offen, und es heißt einigermaßen zweideutig: »Der Mensch ist dem Menschen Umweg und Weg zu Gott« (I, 919). Martin Buber konnte deshalb zu dem Urteil kommen, Ebner habe das Du im Menschen nicht zu finden vermocht und deshalb die Rettung in dem Gedanken gefunden: »Es gibt nur ein einziges Du und das eben ist Gott.« Ebners Seinsverständnis sei wie das Kierkegaards »letztlich akosmisch« und »ananthropisch« (Buber I, 296–297). Aufgrund der Stellen, die wir anführten, und einiger anderer, die Buber nicht kennen konnte, scheint dieses Urteil, zu dem vor Buber bereits Cullberg gelangt war, jedoch verfehlt zu sein. Wir werden auf die Frage noch genauer eingehen[85].

f) Die Vorläufigkeit des Zwischen

Hier darf jedoch, da dies in den gleichen Zusammenhang gehört, vorerst noch auf eine andere Differenz hingewiesen werden, die bei Ebner kaum ausgearbeitet ist, nämlich auf die Differenz zwischen dem zwischenmenschlichen, sich in der Sprache zeigenden Verhältnis als solchem und der neutestamentlich verstandenen Liebe. Das dialogische Verhältnis zwischen mir und dir ist die Voraussetzung dafür, daß es das christliche Verhältnis der Agape geben kann. Aber diese, insofern sie auch die Liebe zu dem Häßlichen und Lebensgebrochenen (le méchant, le tortu, l'hébété) bedeutet (I, 271), ja sogar zu dem, der meine Liebe mit Verachtung und Haß erwidert (I, 209), ist denn offenbar doch mehr als nur das einfache »subjektive Vehikel« des seinlassenden Verhältnisses des Gesprächs, dessen »Objektives Vehikel« das Wort ist. Worin ist sie mehr? Diese Frage klingt bei Ebner wohl an, indem er zuweilen zwischen Liebe und Liebe unterscheidet (vgl. I, 269). Aber sie wird nicht ausdrücklicher durchdacht, weil Ebner in der Gewalt des grundsätzlichen Durchbruchs zu dem Sprachdenken die Dinge zunächst einmal zusammensieht.

Die Liebe in dem äußersten Sinne, in dem sie als erfülltes Verhältnis des Gesprächs scheitert, scheint aber doch darin mehr zu sein, daß sie ausdrücklich auf Hoffnung hin geschieht; in der Hoffnung auf eine jetzt noch ausbleibende Erfüllung und Vollendung. Und daß sie überhaupt nur kraft dieser Hoffnung möglich wird. Man

---

[85] Vgl. unten 249 f.

kann nicht sagen, daß Ebner, der über seinem Schaffen immer wieder das Wort Pascals sah »travailler pour incertain«, von dieser Hoffnung nichts wußte. In einem Brief an Gerhard Fischer spricht Ebner angesichts des Todes von der in Christus berechtigten und gesicherten »Hoffnung auf die Zukunft«, die die Befangenheit in der Bekümmerung um das Heil der eigenen Seele hinter sich lasse (III, 575). Und dies ist ohne Zweifel eines der persönlichsten Worte, die Ebner niedergeschrieben hat. Aber in der Ausarbeitung seines Gedankens wird diese eschatologische Hinsicht, die Konstitution des dialogischen Augenblicks durch sein In-der-Schwebe-gehalten Werden zwischen Protologie und Eschatologie, die uns aus dem Werke Rosenzweigs so gut bekannt ist, doch nicht im gleichen Maß wie bei Rosenzweig an das Licht gehoben.

Es gibt einige Stellen, an denen Ebner auch außerhalb der Differenz zwischen Liebe und Liebe in die Nähe dieses Problems kommt. So, wenn es etwa im Tagebuch am 28. März 1917 heißt: »Eine Erkenntnis, die ausgesprochen wird, kann niemals eine letzte Erkenntnis sein. Denn eine letzte Erkenntnis – die spricht man überhaupt nicht mehr aus. In der existiert man. Vielleicht auch stirbt man in ihr, zumindest für diese Welt« (II, 698)[86]. Aber der in dieser Notiz versteckte Keim einer umfassenderen Einsicht wird nicht weiter entfaltet. Würde er entfaltet, so müßte zutage treten, daß auch das Wort, das »objektive« Zwischen, nur ein vorläufiges Zwischen ist und sein kann. Immer wird im Wort, in den Worten, Sätzen, und in ihrem Inbegriff, der Sprache, Welt ausgebildet. Aber diese Welt ist eine geschichtliche auch in dem Sinn, daß sie eine vorläufige ist. Sie ist keine letzte Welt. Ebensowenig wie das Wort, das ausgesprochen wird, ein letztes Wort sein kann. Es steht vielmehr unter dem stillen Geheiß eines Letzten, das nicht auszusprechen ist, das man, wenn es einträte, nicht mehr vor-bringen, vor sich bringen könnte, sondern in dem man nur einfach noch da sein könnte. Das heißt aber, dies ahnt Ebner in der angeführten Tagebuchnotiz, man würde in diesem eintretenden Ereignis für diese Welt, die immer schon eine im objektiven Zwischen der Sprache vorgebrachte und immer neu vorzubringende, d. h. geschichtliche ist, sterben. Hätte Ebner diese Einsicht in die Vorläufigkeit des Zwischen, d. h. des Wortes sowohl wie der im Worte bestehenden Welt, weiter entfaltet, so wäre das Verhältnis seines Den-

---

[86] Vgl. auch II, 180–181: Die Unmöglichkeit, sich völlig mit seiner Arbeit zu identifizieren.

kens zur Welt vermutlich ein anderes gewesen. Es hätte der Welt gelassener gegenübergestanden. Dadurch, daß Ebner um die Vorläufigkeit der Welt zutiefst weiß, aber einerseits den Zusammenhang von Wort und Welt kaum und die Geschichtlichkeit der Sprache jedenfalls nicht ausreichend thematisiert, gerät er in Gefahr, im sich zutragenden Wort nur das sich ereignende Heile und in der im Wort bestehenden objektiven Welt nur das zu Überwindende zu sehen. Man kann sich fragen, ob diese Statik des Ebnerschen Denkens nur in dem fragmentarischen Charakter seines Werkes begründet ist. Oder ob man in ihr auch einen vielleicht letzten Einfluß der neuzeitlich-abendländischen Tradition des Denkens sehen muß, vor deren Hintergrund Ebner trotz allem denkt.

g) Religion und »Religion«

Von dem im Ernste vollzogenen religiösen Verhältnis mit dem unsagbaren, Sein als Sprache gewährenden Ursprung unterscheidet Ebner, ähnlich wie Rosenzweig und Buber, Verhältnisse, die nur den Namen Religion tragen, aber in Wirklichkeit alles andere als ein religiöses Verhältnis sind. Haben die Heiden Religion nur in einem Traum vom Geiste, den Gehalten nach, aber ohne zu der Wirklichkeit der Beziehung durchgestoßen zu sein, so hat der durchschnittliche Christ das wirkliche Gottesverhältnis zwar der Idee nach, aber »nicht in der persönlichen Wirklichkeit seines geistigen Lebens« (II, 608). Das heißt, er kennt zwar die Forderung. Aber er kommt ihr in Wirklichkeit nicht nach, sondern bleibt in dem Äußerlichen des Kirchentums hängen, an dem Ebner als ein deutscher Kierkegaard, besonders in den Brenneraufsätzen, Kritik geübt hat.[87]

Nach Ebner hängt dies freilich mit einem inneren Vorgang zusammen, nämlich dem, daß Religion aus dem dialogischen Vollzug herausgefallen und zur Vorstellung geworden ist, zu dem Eigensinn der »Gottesvorstellung – und welcher Eigensinn wäre hartnäckiger als dieser?« (I, 532). Religion ist dadurch aus dem lebendigen Vollzug des Sprechens zur toten Form geworden, zum toten Wort und Buchstaben, die aus der geschehenden Rede herausgelöst sind. Offenbar ist dies aber eine ständige Gefahr für den religiösen Vollzug. Ebner

---

[87] Vgl. dazu grundsätzlich Ebner selbst: III, 489. Eingeflossen sein mögen in diese Kritik auch eine Reihe von Stellen aus den Werken Kants, die Ebner durch das Kant-Laienbrevier von Groß kannte. Vgl. III, 171 und in dem Werk von Groß 63–91.

bringt mit dieser Gefahr die Tatsache zusammen, daß es »immer die Religion« ist, »die tote Sprachen konserviert«. Weshalb denn leicht Religion als »Glaube an die Magie veralteter Worte« mißverstanden wird (I, 955). Im Zuge jener, den Vollzug tötenden und den Buchstaben aus dem Vollzug lösenden Vorstellung wird Religion dann Parteisache, um derentwillen man einen Relgionskrieg führt (I, 919). Für Ebner, der zutiefst begriffen hatte, daß das im Ernste vollzogene Gottesverhältnis als das Verhältnis mit dem Sprache als Zwischen stiftenden Ursprung gerade die Menschen eint, mußte dies das schärfste Argument gegen jene »Religion« werden.

Auf der anderen Seite ist für Ebner das ernsthafte religiöse Verhältnis immer das Verhältnis des Einzelnen. Auch jene Formen, die in der welthaft-geschichtlichen Gemeinsamkeit des Glaubensvollzugs innerhalb einer Epoche oder einer Nation ausgebildet werden, sind für ihn deshalb schon Schale und nicht Kern, »oft auch eine kernlose Schale« (I, 1023). Es ist hier deutlich die Tendenz zu bemerken, nur das eine entscheidende Moment des religiösen Verhältnisses herauszuarbeiten, wobei dann zuweilen andere Momente unterbetont oder vorschnell negiert werden. So, wenn Ebner etwa meint, der Geist der Lehre Jesu habe alle Kultur untergraben und sei »wider alle Kultur, auch wider die älteste und primitivste Kultur, wider die religiöse« (II, 352; vgl. I, 278). Es kommt in diesem kierkegaardisch überspitzten Achten auf das Eine Notwendige ein Stück der Gefahr der Weltlosigkeit zum Vorschein, die man Ebner später immer wieder vorgeworfen hat[88]. Wir hatten indessen hier vorerst nur auf die gewiß notwendigen Unterscheidungen innerhalb des religiösen Verhältnisses selbst zu achten.

g) Die Möglichkeit des Christentums

Es ist hier sicher nicht der Ort, in aller Ausführlichkeit über die Christologie Ebners zu handeln. Dies müßte in einer eigenen Untersuchung geschehen[89]. Jedoch darf und muß in unserem Zusammenhang die Frage gestellt werden, wie denn in dem Ebnerschen

---

[88] Vgl. dazu in Kap. 5, S. 239 f.

[89] Eine solche Untersuchung müßte vor allem auf die Zusammenhänge der Christologie Ebners mit den Gedanken Kierkegaards aufmerksam sein. Vgl. dazu etwa die beiden Aufsätze »Das Wissen um Gott und der Glaube« (I, 433 ff.) und »Die Christusfrage« (I, 450 ff.) mit der »Einübung in das Christentum«. Ebner übernimmt von Kierkegaard weitgehend den Gedanken des Ärgernisses. Das Christusereignis muß die »Welt« irri-

Gedankengefüge das Christentum überhaupt möglich sei, ja wie es von dem Phänomen des Gesprächs und der Transzendenz der Sprache her dazu bestimmt sei, der Zielpunkt und damit auch der Ausgangspunkt des Ebnerschen Denkens zu werden.

Um den Horizont dieses Verständnisses von Christentum aufzuhellen, müssen wir zunächst den Zusammenhang von Sprache und Offenbarung in dem Verständnis Ebners erörtern. Diesen hat Ebner nicht ausdrücklich aufgezeigt, weil er den Begriff Offenbarung überhaupt nur gelegentlich verwendet. So etwa I, 531: »Auch was wir Offenbarung nennen, kann im letzten Grunde nichts anderes als eine Erfahrung des Menschen sein, seine innere Erfahrung Gottes und seines Willens.« Es ist aus den Ebnerschen Texten aber ersichtlich, daß für Ebner die Erfahrung, die der Mensch macht, indem er sich durch das Sprechen der Sprache im Gespräch als Seingelassenen erfährt, den Sinn der Offenbarung hat. Eingelassen in das Verhältnis des Gesprächs, erfahre ich mich von dem seinlassenden Geheimnis angesprochen und ermächtigt, selbst zu sprechen. Sein zeigt sich im Wort-Haben als Gnade und Gabe. Und wenn wir vorhin mit Ebner sagten, daß in der »paradoxen Logik des Wortes« die Forderung liege, zu glauben, also sich im Wort-Haben an den Sprache gewährenden Ursprung freizugeben, so ist damit auch schon gesagt, daß dieses Gewährtsein von Sein im Gespräch in einem allerweitesten Sinn als Offenbarung verstanden ist, als »innere Erfahrung Gottes und seines Willens«, an den ich mich, im Ernste sprechend, freigebe. Indem ich mich auf das Gewährtsein des Sprechens aus dem Zwischen besinne, erwache ich »zur Wirklichkeit des geistigen Lebens« (1, 131) und damit zugleich zu der »Forderung, Religion zu haben« (a. a. O.), d. h. ein Verhältnis in Freiheit zu jener »Aktualität«, aus der sich das Zwischen des Wortes gewährt. Diese Aktualität geht mich im ganzen an und läßt mich im ganzen als der »Ich bin« sein. Dies ist sozusagen der weiteste Horizont.

Innerhalb dieses Horizontes aber zeigt sich nun, daß offenbar nicht alles, was sich zwischen dir und mir zuträgt und im Wort vernehmbar wird, mich im gleichen Maß angeht und mich in das Verhältnis mit dem Sprache gewährenden Ursprung reißt. Auch das ist eine Differenzierung, die von Ebner nicht ausdrücklich vollzogen wird. Ebner hat sozusagen bloß die beiden äußersten Möglichkeiten

---

tieren. Aber Ebner gründet diesen Gedanken in dem Gedanken, daß Sein sich in Sprache ereigne und so Christus das schlechthin seinlassende Wort Gottes sei.

angegeben. Den Nullwert: das beziehungslose verfügende »Reden über« in der völligen Icheinsamkeit. Und das sich dem Verhältnis verdankende »Sprechen zu«, das bei ihm meist sofort auch das volle religiöse Verhältnis ist. Aber in dem sich dem Verhältnis verdankenden »Sprechen zu«, das ja, und sei es in noch so geringem Maße, in jedem wirklichen Sprechen noch mitschwingt, gibt es in Wirklichkeit viele Stufen. Das Gespräch trägt sich zu zwischen dir und mir, immer wieder. Es kann sich so zutragen, daß ich durch es unmittelbar in das Verhältnis zu dem seinlassenden Ursprung hineingerissen werde, daß es mir also Offenbarung im strengen Sinn des Wortes wird. Aber dies wird nicht in jedem Wort, das gesprochen wird, so sein, auch wenn es in dem Verhältnis des Gespräches aufgehoben ist.

Wir sind nun bisher nur von der individuellen Situation ausgegangen: dem Gespräch, das sich zwischen dir und mir zuträgt. Unser Dasein hat, auch wenn wir nur bei uns sprechen, grundsätzlich den Charakter eines solchen Gespräches. Und es kann Medium für die Offenbarung werden. Wir können aber, ohne das Phänomen zu zerstören, die Situation ausweiten. Belangvoll für mich kann nicht nur werden, was sich zwischen mir und einem anderen zuträgt, sondern alles, was sich überhaupt zwischen Menschen zuträgt. Denn kraft des Bedürfens des anderen, durch welches das Gespräch überhaupt erst besteht, ist das, was sich als Gespräch zuträgt, grundsätzlich offen und belangvoll für jeden anderen. Jeder kann an dem, was in irgendeinem Gespräch geschieht und gesagt wird, teilnehmen. Haben wir vorhin also davon gesprochen, daß es Grade der Intensität gebe bei dem, was sich in dem Gespräch zuträgt und demgemäß dies Offenbarung ist: Angesprochensein von dem Sein gewährenden Geheimnis und Hineingerissenwerden in das Verhältnis zu ihm, so verteilen sich diese Ereignisse, in denen je nach ihrem Maß Offenbarung geschieht, nicht nur auf die Gespräche, die sich zwischen mir und einem anderen zutragen, sondern auf alle Gespräche, die sich in der menschlichen Geschichte überhaupt zutragen. Denn ich kann ja an dem, was sich in ihnen zuträgt, teilnehmen.

Gespräch braucht hier – vielleicht ist es gut, auch das noch zu differenzieren – überdies nicht nur als das verstanden werden, was sich zwischen Menschen in *einem* Gesprächsgang zuträgt, vielleicht sogar nur in einem Satz, einem Wort. Sondern Gespräch kann als das eine Zwischen aus vielen, aber in einer Einheit zusammenhängenden Gesprächsgängen verstanden werden; so wie wenn wir nach dem Gespräch, das einen ganzen Abend lang währte, das, was sich zwischen uns zugetragen hat, als eine einzige Einheit vor uns sehen. Nicht mehr die einzelnen Worte als einzelne sind dann für uns bedeutsam, sondern, was sich in ihnen allen zusammen zugetragen hat. In diesem Sinn kann schließlich auch, was sich in einem ganzen Leben zwischen einem Menschen und seinen Gesprächspartnern, Freunden und Feinden, zugetragen hat, als *ein* Zwischen verstanden werden, das Medium der Offenbarung wird. Denn mit diesem Zwischen im ganzen kann ich nun meinerseits selbst in ein Verhältnis kommen ein Verhältnis des Zuschauens, Abwartens, des Irritiertwerdens, vielleicht der Ablehnung. *Oder* ich kann zu dem, was sich da ereignet hat, in das Verhältnis des Eingehens und des Sich-Einlassens-darauf kommen, schließlich in das Verhältnis des Glaubens. Auf jede dieser Weisen gerate ich zu dem Ereignis in das Verhältnis der Gleichzeitigkeit[90]. Mein Sich-Zeitigen steht dem, was sich da gezeitigt hat und mir durch Zeugen vermittelt wird, doch *unmittelbar* gegenüber. Es wird selbst von ihm selbst betroffen. Auf diese Weise aber kann mir dieses Zwischen, das sich da ereignet hat, zum Medium von Offenbarung werden, ja vielleicht sogar zum Medium *der* Offenbarung.

In diesem Sinne aber lasse ich mich nach Ebner mit Jesus ein. Ich trete mit ihm in ein Verhältnis. Und zwar nicht mit einzelnen Worten, die er gesprochen hat, als einzelnen. Sondern mit dem, was diese Worte im ganzen bezeugen. Mit diesem *Einen* trete ich ein in ein Verhältnis in dem »Geiste der Erinnerung«, von dem das Johannesevangelium (14, 26) spricht (III, 589; vgl. III, 148). Außerhalb dieses Verhältnisses kann ich überhaupt nicht sehen, was Jesus und seine Worte bedeuten[91]. Die Frage, was Christus außerhalb des Glaubens sei, ist nach Ebner einfach falsch gestellt. Ich kann allenfalls fragen, was der Mensch ohne den Glauben an Jesus sei (I, 444). In diesem Verhältnis aber wird mir Jesus das Wort Gottes, in dem uns der seinlassende Ursprung schlechthin offenbar wird und in das Verhältnis zu sich ruft (I, 62; vgl. I, 447). Und zwar wird dieser in Jesus sprechende Anspruch sichtbar gerade insofern Jesus als der geschichtlich Begegnende das, *was er ist,* wie jeder geschichtlich Begegnende, erst *durch sein Verhältnis* zum Du, dem Anderen *ist.* Die Offenbarung ereignet sich im Zwischen.[92]

---

[90] Vgl. wie Ebner I, 435 ff. und I, 453 den Kierkegaardschen Begriff der Gleichzeitigkeit anwendet. »Christi Leben und Wort trifft, wo es überhaupt an die geistige Existenz des Menschen herankommt, diesen im Kern seines Bewußtseins.«

[91] Zu dem folgenden vgl. auch die klaren Ausführungen bei *Angerer* 110 ff.

[92] In der neueren Exegese vgl. dazu etwa in dem Art. αποκαλυπτω von *Oepke* bei *Kit-*

Oder mit anderen Worten: jeder Mensch lebt aus dem Verhältnis. Es gibt nach Feuerbachs »tiefer Definition« überhaupt keine Wahrheit »außerhalb des ›Verhältnisses zwischen dem Ich und dem Du‹, außerhalb des ›Einverständnisses zwischen dem Ich und dem Du‹ (Alle Wahrheit ist im Wort und im Wort ist die Wahrheit)« (III, 614). So ist auch die Wahrheit eines menschlichen Lebens im ganzen die Wirklichkeit des Verhältnisses, in dem und aus dem dieses Leben lebte. In diesem Sinne aber, als die Wirklichkeit des Verhältnisses verstanden, weist die »Wahrheit des Lebens Christi … über den Menschen hinaus und auch über ein menschliches Einverständnis zwischen dem ›Ich und Du‹«. Sie weist auf das Einverstandensein Gottes mit Christus … das Einverstandensein Christi mit Gott« (III, 614; vgl. III, 434). So verstanden, kann man dann aber in der Tat davon sprechen, daß in Jesus die »Aktualität des Wortes in der Göttlichkeit seines Ursprungs« gegeben sei[93]. Und daß deshalb »sein Leben und sein Wort die absolute Glaubensforderung« erhebe (I, 420). In ihm ist »die ›Setzung des geistigen Seins‹ Fleisch geworden« (I, 441; vgl. I, 630 und III, 576). Es ist von daher für Ebner, sosehr ihm auch an der Menschlichkeit und konkreten Geschichtlichkeit Jesu liegt und er diese von der Theologie vernachlässigt sieht (I, 555, 1001, 454), keine Schwierigkeit, die Göttlichkeit Jesu als einen Inhalt des Glaubens anzusehen. In dem, was sich in Jesus ereignete, ist der »übermenschliche Sinn« des »Ich bin« gegeben (I, 481), d.h. jenes »Ich bin«, zu dem mich die paradoxe Logik des Wortes« als zu dem mich im Wort seinlassenden und mir Zeit schenkenden führt (I, 456), das meinen Glauben fordert. Es ist mir also durchaus ein Horizont des Verstehens für jenes übermenschliche, gott-menschliche »Ich bin« gegeben[94]. Aber andererseits zeigt sich in dem Versuch der Mystik, daß »eben menschliches Bewußtsein diesen (übermenschlichen)[95] Sinn nicht verträgt«. Nämlich menschliches Bewußtsein wird, wenn es versucht, sich in diesen absolut seinlassenden Sinn des »Ich bin« hineinzusteigern als Ich, wie die Mystik zeigt, ausgelöscht und aufgehoben (I, 482).[96]

---

tel III, 583: »Das Erkanntwerden vorliegender Offenbarung gehört vielmehr in den Offenbarungsakt mit hinein.«

[93] Vgl. auch I, 994: »Das Evangelium spricht das Volapück des Herzens.« … In ihm »ist das Wort lebendig, das die Sprache des Menschen schuf und bildete«.

[94] Vgl. dazu auch II, 62 (Tagebuch vom 23.9.1923).

[95] Wiederholung v. Vf.

[96] Vgl. dazu auch I, 298.

Bernhard Casper

Metaphysik und Mystik meinen, im Grunde habe jeder Mensch in seiner unendlichen Anlage die Möglichkeit, Christus zu sein (I, 279). Das Sprachdenken, das von der Einsicht in das prinzipiell nicht aufzuhebende Bedürfen des Anderen und der Zeit ausgeht, weiß dagegen darum, daß dieser übermenschliche Sinn des »Ich bin«, der in Jesus geglaubt wird, nur einmalige göttliche Gabe in der Geschichte sein kann, an der ich nur im dialogischen Verhältnis des Glaubens Anteil gewinne. Es ist von daher für Ebner konsequent, im Glauben zu sagen, daß die Geschichte der Menschheit in Jesus »ihren eigentlichen geistigen Sinn erhalten« habe (II, 456 bis 457) und das Christentum die einzige wahre Religion sei (I, 101, 304, 529; II, 669). Die dogmatischen Glaubensaussagen fügen sich durchaus in die Bahn der Ebnerschen Gedanken.

Es scheint mir jedoch wichtig, zu sehen, daß Ebner nicht etwa von solchen dogmatischen Aussagen her denkt und sie zu erläutern sucht, sondern daß er gerade erst von einer Phänomenologie der Sprache her dorthin als zu einer wirklichen Möglichkeit des menschlichen Existierens vorstößt.

Vom einzelnen Menschen her sieht dies so aus: das Wort habend und durch die Besinnung darauf prinzipiell offen für die Forderung des Glaubens, findet sich der Mensch konfrontiert mit der geschichtlichen Tatsache des Lebens und Wortes Jesu (I, 131). In seinem Kern ist der Mensch, wie Ebner sagt, von zwei Seiten her bestimmt zum Selbstbewußtsein: »durch das Wissen um Gott und durch das Wissen um den Tod«, wobei das letztere erst im Lichte des ersteren hervortritt (I, 435). Wir brauchen hier nicht mehr zu erörtern, was dies heißt. Als ein so zum Selbst-bewußt-sein Bestimmter tritt der Mensch in das Gespräch mit dem Ereignis Jesus ein, das, durch die Botschaft vermittelt, an ihn herantritt. Im Lichte dieser seiner Bestimmtheit kann er an Jesus glauben, d. h. durch Jesus in ein Verhältnis mit dem Sein als Sprache und Geschichte gewährenden Ursprung treten. Dieses Verhältnis hat dann die Struktur der Erinnerung. Es geschieht in dem »Geist der Erinnerung«, dem Geist, der uns an alles erinnert, was Er uns gesagt hat (Joh. 14, 26) (I, 531). Dieses Verhältnis der Erinnerung ist aber zugleich das der Er»innerung«, durch das ich zu der wahren, mich sein lassenden Innerlichkeit finde. Als solches ist es die Gegenwärtigkeit des Verhältnisses mit dem alle Zeit und alles Sein als Zwischen und Sprache gewährenden Ursprung. Das durch die Erinnerung entspringende »geistige Leben« selbst hat so aber den Charakter der »Außerzeitlichkeit« (vgl. I, 306) oder auch

Gleichzeitigkeit. Kraft der Erinnerung spielt gerade das »in jener Zeit« des Evangeliums nicht mehr die Rolle des Distanzierenden. Wir können hier nur noch andeuten, daß sich dann für Ebner nicht nur das eben beschriebene *Christwerden*, sondern auch das Christ*sein* völlig in den Strukturen des Seins als des Gespräches entfaltet. Ist Wirklichkeit nur die Wirklichkeit des Zwischen, so kann das religiöse Verhältnis überhaupt, wie wir bereits sahen, sich nur verwirklichen in dem zwischenmenschlichen Verhältnis. Diese grundsätzliche Einsicht gilt erst recht von dem einen wahren religiösen Verhältnis, das durch Jesus geschenkt und vermittelt ist. Christsein »heißt: in dieser Realität ... des ›Verhältnisses zwischen dem Ich und dem Du‹ ... leben« (I, 571). Oder auch: »alles Christentum ist in dem apokryphen Jesuswort ›Wo zwei sind, sind sie nicht ohne Gott‹« (I, 578).

i) Die Unmöglichkeit und Möglichkeit der christlichen Theologie

Ebners Denken denkt im Grunde immer schon, wir wiesen darauf zu Beginn des letzten Abschnittes hin, von dem in Christus konkret sich ereignet habenden Verhältnis mit dem seinlassenden Ursprung her. Der durch Christus ermöglichte Glaube hat nach Ebner generative Bedeutung. Alle Auslegung des dialogischen Phänomens steht deshalb bei Ebner ausdrücklich im Lichte des durch Jesus konkret und geschichtlich ermöglichten Verhältnisses. Man könnte deshalb die Ebnersche Erhellung des Verhältnisses mit dem Sprache gewährenden Ursprung als das Sich-selbst-hell-Werden des Glaubensverhältnisses im Sinne einer fides quaerens intellectum durchaus Theologie nennen.

Dem steht nun allerdings scheinbar entgegen, daß Ebner selbst an zahllosen Stellen die Theologie dem icheinsamen und wissenschaftlich-metaphysischen Denken zurechnet, das an Gott vorbeigehen muß, weil es den Realitäten des geistigen Lebens wesenhaft verschlossen ist[97]. In diesem Sinne heißt es im Tagebuch kategorisch: »›Gott‹ ist absolute Persönlichkeit. Darum kann man vor Gott nur Ehrfurcht haben und ihn lieben, aber man kann ihn nicht zum Objekt des Wissens machen, selbstverständlich auch nicht des psychologi-

---

[97] Vgl. I, 41, 222, 228, 256, 306, 439, 456, 457, 487, 495, 532–533, 523–529, 554, 555, 563, 594, 603, 604, 654, 695, 698–699, 704, 711, 738, 810, 833 bis 835, 836–837, 913, 951, 962, 984, 994, 1006; II, 23, 45, 284, 291, 355, 510, 529, 538, 764, 983.

schen, aber auch nicht des metaphysischen, theologischen. Es gibt keine Theologie ...« (I, 45; vgl. III, 534, 573). Gott kann nicht Objekt des wissenschaftlichen Denkens werden, was sich die Theologie nach Ebner vor allem durch Kants Kritik der reinen Vernunft sagen lassen muß (II, 23). Dieser Einwand gegen die Theologie als Wissenschaft im Sinne des Kantschen Wissenschaftsbegriffes ist allerdings ernst zu nehmen, und er erhält im Lichte der Ebnerschen Gedanken ja denn auch seine volle Berechtigung. Denn insofern Wissenschaft Auslegung des »ist« im Sinne des vorliegend Verfügbaren ist, d.h. nach Ebner im Sinne der Wesenheit oder der Substanz, muß Gott ihr verschlossen bleiben. Die Wissenschaft ist so von ihrem Wesen her atheistisch, und gerade das macht ihre Ehrlichkeit aus (vgl. I, 603). Theologie als eine Wissenschaft in diesem Sinne zu versuchen, hieße allerdings »mit sehr ernstem Gesicht ein sinnloses Spiel treiben« (I, 984), worum freilich wohl alle große Theologie immer gewußt hat[98]. Ebner hat mit seiner scharfen Kritik an der christlichen Theologie die Gestalt einer aus apologetischem Interesse und falsch verstandenem wissenschaftlichem Bewußtsein szientifisch sich gebärenden Theologie vor Augen, wie er sie zu Beginn des Jahrhunderts wohl am ehesten im Lehrerseminar, auf manchen Kanzeln und in der kirchlichen Presse erlebte[99]. Ebner hat das große Verdienst, in der Abwehr einer solchen »Theologie« mit aller Schärfe darauf hingewiesen zu haben, daß das Sprechen von Gott nur innerhalb eines wie weit auch immer verstandenen Glaubensverhältnis und im Vollzug dieses Verhältnisses sinnvoll und so möglich ist.

Als ein Sich-Hellwerden dieses Verhältnisses ist dann aber Theologie möglich und notwendig, auch nach Ebner. Zwar ist der Sprache gewährende Ursprung selbst unsagbar. Aber in seinem Gewähren kommt er zu Wort und ruft in das Wort. Er gewährt das Verhältnis der Sprache. Und diese gibt von ihrem eigenen Gewährtwerden Zeugnis. Das Zeugnis geschieht im Wort. Allerdings nicht im Wort, insofern dieses vorliegt und verfügbar ist, sondern im Wort, das selbst darauf achtet, daß es gegeben ist und daß es – nun genauerhin – gegeben ist als der Ausdruck eines zwischen dem unsagbaren

---

[98] Vgl. *Thomas v. A.*: »Theologia non accipit principia sua, nec supponit ea ab aliqua scientia humana« (S. th. I^a q 1 5 ad 2). »Theologia est sapientia« (I^a q 1 6). Ebenso *Bonaventura* im Prolog des Itinerarium mentis.

[99] Große Theologen im Original hat Ebner, wie es scheint, nie kennengelernt, außer Scotus Eriugena, der für ihn aber selbstverständlich in diesem Sinne der Wissenschaft kein Theologe ist. Vgl. dazu das Personenregister in III, 798–809.

Ursprung und mir sich in Jesus zutragenden Verhältnisses. Der wahre Philolog[100], der Bedenker des Wortes als »des alten und ältesten Bundes« (I, 704–705), ist so im Grunde auch der wahre Theologe. Er legt, sprechend, den Bund aus, der in der Sprache immer schon geschieht. »In all unserem Sprechen« ist ja – wie Mauthner richtig erkannt hat, aber er verstand es selbst nicht – »Theologie verborgen« (I, 783). Konkret aber legt er den Bund aus, der in Jesus Christus geschehen ist. Diese Aus-Legung und Verkündigung des sich in Jesus ereignet habenden Verhältnisses mit dem unsagbaren Ursprung ereignet sich dann selbst wieder als *Zwischen*: Sie trägt sich zu als Gespräch zwischen Menschen, die glauben (I, 257–258) und durch jenes Gespräch als die Gemeinschaft der Glaubenden konstituiert werden. Weil das geistige Leben als das Wort-Haben von Anfang an »geoffenbarte Theologie ist«, gerade deshalb ist es möglich, daß sich auch das entscheidende Verhältnis mit Gott in Christus im Worte hell wird. »An Christus glauben muß nicht gerade heißen aufhören, ein Denker zu sein … vielleicht ist es nicht unmöglich, wenn der Intellekt aus der Ehrfurcht vor dem Wort und aus dem Glauben … die Kraft und Einsicht schöpft, das Wesen des Wortes in geistiger Hinsicht und die hierin gegebene Bedeutung der Tatsache, daß der Mensch das Wort hat, zu erfassen. Der Denker vor Gott wird zum *Denker* und *Bedenker* des Wortes – und der Gnade des Seins, die in ihrer Fülle im Wort ist« (I, 493–494).

Dies ist die pneumatologisch orientierte Theologie (II, 284) auf die Ebner Ausschau hält und zu-denkt (vgl. II, 293). In ihr gibt es durchaus Dogmen. Aber sie sind nicht metaphysisch verstandene Sätze, sondern Ausdruck des Glaubensverhältnisses, das letzten Endes immer ein Verhältnis zum Leben und Worte Jesu ist (I, 488). Sie sind wahr in dem Maß, in dem sie Ausdruck dieses Verhältnisses sind (vgl. I, 457; II, 292). Der Glaube ist das geistige Leben in seiner Realität. Von dieser Realität aber heißt es am Ende des letzten Werkes Ebners, der Aphorismen 1931, daß sie keine Trennung von Theorie und Praxis kenne, »sondern nur Praxis – nämlich die Liebe – in der freilich«, so fügt Ebner hinzu, »auch die *theoria* des Lichtes« ist. Und diese ist »im Wort« (I, 1007).

---

[100] Ebner entnimmt diesen Ausdruck dem Werke Hamanns.

5. Einseitigkeiten und Spannungen im Werke Ebners

Da wir bereits einige Male auf den eigenartig fragmentarischen Charakter des Ebnerschen Gedankengefüges aufmerksam wurden, auf das Fehlen der Zwischenbestimmungen, die wir ergänzten und auf Sätze, die mißverständlich sein konnten, da wir aber andererseits diesen Zug in Ebners Denken weitgehend abdeckten, um zunächst einmal das Grundgefüge seines Denkens in den Blick zu bekommen, muß abschließend eigens von diesen Spannungen und dem Mißverständlichen im Werke Ebners gehandelt werden.

Ebners Werk ist durch und durch fragmentarisch, inchoativ[101] und polemisch. Darin weitgehend Kierkegaard verwandt, sucht Ebner im Fragen und im Angehen gegen scheinbar selbstverständliche Positionen zu denken. In diesem polemischen Fragen bleibt er aber nun zunächst einmal auf die Waffen angewiesen, mit denen auch der Gegner kämpft. Für Ebner wird die Metaphysik zum Problem. Aber das Denken, in dem dieses Problem hell wird, ist selbst zunächst weitgehend von der *metaphysischen Weise zu sprechen* bestimmt. »*Das* Ich« und »*das* Du«, von denen Ebner doch sagt, man könne sie nie mit dem »ist« verbinden (vgl. oben 221), tauchen bei ihm dauernd auf und werden sowohl mit dem »ist« wie mit zahllosen anderen Verben in der 3. Person verbunden[102]. Von der tieferen Einsicht Ebners her gesehen, spielt sich sprachlich in den Fragmenten ein Jakobskampf zwischen dem Engel der Erkenntnis, daß ich nur als »Ich bin« bin, du als »Du bist« bist *und* dem irdischen Kämpfer »ist« ab, der am Ende doch nicht überwunden wird, sondern nur gesegnet. Der Engel bleibt dem, gegen den er kämpft, verhaftet. Ebner selbst hat sehr wohl um diese Zwiespältigkeit der Fragmente gewußt und sich in dem Vorwort zu den Fragmenten und auch in seinem Tagebuch ausdrücklich zu diesem Wissen bekannt (I, 83; II, 861, 878). Er litt darunter, daß er mit den Fragmenten über das »Ästhetische und Philosophische« möglicherweise gar nicht hinausgekommen war (II, 878)[103]. Diese innere Spannung des Kampfes durchzieht aber nicht

---

[101] »Die Fragmente sind ja doch nur inchoativ. Wer wird den in ihnen angefangenen Gedanken weiterdenken?« urteilt Ebner über sein eigenes Werk (II, 958; vgl. I, 1079).

[102] Vgl. etwa I, 99 »das Ich ist angelegt«; I, 267 »Das Ich ist etwas ›Werdendes‹ ... Das Du ist etwas ›Seiendes‹«. Man kann die Stellen beliebig vermehren. Vgl. außerdem *Seyr*, Anmerkungen 4 ff.

[103] Daß Ebner in seinem Werk so viele Worte in Anführungszeichen setzt, hat u. a. die Bedeutung des Abstandes der Ironie zu dem eigenen Wort. Vgl. *Fheodoroff* 201.

nur die Fragmente, sondern das ganze Werk Ebners, das, so gelesen, einen äußerst dramatischen Charakter bekommt. Man darf sich deshalb nicht wundern, daß sich in Ebners Werk nicht alle Aussagen auf einen Nenner bringen lassen, sondern daß es Aussagen gibt, die einseitig sind und in dieser Einseitigkeit mißverständlich. Einige wichtige Positionen sollen hier genannt werden:

Zunächst einmal bleibt, wie wir schon sagten, Ebner auf die Methoden des Gegners angewiesen. Das bedeutet, wie Theunissen für eine Reihe von Stellen gezeigt hat, daß Ebner dem *Intentionalitätsschema* verhaftet bleibt[104]. Ebner muß, um überhaupt einen Einstieg in das Denken zu finden, von dem Ich ausgehen, das das »Ich denke« der transzendentalen Apperzeption Kants ist. Mit diesem Ausgang hängt es zusammen, daß er »das« Ich und »das« Du so oft mit dem bestimmten Artikel verbindet und daß er schließlich »das Ich« und »das Du« »die geistigen Realitäten nennt (vgl. etwa I, 88). Während doch von Ebners eigener Einsicht her eher das *Verhältnis* zwischen mir selber und dir selber die geistige Realität genannt werden müßte.

Kraft einer ähnlichen Verhaftung an den Ausgang vom »Ich denke« spricht Ebner davon, daß das »Geistige im Menschen auf das Geistige außer ihm« angelegt sei (vgl. etwa I, 154). In der Analyse des Phänomens selbst stößt Ebner dann allerdings alsbald darauf, daß Ich und Du erst aus dem Verhältnis der Sprache sind. Diese Einsicht, die sich für Ebner offenbar zunächst besonders dahin artikuliert, daß das Ich also nicht der transzendentale Ausgangspunkt schlechthin sein könne, führt ihn an vielen Stellen aber zu der bloßen Antithese, nämlich zu der Behauptung, das *Du sei die Voraussetzung des Ich* (I, 234). Das Ich sei das Werdende, das Du hingegen das eigentlich Seiende (I, 88)[105] Solche Thesen führen dann mit Notwendigkeit zu der ebenfalls bloß antithetischen Aussage: »Göttlich aber ist nur das Du« (I, 274). Oder zu der Identifikation des Du überhaupt mit dem Du Gottes (I, 33, 63, 92, 98, 267). Hier liegt die Gefahr nahe, daß dann alles nur in einer Art von umgekehrter kritischer Philosophie vom »Ich bin« Gottes aus gedacht wird, das mich als »Ich bin« setzt. Heimlich verfügt mein Denken in seinem Erkennen aber über das setzende »Ich bin« Gottes. Ebner wäre damit über die Position des Spätidealismus etwas eines I. H. Fichte grundsätzlich nicht hinaus-

---

[104] Vgl. *Theunissen* 281 ff.
[105] Vgl. auch II, 118: Das Ich muß sich an das Du aufopfern.

gekommen[106]. Daß solche Stellen jedoch nicht als einzelne Stellen absolut gesetzt werden dürfen, zeigt, wie mir scheint, der ganze innere Kampf des Denkens Ebners, der dahin geht, Sein als die im Zwischen gegebene Gabe der Sprache zu verstehen, deren unsagbarem Geber ich mich in dem aufgewiesenen zweiten Sinn des »Du bist« (vgl. oben 215) zuwende[107].

Mit dieser Gefahr, das Du insofern dieses den menschlichen Partner meint, absolut zu setzen und in ihm den seienden Geber des Zwischen zu sehen, hängt unmittelbar die andere Gefahr zusammen, auf die wir breits anläßlich des Urteils Bubers über Ebner zu sprechen kamen: nämlich die Gefahr, das menschliche Du in dem Du des gebenden Geheimnisses aufzulösen und es damit als es selbst zu übersehen. Man kann eine ganze Reihe von Stellen finden, die diesen Vorwurf Bubers, Ebners Denken sei im Grunde *ananthropisch*, recht zu geben scheinen. So schon in den Fragmenten vor allem die vielbesprochene Stelle im Fragment 2, an der Ebner, ausgehend von dem einzigen Du Gottes sagt, »das Du im Heinrich« sei »nicht ein ganz anderes als im Josef oder Ludwig, sondern immer ein und dasselbe, das einzige Du, das es gibt« (1, 94)[108]. Ähnlich heißt es I, 277: Wenn der Mensch Gott ›erlebt‹, dann erlebt er ihn im Menschen; aber nicht in sich selbst ... sondern im andern, in dem er das wahre Du seines Ichs findet.«[109] Wird hier der andere Mensch als er selbst nicht völlig aufgelöst und zu Nichts vor dem einzig wahren Du Gottes, das durch ihn hindurchscheint? Vor Buber hat bereits Cullberg diesen Einwand gegen Ebner erhoben[110]. Trotzdem scheint mir, daß man diese Stellen nicht isolieren und überbewerten darf, sondern sie im Gesamtgefüge des Ebnerschen Denkens sehen muß. Ebner denkt ohne Zweifel weitaus stärker als Buber unmittelbar auf das ewige Du zu. Aber doch nicht einfachhin um den Preis der Annihilation des menschlichen Du, was neben den Stellen, die wir bereits im Kap. 4 nannten, auch mit einer Reihe von Stellen, die erst durch die Veröffentlichung der Schriften in den Jahren 1963–1965 bekannt wurden, zu belegen ist.

---

[106] Zu solchen Denkansätzen bei I. H. Fichte vgl. meinen Aufsatz »Der Systemgedanke in der späten Tübinger Schule und in der deutschen Neuscholastik« in: Philosophisches Jahrbuch, 72. Jhg. (1964), 164.

[107] Vgl. dazu auch II, 294, wo Ebner von einem »letzten Sinn« des »Du bist« spricht.

[108] Buber zitiert (Werke I, 296) – relativ ungenau – aus diesem Passus.

[109] Vgl. ähnlich I, 108 und II, 860.

[110] Vgl. *Cullberg* 39. Außerdem *Langemeyer* 76. Gegen Cullberg wendet sich *Steinbüchel* 123–124.

So heißt es in den Tagebüchern 1916/17: »Und wessen Ich sein Du nur deshalb in Gott findet, weil er es im Menschen nicht zu finden vermag, der hat sich auch seinen Weg zu Gott versperrt« (I, 29). Positiv gewendet, heißt es in den gleichen Tagebüchern: »Wessen Ich aber im Menschen sein Du nicht zu finden vermag, der hat es auch noch nicht in Gott gefunden« (I, 56)[111]. Die Formulierungen sind beinahe wörtlich in das Fragment 14 eingegangen (I, 270)[112]. Solche Formulierungen zeigen, so scheint mir, daß trotz allem die Begegnung mit dem anderen Menschen als *ihm selbst* die phänomenale Grunderfahrung ist, von der Ebner ausgeht und die er auch durch die Begegnung mit dem Sein als Sprache gewährenden Geheimnis Gottes, das mit dem gleichen »Du bist« genannt werden muß, nicht aufheben will. Daß in der Vehemenz des Ebnerschen Gedankens, der, nachdem dieses in der mitmenschlichen Begegnung als das Gebende sichtbar wurde, unmittelbar auf das ewige Geheimnis zugeht, die Gefahr des »Ananthropischen« liegt, muß zugegeben werden. Dennoch scheint mir Steinbüchels[113] Bemühen, das Verhältnis mit dem anderen Menschen *selbst* nicht gegen das Verhältnis mit Gott auszuspielen, sondern beides zusammenzuordnen, dem Anliegen Ebners im ganzen gerechter zu werden als die Interpretation Cullbergs. Wiederum darf man sich hier auf die Stellen über den zweifachen Sinn des »Du bist« (I, 264 und II, 294) berufen.

Aus der gleichen Quelle der nicht hinreichend durchgeführten Unterscheidung erwächst dem dramatischen und gestaltreichen Ganzen des Ebnerschen Denkens schließlich die Gefahr, nicht nur das menschliche Du, sondern auch die Welt zu vergessen. *Akosmismus* heißt der zweite Einwand, den Buber gegen Ebners Denken erhebt. Hans Ehrenberg war wohl der erste, der bereits unmittelbar nach dem Erscheinen der Fragmente auf diese Gefahr aufmerksam wurde[114]. Wiederum kann man diesen Einwand mit einer ganzen Reihe von Stellen belegen[115]. Dieses »Mißachten der Welt« scheint im Werk Ebners sogar noch stärker ausgebildet zu sein als das Übersehen des menschlichen Du. So lehnt Ebner Dichtung (I, 328) und Kul-

---

[111] Buber, Cullberg, Sandmann und Langemeyer kannten diese beiden Stellen nicht.
[112] Vgl. außerdem I 257, 952. Was Ebner an der letzten Stelle von der »Ehrfurcht vor dem Weibe« sagt, ist mit dem, was wir oben S. 224 ausführten zusammenzusehen.
[113] *Steinbüchel* 123–124.
[114] Vgl. seinen Brief an Ebner vom 8. 7. 1922 (III, 465).
[115] Vgl. I, 170, 174–175, 1020, 1037, 1046. Außerdem die ganze Arbeit von *Sandmann* und bei *Langemeyer* 86–87.

tur (II, 871–872) als Weisen der Icheinsamkeit ab und empfindet sogar das Wort Liebe in seinem Gebrauch für die Liebe zwischen den Geschlechtern als eine Blasphemie (I, 273). Nach dem Schluß des Fragments 15 ist die »Welt« wie der Kosmos des Johannesevangeliums ein Hindernis für das wahre Gottesverhältnis, das sich zwischen den Menschen und Gott gestellt hat. In Wirklichkeit existiert der Mensch nicht durch die Welt, sondern nur in ihr (I, 282–283). In dem gleichen Stück heißt es aber auch: »Vielleicht ja verhält es sich umgekehrt, und diese ganze Welt existiert nur, in ihrem Erlebtwerden, durch den von Gott durch das Wort geschaffenen Menschen – wenn auch keineswegs als eine an sich unwirkliche ›Projektion des Ichs‹: nicht die Welt steht zwischen dem Menschen und Gott, sondern er selber zwischen Gott und der Welt (I, 283). In diesem Satz, dessen einleitendes »Vielleicht ja« auf eine tiefere Einsicht hindeutet, ist der Mensch als der Welt-konstituierende gesehen. Das In-der-Welt-sein des Menschen, das in der Sprache zum Vorschein kommt, konstituiert überhaupt erst Welt als Welt. Und dies ist nicht etwa bloßes subjektives Erleben. Sondern die wirkliche Welt in ihrer Wirklichkeit als Welt des Menschen kommt nicht anders zustande. Nicht die Sprache ist in der absolut vorzufindenden Welt, sondern die Welt ist jeweils in der Sprache. Demgemäß kann Welt auf vielfache Weise sein. Auf heile Weise: so, daß der Mensch die Welt, die er zur Sprache bringt, als Gabe empfängt. Und auf die Weise der Verlorenheit: so, daß der Mensch zwischen der Welt und Gott steht. Ebner zieht an der zitierten Stelle aus dieser Einsicht jedoch keine Folgerungen, sondern läßt sie wie einen erratischen Block liegen. Er umgeht die Einsicht wie einen Spalt, der sich plötzlich im Erdreich öffnete und einen Blick in die Tiefe gewährte. Das Denken hat noch nicht die Kraft, die untergründige und grundlegendere Einsicht zu bewältigen. Am Ende des Fragments heißt es wieder: »Der Mensch muß seinen Blick von der Welt wegwenden …« (I, 283).

Daß die Einsicht in die Gründung von Welt im In-der-Welt-sein des Menschen bei Ebner jedoch nicht nur sporadisch auftaucht, sondern sein Denken von Anfang an wie ein untergründiger Strom begleitet, kann jedoch ebenfalls belegt werden. Ebner kannte weder Dilthey noch konnte er Heidegger, aus dessen Werk uns die Einsicht in die Verschränkung von Sprache und Sein heute bekannt ist, kennen. Dennoch heißt es in Ebners Notizen bereits 1912 – am ehesten darf man hier Einflüsse Bergsons vermuten –: »Das ›Ich‹ als jene innere Tatsache, in der der Mensch seine nicht-materielle Existenz unmit-

telbar erlebt – ist die Welt ... Es gibt kein Erlebnis, in dem nicht der
Mensch sich selbst gegeben wäre ... Es gibt aber auch kein Erlebnis,
in dem nicht auch dem Menschen die Welt gegeben wäre« (II, 95). Im
Oktober 1914 im Zuge der Gedanken über die ethische Besonnenheit
und den kategorischen Imperativ, der das »eigentlichste Korrelatum
des Ich« ist und letztlich sagt: »Du sollst leben!« heißt es: Dieser Imperativ an der Wurzel alles Bewußtseins ... ist der eigentliche Sinn
des Erlebens der Welt, und damit der Welt selbst, weil diese zuletzt
nur, in ihrer Objektivität existiert, insofern sie erlebt wird« (II, 120–
121). Ebner steht hier, ohne Dilthey je gekannt zu haben, auf dem
Boden des Diltheyschen Er-lebens (vgl. unsere Ausführungen oben
S. 20 f.) und nimmt zugleich das Heideggersche In-der-Welt-sein vorweg. Dies beinah wörtlich in einer Notiz vom August 1914: »Denn
zuletzt liegt aller Sinn des Weltgeschehens nirgends anders als im
Menschen, der es erlebt, und ist ihm in einem schöpferischen Akte
seines Geistes, seines Sich-der-Welt-und-sich-selber-in-dieser-Welt-
Bewußtwerdens gegeben« (II, 113). Deutliche Spuren dieser Einsicht
in die Konstituierung der Welt finden sich durchaus auch in den
Fragmenten. So I, 238–240 und I, 266. An der letzten Stelle unterscheidet Ebner sogar ein »Sein der Welt ..., das von der philosophischen Besonnenheit als Erlebtwerden erkannt« wird von einem Sein
der Welt, das von dem (metaphysischen) Denken »unter dem Zwang
der Substantialisierungstendenz als Sein der Substanz gedacht wird«.
Von den bisher angeführten Stellen aus darf man dann eine nach der
Konzeption der Fragmente niedergeschriebene Notiz lesen, die die
Erkenntnis der Welt als des In-der-Welt-seins in die Einsicht, daß
Sprache sich zwischen dem Ich und dem Du zuträgt, zu integrieren
sucht: »Die Welt existiert durch das Wort. Denn sie existiert nicht in
der Icheinsamkeit eines Bewußtseins, sondern im Verhältnis des Ichs
zum Du (dessen Ausdruck und Vehikel das Wort ist)« (II, 259; vgl.
dazu I, 283)[116]. Wenn Ebner an der eben zitierten Stelle jedoch dann
das Verhältnis, in dem sich Welt zuträgt, allein als das Verhältnis
zwischen Gott und dem Menschen (und umgekehrt) sieht, so wird
hier deutlich, wie wenig der Gedanke durchgeführt und über den er-
staunlichen und folgenreichen Ansatz hinausgekommen ist. Diese
Einseitigkeit hängt zutiefst damit zusammen, daß Ebner die Geschichtlichkeit der sich zutragenden Sprache und damit die Ge-

---

[116] Buber, Sandmann und andere kannten die aus den Notizen angeführten Stellen
nicht.

schichtlichkeit und Vorläufigkeit der Welt nicht genügend thematisiert, wie wir bereits oben (S. 246 f.) darlegten. Es zeigt sich hier vielleicht am schärfsten, wie sehr das Werk Ebners auch von innen her gesehen fragmentarisch ist.

Sieht man als die durchdachteste Form des dialogischen Denkens den Gedanken des Rosenzweigschen Stern vor sich, so muß man sagen, daß Ebner mit aller Schärfe die in der Offenbarung ereignete Beziehung gedacht hat. Dagegen treten Schöpfung und Erlösung für ihn in den Hintergrund. Die Welt gerät deshalb in Gefahr, das nur zu Überwindende zu werden. Wollte man den Buber von »Ich und Du« in diesen Vergleich einbeziehen, so müßte man sagen, daß er eher dahin tendiert, das Weltverhältnis in das ereignete zwischenmenschliche Verhältnis hinein umzudeuten und so auf andere Weise in Gefahr steht, die Welt, nämlich als die alternativisch der Ich-Du-Welt gegenüberstehende Ich-Es-Welt, aus den Augen zu verlieren.

Mit der relativen Weltlosigkeit des Ebnerschen Denkens hängt es zusammen, daß Ebner die Forderung des Christentums in kierkegaardischer Überspitzung vorbringt (vgl. I, 329). Alle *welthaften Gestalten* des Christentums sind verdächtig. Jede religiöse Zeremonie taugt wie Tanzhandschuhe nur einmal und muß dann weggeworfen werden (I, 983). Und vollends kann natürlich von hier aus zu den Gestalten heidnischer Religiosität kaum ein positives Verhältnis gefunden werden (vgl. dazu I, 460–461). Der göttliche Engel des einen Gedankens, den Ebner sich zu denken berufen fühlte, hat hier scheinbar das welthafte »ist« ganz aus dem Felde geschlagen. Aber warum kämpft er dann noch? Man kann sich dies fragen. Und sieht durch eine solche Frage sofort, daß es sich gerade in der Vehemenz der Negation offenbart, daß das von Ebner scheinbar völlig Negierte durchaus noch im Spiel ist. Die Bewegung des Gedankens hat gerade erst angefangen. Sie ist durchaus noch nicht zur Ruhe gekommen.

Eine Anfänglichkeit ähnlicher Art liegt schließlich auch in vielen der Ebnerschen Gedanken über die *Zeit.* Wie Elisabeth Angerer richtig gesehen hat, ist das Problem der Zeit eines der Grundprobleme, die Ebner sehr früh beschäftigten[117]. In der Frage nach der Zeit wird ja im Grunde, wenn sie radikalisiert wird zur Frage nach der Geschichtlichkeit des Seins, die Bedürftigkeit des Menschen schlechthin sichtbar. Für den jungen Ebner stellt sich diese Frage im Zusammenhang der Frage nach der Ethik. Wenn der späte Ebner sich aber in

---

[117] *Angerer* 18 und 24.

der Überarbeitung der Fragmente auf Melchior Palagyi und dessen Erkenntnis beruft, daß der bezogene Akt nicht *zugleich* beziehender Akt sein könne, und wenn er sogar auf Hegels »Das Selbstbewußtsein erreicht seine Befriedigung nur in einem anderen Selbstbewußtsein« zurückgreift, so wird darin deutlich, wie sehr Ebner bei dem Versuch, den Gedanken der Fragmente noch einmal zu reflektieren, wieder auf die Frage nach Zeit und Sein hingeführt wird. Daß Palagyis »einfacher geistiger Akt«[118] in dem man sachlich ohne Schwierigkeit Hegels »reines ununterschiedenes Ich«[119] sehen kann, sich nicht selbst erfassen, sondern erst durch die Beziehung auf einen »nichtgegenwärtigen geistigen Akt« erfaßt werden kann (bei Hegel: »Es ist ein Selbstbewußtsein für ein Selbstbewußtsein«) besagt letztlich ja nichts anderes als dies, daß der endliche Geist, um selbst zu sein, der Zeit bedarf. Oder auch: daß er nur *zeitlich*, in der Unterschiedenheit der Akte, die nicht zugleich sein können, ist, und also: bedürftig[120]. Diese Bedürftigkeit, die grundsätzlich ein Bedürfen des Anderen, jetzt nicht mehr oder noch nicht Gegenwärtigen bedeutet und insofern ein Bedürfen dessen, daß es Zeit gibt, zeigt sich bei Ebner – und hier geht er über Hegel und Palagyi hinaus – konkret als das Bedürfen des Partners des Gespräches, der »ist wie ich«. Das Bedürfen des Anderen und das Bedürfen der Zeit kommen so in ihrer Wurzel zusammen. Elisabeth Angerer hat mit Recht darauf hingewiesen, daß dieses Bedürfen der Zeit bereits im XI. Buch der Confessiones Augustins zum Thema erhoben wird[121]. Ebner kannte zwar die Confessiones. Aber es ist nicht auszumachen, ob er das XI. Buch gelesen hat und ob es für ihn von Bedeutung wurde. Ähnlich wie Augustin in der Zeit als der distentio in das Viele einen Ausdruck des sündigen Daseins sieht[122], ist aber auch für Ebner das zeitliche Dasein dadurch, daß es zeitlich ist, als ein gebrochenes gekennzeichnet. Denn das »geistige Leben«, die Relation mit dem Sein gewährenden Ursprung vollzieht sich ja in der Gegenwärtigkeit, d. h. Außerzeitlichkeit (I, 306). Ebner verschärft diese Aussage sogar dahin, daß die Zeit überhaupt erst durch die Sünde konstituiert wird (I, 306–307).

---

[118] Naturphilosophische Vorlesungen 246 ff.
[119] Phänomenologie 140.
[120] Vgl. hier auch *Angerer* 78, die darauf hinweist, daß dem »Sein« des Geistigen im Menschen der Glaube entspreche, weil das Geistige im Menschen nur aufgrund eines Ausstehens in die Zukunft hinein, einem »praesens de futuris« bestehen könne.
[121] *Angerer* 24.
[122] Confessiones XI, 29

Zeit »existiert ja in nichts anderem als in der Realität der Sünde«
(I, 279). 'Das Nacheinander der Zeit bedeutet das Herausfallen aus
dem einen und ungeteilten lebengewährenden Verhältnis.
Man kann sich fragen, ob nicht auch hier wieder Zwischenbestimmungen fehlen. Denn ohne Zweifel müßte es auch in dem
einen und lebengewährenden Verhältnis Zeit im Sinne der inneren
Geschichte, des reinen Geschehens geben, ohne das endliches geistiges Sein nicht sein kann. An anderen Stellen seines Werkes ist Ebner
darauf auch durchaus aufmerksam[123]. Zeit im Sinne dieses reinen Geschehens hat dann die Bedeutung der erfüllten Zeit, der »rechten
Zeit« (III, 434), den Sinn des Zeit-Habens. In diesem Sinne könnte
man wohl auch die Stelle der Notizen deuten, an der Ebner davon
spricht, erst durch Jesus sei die Zeit zu einer Realität geworden (II,
465). Grundsätzlich ist für Ebner die Zeit gegeben, mit der »inneren
Willenswirklichkeit des Ich«, dem Seinwollen überhaupt, dem wir als
der ethischen Besonnenheit (vgl. oben 206 f.) begegneten (I, 213,
217). Von hier aus könnte eine Zusammenordnung der verschiedenen Phänomenschichten versucht werden.

Daß die verschiedenen Bedeutungen, die wir aufzählten, mehr
oder minder unreflektiert nebeneinander liegen, zeigt, daß Ebner
das Problem der Zeit in der Tat nicht eigens und systematisch erörtert hat. Ebners Denken ist, zumal nach der Konzeption der Fragmente, von der erlösenden Gegenwärtigkeit des sich zutragenden Wortes
bestimmt. Das Problem der Zeit schiebt sich dabei in den Hintergrund. Vielleicht zeigt sich auch darin ein charakteristischer Unterschied zwischen Ebner und Rosenzweig. Es ist möglich, daß bei Rosenzweig die Erörterung des Problems der Zeit nicht nur deshalb in
den Mittelpunkt des Denkens rückt, weil Rosenzweig systematischer
denkt, sondern deshalb, weil sein jüdisches Herkommen ihn überhaupt zeitlicher denken ließ.

---

[123] Vgl. I, 58; II, 233–234; II, 135–136, 154.

Dritter Abschnitt
Das Dialogische Werk Martin Bubers

1. Methodische Vorerwägungen

Nachdem wir das Neue Denken Franz Rosenzweigs und die Pneumatologie Ebners kennengelernt haben, wenden wir uns am Ende wieder dem Werk zu, durch das der dialogische Gedanke am bekanntesten wurde, dem Werk Martin Bubers. Das dialogische Werk Martin Bubers, zu dem wir alle Publikationen Bubers von 1923 bis zu Bubers Tod im Jahre 1965 zählen, hat jedoch eine gewaltige Breite. Es besteht zudem nicht nur aus philosophischen Schriften, sondern ebenso aus exegetischen Arbeiten, aus Schriften über das Judentum und aus den Schriften zum Chassidismus. Auch in diesem Teil seines Werkes, den Buber selbst ausdrücklich von den »Schriften zur Philosophie« abgehoben hat, findet sich philosophisch Relevantes[1]. Um den dialogischen Gedanken Bubers in seiner ganzen Breite zu erhellen, wird es notwendig sein, zuweilen darauf zurückzugreifen. Jedoch wollen wir uns, um den philosophischen Kern des dialogischen Werkes Bubers zu erläutern, im wesentlichen auf die fünf wichtigsten Texte stützen, die Buber zu dieser Frage geschrieben hat, nämlich »Ich und Du« (1923), »Das Problem des Menschen« (1943), »Urdistanz und Beziehung« (1950), »Das Wort, das gesprochen wird« (1960) und »Gottesfinsternis« (1952). Diese fünf Texte bieten zusammen mit der »Antwort«, die Buber 1963 zu dem Sammelband »The Philososophy of Martin Buber« schrieb, zugleich einen repräsentativen Querschnitt durch die Entwicklung, die der dialogische Gedanke bei Buber selbst durchgemacht hat. In der folgenden Darstellung dürfen wir außerdem, anders als bei Rosenzweig und Ebner, eine Kenntnis der behandelten Texte weitgehend voraussetzen und können uns deshalb darauf beschränken, die Besonderheiten des Buberschen Gedankens herauszuarbeiten. Wir werden dabei besondere

---

[1] Vgl. dazu meine Besprechung im Philosophischen Jahrbuch 72, 417–423.

Mühe darauf verwenden müssen, die Strukturen des religiösen Verhältnisses selbst, die bei Buber am breitesten dargelegt werden, zu erörtern. Jedoch müssen wir uns hier wiederum auf das philosophisch Mögliche beschränken, d. h., wir müssen alle Fragen etwa exegetischer Art, die für eine Stellungnahme zu dem Werk »Zwei Glaubensweisen« von größter Bedeutung sind, von vornherein aus dem Kreis des von uns zu Erörternden ausschließen. Wir können deshalb auch weder näher auf die Frage nach der Differenz von Judentum und Christentum noch auf die Frage nach dem Messiasproblem bei Buber eingehen[2]. Es wird überdies, damit wir über die Methode, die wir in diesem Teil unserer Untersuchung anwenden müssen, Klarheit gewinnen, gut sein, wenn wir von vornherein auf die Eigenart und den Stil auch des dialogischen Denkens Bubers aufmerksam sind. Über den dichterischen Stil des Frühwerks Bubers wurde das Notwendige bereits gesagt (vgl. oben S. 19–20). Buber meint in einer Rückschau auf sein Leben, daß er mit der Wende zum dialogischen Denken auch den Stil des Frühwerks verlassen und sich »zum strengen Dienst am Wort durchgerungen« habe (V, 14). Dies trifft sicher im gewissen Maße zu. Es darf aber nicht so verstanden werden, als sei der Stil des dialogischen Werkes Bubers ein streng philosophischer. Vielmehr bleibt nach wie vor der Anteil des dichterischen, beschreibenden Elementes in Bubers Sprache und Denkstil groß[3], obwohl jenes beschreibende Denken selbst strenger, karger und konzentrierter wird. Dies hängt zuinnerst damit zusammen, daß auch Bubers dialogisches Werk bewußt asystematisch impressionistisch ist, was uns Bubers Selbstverständnis ausdrücklich bestätigt hat: »Da ich eine metaphysische Ganzheit nie zu fassen und demgemäß ein metaphysisches System nicht zu bauen bekommen habe, habe ich an Impressionen Genüge finden müssen« (A 603). Inwieweit dieser Impressionismus durch Bubers dialogischen Gedanken, insofern dieser sich als eine Antiphilosophie versteht, selbst bedingt ist, muß hier noch offengelassen werden.

Um die Weise, in der sich das Denken im dialogischen Werk Bubers vollzieht, richtig zu erfassen, muß außerdem darauf geachtet werden, daß beinahe alle Schriften Bubers in dialogisch-pädagogischer Absicht geschrieben wurden. Bubers Werk spricht nicht nur

---

[2] Dieser notwendigen Beschränkung wegen scheidet auch ein genaueres Eingehen auf das Werk F. v. *Hammersteins* »Das Messiasproblem bei Martin Buber« für uns aus.
[3] Vgl. dazu auch *Goldschmidt, Hermann Cohen* und *Martin Buber* 75.

über das Dialogische, sondern es versteht sich selbst als dialogische Praxis. Außer einigen kleineren Arbeiten, wie etwa »Urdistanz und Beziehung« und »Das Wort, das gesprochen wird«, bei denen man meinen möchte, daß der Autor mit seinen Gedanken in der Zelle des Denkens allein ist, sind alle übrigen uns angehenden Stücke entweder zunächst für Zeitschriften geschrieben oder sogar – wie »Ich und Du« – zunächst mündlich vorgetragen oder in eine ganz bestimmte Situation hinein geschrieben worden. Mehr als bei den Schriften Rosenzweigs oder Ebners ist deshalb bei den Schriften Bubers die unmittelbare Hinsicht auf den Hörer oder Leser mit im Spiel. Bubers Ausdrucksspektrum wird durch dieses dauernde Achten auf das Gegenüber breiter und bilderreicher. Seine Sprache wird beweglicher, aber eben dadurch auch relativer. Sie will immer aus der Situation und dem Kontext heraus verstanden werden und ist mit ihren einzelnen Äußerungen schwer genau zu greifen. Die Bewegungsrichtung muß bei dem, was vorgebracht wird, immer mit in Rechnung gestellt werden. Buber schreibt aus dem lebendigen Gespräch heraus. Er schaut im Denken wie im Sprechen sozusagen immer über den Gedanken, sofern dieser nur in sich ruht, hinweg auf den Hörer und Leser des Gedankens. Und dieses immer neue Eingehen auf die Situation, diese pädagogische Rücksicht, formt seine Sprache wie sein Denken[4]. Die immer neue Situation spielte denn ja auch im Leben Bubers, der nach seinem eigenen Bekenntnis Menschen mehr liebte als Bücher (B 53), eine weitaus größere Rolle als im Leben Rosenzweigs oder Ebners.

Bubers Biographie ist voll von diesem Engagement aus der Situation heraus, das ihn, mindestens ebenso wie seine Schriften, zu so etwas wie einem Zaddik, einem Weisen und Führer des Volkes Israel und der Menschen machte[5]. Buber hat dies in seinem Selbstverständnis durchaus akzeptiert: »Jetzt freilich schließe ich zuweilen die Tür meiner Stube und ergebe mich einem Buch, aber nur, weil ich die Tür wieder öffnen kann, und ein Mensch blickt zu mir auf« (B 55). Wir werden dieses Engagiertsein beachten müssen, um den Buberschen Texten gerecht zu werden.

---

[4] An einer Reihe von Stellen werden wir zeigen, wie Buber bei den Neuauflagen seiner Schriften durch Änderungen auf die jeweils neue Sprachsituation eingeht. Besonders in den Neuauflagen der chassidischen Erzählungen wird dies deutlich. Bubers Werk ist auch rein sprachlich bis in die 50er Jahre hinein dauernd im Fluß geblieben.
[5] Vgl. dazu *Goldstein* 184 und 224. Außerdem *Helmut Kuhn* in: Merkur XIX. Jhg. 1019 ff.

2. Das Wesen der dialogischen Wende im Selbstverständnis Bubers

Wir haben Bubers vordialogisches Frühwerk kennengelernt. Dessen durchgängiges Kennzeichen war der Ausgang von dem Selbst. Um das Jahr 1920, jedenfalls nach den 1919 geschriebenen »Worten an die Zeit«, in denen wir noch typische Züge des Frühwerks fanden (vgl. oben S. 58–60), wird in Bubers Denken eine Wandlung sichtbar, die Buber selbst als Kehre und Wende empfindet[6]. Buber ist mit dieser Wende sicher nicht direkt von Rosenzweig und Ebner abhängig, obwohl er den Stern vor dem der Publikation voraufgehenden mündlichen Vortrag von »Ich und Du« im Freien jüdischen Lehrhaus in Frankfurt und die Pneumatologischen Fragmente jedenfalls vor der Niederschrift des III. Teils von »Ich und Du« kannte[7]. Viel eher ist zu sagen, daß Buber durch eine Problematik, die in seinem eigenen Frühwerk angelegt war und angesichts von Fragen, die in der Luft lagen, möglicherweise auch angeregt durch die mündliche Erörterung dieser Fragen, nun auf seine Weise zu einem neuen und umfassenderen Horizont des Denkens durchstößt.

Wir beginnen unsere Erörterung des dialogischen Werkes Bubers deshalb damit, daß wir die entscheidenden Merkmale dieses neuen Horizontes, so wie sie sich für Bubers Selbstverständnis zeigen, zunächst einmal nennen.

Das durchgängige Kennzeichen des Frühwerkes war der Ausgang von dem Selbst. Dieses war so sehr der Mittelpunkt allen Denkens, daß in ihm nicht nur die Welt, sondern auch der Gott zu sich selbst kamen. Gott war, wie wir sahen, mit dem ekstatischen Selbst eins, wie er auch mit dem größeren Selbst, dem großen einen Wir des Volkstums eins war. Für eine wahre Transzendenz Gottes blieb kein Raum. Die äußerste Wirklichkeit war die Wirklichkeit der geschichtlich erscheinenden Welten, als deren Brennpunkt sich je wieder das ekstatische Selbst in seiner All-Einsamkeit zeigte. Ein unbedachtes Problem bildeten in diesem, freilich nie systematisch vorgebrachten Entwurf nicht nur die Geschichtlichkeit der sich einander ablösenden Welten, sondern vor allem die Anderheit des Anderen, für die neben der All-Einsamkeit des Selbst im Grunde kein Platz blieb. Gemeinschaft konnte nur im Sinne etwa des großen idealischen Wir der Ju-

---

[6] Vgl. I, 299 und IV, 3–9.
[7] Vgl. GS 1/2, 736 und I, 298.

gendbewegung verstanden werden. Wir bemerkten dieses Problem deutlich noch in den beiden Schriften von 1919.

Diesem Entwurf gegenüber bringt nun nach Bubers eigenem Verständnis – wir halten vorerst mit unserer Interpretation hintenan – der Entwurf, der sich nach der Wende in »Ich und Du« äußert, einen entscheidenden Fortschritt. Und zwar dadurch, daß er Sein, und auch das Äußerste des Seins, nicht mehr radikal vom Selbst her faßt, sondern es als *Zwischen* versteht. Sein »ist«, was sich zwischen mir und dem anderen meiner ereignet und kraft dessen ich und das Andere »sind«. Wirklichkeit ist das »zwischen Mensch und Mensch, zwischen Mensch und Welt« (I, 482). Aus diesem neuen Seinsverständnis entspringt die lapidare Verbindung des »ist« mit dem Dativ im ersten Satz von »Ich und Du«: Die Welt ist dem Menschen ...«, die fortan den Charakter des »ist« in Bubers Denken bestimmen wird. Wir gehen hier noch nicht näher auf eine Analyse des Seins als des Zwischen ein, sondern suchen zunächst nur anzugeben, worin nach Bubers eigenem Verständnis die Wende gegenüber dem Frühwerk besteht. Das Sein kann als Zwischen nach dem Verständnis von »Ich und Du« grundsätzlich ein zweifaches sein: entweder das Grundwort Ich-Du oder das Grundwort Ich-Es. Besagt das im Grundwort Ich-Es sich zeigende Zwischen Entwurf und Einordnung, so bedeutet andererseits das Grundwort Ich-Du, daß in ihm als gelichteter Helle des Seins ich selbst wie du selbst, wir beide selbst ganz als wir selbst, sein dürfen (vgl. I, 423). Das heißt, in dem Grundwort Ich-Du kommt nicht nur die Transzendenz des uns beide selbst sein lassenden Zwischen, sondern auch die Transzendenz des Anderen, die Anderheit des Anderen selbst, unverkürzt zum Vorschein. Buber hat dadurch – wiederum: wir referieren hier zunächst nur einmal die Merkmale des neuen Ansatzes in Bubers Selbstverständnis – zugleich zwei Fragen gelöst. Durch die Transzendenz des Zwischen gegenüber dem Selbst ist zum einen die Anderheit des Anderen, der sich, wie ich aus dem Zwischen empfängt, ermöglicht. Zum andern aber können der Gabecharakter des Seins und der Charakter seiner Geschichtlichkeit – auf beides war das Frühwerk bereits aufmerksam – besser verstanden werden. Ebenso ist es nun möglich, eine wahre Transzendenz Gottes zu denken, der jetzt als das »ewige Du« (I, 146), gleichsam als das »Zwischen allen Zwischen«[8] zur Sprache kommt. Die Stellen, an denen Buber sein früheres Werk bei Neuauflagen spä-

---

[8] *Theunissen* 336.

ter verändert hat, zeigen diese Merkmale der Wende unmißverständlich an: Heißt es 1906 in der ersten Übersetzung des Spruches des Baalschem, der für Bubers Begegnung mit dem Chassidismus entscheidend wurde, der Erweckte sei »würdig zu erzeugen« und er sei »wie Gott, der die Welten erzeugt« (76), so wird nach der dialogischen Wende aus dem »erzeugen« ein »zeugen« und aus dem »sein wie Gott« ein »und ist worden *nach der Eigenschaft des Heiligen,* gesegnet sei Er, als er die Welten erschuf« (III, 17 und 967). Die »Verwirklichung Gottes«, die in dem Frühwerk eine so wichtige Rolle spielte, wird nach der dialogischen Wende zu einem »Gott die Welt zu einem Ort seiner Wirklichkeit bereiten« (IV, 8). Und aus dem »Erlebnis« wird nun »Ereignis«[9], ja Buber spricht in der Vorrede zu der Neuausgabe der »Reden über das Judentum« (1923) sogar davon, daß er nun in der »ereignislosen Erlebnishaftigkeit« eine »kosmische Perversion« ahne (IV, 7)[10].

---

[9] Vgl. oben S. 31; außerdem I, 152, wo Buber »Erlebnis« nun in abwertender Bedeutung gebraucht.

[10] Auch in den Schriften zum Chassidismus und in den Nacherzählungen chassidischer Geschichten manifestiert sich die dialogische Wende deutlich. Buber verändert dort in Neuauflagen nach 1921 vieles, bzw. er läßt einzelne, den früheren Standpunkt ausdrükkende Sätze weg. Einige auffallende Stellen, auf die in der bisherigen Buberliteratur trotzdem noch niemand aufmerksam wurde, seien hier genannt:
71, 56: »Zur gleichen Zeit wurde jene schrankenlose Kraft des Wesens groß in ihm, die Heiligkeit heißt; und was er sprach, war lauter wie Kristall, und was er tat, geweiht.« Der Satz fehlt in 782, 58. Im Sinne dieser Auslassung hat Buber die ganze folgende Seite verändert.
Aus 76 fällt weg: »Niemals hat eine Lehre das Gottfinden mit solcher Kraft und mit solcher Reinheit auf das Selbstsein gestellt« (vgl. jetzt III, 15). Aus »Das Schrankenlose«, das die »widerstandslos hingegebene Seele regiert«, wird »das Schrankenlose«, das »die *sich ihm* ergebende Seele regiert« (III, 11).
Aus 92/93 fällt weg, die Ekstase sei »der ewige Schlüssel« (vgl. jetzt III, 21). Aus die Auflösung, die allem Irdischen enthoben ist« wird »die *Lösung,* die allem Irdischen enthoben ist (III, 22). Aus »der nicht zu sich heimgekehrt wäre« wird »in dem sich nicht die heilige *Umkehr* vollzog« (III, 24).
III, 25 fällt in dem ersten Satz weg, daß die Ekstatiker »wissend um das Rauschen im Blute des Weltenherzens« seien. Ebenso fällt auf der gleichen Seite weg, daß die Inbrunst »die Wurzel des Weltenbaumes sei.«
III, 28 wurde aus »der Gott«: »Gottes Sein«.
III, 37 wurde aus »sie schenkt sich der Unendlichkeit«: »sie schüttet sich in die durstige Ferne«.
III, 38 wurde aus »denn in jedem Zeichen sind Welten und Seele und Göttliches«: denn in jedem Zeichen sind die Drei: Welt, Seele und Gottheit«. Da die Worte »gegenüberstellen« und »sich gegenüber fühlen« nach der dialogischen Wende einen positiven Sinn bekommen, ersetzte Buber sie III, 40 durch »Hochmut heißt: sich an anderen messen«.

Buber selbst hat den Sinn der ganzen dialogischen Wende mit *einem* Wort dadurch zu umreißen gesucht, daß er sagte, die dialogische Wende habe das »Aufgeben des vermeintlichen Wissens um den Grund des Seins« (I, 384) bedeutet. Ekstase ist deshalb nicht mehr länger ein Schlüsselbegriff des Buberschen Denkens (vgl. I, 134). Denn das Denken sucht sich nicht mehr, wie auch immer, in den Punkt des absoluten Ursprungs von Sein überhaupt zu setzen, sondern gibt sich an die Begegnung frei. Sein gewinnt den Charakter des schlechthin Unverfügbaren[11]. Nicht mehr das Selbst zeigt sich als das Äußerste, sondern das Sein, das sich im Zwischen zuschickt und aus dem ich selbst teilhabend[12] herkomme. Um diese vorerst nur thesenhaft und gemäß dem Selbstverständnis Bubers markierte Wende ge-

---

Und »der sich dem anderen überlegen dünkt«.

III, 45 wurde aus »besteht vor den Augen der Seele«: »besteht vor den Augen Gottes«.

III, 45 fiel außerdem der letzte Satz weg: »Die Erde kann nicht umhin, seine Wiege, und der Himmel kann nicht umhin, sein Spiegel und sein Echo zu sein.«

96, 67 fällt in dem Satz »Da erfaßte er die Weisheit seines Lehrers mit solcher Schärfe, daß er jegliches Ding in der Welt und in der Seele des Menschen von Grund aus durchschaute, so daß nichts vor ihm standhielt« der Nachsatz »und alles gering in seinen Augen wurde« weg (vgl. *782*, 67). Da das Selbst sich nämlich nicht mehr im Grunde des Seins weiß, kann ihm nun das Seiende nicht mehr gering werden.

96, 103 fällt in dem Satz »… führte sie allgemach dem letzten Sinne alles Seins zu« das Wort »letzten« weg (vgl. *782*, 99).

96, 108 werden die Satzteile, die sich auf ein Wissen des Königs von der Zukunft beziehen, gestrichen (vgl. *782*, 104).

96, 111–113 wird »Zweck des Lebens, des Seins, der Welt« durch »*Sinn* des Lebens, des *Daseins*, der Welt« ersetzt (vgl. *782*, 107–109).

96, 112 wird der Nachsatz gestrichen, der die Schönheit als die »allezeit sich erneuernde Blüte der Welt« bezeichnet.

96, 115 »Die Tafel der Welten« wird verändert in »*etliche Linien* von der Tafel der Welten« (vgl. *782*, 111).

96, 116 eines Kindes, »das aller Zukunft sicher ist« wird verändert in »das aller Zukunft *gewiß* ist« (vgl. *782*, 112).

*96,*121 »So weiß ich die Welt« wird verändert in »So kenne ich die Welt« (vgl. *782*, 117).

96, 124 »Wogen brennender Wahrheit zeugend« wird verändert in »die Wahrheit in *ihnen* entflammt« (*782*, 120).

96, 142 fällt in dem Satz »sondern die Laute der Welt, die nicht Gottes Sinn und Gottes Weihe tragen …« das Wort »Gottes Sinn« weg (*782*, 135).

Die zahllosen übrigen Änderungen, die Buber bei den Neuauflagen der chassidischen Geschichten anbrachte, müßten in einer eigenen stilkritischen Arbeit behandelt werden. Diese würde den Wandel der deutschen Sprache in den ersten fünf Jahrzehnten des 20. Jahrhunderts aufs deutlichste offenbar machen.

Zu den Veränderungen vgl. im übrigen auch oben S. 27–29

[11] Vgl. etwa I, 360, 434, 519, 554.

[12] Zu dem Verständnis der Teilhabe bei Buber vgl. unten Kap. 4.

nauer zu verstehen, müssen wir sie nun ihren einzelnen Dimensionen nach bedenken.

3. Die Dimensionen der Buberschen Wende

a) Das Leitmotiv:
Die Frage nach dem Sein als reiner Gegenwärtigkeit

Wer von Bubers Frühwerk kommend und im Wissen um das spätere Werk Bubers die Erstauflage von »Ich und Du« zur Hand nimmt, ist erstaunt, dort im ganzen offenbar den gleichen Problemkreis wiederzufinden, um den sich auch das Frühwerk bemühte. Das dem West-östlichen Diwan entstammende Motto der Erstauflage von »Ich und Du«: »So hab ich endlich von dir erharrt / in allen Dingen Gottes Gegenwart«[13], erscheint von dem aus dem Werk des Scotus Eriugena[14] genommenen Motto des Daniel »Deus in creatura mirabili et ineffabili modo creatur« wie von dem eckhartschen Motto der »Ekstatischen Konfessionen«: »Daz eines, daz ich da meine, daz ist wortelos, ein und ein vereinet, da liuhet bloz in bloz« nicht eben sehr weit entfernt. Denn das »Leuchten bloz in bloz« meint die reine, durch nichts geminderte Gegenwärtigkeit des Absoluten, die äußerste, wortlose Gegenwart des Einen, in dem alles ist, was ist. Und ebenso spricht das Motto von »Ich und Du« von der Gegenwart Gottes, die in allen Dingen erharrt wird. Hier wie dort geht es um Sein als reine Gegenwärtigkeit, die nichts mehr außer sich hat, sondern selbst das Äußerste ist. Es ist die ursprünglichste Absicht und das leitende Motiv von »Ich und Du«, diese reine Gegenwärtigkeit des Einen zu beschreiben. Diese Absicht ist auch ohne den Rekurs auf das Motto vielfältig zu belegen. Sie zieht sich als der rote Faden durch das ganze Werk, das bei seinem zunächst mündlichen Vortrag den Titel »Religion als Gegenwart« trug. Es geht in »Ich und Du« um nichts anderes als um die Gegenwart des Grenzenlosen (I, 80), um die reine Unmittelbarkeit (I, 85), um Gegenwart als das »Gegenwartende und Gegenwährende« (I, 86) als um das reine Widerfahrnis des

---

[13] Buber zitiert frei und ohne Angabe der Herkunft. Die Originalfassung lautet: »So hab' ich endlich von dir erharrt / In allen Elementen Gottes Gegenwart« (*Goethe*, West-östlicher Diwan, Schenkenbuch).

[14] Vgl. *Kohn* 123.

Seins (I, 100). Das Gegenständliche soll »zu Gegenwart entbrennen, einkehren zum Element, daraus es kam, von Menschen gegenwärtig geschaut und gelebt werden« (I, 104). Es geht um den »Hauch ... des ewigen Lebens« (261, 75)[15], die »absolute Beziehung«, in der »nichts neben Gott, aber auch alles in ihm« gefaßt wird (I, 130–131). Es geht um die »stärkste und tiefste Wirklichkeit, wo alles ins Wirken eingeht, der ganze Mensch ohne Rückhalt und der allumfassende Gott, das geeinte Ich und das schrankenlose Du« (I, 138). Es geht schließlich um die Vereinigung aller Wege »zum Einen Tor des Wirklichen Lebens« (I, 147). Die beiden Worte »Eines« und »Wirklich«, die Buber als einzige in dem ganzen Werk gegen die Regeln der Grammatik an vielen Stellen groß schreibt, sprechen eine überaus deutliche Sprache.

Gegen diese Wirklichkeit als eine, reine Gegenwart wird dann, wie auch im Frühwerk, ein minder reines, uneigentliches Sein abgesetzt. Dem orientierenden Einordnen des »Daniel« entspricht in »Ich und Du« die Ich-Es-Welt. Wir behaupten also nicht zuviel, wenn wir davon ausgehen, daß es tatsächlich die schlechthin entscheidende leitende Absicht von »Ich und Du« ist, eben dieses Eine Wirkliche Leben als die reine, ungeminderte Gegenwärtigkeit des Seins zum Vorschein und zur Sprache zu bringen. Bei der Verwirklichung dieser Absicht geht Buber allerdings, worauf wir hier noch einmal hinweisen müssen, nicht so sehr reflektierend als vielmehr beschreibend vor. Auch stilistisch steht »Ich und Du« den philosophischen Dichtungen der Frühzeit noch sehr nahe.

b)   Sein als Beziehung

Welches aber sind denn nun die Strukturen, in denen die Frage nach dem Sein als der reinen Gegenwärtigkeit in Wirklichkeit gedacht wird? Der äußerste Horizont, in dem hier gedacht wird, ist immer der, daß die Wirklichkeit nie für sich, sondern immer nur als die Wirklichkeit der Beziehung denkbar sei. Buber übernimmt damit in sein dialogisches Werk einen grundlegenden Zug des Seinsverständnisses seiner Frühzeit, das, wie wir sahen, letzten Endes von Dilthey herkommt. Sein ist Leben, das sich hell wird im Erleben. »Die Welt ist dem Menschen ...« (I, 79): diese durch den Dativ ausgedrückte Relation, in welcher Sein als Beziehung verstanden wird, ist die Rah-

---

[15] Die Passage fiel in späteren Auflagen weg.

Bernhard Casper

menformel, in die sich das ganze dialogische Werk Bubers eintragen wird. Die Welt kann nie in sich, sondern immer nur in Beziehung zu mir, dem Erkennenden, Erfahrenden oder Begegnenden gedacht werden. Das ist die im Gefolge Kants und im Gefolge Diltheys von Buber vorausgesetzte Grundstellung, in der Sein verstanden wird.

Hier ist nun freilich von Anfang an darauf zu achten, daß das Wort »Beziehung« bei Buber in dem dialogischen Werk nicht immer gleich gebraucht wird. Gebraucht Buber »Beziehung« in Ich und Du« zumeist synonym mit »Begegnung«[16] so daß also die Erfahrung im Sinne des frühen dialogischen Buber[17] keine Beziehung wäre[18], so unterscheidet er fast 30 Jahre später in »Urdistanz und Beziehung«[19] Beziehung von Begegnung und bestimmt dann auch ihr gegenseitiges Verhältnis genauer. Gemäß der Schrift »Urdistanz und Beziehung« ist das In-Beziehung-sein mit dem »Prinzip des Menschseins«, mit der »Seinskategorie, die mit dem Namen des Menschen bezeichnet wird«, immer schon notwendig gegeben. Mensch ist man immer schon dadurch, daß man distanziert und in Beziehung tritt. Der Mensch ist dadurch Mensch, daß er in der Welt ist (I, 413). Fundierend für dieses In-Beziehung-sein erweist sich jedoch die mit der Seinskategorie Mensch immer schon gegebene »Urdistanzierung«, welche Welt als selbständige Totalität, mit der ich in Beziehung bin (und ich bin nicht anders), konstituiert. Je nachdem die aufgrund der Urdistanzierung geschehen könnende Beziehung nun »wesentlich« ist – Buber zeichnet I, 416 fünf Weisen dieser Wesentlichkeit – ist die Beziehung Begegnung oder bloße Beziehung; bis hin zu dem von Buber angegebenen Fall einer bloßen Distanzierung ohne wesentliche Beziehung, der, so meinen wir jedoch, nur als Grenzfall zu denken ist. Buber hat hier, in »Urdistanz und Beziehung« in kontinuierlicher Abstufung entfaltet, was er in »Ich und Du« alternativisch nach zwei Seiten hin auseinanderlegt: Die Welt ist dem Menschen zwiefältig …« Er begegnet ihr oder er erfährt sie.

---

[16] Vgl. I, 81–83, 85, 87, 94 und öfter.

[17] Buber gebraucht den Begriff »Erfahrung« in seinem Spätwerk in einem anderen Sinne. Vgl. I, 1111.

[18] Vgl. dazu I, 81. Die Welt »läßt sich erfahren, aber es geht sie nichts an, denn sie tut nichts dazu, und ihr widerfährt nichts davon«. Es ist offenbar, daß Buber, um die Seinsvergessenheit der Erfahrung zu beschreiben, außer acht läßt, daß auch Erfahrung in seinem Sinne noch Beziehung sein muß.

[19] Über das Verhältnis des Aufsatzes zu »Ich und Du« vgt. auch A 594.

c)   Sein als begegnendes und Sein als erfahrenes

Diese beiden Weisen des In-der-Welt-seins gilt es nun zunächst genauer in den Blick zu bekommen. Hatte Buber bereits im »Daniel« das orientierende Einordnen von der reinen Verwirklichung unterschieden, so kehrt dieser Unterschied nun verwandelt in dem dialogischen Ansatz wieder. »Die Welt ist dem Menschen zwiefältig nach seiner zwiefältigen Haltung« (I, 79). Diese beiden »Haltungen«[20] kennzeichnen die zwei grundsätzlich möglichen Weisen des In-der-Welt-seins, die Grundworte Ich-Du und Ich-Es: Begegnung und Erfahrung.

Was unterscheidet sie untereinander und was unterscheidet sie von der reinen Verwirklichung und dem orientierenden Einordnen des Frühwerks?

Um mit dem letzteren zu beginnen: Während sich die Ich-Es-Welt von der durch das orientierende Einordnen konstituierten Welt des »Daniel« praktisch nicht unterscheidet – beide Welten kommen zustande durch die Einordnung des Erscheinenwollenden in einem Vorentwurf, der das Erscheinende zum »Objekt der allgemeinen Erfahrung« (I, 85) macht – unterscheidet sich die reine Verwirklichung von der Begegnung in einer wichtigen Hinsicht. Kam nämlich die reine Verwirklichung dadurch zustande, daß *ich selbst mich* rein verwirklichte und so in der Ekstase alle Wirklichkeit einigte, so ist die Begegnung, die Welt der Grundwortes Ich-Du, gerade dadurch gekennzeichnet, daß Sein in ihr den Charakter der *Anderheit*[21], eben den Charakter des durch das »gegen« in »Begegnung« angedeuteten Gegenüber gewinnt. Diese ursprüngliche Anderheit des Anderen, dem ich begegne, ist unableitbar. Sie ist ein Erstes, das mir dadurch aufgeht, daß mir der Andere aufgeht, der ist wie ich. Letztlich zeigt sich so auch bei Buber die Erfahrung[22] der unableitbaren Freiheit des Selbst als die Erfahrung, von der her sich der dialogische Gedanke entfaltet. Nur geschieht dies verdeckter als bei Rosenzweig und Ebner. Die Herkunft des Gedankens von der Erfahrung der Freiheit läßt

---

[20] Wir werden auf die Problematik, die in der Kennzeichnung der Weisen des In-der-Welt-seins als Haltungen liegt, noch eingehen.

[21] Außerhalb von »Ich und Du« vgl. dazu: I, 240, 371, 403, 421, 460, 813; A 608; B 15; 704, 13

[22] Wir benutzen das Wort hier so, wie der späte Buber es benutzte: »nicht, kritisch … sondern positiv; ich meine damit einfach das mir selbst unmittelbar Bekanntgewordene« (A 638).

sich aber in »Ich und Du« an durchaus wichtiger Stelle aufzeigen (vgl. etwa I, 112–120). Daß der Einzelne, nicht insofern er Naturwesen, sondern insofern er er selbst ist, keine Voraussetzung hat, das war bereits in Bubers Frühwerk angelegt. Der Einzelne erschien dort als »Einziger« und »Alltragender« (195, 8). In »Ich und Du« wird nun ausdrücklich die Begegnung zwischen dir und mir, insofern wir, jeder für sich, Einzige und Alltragende sind, bedacht. Die Wirklichkeit der Beziehung zwischen uns, insofern wir Unableitbare, Freie, rein Anfangenkönnende sind, ist die Welt des Grundwortes Ich-Du, die sich – ausdrücklich freilich erst spät – als die Wirklichkeit des Gespräches zwischen dir und mir, deren ontologische Voraussetzung die Anderheit ist (I, 445), erweisen wird. Du begegnest mir als du selbst, wie ich dir begegne als ich selbst: unmittelbar und unableitbar. Diese Unmittelbarkeit der Begegnung zwischen dir und mir, die dem Werk den Namen gegeben hat, beschreibt Buber in »Ich und Du« in immer neuen Anläufen. Ich begegne dem Anderen selbst, und er begegnet mir selbst. In der Begegnung sind wir beide freigegeben in unsere Freiheit. Wir sind einander rein und unmittelbar gegenwärtig. Wirklichkeit ereignet sich als reine Gegenwärtigkeit, die von nirgendwoher gemindert ist.

Das so am Phänomen der zwischenmenschlichen Begegnung abgelesene Modell der Wirklichkeit als reiner Gegenwart überträgt Buber nun aber auch auf die Beziehung zu allem anderen Seienden. Begegnung ist nach »Ich und Du« eine universale Weise des In-der-Welt-seins, die sich als die reine Gegenwärtigkeit nicht nur zwischen Menschen, sondern ebenso zwischen dem Menschen und den Naturdingen, wie zwischen dem Menschen und den geistigen Wesenheiten, aus denen etwa ein Kunstwerk geboren wird, ereignet (vgl. I, 81–84, 161–165). Man kann sich fragen, woher Buber das Recht zu einer solchen Verallgemeinerung nimmt. Der Grund dafür ist darin zu suchen, daß sich für Buber denn doch letzten Endes hinter der Suche nach der reinen Gegenwärtigkeit das durch Kant aufgeworfene Problem des Seins als Erscheinung verbirgt[23]. Dies ist in »Ich und Du« zwar einigermaßen verdeckt. Es wird nur darin deutlich, daß die Ich-Es-Welt als die »erfahrene« beschrieben wird, wobei Erfahrung im genauen Sinne dem kantischen Begriff der Erfahrung ent-

---

[23] Darauf, daß Kant eine Voraussetzung für das Werk Bubers bildet, sind grundsätzlich, ohne jedoch detailliertere Untersuchungen anzustellen, auch Fritz Kaufmann und Emil L. Fackenheim aufmerksam. Vgl. A 191 und 244.

spricht. Die Erfahrung erfährt »etwas«, den Gegenstand. Aber dieses Etwas ist nicht das andere selbst, sondern nur das, was ich wahrnehme, d. h. mir zur Wahrheit nehme (I, 99)[24]. »Die Welt hat« so heißt es am Anfang von »Ich und Du«, »keinen Anteil an der Erfahrung. Sie läßt sich erfahren, aber es geht sie nichts an, denn sie tut nichts dazu, und ihr widerfährt nichts davon« (I, 81). Deshalb ist Erfahrung nur wirklich *in dem Erfahrenden*, nicht aber zwischen ihm und der Welt (ibid.). Das heißt aber: Bubers in »Ich und Du« vorgetragenes Verständnis von Erfahrung entspricht genau dem Kants, demgemäß Erfahrung nur eine Vorstellung der Gegenstände ist, »wie sie uns erscheinen, nicht nach dem, was sie an sich selbst sind«[25]. Die Gegenstände der Erfahrung müssen sich als Erscheinungen nach den apriorischen Formen der Anschauung und des Denkens richten[26]. »Ich kann nicht sagen: ich habe diese oder jene Erfahrung, sondern ich mache sie mir, und dieses System der Wahrnehmung gilt für jedermann.«[27] In diesem Sinne aber ist auch bei Buber das Es »Objekt allgemeiner Erfahrung« (I, 85), der »Gegenstand eines unverbundenen Wahrnehmens und Erfahrens« (I,97).

Daß in der Tat Kants Lehre vom Ding an sich der hintergründige Ort für die Erörterung des dialogischen Ansatzes Bubers ist, zeigt sich in späteren Schriften Bubers noch deutlicher. So legt Buber in dem 1955 geschriebenen Aufsatz »Der Mensch und sein Gebild« dar, daß man das sinnlich Begegnende, um es in seine Selbständigkeit zu stellen, »von der Sinnenwelt, von seinem sinnenhaften Vertretensein in ihr frei« machen müsse. Was dann als »Es-selber« verbleibe, solle als x bezeichnet werden. Und Buber fährt fort: »Von x wissen wir, was Kant uns vom Ding an sich wissen heißt, nämlich daß es ist – Kant würde sagen: und nicht mehr«' (I, 432). Das Sein des Seienden selbst ist »unzugänglich – (I, 434) unzugänglich der kantisch gedachten Erfahrung. Aber dennoch, so sagt Buber an der eben zitierten Stelle, *gehen wir mit ihm um*. Oder, was dasselbe ist, das seiende und der Erfahrung unzugängliche Ding an sich *begegnet* uns (I, 432). In meiner Erfahrung ist das Seiende in seinem Sein selber immer schon vermittelt durch meine Weise, es zu erfahren. Aber in der Be-

---

[24] Vgl. auch 351, 326: Die nachkantische Philosophie klassifiziert überhaupt »nach Formen der Wahrheits-Wahrnehmung«.
[25] Anthropologie in pragm. Hinsicht 1. T. § 7, Anm. (Werke VI, 426).
[26] Kritik der reinen Vernunft Vorr. z. 2. Aufl. B XVI–XVIII.
[27] Kant, Akademieausgabe XX, 444 (Opus postumum).

gegnung hat »sein Sein ... Umgang mit meinem Sein« (I, 433). Zwar sind die apriorischen Anschauungsformen mein Entwurf. Aber durch sie hindurch habe ich, ohne x an sich begreifen zu können, Umgang mit seinem Sein selbst: »Sie selber, die Sinnenwelt, steigt aus dem Umgang von Sein mit Sein auf« (I, 433). Dieser »Umgang von Sein mit Sein« in der Begegnung ist aber, so heißt es im Nachwort zu »Ich und Du«, die »Reziprozität des Seins selber«[28] (I, 163).

Daß der kantische Ansatz für Buber tatsächlich diese Bedeutung des Hintergrundes hat, aus dem die Zweiteilung des In-der-Weltseins in Erfahrung und Begegnung philosophisch verständlich wird, mag auch aus einer Passage der 1943 geschriebenen Schrift »Das Problem des Menschen« erhellen, die Buber nur wenig abgeändert in seinen autobiographischen Fragmenten wiederholt. Er berichtet dort, daß ihm im Alter von 15 Jahren Kants Prolegomena eine Erlösung aus den Antinomien des Versuchs, Raum und Zeit vorzustellen, brachten. Und zwar deshalb, weil er nun denken durfte, »daß das Sein selber der raumzeitlichen Endlichkeit und der raumzeitlichen Unendlichkeit gleicherweise entrückt ist, weil es in Raum und Zeit nur erscheint, aber in diese seine Erscheinung nicht selber eingeht. Damals begann ich zu ahnen, daß es das »Ewige gibt ...« (I, 328–329). Diese Interpretation der Kantischen Prolegomena, die ihrerseits der dialogischen Epoche Bubers angehört, zeigt deutlich, vor welchem Hintergrund sich die Unterscheidung des In-der-Welt-seins in Begegnung und Erfahrung selbst versteht. Die Erfahrung ist die Erfahrung des Etwas im kantischen Sinne: die Ich-Es-Welt. In der Ich-Du-Welt aber zeigt sich Sein als unmittelbare Begegnung mit dem Anderen selbst, das meiner Erfahrung (im kantischen Sinn) und der so gedachten Erkenntnis als es selbst jedoch auf immer unzugänglich bleibt.

d) Die Priorität des Zwischen

Mit dem Aufweis des Unterschieds des In-der-Welt-seins, je nachdem, ob es sich als Begegnung oder Erfahrung zeigt, sind die Dimensionen des dialogischen Gedankens Bubers jedoch noch nicht vollständig angegeben. Dazu müssen wir vielmehr zu unserem Aus-

---

[28] Vgl. dazu I, 88: »All-Gegenseitigkeit«. I, 272: Die Sphäre des zwischenmenschlichen ist die des Einander-gegenüber.« IV, 193: Die Umkehr, die ja eine Weise der Begegnung ist, geschieht »in der schlichten Realität der Ur-Gegenseitigkeit«.

gangspunkt zurückkehren, an dem wir sahen, daß Sein überhaupt nur als Beziehung verstanden werden kann. Sein zeigt sich, ob als Begegnung oder als Erfahrung, jedenfalls immer als In-der-Welt-sein. Die Welt ist, so oder so, jedenfalls immer »dem Menschen«. Wenn dem so ist, muß aber bedacht werden, in welchem Verhältnis zueinander das Sein der Beziehung und das Sein ihrer Glieder, sei es des Erfahrenden und Erfahrenen, sei es der einander Begegnenden, stehen. Bleibt dies im Falle der Erfahrung bei Buber einigermaßen unklar, weil überhaupt unklar bleibt, inwieweit die Erfahrung noch eine Beziehung ist – am ehesten könnte man sagen, Erfahrung sei je mehr sie Erfahrung sei, desto weniger eine Beziehung – so läßt sich Begegnung doch nur so denken, daß dem Sein des Zwischen eine Priorität vor dem Sein der einander Begegnenden zugeschrieben werden muß. Ich begegne dir selbst wie du mir selbst begegnest. Die Anderheit deiner selbst ist für mich eine so unbedingte wie die Anderheit meiner für dich. Die Begegnung kann sich nicht ereignen ohne dich selbst wie mich selbst. Aber andererseits kann die Begegnung auch kein Mittleres zwischen uns haben, aus dem sie entstehen könnte. Sie muß vielmehr unmittelbar sein. Wie also kommt sie zustande? Sie ist weder von mir aus noch von dir aus in irgendeiner Weise herstellbar. Vielmehr kann sie sich nur aus reiner Gnade zwischen uns ereignen (vgl. I, 85). Das Sich-Ereignen der Begegnung ist weder Erwählen noch Erwähltwerden allein, sondern »Erwähltwerden und Erwählen, Passion und Aktion in einem« (I, 85). Das sich ereignende Ereignis der Begegnung konstituiert so durch sein Sich-Ereignen überhaupt erst die beiden einander Begegnenden als einander Begegnende. Denn vorher waren sie zwar sie selbst. Aber in keiner Weise einander Begegnende. Und sie konnten dies auch beide aus eigener Macht nicht werden. Das heißt aber, das Zwischen der Begegnung, die reine Gegenwärtigkeit der sich ereignenden Begegnung, zeigt sich gegenüber den einander Begegnenden als das seinsmäßig Frühere. Michael Theunissen hat deshalb mit Recht von einer »Herkunft von Ich und Du aus dem Zwischen«[29] gesprochen. Buber selbst spricht in »das Wort, das gesprochen wird«, davon, daß die Situation, in der sich zwei (oder mehrere) Menschen miteinander befinden, »primär« sei (I, 448). Aus ihr gehen beide als miteinander selbst oder zueinander selbst Sprechende hervor. Die dialogische Situation kann ontologisch zulänglich nur erfaßt werden »von dem

---

[29] *Theunissen* 273.

aus, was, *beide transzendierend* [30], zwischen ihnen west« (I, 406) [31]. In »Ich und Du« entspricht dieser konkreten Priorität der Situation der Satz »Im Anfang ist die Beziehung«, deren Wirklichkeit Buber dann bildhaft als das »eingeborene Du« bezeichnet (I, 90 und 96).

4. Das Ziel des Buberschen Existenzdenkens: Dasein als ereignete Teilnahme

Diese Priorität des Zwischen muß indessen noch genauer bedacht werden. Der Mensch ist dadurch Mensch, so sahen wir, daß er in der Beziehung lebt, die wirkliche Unterschiedenheit ihrer Glieder, die Anderheit des Anderen voraussetzt (I, 445). Bliebe die Anderheit nur die Anderheit, so wäre aber keine Beziehung denkbar. Anderheit *und* Beziehung als Begegnung, Urdistanz *und* Beziehung zusammen erst kennzeichnen die paradoxe Grundbefindlichkeit des Menschen als des in-der-Welt-seienden. Das Sein des Seienden an sich ist dabei »unzugänglich«. Und dennoch haben wir Umgang mit ihm. Dieser Umgang, die Begegnung, ereignet sich. Und erst durch dieses Ereignis sind wir wirklich, was wir sind, Distanzierende und Begegnende, lebendige Menschen. Es ist deshalb genauer nach dem Charakter dieses Urereignisses, durch das wir sind und immer wieder sind, zu fragen.

Das Sein des Seienden an sich ist unzugänglich, so sagt Buber. Unzugänglich: nämlich dem Zugriff der kantisch gedachten Erfahrung, die es besitzen und über es verfügen will. Die Bewegung der zugreifenden und verfügenwollenden Erfahrung ist deshalb in sich nichtig. Sie griffe, wenn sie nur sich selber greifen wollte, nichts. Daher denn jene Entsprechung: Je stärker die Erfahrung, desto schwächer die Beziehung [32]. Ich selbst kann also überhaupt nicht sein, wenn ich nur ich selbst sein will, nur von mir her, rein als Erfahrender. Ich bin vielmehr nur, insoweit ich in der Beziehung der Begegnung bin. Sein kann für mich nur heißen: in der Beziehung sein, die nicht etwas von mir her Machbares ist, sondern sich als Ereignis, Geschenk und

---

[30] Hervorhebung v. Vf.

[31] Vgl. auch I, 423 »Denn das innerste Wachstum des Selbst vollzieht sich nicht ... aus dem Verhältnis des Menschen zu sich selber, sondern aus dem zwischen dem Einen und dem Andern«. Ebenso V, 155.

[32] Vgl. oben S. 280. Außerdem I, 104 »Je mächtiger die Antwort, um so mächtiger bindet sie das Du, bannt es zum Gegenstand.«

Gabe des Seins erweist. Sein heißt in der Begegnung sein, die sich ereignet oder auch: an dem Sein, das sich als Begegnung ereignet, *teilnehmen*. Sein gewinnt für mich letztlich den Charakter der Teilhabe und Teilnahme an dem Sein, das von der kantisch gedachten Erfahrung her das unzugängliche ist. Diese Teilnahme und Teilhabe geschieht so auch nicht in der besitzenwollenden und feststellenwollenden Bewegung der Erfahrung, sondern nur in dem Sich-öffnen und Sich-Beschenken-Lassen der Begegnung. Sehr genau sagt Buber deshalb in »Die Frage an den Einzelnen«, daß es keine »gehabte« Wahrheit gebe. über die Wahrheit selbst kann man nicht verfügen. Sie entzieht sich dem besitzenwollenden Zugriff. »Und doch gibt es eine Teilnahme am Sein der unzugänglichen Wahrheit – für den, der sie bewährt. Es gibt ein Realverhältnis der ganzen menschlichen Person zur ungehabten, unhabbaren Wahrheit ... Dieses Realverhältnis ist, wie immer es sich benennt, das zum Seienden« (I, 224).

Was Buber hier als das Realverhältnis der Teilnahme am Sein beschreibt, ist nichts anderes als das Ich-Du-Verhältnis, in dem ich selbst als ich selbst, d. h. ganz und ohne mir selbst etwas von mir selbst vorzuenthalten, ausgehe, um dem Anderen selbst zu begegnen, dir selbst, dem Du – dem Seienden selbst. Die Begegnung selbst als das wirkliche Sein ereignet sich, und nun haben wir beide an ihr teil. Dabei darf die Begegnung selbst freilich nicht als ein selbständiges Mittel gedacht werden, das für sich etwas wäre. Denn die Begegnung ist ja unmittelbar. Ich begegne dem Anderen selbst. Ich habe unmittelbar an seinem Sein teil, wie er an dem meinen.

Und so sind wir beide (vgl. I, 275). Diese Teilnahme nennt Buber in der Auseinandersetzung mit Scheler »die Entdeckung eines Seins in der Kommunion mit ihm«. Diese Kommunion läßt mich aber selbst erst wirklich als mich selbst sein: »Nur die Teilnahme am Sein der seienden Wesen erschließt den Sinn im Grunde des eigenen Seins« (I, 392–93).

Was wir hier zunächst aus späteren Veröffentlichungen erschlossen, daß nämlich die Begegnung Sein als Teilnahme an dem sich ereignenden Sein meint, läßt sich leicht auch als das eigentliche Ziel des Gedankens von »Ich und Du« erweisen. Nachdem Buber im ersten Teil von »Ich und Du« die beiden Grundweisen des In-der-Welt-seins beschrieben und an Beispielen erläutert hat, setzt er im 9. Abschnitt des zweiten Teiles zu einer genaueren Analyse des In-Beziehungseins selber an. Dabei stellt sich heraus, daß der Sinn des Seins in der Erfahrung die Abgehobenheit und Abgelöstheit des Gebrauchens sei.

Ich erfahre zum Zwecke des Gebrauchens, meines Gebrauchens. Gerade dadurch aber entferne ich mich vom Sein selber. »Das Eigenwesen ... setzt sich gegen das Andere ab und sucht so viel davon als es kann in Besitz zu nehmen durch Erfahren und Gebrauchen. Das ist *seine* Dynamik: das Sichabsetzen und die Besitznahme ...« (I, 121). Der Zweck der Ich-Es-Welt ist »Selbstzueignung« (I, 120). Der Sinn der Beziehung als Begegnung dagegen ist, wie Buber sagt, »ihr eigenes Wesen« (I, 120). Das heißt, die Begegnung geschieht nicht um eines anderen willen. Sie ist nicht verfremdet. Sondern sie geschieht um ihrer selbst willen. Sie läßt die sich ereignende Beziehung mit dem anderen selbst ganz sie selbst sein. Sie enthält sich nicht vor, sondern läßt Sein als sich ereignende Beziehung geschehen. Das heißt aber: Der Sinn der sich ereignenden Begegnung ist die Teilnahme am Sein. In der geschehenden Begegnung zeigt sich alle Wirklichkeit als »ein Wirken, an dem ich teilnehme, ohne es mir eignen zu können. Wo keine Teilnahme ist, ist keine Wirklichkeit ... Das Ich ist wirklich durch seine Teilnahme an der Wirklichkeit. Es wird um so wirklicher, je vollkommener die Teilnahme ist.« In der Begegnung werde ich mir selbst bewußt »als eines am Sein Teilnehmenden, als eines Mitseienden, und so als eines Seienden« (I, 120–121)[33].

An anderer Stelle hat Buber die geschehende Begegnung als das Verhältnis der Teilnahme am Sein den *Geist* genannt. Der Geist ist ursprünglich Ereignis. Nämlich das Ereignis der »Teilnahme des Menschen« an dem Sein der Welt« (I, 393–395)[34]. Die »eigentliche Tatsache des Geistes« ist das »Zwischen« (B 20). Erst wenn der Geist von sich selbst abfällt, weiß er »nicht mehr um das Sein, sondern nur noch um dessen Spiegelungen ...« (I, 221). Diese Teilnahme an dem sich ereignenden Zwischen als Geist zeigt sich aber auch bei Buber, dort, wo sie sich konkretisiert, als *Sprache*. Das mich sein lassende Ereignis der Beziehung ist Geist. Der Urakt des Geistes aber ist die Sprache (I, 142)[35]. Die Sprache ist »das Laut werdende Einander« (B 21) und die »gemeinschaftliche Hut des Sinnes« (I, 470). Wir werden jedoch später noch genauer untersuchen müssen, inwieweit Bubers dialogischer Gedanke ursprünglich von der Erfahrung der Sprache als der Wechselrede ausgeht oder nicht.

---

[33] Andere Stellen in »Ich und Du«, an denen der Charakter der Begegnung als Teilnahme hervortritt, sind: I, 108, 131, 146, 156. Vgl. außerdem I, 219, 529.
[34] Vgl. I, 398.
[35] Vgl. außerdem B 52; I, 182, 222, 278, 404–405, 420, 437, 443, 471.

Exkurs: Bubers Lehre von der Teilhabe und die mittelalterliche Partizipationslehre

Wer Bubers Lehre von dem Sein, das sich als Teilnahme an der Wirklichkeit der sich ereignenden Begegnung zeigt, als das innere Ziel des Gedankens von »Ich und Du« erkannt hat, wird sich fragen, in welchem Verhältnis diese Lehre von der Teilnahme zu der antiken und mittelalterlichen Partizipationslehre steht. Die Lehre von der participatio ist als ein zentrales Stück des Denkens Thomas von Aquins erkannt worden[36]. Und man meint in den Stücken Bubers, die von der Wirklichkeit als der Teilnahme sprechen, zunächst eine große Nähe zu solchen mittelalterlichen Gedanken zu spüren. Der Anschein dieser Nähe wird besonders groß dort, wo Buber, etwa im Zusammenhang der chassidischen Schriften, Bilder, und unter ihnen vor allem das Bild des Lichtes, verwendet. Das wahre, in der Begegnung sich ereignende Dasein erscheint als der Lichtfunke, der Anteil ist an dem ewigen Urlicht (III, 870). Hier, so möchte man meinen, sei nur auf eine neue Weise von der participatio luminis increati[37] gesprochen. Es soll deshalb soweit dies im Rahmen dieser Arbeit möglich ist, die Nähe und der Unterschied beider Partizipationslehren zueinander genauer untersucht werden.

Zunächst einmal muß tatsächlich von einer Nähe und Verwandtschaft der Lehre Bubers mit der mittelalterlichen Lehre gesprochen werden. Insofern nämlich als in beiden Sein als das Transzendentale erscheint, an dem ich nur teilhabe, in dessen Besitz ich aber nicht schlechthin bin. Die Identität mit und die Differenz zu dem Sein selber zugleich, so wie sie von Platon her in dem abendländischen Denken durch die Lehre von der μετοχή und participatio ausgesprochen wurde, ist Inhalt auch der Buberschen Lehre von der Teilnahme am Sein. Indem ich, um zu sein, der Begegnung bedürftig bin, erweist sich das Sein selber als das Transzendentale, an dem ich gleichwohl, in der Begegnung seiend, teilhabe. In diesem ihrem formalen Grundgehalt erscheinen beide Lehren gleich[38].

Gleichwohl unterscheidet sich die Bubersche Lehre von der Teil-

---

[36] Vgl. dazu vor allem die Arbeiten von *Fabro* und *Geiger*.

[37] S. th. I^a q 84 a 5 c.

[38] In diesem Sinne bemerkt *Helmut Kuhn* (A 559) mit Recht, Buber bahne wieder »die im Existenzialismus verfehlte und im Positivismus vergessene Begegnung mit dem Sein an«.

Bernhard Casper

nahme in einer entscheidenden Hinsicht von der dem abendländischen Denken vertrauten, nämlich in dem Modell, von dem her Teilnahme verstanden wird. Denn das aus der Geschichte des abendländischen Denkens vertraute Modell der Teilhabe kommt letztlich von Platon her. Das Sein des Seienden wird dort gedacht als teilhabend an dem einen Guten, nach dessen Bilde alles ist, was ist[39]. Der Demiurg, der das All als das Reich des Werdens zusammenfügte, war gut. Und weil das Gute nicht neidisch sein kann, so wollte er, daß alles ihm so ähnlich als möglich werde: πάντα ὅτι μάλιστα ἐβουλήθη γενέσθαι παραπλήσια ἑαυτῷ (Timaios 29e).

Diese Grundvorstellung des Timaios, die Platon schon als die Meinung des jungen Sokrates in dem rätselhaften Dialog Parmenides (132d) vorgetragen hatte, ermöglicht den Gedanken von der μετοχή. Das eine Gute entläßt aus sich anderes oder bildet aus sich anderes nach seinem Bilde, das ihm ähnlich und insofern seiend und gut ist, als es ihm ähnlich ist. Der Grundgedanke, der Sein als Teilnahme denkt, denkt hier das eine aus sich in die Nacht des Nichts absteigende Gute, wie dies denn schärfer noch bei Plotin zum Vorschein kommt. Teilgabe ist als linearer Abstieg des aus sich selbst überströmenden Guten gedacht. Und Teilhabe ist als linearer Aufstieg zu dem einen Guten verstanden. Deshalb steht der so gedachte Gedanke der Partizipation auch dauernd in der Gefahr, in den Gedanken der Identität umzuschlagen. Je mehr ein Seiendes in der linearen Hierarchie der Teilhabe an dem Guten aufsteigt, desto mehr ist es mit dem Guten eins. Es mag von daher kommen, daß Thomas von Aquin, dessen Seinsverständnis in der Tat entscheidend von dem Verständnis des Seins als der Teilhabe geprägt ist, dennoch immer wieder dem Gedanken der Partizipation differenzierend und mit einer gewissen Vorsicht entgegentritt. Zwar sieht Thomas in dem lumen intellectuale, quod est in nobis: nihil aliud quam quaedam participata similitudo luminis increati. Aber an der gleichen Stelle, an der er dies sagt, unterscheidet er das cognoscere in rationibus aeternis, demgemäß wir die Dinge *in ihren rationes aeternae selbst* wie in einem Spiegel sähen und das uns nicht gegeben ist, von dem cognoscere in rationibus aeternis, demgemäß wir die Dinge von den rationes aeternae *erleuchtet* sehen, so wie das leibliche Auge die Dinge, die von den Strahlen der Sonne ins Licht gestellt werden, sieht[40]. Man bemerkt hier deutlich die durch

---

[39] Vgl. *Timaios* 29b und 92c: ὁ κόσμος ... εἰκὼν τοῦ νοητοῦ θεός αἰσθητός
[40] S. th. I^a q 84 a 5.

den Aristotelismus des Thomas und das Wissen um die Differenz von Schöpfer und sündigem Geschöpf bedingte Tendenz, den Gedanken der Partizipation nicht in den der Identität umschlagen zu lassen. Andererseits wird aber deutlich, daß für Thomas dort, wo er von participatio spricht, trotz allem das platonische Grundmodell führend bleibt. Gerade deshalb bringt er ja Einschränkungen und Unterscheidungen in Richtung auf die participatio mere causalis, die das esse per essentiam und das esse creatum auseinanderhalten, an. Durch diese Unterscheidungen hindurch bedeutet Teilhabe jedoch die Teilhabe an dem summum bonum, das sich mitteilt und nach dessen Bilde alles geschaffen ist, was geschaffen ist (S. th. I^a q 6 a 4c; q 105 a 5c)[41].

Ganz anders nun Buber. Für ihn ist von vornherein nicht dies eine sich mitteilende Gute und das, wie auch immer gedachte, Verhältnis der Ähnlichkeit das Modell für Sein als Teilnahme. Sondern für ihn ist das führende Modell die Begegnung zweier Menschen miteinander, die beide ein Selbst sind, aber erst wirklich sie selbst sind, indem sie einander begegnen. Beide reißen einander in der Begegnung in die Wirklichkeit, die die Wirklichkeit ihrer selbst ist und sie als das Zwischen doch transzendiert. Genauerhin müßte man sagen, daß für Buber das Modell des wirklichen Gesprächs, das zwei miteinander selbst führen, das Modell für Sein als Teilnahme ist[42]. Beide sind, indem sie am Gespräch teilnehmen. Der Mensch als das in Urdistanz und Beziehung lebende Wesen ist wirklich nur, wenn er wirklich in Beziehung ist. Wirklich ist er aber in Beziehung letztlich nur in der Begegnung, deren Grundmodell die Begegnung mit dem Seienden ist, das von sich her wirklich ein anderes Selbst ist, der Andere selbst, Du. In dieser Beziehung als Begegnung allein ist Wirklichkeit für den Menschen wirklich. Indem sich diese Beziehung, die der Mensch nicht machen kann, für ihn ereignet, nimmt er an der Wirklichkeit teil.

Was dieses Modell des Seins als der Teilnahme von dem antik-mittelalterlichen Modell der Partizipation unterscheidet, ist, daß hier in keiner Weise auf ein Verhältnis der Ähnlichkeit reflektiert wird. Alle Reflexion auf ein Sosein, die, wie auch immer verstandene, Teilnahme an Urbildern, Ideen, rationes aeternae, bleibt hier aus dem Spiel. In den Blick kommt vielmehr nur die Wirklichkeit als Wirk-

---

[41] Näheres siehe bei Geiger 365–372.
[42] Dieses Modell steht jedoch in »Ich und Du« nicht im Vordergrund. Wir werden später genauer darauf eingehen.

lichkeit überhaupt, an der ich erst teilhabe, indem ich begegne[43]. Da diese Begegnung und die Teilnahme an ihr aber erst ermöglicht sind durch die Anderheit des Anderen, kann die Gefahr des Umschlags des Gedankens der Teilhabe in den der Identität nicht aufkommen. Teilnahme an der Wirklichkeit als *Begeg*nung verstanden, trägt in dem »gegen« die Anderheit des begegnenden Anderen immer schon in sich. Diese die Begegnung erst ermöglichende Anderheit ist paradox verschlungen mit dem Ereignis der Begegnung als Beziehung, die wirkliche Teilnahme an dem anderen Sein als anderem ermöglicht.

Wir dürfen festhalten, und dieses Ergebnis unserer Analyse scheint uns für unsere ganze Arbeit wichtig zu sein: In dem, gegenüber dem antik-mittelalterlichen anders gearteten, Verständnis von Teilnahme bei Buber zeigt sich überhaupt ein nach seinem führenden Modell anderes Seinsverständnis an. Sein ist nicht mehr als das eine All verstanden nach dem Bilde des einen Guten, in dessen Punkt und Sitz zu kommen denn doch das heimliche Ziel aller Wissenschaft sein mußte. Sondern Sein bedeutet Teilnahme an dem sich ereignenden Zwischen: zwischen mir selbst und dem anderen selbst. Sein ist hier radikal als menschlich-geschichtliches Sein gedacht, das nur ist durch die Teilnahme an dem Ereignis der Begegnung, in der der Begegnende gleichermaßen des Ereignisses selber wie des Anderen bedürftig ist.

Es wäre nun allerdings zu fragen, inwieweit nicht die Absicht des Thomas von Aquin, die sich darin kundgibt, daß er im Gefolge des mittelalterlichen Aristotelismus darauf drängt, die participatio luminis increati werde erst wirklich in dem wirklichen Erkenntnisakt, der seinerseits auf die Sinnlichkeit angewiesen und eine Erkenntnis der res »quae intelligitur esse extra animam«[44] ist, in einem tieferen Sinne mit dem Seinsverständnis Bubers übereinkommt. Geiger hat eine Reihe von Stellen angeführt, die eine solche Vermutung sinnvoll erscheinen lassen[45]. Wollten wir diese Frage klären, so würde dies jedoch eine ausführliche Untersuchung darüber voraussetzen, in welchem Sinne die dictio verbi interni bei Thomas Begegnung meine. Eine solche Untersuchung können wir im Rahmen dieser Arbeit nicht durchführen.[46]

---

[43] Peyerl bemerkt deshalb, Buber sei kein »Partizipationsdenker«, sondern »Eksistentialist« (406–410). Peyerls Interpretation kann ich im übrigen jedoch nicht folgen.

[44] Die res »intelligitur abstracte et habet esse concrete« (De spir. creat. a 9 6 ^{um} ;comp. theol. cap. 79 fin.).

[45] *Geiger* 400–408.

[46] Hingewiesen werden darf in diesem Zusammenhang auf die Arbeiten von *August*

5. Die Eigenarten des Buberschen Ansatzes

Bevor wir dazu übergehen, zu erörtern, inwieweit die Teilnahme an der Wirklichkeit im Akt der Begegnung für Buber der religiöse Akt selbst ist, müssen einige Eigenarten des Buberschen Ansatzes, der diesen besonders von dem Rosenzweigs unterscheidet, betrachtet werden.

a) Der Ausgang von dem intentionalen Schema

Buber gelangt zu dem dialogischen Denken durch eine Kehre. Diese bedeutet aber, wie wir schon öfter beiläufig feststellten, durchaus nicht eine Abkehr schlechthin von seiner früheren Weise zu denken. Vielmehr halten sich eine ganze Reihe von Denkstrukturen des Frühwerks in das dialogische Werk hinein durch und prägen dieses.

Die wichtigste dieser Strukturen ist der Ausgang von dem Schema der Intentionalität. Sein zeigte sich für den jungen Buber im Gefolge Diltheys als Leben und Er-leben. Zwar sagt nun Buber, daß er sich in der dialogischen Wende von der Lebensphilosophie und dem Verständnis des Seins als eines Erlebnisses abgekehrt habe. Das Erleben sei ihm zur abgelösten Subjektivität, zu einer bloßen Abteilung der Psychik geworden (vgl. IV, 7 und A 610). Buber hat damit seine eigene Wende durchaus richtig beschrieben. Diese Wende von dem Verständnis des Seins als eines bloß psychischen Inhalts weg bedeutet aber gleichwohl nicht, daß nun nicht das, was an die Stelle des Erlebnisses tritt, nämlich Sein als Ereignis, durchaus intentional beschrieben würde. Das Schema der Intentionalität hält sich in das dialogische Werk hinein durch. Kennzeichnend dafür ist das Wort »Haltung« im ersten Satz von »Ich und Du«: »Die Welt ist dem Menschen zwiefältig nach seiner zwiefältigen Haltung« (I, 79). Das Schema der zwiefältigen Haltung trägt das ganze Werk »Ich und Du«[47]. Und wenn auch in späteren Werken das Wort »Haltung« dem sicher der Sache gerechter werdenden Wort »Verhältnis« (vgl. z.B. I, 653) weicht, so wird dieses Verhältnis, das grundsätzlich zwiefach ist, doch

---

Brunner und die sehr gründliche Untersuchung von *Viktor Warnach*. Um unsere Frage zu entscheiden, müßte die Untersuchung von *Warnach* auf die Frage hin weitergeführt werden, inwieweit das verbum bei Thomas als die geschehene geschichtliche Wechselrede verstanden ist.

[47] Peyerl kann deshalb mit Cullberg zu der Ansicht kommen, das Ich-Du-Verhältnis sei ein »ausgesprochenes ethisch betontes Willensverhältnis« (411- 413).

immer von der Subjektivität aus beschrieben. Das heißt aber: Buber versucht, *ausgehend vom Ich und seinem Verhältnis zum Anderen*, Erfahrung und Begegnung zu beschreiben. *Das Ich* spricht das Grundwort Ich-Du wie das Grundwort Ich-Es. Dies geht so weit, daß in »Ich und Du« die Begegnung als ein »Wirken am Gegenüber« beschrieben wird (I, 87). Wohl spricht Buber im Verlauf seiner Darlegungen auch davon, daß das Andere selbst von sich selbst her in der Begegnung spreche (so I, 100). Es ist durchaus die Absicht von »Ich und Du«, das Schema der Intentionalität zu überwinden. Aber das Phänomen, das beschrieben wird, ist im Grunde nicht die sich ereignende Wechselrede, sondern die *Haltung* der Begegnung. Es mag hier der paränetische Zweck von »Ich und Du« mit im Spiel gewesen sein. Mehr noch als durch eine solche paränetische Absicht ist die Verwendung des Haltungsschemas jedoch dadurch begründet, daß eben dieses Schema für Buber in der Art, in der er in seinem Frühwerk zu denken begonnen hatte, bereitlag. Die Begegnung wird im Schema der Intentionalität beschrieben[48]. Dies wird nicht nur dadurch sichtbar, daß sie als Haltung gekennzeichnet wird, sondern auch in vielen anderen Wendungen von »Ich und Du«, die, würde man sie aus dem Kontext lösen, ebensogut in Bubers Frühwerk stehen könnten[49]. Beschrieben wird immer wieder das Ich des Grundworts Ich-Du, die »Subjektivität (ohne abhängigen Genetiv)« (I, 120). Diese geht in die Begegnung ein, deren Wirklichkeit dadurch das Gerechte und Gerichtete wird, nämlich das, »wozu *sich*[50] einer richtet und entscheidet« (I, 113). Hier kehrt innerhalb der Beschreibung der Wirklichkeit der Begegnung der Gedanke der Richtung als des Sich-Aufrichtens, Sich-Entscheidens, des Sich-Einens wieder, die wir als eine Weise der Ekstase aus dem Frühwerk kennen[51][52]. Dieses Sich-Einen in der Richtung ist zwar zugleich Aktion und Passion

---

[48] Vgl. dazu *Macolm L. Diamond*: »... daß das grundlegende Kennzeichen der Ich-Du-Beziehung nicht die absolute Gegenseitigkeit von Rede und Antwort ist, sondern die menschliche Erfassung der vollen ontologischen Dimension des Anderen« (A 210).

[49] So I, 96: »der Trieb, sich alles zum Du zu machen«. I, 100: »es liegt an dir, wieviel des Unermeßlichen dir zur Wirklichkeit wird.«

[50] Hervorhebung v. Vf.

[51] Peyerl spricht mit einigem Recht von einer Fortwirkung der Religion der Tat in die dialogische Epoche hinein (233–234).

[52] Ebenso kehrt, und man mag daraus sehen, wie sehr die formalen Strukturen des Frühwerkes in der Tat für »Ich und Du« formend blieben, das Diltheysche Schema wieder, demgemäß die geschichtliche Wirklichkeit wirklich in den drei obersten Weisen der Philosophie, der Kunst und der Politik sei. Dies wird in »Ich und Du« nur verdeckter

(I, 85). Die Richtung widerfährt mir, und ich empfange sie (vgl. I, 641; III, 750), ebensogut wie ich selbst derjenige bin, der eins wird und sich richtet. Die Begegnung kann nur in solch paradoxen Formulierungen beschrieben werden. Sie wird bei Buber aber immer vom Ich her im Schema der Intentionalität beschrieben. – An einer anderen Stelle von »Ich und Du« (I, 123) wird die unbedingte Beziehung mit der Eckhartschen Formel beschrieben, dergemäß einer in der unbedingten Beziehung ganz Sohn des Vaters wird. Die unbedingte Beziehung ist die, »darin der Mensch sein Du so Vater nennt, daß er selbst nur noch Sohn und nichts anderes mehr als Sohn ist«. Auch dieser Formel aber ist es eigen, daß sie vom Subjekt her denkt, das durch sein Nennen ganz und gar Sohn des Genannten wird.

Dieses Schema, demgemäß das Ereignis der Begegnung intentional, d.h. als Beziehung meiner selbst beschrieben wird, hat sich auch über »Ich und Du« hinaus in das spätere und späteste Werk Bubers hinein durchgehalten. Die Schrift »Urdistanz und Beziehung« ist dafür ein Zeugnis, ebenso wie späteste Aufsätze, in denen die Begegnung, das »Mark des Daseins«, als die »Beziehung zu den Dingen« beschrieben wird (Fr 302, 93).

b) Die Gefahr der Alternativik

Mit dem Ausgang von dem intentionalen Schema hängt die Gefahr der Alternativik zusammen, auf die Buber oft aufmerksam gemacht wurde[53]. Er hat diese Alternativik zugegeben, andererseits aber bemerkt, daß sie eine Alternativik des Zeigens sei, die nicht ins grundsätzlich Philosophische vorgetrieben werden dürfe (A 592 und 602). Wir haben deshalb in Kürze zu untersuchen, wie es darum steht.

Gehe ich bei der Beschreibung der Wirklichkeit der Beziehung von dem Ich aus, dem die Welt zwiefältig ist gemäß der Haltung des Ich, so muß dabei die Wirklichkeit notwendigerweise *entweder* als die Welt der Begegnung *oder* als die Welt der Erfahrung beschrieben werden. Beide haben nichts miteinander zu tun. Der Eintritt in die eine bedeutet den Verzicht auf die andere (vgl. V, 128). Buber hat

---

ausgesprochen. Der Sinn des Seins erfüllt sich in Erkenntnis, Kunst und dem reinen Wirken (I, 104–105). Von hierher ist der ganze III. Teil von »Ich und Du« zu lesen, der das Sich-Erfüllen des Sinnes als immer neue Theophanie beschreibt.

[53] So von *Goldschmidt*, Hermann Cohen und Martin Buber 70–71. Aber schon Rosenzweig meinte, Buber tue dem Es unrecht (vgl. A 503).

diese Gegensätzlichkeit der beiden Weisen des In-der-Welt-seins, die von keinem Dritten, übergegensätzlichen überwunden wird (I, 86), zu Beginn von »Ich und Du« scharf markiert. Entweder ich begegne oder ich erfahre. Ein Übergang von der einen Weise des In-der-Welt-Seins in die andere kann, jedenfalls wenn ich von dem begegnenden und erfahrenden Ich ausgehe, nicht angegeben werden. Dieses Entweder-oder hat dann die Meinung aufkommen lassen, Buber wolle das Es, die Welt des Erfahrens und Gebrauchens, abwerten zugunsten des Eigentlichen, das ja die Ich-Du-Beziehung sei.

Nun sagt freilich schon das Ende des ersten Teiles von »Ich und Du«, daß das einzelne Du nach Ablauf des Begegnungsereignisses zu einem Es werden müsse und das Es durch den Eintritt in das Begegnungsereignis zu einem Du werden könne. Und Buber stellt fest, »In bloßer Gegenwart (nämlich dem reinen Ich-Du-Verhältnis[54]) läßt sich nicht leben, sie würde einen aufzehren ... ohne Es kann der Mensch nicht leben. Aber wer mit ihm allein lebt, ist nicht der Mensch« (I, 101). Und in diesen Sätzen kehrt nur die Erkenntnis des Daniel wieder: »ein nur realisierender (sc. Mensch) müßte in den Gott vergehen, ein nur orientierender in das Nichts verkommen« (I, 26). Buber selbst war also auf die Dialektik von Ich-Du und Ich-Es durchaus aufmerksam. Er hat sie allerdings nicht weiter thematisiert. Man darf Bubers Selbstverständnis hier recht geben, das besagt, er habe auf die beiden Weisen des In-der-Welt-seins als auf eine »vernachlässigte, verdunkelte Urwirklichkeit« und »die große Voraussetzung für den Anbeginn des Philosophierens« nur hinzeigen können. Es sei seine Aufgabe gewesen, dieses menschliche Doppelverhältnis zum Sein zu lehren, nicht aber eine Lehre vom Sein zu entwickeln (A 592). Eben deshalb ist Buber auf diese Dialektik zwischen Ich-Du und Ich-Es auch aufmerksam. Aber er zeigt an ihrer Thematisierung kein Interesse. Sein Denken unterscheidet sich hier als ein paränetisches – Buber nennt es ein »anthropologisches Philosophieren«- deutlich von dem Rosenzweigs, das systematisch ist und also nicht von dem Subjekt, sondern von der phänomenologisch verstandenen »Sache« ausgeht.

c)   Die Negativität des Zwischen

Daß Buber die Begegnung im Schema der Intentionalität beschreibt, hat überdies zur Folge, daß das Zwischen nur negativ beschrieben

---

[54] Anm. v. Vf.

werden kann. Michael Theunissen hat dargelegt, daß Buber zu seiner Ontologie des Zwischen nur auf dem Wege der Destruktion des Modells der Intentionalität gelangt[55]. Aufgelöst wird in der Beschreibung der Begegnung die intentionale Gegenständlichkeit: Das Du und die sich ereignende Begegnung sind nicht etwas[56]. Das sich ereignende Zwischen ist weder in einem Raum. Sondern es ist ausschließlich und selbst einräumend[57]. Noch ist es in einer Zeit. Es ist vielmehr selbst die sich ereignende Weile und also zeitigend[58]. Ausschließlichkeit und Unbeständigkeit kennzeichnen die Wirklichkeit der sich ereignenden Begegnung. Und ebenso muß das sich ereignende Zwischen durch die Destruktion der Intentionalität des Aktes des Begegnenden selbst beschrieben werden: Die Begegnung stellt sich als die reine Tat, die völlige Einheit von Aktion und Passion dar, weder Handeln noch Erleiden; sondern als beides zugleich in reiner paradoxaler Verschmelzung. Die Wirklichkeit des Zwischen kann nur negativ beschrieben werden. Dozieren kann man deshalb diese »Kategorie« nicht.

Man muß sich nun fragen, ob Buber überhaupt eine Ontologie des Zwischen« geben wollte. Buber gebraucht zwar das Wort »Ontologie des Zwischenmenschlichen« (I, 283). Wenn darunter jedoch eine vollständige Beschreibung des Phänomens des Zwischen verstanden werden soll, so hat Buber sie nicht gegeben. Er hat vielmehr »anthropologische Sachverhalte« (I, 283) behandelt, die auf eine mögliche Ontologie des Zwischen hinweisen. Zu diesen »anthropologischen Sachverhalten« gehören als grundlegende die beiden vom Ich her beschriebenen Weisen des In-der-Welt-seins, Erfahrung und Begegnung. In der Begegnung erscheint Sein als das schlechthin transzendentale, das deshalb mit Notwendigkeit nur negativ beschrieben werden kann. Die Beschreibung der Transzendentalität des Seins, das sich in der Begegnung zeigt, ist deshalb der eigentliche Sinn der negativen »Ontologie« des Zwischen Bubers[59]. Buber unterscheidet sich auch darin eigentümlich von Rosenzweig. Während es Buber darauf

---

[55] *Theunissen* 278 ff.
[56] *Theunissen* 301 f.
[57] *Theunissen* 311 f.
[58] *Theunissen* 312 f.
[59] Wie Wilhelm Michel sehr richtig sieht, wurde Buber durch die Beschäftigung mit der Mystik auf seinen dialogischen Gedanken vorbereitet. Der mystische Ansatz hielt sich – verwandelt – durch (Michel 32–33). Insofern könnte man Buber mit einigem Recht dann doch wieder in der großen abendländischen Tradition sehen, die über den Meister

ankommt, den Akt der Begegnung zu beschreiben, geht es Rosenzweig viel eher darum, die Wirklichkeit des Zwischen selbst zu analysieren, in dessen Ereignis, insofern es sich ereignet, Gott, Welt und Mensch zusammenkommen.

d) Sprache

Diese Differenz wird sichtbar letzlich vor allem darin, daß für Buber die Sprache viel weniger als für Rosenzweig Ausgang des Denkens ist. Und eben dies unterscheidet ihn auch von Ebner. In der Sprache, insofern sie sich als Wechselrede ereignet und von daher als gesprochene vorliegt, zeigt sich bei Rosenzweig Sein als Offenbarung, als Schöpfung und als Hoffnung auf Erlösung. Dies ist bei Buber keineswegs im gleichen Maße so. Zwar spielt für Buber das Phänomen der Sprache durchaus eine wichtige Rolle. Michael Theunissen hat sehr richtig erkannt, daß das Phänomen der Begegnung konkret erst denkbar wird im Phänomen der *Anrede;* wie das Phänomen der Erfahrung konkret zusammenfällt mit dem Phänomen des *Redens über,* des Beredens[60]. Begegnung und Erfahrung zeigen sich als Grundworte. Aber eben Worte. Das heißt, die Sprache ist vornehmlich als das Wort, welches das Ich spricht, verstanden, nicht aber im gleichen Maß als Sprache, die sich in der Wechselrede ereignet. Der Ausgang von dem intentionalen Schema hält sich auch hier durch.

Da Buber Sprache vornehmlich so versteht[61], muß er konsequenterweise denn auch in der Vollendung der Begegnung die so verstandene Sprache negieren. »Nur das Schweigen zum Du, das Schweigen *aller* Zungen, das verschwiegene Harren ... im vorzunglichen Wort läßt das Du frei, steht mit ihm in der Verhaltenheit, wo der Geist sich nicht kundgibt, sondern ist« (I, 104). Weil dieses Stehen in der Verhaltenheit des vorzunglichen Wortes, die Teilnahme an der unaussagbaren Wirklichkeit der Begegnung, das eigentliche Ziel von »Ich und Du« ist, hat denn die Sprache in Bubers Denken mehr oder minder nur die Bedeutung des Mediums[62]. Das, worauf es Bu-

---

Eckhart und Thomas zu Aristoteles zurückführt. Zu dieser Linie vgl. *Welte,* Auf der Spur des Ewigen 197 ff.

[60] *Theunissen* 278 ff. Vgl. dazu in »Ich und Du« I, 132.

[61] Vgl. dazu auch *Theunissen* 293.

[62] Vgl. I, 404 »Was die Menschenwelt eigentümlich kennzeichnet, ist vor allem andern dies, daß sich hier zwischen Wesen und Wesen etwas begibt, dessengleichen nirgends in der Natur zu finden ist. Die Sprache ist ihm nur Zeichen und Medium ...«

bers Denken ankommt, das Phänomen der Begegnung und das Inne-
stehen in ihr, können am ehesten am Sprechen abgelesen werden.
Aber die Sprache selbst ist nicht das Phänomen, das im Mittelpunkt
des Denkens Bubers steht. Das, worauf Bubers Denken eigentlich aufmerksam ist, ist die
Wirklichkeit als die unaussagbare Wirklichkeit des Zwischen. Diese
Wirklichkeit ist Geist. Und der Urakt des Geistes ist die Sprache
(I, 142). Aber eben Ur-*akt*. Das heißt aber, die Sprache ist, da die
Wirklichkeit selbst überaktisch und nur als paradoxe Einheit von Ak-
tion und Passion zu denken ist (vgl. oben S. 272), immer schon etwas
Abkünftiges. Und, wenn auch nicht überall, so wird sie doch vor-
nehmlich vom sprechenden Ich her verstanden.

In »Das Wort, das gesprochen wird«, hat Buber gemäß diesem
Aufriß in der Wirklichkeit der Begegnung eine »Urschicht« unterschieden, die man durchwandern kann, ohne einem Wort zu begegnen«. Von ihr hebt sich die Schicht der »Sprachstrebigkeit« ab, die
Wirklichkeit des Zwischen, die Sprache werden will; und von dieser
schließlich erst die »eigentliche Sprachschicht« (I, 444). Im Sinne
dieser absteigenden Konkretion, die zugleich ein Auseinandertreten
der Einheit des Zwischen in den Redenden und Antwortenden, die
beide aufeinander angewiesen sind, bedeutet, wird die Sprache als
das »große Merk- und Denkmal des menschlichen Miteinanderseins« (I, 420) verstanden und »der höchste Werkhort ... die offenbare Kundgabe der existentiellen Gegenseitigkeit zwischen dem Einen
und dem Andern (B 52). Buber findet die Sprache als das höchste
Zeugnis für den Akt der Begegnung, um den es ihm geht. Sie ist für
ihn »die offenbare Kundgabe der existentiellen Gegenseitigkeit«
(B 52), die das Ziel seines Denkens ist. Wir wundern uns deshalb
nicht, daß Buber dort, wo es um den Ursprung der Sprache selbst
geht, auf Rosenzweig verweist. Die Frage, inwieweit menschliches
Sein überhaupt als Sprache, oder besser: als Ge-spräch verstanden
werden müsse, diese Frage thematisiert Buber nicht. Aber er verweist
dafür auf den Stern der Erlösung (I, 447)[63].

---

[63] Einige andere wichtige Stellen, an denen Buber auf Sprache zu sprechen kommt, sind:
IV, 189 (Gerade in diesem 1929 geschriebenen Stück meint man, den Einfluß Rosenzweigs sehr stark zu spüren). Außerdem: III, 992; A 596; II, 1091 und 1175 ff.

6. Das religiöse Verhältnis im Lichte der dialogischen Wirklichkeit

> »Die Beziehung zum Menschen ist das eigentliche Gleichnis der Beziehung zu Gott: darin wahhafter Anspruch wahrhafte Antwort zuteil wird. Nur daß in Gottes Antwort sich alles, sich das All als Sprache offenbart« (I, 148).

a) Der Zugang zu dem Verhältnis zu Gott in dem dialogischen Verhältnis. Der Sinn der Rede von der ewigen Mitte

Bubers Denken ist von Anfang an auf das Bedenken des religiösen Verhältnisses ausgerichtet«[64]. Dieses ist für ihn das eigentlich Denkwürdige und insofern nicht nur das Ziel, sondern auch die innere Mitte und der Anfang seines Denkens überhaupt. Gleichwohl kann und muß man die Hinsichten, unter denen sich das dialogische Verhältnis selbst als das religiöse Verhältnis erweist, gesondert betrachten. Buber hat diese besondere Betrachtung innerhalb von »Ich und Du« vor allem im III. Teil des Werkes durchgeführt und später – angesichts der Geschichte des Denkens in der Neuzeit – noch einmal in der Schrift »Gottesfinsternis« (1952), verstreut freilich an vielen anderen Stellen seines Werkes, das eben durch dieses oberste Ziel überall geprägt ist.

Wie aber wird dort der Zugang zu dem Verhältnis, das wir nun im genauen Sinn das religiöse Verhältnis nennen müssen, gewonnen? Wir dürfen dabei auf das zurückgreifen, was in Kap. 4 aufgeführt wurde: Dasein zeigte sich dort als ereignete Teilnahme. Ich bin. Aber nur so, daß ich als In-der-Welt-sein aus dem Zwischen bin, das sich zwischen mir und dem Anderen selbst ereignet. »Das Ich ist wirklich«, so heißt es in »Ich und Du«, »durch seine Teilnahme an der Wirklichkeit« (I, 121). Diese Teilnahme aber zeigt sich als ungeminderte Teilnahme, wirkliche Wirklichkeit, wenn sie Begegnung ist. Ganz wirklich bin ich dann, wenn ich mich in der Ich-Du-Beziehung ganz an das sich ereignende Zwischen der Begegnung mit dem Anderen selbst freigebe. Oder umgekehrt: Ganz wirklich bin ich dann,

---

[64] Vgl. dazu Buber selbst: I, 161, 297–298; A 589–590. Sehr deutlich und völlig zu Recht hat dies auch *Theunissen* 330 ff. »›Theologie‹ des Zwischen (Anzeige auf das die Philosophie übersteigende Ziel der Dialogik Bubers) ausgesprochen. Ebenso *Walter Kaufmann* A 572.

wenn ich mich selbst als Begegnender aus dem Ereignis der Begegnung empfange. Dieses Ereignis der Begegnung, an dem wirklich teilnehmend ich erst wirklich bin, nennt Buber, so sahen wir, den Geist (I, 393–395), dessen Urakt die Sprache ist (I, 142; vgl. I, 103 und 278). Diese Wirklichkeit des sich ereignenden Zwischen, an der teilnehmend ich überhaupt erst bin, aber zeigt nun bei genauerem Zusehen transzendente, ja in der Beschreibung Bubers, göttliche Züge. Denn das sich ereignende Zwischen ist von mir aus nicht herstellbar. Zwar kann ich an ihm teilnehmen. Und seine sich ereignet habende Helle ist dann meine Helle. Insofern bin ich des sich ereignenden Zwischen fähig. Aber das sich ereignende Zwischen überschreitet meine Möglichkeiten, insofern diese als mein Machenkönnen verstanden werden. Ebenso wie es die Möglichkeiten des Partners in dieser Hinsicht überschreitet. Denn auch von dem Partner her ist die Beziehung als Begegnung nicht herstellbar. Ich verdanke mein Sein-in-der-Begegnung deshalb auch nicht dem Partner, wie Buber in seiner Antwort 1961 gegenüber Levinas betont hat (A 596)[65], sondern der sich ereignenden Begegnung selbst; die andererseits freilich nicht ohne mich selbst und den Partner selbst bestehen kann. Man kann insofern nicht von einem Primat des Anderen, sondern man muß von einem Primat der Begegnung, insofern diese Ereignis ist, sprechen.

Das Ereignis der Begegnung selbst zeigt sich als das die beiden in der Begegnung seienden Partner Transzendierende und sie in ihrem Sein-in-der-Begegnung Gründende. Als das uns so Gründende zeigt es sich andererseits als das uns Brauchende. Das sich ereignende Ereignis der Begegnung fordert mich, und zwar mich selbst ein, d. h. mich meinen äußersten Möglichkeiten nach. Die sich ereignende Bestimmung »bedarf« meiner (I, 118). Und gerade dadurch, daß ich auf diesen Anspruch eingehe und mich an ihn freigebe, werde ich – begegnend – ganz ich selbst und darin ganz konkret (vgl. a. a. O.). Auf eine andere Weise kann ich gar nicht ich selbst und ganz wirklich werden. Denn in jeder anderen Weise der Beziehung würde ich mir selbst etwas von mir selbst (gemäß dem, was ich meinen äußersten Möglichkeiten nach bin) vorenthalten. Nicht in dem Grundwort Ich-Es, vielmehr nur in dem Grundwort Ich-Du, der Be-

---

[65] Vgl. auch I, 423 »Denn das innerste Wachstum des Selbst vollzieht sich ... aus dem zwischen dem Einen und dem Andern ...« Außerdem die Auseinandersetzung mit *Grisebach* I, 301.

gegnung, bin ich wirklich. Nur in diesem Sein in der mich einfordernden und brauchenden Begegnung habe ich wahres Sein. Insofern zeigt sich denn das mich brauchende Ereignis der Begegnung als das, was den *Sinn* von Sein gewährt. Das Zwischen gewährt das »Ja des Seindürfens« (I, 423). Oder, von mir her gesehen: Nur der erlangt den Sinn, der dem ganzen Walten der Wirklichkeit ohne Rückhalt und Vorbehalt standhält ... Der Sinn wird gefunden, indem man sich mit dem Einsatz der eigenen Person daran beteiligt, daß er sich kundtut« (I, 529).

So, in einem ersten Anlauf betrachtet, hat das sich ereignende Sein und Sinn gewährende Zwischen, das mich und den Partner ganz braucht, selbst göttlichen Charakter. Es zeigt sich als das »uns beide einander« entgrenzende Unbegrenzte, dem wir beide uns aussetzen, wie Buber gegenüber Grisebach formuliert (I, 301). In der Tat scheut sich Buber denn ja auch nicht, von der Wirklichkeit des sich ereignenden Zwischen unmittelbar als von dem Göttlichen zu sprechen. »Wo zwei gleich auf gleich beieinander und einander ohne Vorbehalt zugetan sind, ist Gott« (594, 341; vgl. III, 876)[66]. Die Wirklichkeit des ereigneten Zwischen zeigt sich unmittelbar als die religiöse Wirklichkeit. Die »Einsicht in die religiöse Wirklichkeit« ist gleichbedeutend mit der Einsicht »in die dialogische Situation des Menschen« (346, 436)[67]. Oder umgekehrt: »Die religiöse Beziehung ist ... in ihrem Grunde nichts anderes als die Entfaltung des uns verliehenen Daseins« (I, 526). Das uns verliehene Dasein kann aber seiner ganzen, unverkürzten und d. h. allein wahren Wirklichkeit nach nur als das Ich-Du-Verhältnis verstanden werden. Das bedeutet aber, daß eben die Entfaltung der Ich-Du-Wirklichkeit selbst von Buber mit der religiösen Beziehung ineins gesetzt wird. Das religiöse Verhältnis zeigt sich hier als das, als was der ursprüngliche Titel von »Ich und Du« es sah: »Religion als Gegenwart« und als was es der III. Teil von »Ich und Du« auch entfaltet. Das religiöse Verhältnis zeigt sich als »die vollkommene Akzeptation der Gegenwart« (I, 130; vgl. I, 142),

---

[66] Außerdem ähnlich I, 510. Feuerbach gewinnt in diesem Zusammenhang für Buber eine ähnliche Stellung wie für Ebner, nämlich die Stellung eines Vorläufers (vgl. B 49; I, 201, 293 ff., 305, 339–351, 369). Jedoch ist es wichtig, daß Buber Feuerbach einerseits bereits lange vor der dialogischen Wende kannte (Ebner lernte Feuerbach erst nach der Abfassung der Fragmente – vgl. *Ebner* I, 579 – kennen). Und daß er andererseits – vermutlich gerade deshalb – Feuerbachs Satz »die Einheit von Ich und Du ist Gott« als das »Unbestimmte einer schlechten Mystik« kennzeichnet.

[67] Vgl. dazu auch V, 128

nämlich des sich in der Begegnung ereignenden Zwischen. Das religiöse Verhältnis meint das ungeteilte Eingehen in das reine Faktum der Beziehung, das sich »zwischen Ich und Du vollzieht« (I, 132). Dieses Eingehen kann von mir als Subjekt her nur als coincidentia oppositorum beschrieben werden. Ich bin in diesem Verhältnis schlechthin abhängig *und* schlechthin frei. Ich brauche das Verhältnis, *und* es braucht mich. »Ich bin anheimgegeben« *und* »Es kommt auf mich an« (I, 133 und 143). Das religiöse Verhältnis meint das Eingehen in das Eine Wirkliche Leben, das Buber in »Ich und Du« mit großen Anfangsbuchstaben schreibt und das eben nichts anderes als die Wirklichkeit der Begegnung ist. Man kann von der Wirklichkeit der mich und dich transzendierenden und uns zugleich seinlassenden Begegnung selbst zunächst das sagen, was Buber im III. Teil von »Ich und Du« von Gott sagt: Sie »umfaßt ... mein Selbst, und ist es nicht«. Aber: »Um dieses Unbesprechbaren willen kann ich in meiner Sprache, wie jegliches in seiner, Du sagen; um dieses willen gibt es Ich und Du, gibt es Zwiesprache, gibt es Sprache, gibt es den Geist, dessen Urakt sie ist ...« (I, 142).

An diesem Punkte, an dem klar wird, wie sehr, Bubers eigenen Absichten gemäß das sich ereignende Zwischen der Begegnung zunächst selbst als das Göttliche, oder, genauer gesagt, die religiöse Wirklichkeit angesehen werden kann, muß nun allerdings – selbst auf die Gefahr hin, daß wir damit vorerst unseren Gedankengang unterbrechen – darauf aufmerksam gemacht werden, wie sehr dieser Gedanke bereits in Bubers Frühwerk und dessen historischem Kontext vorgebildet war. Wir fanden es als die markierende Ansicht der beiden 1919 geschriebenen Schriften »Worte an die Zeit«, daß dort die Gemeinschaft zwischen Menschen als der Ort der neuen Theophanie verstanden wurde[68]. In diesen Schriften ist der Gegensatz von Ich-Du und Ich-Es noch nicht ausgearbeitet. Aber wie in »Ich und Du« wird dort das Zwischen, nämlich die Gemeinschaft als der Ort der Erscheinung des Göttlichen und damit als die religiöse Wirklichkeit verstanden. Buber steht mit dieser Sicht der religiösen Wirklichkeit in einer gewissen Nähe zu Simmel, der bereits 1906 in der von Buber herausgegebenen Schrift »Die Religion« in einer »historisch-psychologischen Herleitung« – und allerdings unter Absehung von der »Frage nach der objektiven Wahrheit« – erklärt hatte: »Es sind die Relationen zwischen den Menschen, die in der Vorstel-

---

[68] Vgl. oben S. 59.

lung des Göttlichen ihren substanziellen und idealen Ausdruck finden.«[69] Und wenn Bubers Freund Gustav Landauer 1915 Religion definiert als die »Bindung in Freiheit aus gemeinsamem Geiste« (vgl. I, 897), so wird ja auch hier das freilich aus der Macht der Freiheit erstellte Zwischen als die höhere, transzendierende und seinlassende Wirklichkeit verstanden. Äußerungen in Bubers Frühwerk, die dahingehen, Gott wolle im Zwischen verwirklicht werden, »wo Unmittelbarkeit sich zwischen den Wesen stiftet, wo der erhabene Kerker der Person entriegelt wird und Mensch zu Mensch sich befreit, wo im Dazwischen, im scheinbar leeren Raum sich die ewige Substanz erhebt« (IV, 90), dürfen in diesem Kontext verstanden werden. Nur, daß Buber nicht wie Simmel die Frage nach dem psychologischen Gehalt von der Frage nach der objektiven Wirklichkeit trennt. In der Kontroverse mit Hermann Cohen wird schon 1916 der Geist als die wirkliche Wirklichkeit des Zwischen mit der »lebendigen Religion« ineins gesetzt (IV, 298).

Äußerungen der Art, die das Ereignis der Gemeinschaft selbst mit der göttlichen Wirklichkeit ineins sehen, finden sich aber in Bubers ganzem späteren dialogischen Werk[70], bis hin zu der Rede, die Buber 1960 vor der UNESCO in Paris über »Die Sowjets und das Judentum« hielt und in der es heißt, es komme für den Juden nicht darauf an, sich ein Bild von der Gottheit zu machen, sondern darauf, das Geheiß der Gottheit »für das Miteinanderleben der Kreaturen in allen Funktionen der Gemeinschaft zu verwirklichen«. »Alle Ideen

---

[69] Simmel, Die Religion ¹ 75und 78.
[70] Einige bezeichnende Stellen aus Schriften, die Buber nicht in seine Werke aufgenommen hat, seien hier genannt. In »Drei Sätze eines religiösen Sozialismus« (1928) heißt es: »Die religio, d.i. die Verbundenheit der Menschenperson zu Gott, kann ihre volle Wirklichkeit nur am Willen zu einer Gemeinschaft des Menschengeschlechtes – als die allein dem Gotte sein Reich bereiten darf – gewinnen«; (321, 328). – Als Lehre des Chassidismus gibt Buber wieder: »Die Erlösung hängt an der Einung der Menschenwelt, denn diese Einung ist die Einung der Gottessubstanz, die in die Welt geworfen ist. Die echte sittliche Tat wird an Gott getan« (491, 338). – Und 1948 heißt es in einer nur englisch veröffentlichten Schrift: »›The people – that is the body of God‹ (Dostojewskij). This is christian mysticism, but we too may say that only the people can, – as it were- represent God, so to speak, corporally, representing in its own life what God had in mind in creating man ›in his image‹. The tzelem, the image of God, in which man was created as an individual, or rather as man and woman, is an outline, which can be filled in only by the people. For the tzelem will be revealed to the eyes of mankind only through a multitude of individuals, varied in character and intention, yet living in harmony with one another, a human circle around a divine center« (606, 210).

eines großen sozialen Bauens in die Zukunft hinein«, auch die des rheinischen Judenstämmlings Karl Marx, derivierten »aus jenem kämpfenden Glauben Israels« (IV, 547–548). Buber hat nie einen Hehl daraus gemacht, daß für ihn das verwirklichte Zwischen der Gemeinschaft unter Menschen unmittelbar der Bereich der Erfahrung des Göttlichen war.

Nun würde man allerdings, und hier verlassen wir die notwendige historische Bemerkung wieder, diese Erfahrung zu kurz interpretieren, wollte man sie nur im Sinne des Frühwerks Bubers als das Aufgehen des Göttlichen in einer geschichtlichen Totalität, die sich hier nur eben als das Zwischen herausstellt, deuten. Das Göttliche wird als das Zwischen erfahren, das mich und dich braucht und uns so beide erst ganz selbst sein läßt. Aber darin, daß das, was sich im Zwischen ereignet, uns braucht und also ganz hiesig ist, erweist es zugleich doch auch seine Anderheit. Nie kann ich mir selbst den Sinn des sich ereignenden Zwischen, das mich braucht, gewähren. Wie auch der andere sich und mir den Sinn nicht gewähren kann. »Die Begegnung mit dem Ursprechen, dem Ursprecher von Ja und Nein«, nämlich die Begegnung mit dem im Zwischen sich Ereignenden, zeigt sich deshalb als alles andere denn als Selbstbegegnung (vgl. I, 515). Das sich im Zwischen Ereignende, das Buber in der Auseinandersetzung mit Kierkegaard und Heidegger »das Geheimnis des Seins, das in allem Seienden durchscheint«, nennt, zeigt sich als das Geheimnis, »das vor uns tritt und uns herausfordert, das Letzte, so schwer Erkämpfte, eben das Ruhen im eigenen Selbst, herzugeben, die Schranke des Selbst zu durchbrechen und uns hinauszubegeben zur Begegnung mit der wesenhaften Anderheit« (I, 378). Der Sinn zeigt sich als das, was uns gegeben werden muß, was nicht erfunden, sondern nur gefunden werden kann (I, 554). Da aber das im Zwischen sich Ereignende der Sinn ist, erweist dieser, indem er uns braucht, seine Transzendenz und tritt uns selbst wieder gegenüber. Daß der absolute Sinn uns braucht, erweist sich als der »Seinsgrund« (I, 1101) für alle unmittelbare Beziehung. Indem wir nur im Zwischen sein gelassen sind, gewinnen wir selbst eine Beziehung zu dem das Ereignis des Zwischen Gewährenden, das wesenhaft nicht sagbar ist, weil es sich aller Beherrschbarkeit, auch der durch das Wort, entzieht. Die Beziehung selbst zu dem im Ereignis des Zwischen sich zeigenden Sinn oder Unbedingten (oder wie man dies sonst nennen will), als »Verhältnis zu einem mir gegenüber Seienden«, wird deshalb »für die Echtheit der Religion entscheidend« (I, 523)[71].

Diese Beziehung zu dem Sinn, der alle unmittelbare Beziehung gründet, erweist sich selbst aber als *Begegnung*. Und zwar dadurch, daß dieser im Gewähren des Zwischen mich antretende und ganz einfordernde Sinn sich geschichtlich zuschickt. Im Gewähren des Zwischen schenkt er sich mir und *läßt* mich *sein*. Aber gleicherweise entzieht er sich mir auch wieder und verbirgt sich mir. Es ist die eigentliche, die Gedanken des Frühwerks entscheidend weiterführende Einsicht von »Ich und Du«, daß das im Ich-Du-Verhältnis sich ereignende Zwischen keine Kontinuität hat und sich dennoch immer wieder als das Selbe zuschickt. Die Unmittelbarkeit des Begegnungsereignisses ereignet sich diskontinuierlich und hat keine Beständigkeit in Raum und Zeit. Buber nennt dies »die erhabene Schwermut unseres Loses«, die darin besteht, »daß jedes Du in unserer Welt zum Es werden muß« (I, 89). Das Ereignis des Zwischen, das mich sein läßt, wie es den Partner sein läßt, ist in keiner Weise festzumachen. Es ist Ereignis gerade dadurch, daß es sich schenkt und entzieht. All das, dem ich in dem Ereignis der Begegnung unmittelbar, d. h. als meinem Du begegne, wird, wenn das Ereignis der Begegnung erloschen ist, zu einem Es. Eben das ist »die erhabene Schwermut unseres Loses«. Nicht jedoch, und hier zeigt sich die entscheidende Differenz an, wird der mich und dich im Ereignis des Zwischen angesprochen habende *Sinn* selbst zu einem Es. Er vielmehr, der vorher in seinem Aufgehen und Mich-Angehen da war und dem ich so begegnete, er wird, wenn die Begegnung erlischt, zu nichts. Er entzieht sich. Und spricht sich als der Selbe neu zu in dem neuen Ereignis der Begegnung. Dies ist der Sinn des Satzes Bubers von dem ewigen Du, mit dem er den III. Teil von »Ich und Du« beginnt, nämlich daß dieses Du das Du sei, »das seinem Wesen nach nicht Es werden kann« (I, 128). In der Diskontinuität der Begegnungsereignisse spricht mich, was mir auch begegne, in dem Sein und Sinn gewährenden Ereignis der Begegnung selber, immer das Selbe an: das schlechthin Unverfügbare, Unsagbare und doch allen Sinn Gewährende. Und ich begegne ihm immer neu als dem Selben. Dieses immer Selbe, das sich als das Gewährende jeder Begegnung

---

[71] Vgl. auch I, 571, 694; V, 124–126. Andererseits können wir von Gott nur in dieser Relation sprechen. Der Name Gott zieht »notwendigerweise eigentlich einen Genetiv nach sich« (I, 520).

zeigt, ist die »ewige Mitte« (I, 131)[72] oder auch das »ewige Du« (z. B. I, 81, 131, 145–154). Von dem »ewigen Du« sagt Buber, daß sich in ihm die verlängerten parallelen Linien der einzelnen Begegnungen schneiden (I, 100, 128, 146). Dieses Bild, das scheinbar geometrisch und also räumlich ist, will im Grunde eine zeitliche, oder besser geschichtliche, Wirklichkeit zum Ausdruck bringen und kann auch nur so verstanden werden. Wollte man das Bild genau nehmen, so müßte man zunächst einmal sagen, daß die Linien der jeweils als Begegnung geschehenden Beziehung sich gar nicht verlängern lassen[73]. Denn jede Begegnung ist nach Buber ausschließlich. Sie ist das Ganze. In welchen Raum hinein sollten also ihre Linien verlängert werden? Und auch Parallele können nur als nebeneinander liegende auf einer sie alle einheitlich umfassenden Fläche gedacht werden. Was Buber mit dem Bild von den Parallelen aber ganz offensichtlich sagen will, ist, daß in jeder neuen Ich-Du-Beziehung als Begegnung das Gewährende der Begegnung als das mich ganz Brauchende und darin zugleich doch ganz Andere jeweils neu als das Selbe erfahren wird. Die Huld der Ankünfte und die Wehmut der Abschiede (I, 100) der jeweils neuen Begegnung ist es, genaugenommen, die mich zu dem Unsagbaren hinführt, das sich in den je neuen Ankünften und Abschieden als das Selbe zeigt. Der unsagbare Ursprung spricht mich, spricht uns in seinem je neuen Gewähren des Zwischen je neu als der Selbe an. Gott zeigt sich, wie es Buber in der Schrift »Zwiesprache« direkter und gemäßer als mit dem Bild von dem ewigen Du, in dem sich die parallelen Linien schneiden, gesagt hat, in aller sich ereignenden Sprache als der »Herr der Stimme« (I, 188). Diese Aussage ist deshalb gemäßer, weil sie geschichtlicher und sprachlicher ist.

b) Der dialogische Charakter des Verhältnisses

Das Verhältnis mit der ewigen Mitte, die sich in aller Sprache als der »Herr der Stimme« zeigt, erweist sich also als ein Verhältnis, das in sich selbst wieder den Charakter des dialogischen Verhältnisses

---

[72] I, 108 spricht Buber von der »lebendigen Mitte« und dem »zentralen Du«.

[73] Theunissen interpretiert das Bild mit der Begrifflichkeit Husserls folgendermaßen: Das Hinter-sich-lassen des intentum ist also zugleich das Überschwingen des mit Du angesprochenen Seienden als eines vorkommenden. Sein Woraufhin ist, vom Vorkommenden her gesehen, ›nichts‹« (Theunissen 335). Dieses Nichts zeigt sich aber als die Mitte »auf welche die Gesamtheit der Beziehungen sich bezieht ... gleichsam das Zwischen allem Zwischen«, also ebenfalls das Selbe, das jeweils neu die Begegnung gewährt.

hat[74]. Dies kann zunächst einmal von mir selbst her betrachtet werden. Die ewige unsagbare Mitte, die mich in jedem konkreten Ich-Du-Verhältnis sein läßt und einfordert, läßt mich darin grundsätzlich *ganz* sein. Indem ich auf die Forderung, die das sich ereignende Zwischen an mich stellt, eingehe, werde ich dadurch ganz ich selbst. Ich kann nur ganz, ohne mir etwas von mir selbst vorzuenthalten, auf die Forderung des sich ereignenden Zwischen eingehen. Anders wäre ich noch gar nicht in dem Verhältnis des mich einfordernden, sich ereignenden Zwischen selbst. Indem ich auf das mich Einfordernde des Verhältnisses eingehe, werde ich also ganz ich selbst. Das Verhältnis zeigt sich, wie Buber in der »Gottesfinsternis« sagt, als »die Beziehung der menschlichen Person[75] zum Absoluten, wenn und insofern die Person als ein Ganzes in diese Beziehung eintritt …« (I, 576), oder auch »das entfaltete schlichte Dasein, als ein Ganzes standhaltend dem Ewigseienden ihm gegenüber …« (I, 526). Indem ich aber so nur als Ganzer in das Verhältnis eintreten kann, werde ich dadurch gerade ganz ich selbst. Das heißt, indem ich durch das Verhältnis mit der ewigen Mitte des sich je neu ereignenden Zwischen bestimmt werde, werde ich darin zwar von der Anderheit des Anderen, gerade deshalb jedoch von nichts endlich Bestimmtem bestimmt. Ich bin vielmehr, gerade indem ich durch das Verhältnis mit der ewigen Mitte bestimmt werde, ganz freigegeben an mich selbst. Ich darf sein in Freiheit und Ursprünglichkeit (I, 583)[76] oder auch als der Einzelne (I, 215) und Selb-ständige[77]. Die ewige Mitte zeigt sich als der Urheber »meiner Einzigkeit, die innerweltlich unableitbar ist« (I, 649).

Dieses mein Selbst als Selbst und Freiheit, zu dem ich in dem Verhältnis mit der ewigen Mitte gelange, darf allerdings – hier setzt sich Buber von Kierkegaard ab (I, 215 ff.) – nie weltlos verstanden werden. Es besteht ja nur in der konkreten Situation des sich ereignenden Zwischen und mit ihr. Gerade mein welthaftes Selbst, das als Ganzes in der welthaften Begegnung ins Spiel kommt, und nur es, tritt auch – und zwar in der Situation des welthaften Begegnungsereignisses – in das Verhältnis zu der ewigen Mitte (vgl. I, 530; IV, 205). Ich begegne dem unsagbaren Ursprung, wie Buber Pannwitz

---

[74] Vgl. I, 301, 560; II, 190, 251, 742.
[75] Das Wort Person gehört zu den Begriffen, die Buber nie genauer geklärt hat. Es bedeutet nicht, was bei Rosenzweig Person heißt, sondern entspricht eher dem Rosenzweigschen Selbst. Einen Ansatz siehe I, 194.
[76] Vgl. II, 932; III, 1048.
[77] Vgl. II, 371.

gegenüber präzisiert, nicht als *das* Selbst, das sich einbildete, mit dem unendlichen Geheimnis auf du und du zu stehen, sondern als *dieses* Selbst, d. h. dieses konkrete, sterbliche, nur in dem sich ereignenden welthaften Alltag wirkliche Selbst (III, 952). Das mich als Freiheit sein lassende Verhältnis mit der ewigen Mitte ist so, daß ich darin wie von der ewigen Mitte, so zugleich auch von dem Anderen, der mir als nicht Erfahrbarer, sondern als Du begegnet, bestimmt bin. Dadurch bin ich selbst in aller Konkretheit »dieses« Selbst. In der Begegnung mit dem Andern begegne ich selbst dem »grenzenlosen Gehalt der Grenze« (I, 194).

Umgekehrt läßt das Eingehen in die Begegnung mit der ewigen Mitte im Eingehen in die konkrete Begegnung mit dem Andern aber auch die ewige Mitte selbst ganz frei. Im Eingehen des Verhältnisses mit der ewigen Mitte lasse ich sie ganz sein und mache mir kein Bild von ihr. Ich gehe in die konkrete Begegnung mit dem Anderen ein. Und die ewige Mitte ist darin von der feststellenden Erfahrung her gesehen scheinbar nichts, nicht aufzeigbar, nicht feststellbar, nicht beweisbar (I, 527). Aber insofern ich mich wirklich an das Ereignis mit dem Anderen freigebe, begegne ich darin in Wirklichkeit auch der ewigen Mitte als dem Unsagbaren und Unnennbaren. Wir können, wie Buber in »Ich und Du« sagt, mit dem unsagbaren Ursprung überhaupt erst reden, »wenn es in uns nicht mehr redet« (I, 149). Eben deshalb ist das radikale Aufgeben jeder Faßbarkeit Gottes, die »Furcht Gottes« auch der Anfang jeder wirklichen Begegnung mit ihm (IV, 204). Gott wird in seine Freiheit freigegeben. Eben das sieht Buber nach der mit Rosenzweig gemeinsam erarbeiteten Übersetzung in Ex 3, 14 manifestiert. Das Dornbusch-Gespräch bedeutet die »Entmagisierung der Religion«. Denn sein Sinn ist: »Ich werde da sein, als welcher immer ich da sein werde, d. h. in welcher Gestalt ich da sein werde, das kann ich nicht vorwegnehmen.«[78] Gott kann nur so angerufen werden, daß er darin völlig in seine Freiheit freigegeben wird. In dieser Freigabe des unsagbaren Ursprungs in seine Freiheit erscheint aber nun der unsagbare Ursprung selbst wie ein Du. Oder besser gesagt: Das Verhältnis zu ihm und mit ihm erscheint wie das Verhältnis der zwischenmenschlichen Begegnung, das darin sein Wesen hat, daß ich den Anderen selbst in seine Anderheit frei-

---

[78] Aus dem Bericht über Bubers Vortrag am 10. 1. 1927 in Berlin über »Das Problem der Theophanie« in: Jüdische Rundschau 1927, S. 24. Vgl. dazu Buber selbst: *346, 437* und II, 63.

gebe. Das Verhältnis mit dem unsagbaren Ursprung zeigt sich als das Verhältnis der freien Gegenseitigkeit, in der beide Partner ganz sein gelassen sind. Oder, so kann man auch sagen:»In der Begegnung selber tut sich uns etwas zwingend Anthropomorphes an, ein die Gegenseitigkeit Anforderndes, ein allerursprünglichstes Du« (I, 512). Insofern hier von »einem« Du gesprochen wird, also einem Fall von Duheit überhaupt, bleibt dieser Satz aus »Gottesfinsternis« freilich schon wieder hinter dem Phänomen selbst zurück, das Buber vielleicht gemäßer in einer Passage der Schrift »Abraham der Seher« beschrieben hat, die von der »Gegenseitigkeit des Sehens zwischen Gott und Mensch« handelt:»Der Mensch sieht, und er sieht auch, daß er gesehen wird« (II, 893)[79].

Diese Gegenseitigkeit des Sehens präzisiert Buber an anderen Stellen dahin, daß sie »ein ›Erkennen‹ im biblischen Sinn« sei (351, 327). Sie ist das »Stehen und Standhalten im Abgrund der realen wechselseitigen Beziehung zum Geheimnis Gottes« (321, 329), das »Ich und Du« als die religiöse Antinomie beschreibt, in der ich zugleich weiß »Ich bin anheimgegeben« und »Es kommt auf mich an« (I, 143). Diese Situation der Gegenseitigkeit mit dem unsagbaren Ursprung, von der nie ein objekthafter Aspekt zu gewinnen ist (I, 598), weil sie selbst das transzendentale Verhältnis schlechthin ist, ist im Grunde die Situation des Glaubens. Buber hat sie als das Verhältnis der emuna in den Zwei Glaubensweisen« eindringlich beschrieben[80]. In der Deutung des Chassidismus entspricht diesem dialogischen Akt des Verhältnisses mit dem unsagbaren Ursprung der »freie Jichud«, das Werk der Einung, das Buber an einer entscheidenden Stelle mit einer geradezu hegelschen Formel beschreibt:»Der Jichud bedeutet nicht die Einwirkung eines Subjekts auf ein Objekt, sondern die Auswirkung des Objektiven in einer Subjektivität und durch sie: des Seienden im Werdenden und durch es; freilich eine wahrhafte, strenge und vollkommene Auswirkung, so daß das Werdende nicht bewegtes Werkzeug, sondern ein freigelassener, freier, aus Freiheit wirkender Beweger ist; die Weltgeschichte ist nicht Gottes Spiel, sondern Gottes

---

[79] Buber greift damit, ob er es weiß oder nicht, im Grunde eine alte augustinische Formel auf:»Cognoscam te, cognitor meus, cognoscam, sicut et cognitus sum« (Augustinus, Confessiones lib. X, initium; cfr. 1. Kor. 13, 12).
[80] Ob Buber dort mit dem Gegenbild der ›pistis‹ den christlichen Glauben wirklich trifft, muß hier offenbleiben. Die Frage könnte nur durch eine exegetische Untersuchung entschieden werden.

Schicksal« (III, 817)[81]. Es ist aber deutlich, daß der zunächst hegelsch anmutende Text auf die Freiheit des in der Beziehung der Einung mit dem Ursprung stehenden Menschen zuläuft. Und daß infolgedessen die Begriffe des Objektiven und der Subjektivität nicht kritisch gebraucht sind, sondern rein beschreibend, so wie Buber in seiner Spätzeit den Begriff der Erfahrung unkritisch und rein beschreibend gebrauchte[82]. Das »Objektive« steht hier dafür, daß der Ursprung der Ursprung und von sich her ist. Und demgegenüber ist die Subjektivität nur ein beschreibender Name für das menschliche Selbst.

Ist das Verhältnis meiner mit dem ewigen Du, das allem Zwischen das Zwischen ist, aber derart in sich selbst dialogisch, ein Verhältnis von Freiheit zu Freiheit, so ergibt sich daraus einmal – für Buber wie für Ebner – daß ich nie über das ewige Du reden, sondern daß ich in Wirklichkeit nur zu ihm reden, daß ich es in Wirklichkeit nur *anrufen* kann (*351*, 328; B 35)[83].

Zum andern aber ist in dem dialogischen Charakter dieses Verhältnisses schließlich auch die Rede begründet, *Gott* sei *Person*. Denn in der Begegnung mit der ewigen unsagbaren Mitte begegne ich dieser so *wie* ich sonst dem menschlichen Du in der Begegnung begegne. In »der Begegnung selber tut« sich mir deshalb »etwas zwingend Anthropomorphes an, ein die Gegenseitigkeit Anforderndes, ein allerursprünglichstes Du« (I, 512). Deshalb muß ich, wenn ich zu dem unsagbaren Ursprung rufe, ihn als mein ewiges Du anrufen. In der Beziehung der Begegnung ist für mich Gott da als der Andere, mich selber ganz Anfordernde und Seinlassende, wie sonst der Partner, die andere menschliche »Person«[84]. Deshalb kann ich sagen, Gott sei Person.

Diese Aussage muß nun aber sofort relativiert werden. Und zwar nach zwei Hinsichten. Zunächst einmal des Charakters des sich Zeigenden selber wegen. Denn ist der menschliche Partner als das begegnende Du nur in dem Wechsel von Aktualität und Latenz für

---

[81] Dafür, daß Buber den Jichud ausdrücklich dialogisch verstehen will, vgl. III, 892.

[82] Vgl. A 638. Nach III, 741 ist der Text zunächst hebräisch konzipiert worden. Eine Untersuchung, die auf die Wandlungen der Ausdrucksweise und des Stils in Bubers Werk näher eingehen wollte, müßte die wenigen Werke, die Buber hebräisch konzipierte und ins Deutsche zurückübersetzte, als eine Sondergruppe behandeln

[83] Vgl. auch I, 808; IV, 812; I, 365.

[84] Darüber, daß Buber den Personbegriff selbst nicht näher klärt, vgl. oben S. 284, Anm. 75.

mich als Du da, ja sogar so, daß dieses Du mir immer wieder zu einem Es wird, so zeigt sich das göttliche Du als das,»das seinem Wesen nach nicht zum Es werden kann« (I, 128). Schon dadurch unterscheidet sich das Antlitz der göttlichen »Person« von dem der menschlichen Person. In der Begegnung selbst zeigt sich, daß ich, von dem Sinn her, den sonst die Rede von Person hat, Gott nur auf paradoxe Weise Person nennen kann. Der unsagbare Ursprung ist für mich in der Begegnung nur in der paradoxen Weise der – wie Buber sagt – »absoluten Person« da, worin sich zugleich anzeigt, daß diese »Person« nicht, wie Person sonst, als in sich bestehende Eigenständigkeit »durch die Pluralität anderer Eigenständigkeiten relativiert« wird (I, 168–169; vgl. 1, 548 und 351, 328).

Zugleich damit aber muß die Rede von Gott noch in einer zweiten und umfassenderen Weise relativiert werden. Denn es ist mir – auch in der paradoxen Weise der Rede von der »absoluten Person« – nur in der *Begegnung* und dank ihrer erlaubt, von Gott als Person zu sprechen. Das heißt aber: darüber, was Gott in sich außerhalb der Begegnung mit dem Menschen »ist«, ist jede Rede unmöglich. Mit der in der religiösen Beziehung legitimen Rede von der Person Gottes ist deshalb »nicht eine Wesensaussage über das Absolute getan, die es auf die Personhaftigkeit reduzierte, sondern es ist gesagt, daß es in die Beziehung als die absolute Person eintrete« (I, 576). Gott ist dem Glaubenden, wie Buber in der Auseinandersetzung mit Jaspers sagt, »nicht schlechthin Person, er ist ihm nur auch Person ...« (I, 303; vgl. III, 743). Oder, so heißt es an der Stelle der »Gottesfinsternis«, die wir oben zitierten,»man darf die Personhaftigkeit Gottes als seine Tat verstehen« (I, 576).

Diese Lehre, die deutlich an Rosenzweigs Einsicht erinnert, dergemäß im Augenblick der Offenbarung erkannt wird, daß Gottes ruhendes Wesen (A) sich in der Umkehr seiner selbst als Tat äußert, durch welche Tat ich selbst gemeint, d. h. geliebt bin und also fähig werde, anzufangen zu sprechen, konkretisiert sich für Buber auch in der Lehre der Kabbala und des Chassidismus von der Differenz zwischen Gottheit und Gott (III, 855 ff.). Die Gottheit beschränkt sich aus Güte zunächst selbst zu dem Gott, der der Schöpfer der Welt ist. Diese sich zum Gott, zum Schöpfer beschränkt habende Gottheit, wird Elohim genannt. Aber durch die Schöpfung hindurch ruft nun die schrankenlose Gottheit als JHWH den Zaddik an, ihr zu antworten: »eben sie, die absolute Gottheit handelt als Person« (III, 856), und zwar sich offenbarend durch die Schöpfung hindurch. Der

Mensch wird Partner der schrankenlosen, sich offenbarenden Gottheit[85].

c) Die Welthaftigkeit des Verhältnisses

Die Unsagbarkeit des alles Zwischen gewährenden Ursprungs, die Transzendenz Gottes, die Buber immer von neuem betont[86], besagt nun aber, wie wir bereits bemerkten, gerade nicht, daß die Begegnung mit dem nur negativ und paradox zu beschreibenden ewigen Du weltlos wäre. Vielmehr kann gerade an dem dialogischen Charakter des Verhältnisses abgelesen werden, daß es überhaupt nur als welthaftes bestehen kann. Denn wie ein Gespräch nicht bestehen kann ohne das, *was* in diesem Gespräch gesprochen wird, so auch dieses Gespräch nicht. Was in diesem Gespräch zwischen mir und dem ewigen Du als dem unsagbaren Ursprung von Sprache gesprochen wird, ist aber, was sich welthaft zwischen mir und dem andern meiner ereignet. Nur aufgrund dessen, was sich zwischen mir selbst und dem anderen meiner selbst als Begegnung zwischen Ich und Du begibt und in der Sprache laut wird, kann ich überhaupt dem unsagbaren Ursprung des sich ereignenden Zwischen begegnen. Beides ist derart ineinander verschränkt, daß Buber in seiner »Antwort« gegenüber Rotenstreich feststellt, daß das »ontologische Problem«, welche der beiden Begegnungen denn nun die primäre sei, sich von seiner »Grundanschauung« aus überhaupt nicht stellen lasse (A 593). Vielmehr sind, wie Buber bereits in »Ich und Du« ausgeführt hatte, angesichts der Begegnung mit dem ewigen Du unbedingte Ausschließlichkeit und unbedingte Einschließlichkeit eins. »Denn nicht von allem absehen heißt in die reine Beziehung treten, sondern alles im Du sehen ... nichts neben Gott, aber auch alles in ihm fassen, das ist die vollkommene Beziehung« (I, 130–131). Kann diese frühe For-

---

[85] Die Frage, ob Buber mit dieser Lehre, die er im Chassidismus findet, in Wirklichkeit von Rosenzweig abhängig ist, könnte nur dadurch geklärt werden, daß festgestellt würde, inwieweit sich die angegebene Lehre in solcher Prägnanz tatsächlich in den chassidischen Texten findet. An der Stichhaltigkeit der Buberschen Chassidismusdeutung sind in letzter Zeit häufig Zweifel angemeldet worden. Vgl. dazu die Arbeiten von *Riwka Schatz Uffenheimer* (A 275 ff.) und *Gershom Scholem*, Judaica 165 ff. Es überschreitet die Möglichkeiten unserer Untersuchung, dieser Frage weiter nachzugehen. Es kann hier nur darauf aufmerksam gemacht werden, daß über die Differenz zwischen Gottheit und Gott erst in Texten gehandelt wird, die Buber nach den 20er Jahren geschrieben hat.
[86] Vgl. etwa I, 513, 534, 539, 540, 597; IV, 810; 367, 5; 606, 209 und 212.

mel noch einigermaßen aus Bubers Beschäftigung mit der Mystik abgeleitet werden, so zeigt sich in späteren Schriften doch genauer, was Buber mit dieser Formel meint. So heißt es in der »Frage an den Einzelnen« in der Auseinandersetzung mit Kierkegaard: »Den wirklichen Gott aber kann kaum eine kürzere als jedes Menschen längste Linie erreichen: die Linie, welche die diesem Menschen zugängliche Welt umspannt« (I, 230)[87]. Erst wenn der Mensch in die wirkliche Wirklichkeit des sich ereignenden Zwischen aus-, d. h. in die Ich-Du-Begegnung eingeht, geht er auch auf den unsagbaren Ursprung des Zwischen aus und in die Begegnung mit ihm ein. Erst wenn der Mensch in seinem In-Beziehung-sein, durch das er ist, was er ist, sich nichts von sich selbst vorenthält, d. h. in dem Grundwort Ich-Du in der Welt ist, begegnet er auch dem ewigen Du. Und anders kann er ihm in Wirklichkeit nicht begegnen. Rosenzweigs Wort, daß Gott nicht die Religion, sondern die Welt geschaffen habe (GS 3,153), kehrt in Bubers Erkenntnis wieder, daß Religion als Spezifizierung ihr Ziel verfehlen müsse, weil Gott »nicht durch Abzug zu finden und nicht durch Abstrich zu lieben sei« (I, 236). Wobei allerdings beachtet werden muß, daß das Bemühen, das religiöse Verhältnis ganz welthaft zu denken, bereits in Bubers Frühwerk angelegt war. Gleichwohl kam dieses Bemühen dort gerade nicht zu seinem Ziel. Und zwar deshalb, weil der rein immanent gedachte, als die Einheit einer geschichtlichen Welt aufgehende Gott gerade nur in der äußersten Anstrengung der Ekstase zu erreichen war. Das religiöse Verhältnis war das Außerordentliche. »Die ›religiöse Erfahrung‹ war die Erfahrung einer Anderheit, die in den Zusammenhang des Lebens nicht einstand ... Das ›Religiöse‹ hob einen heraus. Drüben war nun die gewohnte Existenz mit ihren Geschäften, hier aber waltete Entrückung, Erleuchtung, Verzückung, zeitlos, folgelos« (I, 186). Erst die dialogische Wende brachte so für Buber das wahre welthafte religiöse Verhältnis, in dem man alles welthaft Seiende als es selbst – ihm begegnend – sein lassen kann, weil man selbst von dem unsagbaren und unfaßbaren Ursprung, der mich im Ereignis der Begegnung mit allem Begegnenden sein läßt, angesprochen ist[88]. Buber selbst hat diese Wende später in dem Stück »Eine Bekehrung« beschrieben. In die-

---

[87] Vgl. dazu in »Ich und Du« I, 142; außerdem I, 240.

[88] Wiederum fällt es mir angesichts der Tatsache, wie sehr Buber noch in »Ich und Du« im Stil seiner Frühzeit spricht, schwer, hier nicht auch einen heilsamen Einfluß Rosenzweigs zu vermuten.

sem Selbstbekenntnis heißt es: »Ich kenne keine Fülle mehr als die Fülle jeder sterblichen Stunde an Anspruch und Verantwortung.« Religion ist nun erst »einfach *alles*, das schlichte gelebte Alles in seiner Möglichkeit der Zwiesprache« (I, 187). Die Dialogik zwischen Gott und Mensch wird, wie es in der »Gottesfinsternis« heißt, »göttliche Anrede in dem, was uns widerfährt, und menschliche Antwort in dem, was wir tun und lassen« (I, 514) – »nicht über dem Handgemenge mit der geschehenden Wirklichkeit, sondern in ihm« (351, 329). Gott erweist sich in der wirklichen religiösen Beziehung als der »die Welt zu mir sprechende Gott«, wie Buber in einer späten Formulierung (1954) sagt (I, 301), die uns daran erinnert, daß Sein hier letzten Endes als geschehende Sprache verstanden werden soll.

Hat man das untrennbare Ineinander beider Begegnungen einmal eingesehen – und sie sind in der Tat untrennbar ineinander – und weiß man darum, wie sehr Bubers Frühwerk auf die Diesseitigkeit des Religiösen aus war, so verwundert es nicht, wie sehr nun immer wieder auf diese in der dialogischen Begegnung gelöste Welthaftigkeit und Alltäglichkeit des religiösen Verhältnisses abgehoben wird und wie sehr Bubers Werk gerade diesem Zug seine große Verbreitung verdankt[89]. Bubers Nacherzählungen der chassidischen Geschichten und seine Arbeiten über den Chassidismus stehen im Grunde vornehmlich im Dienste dieser Herausarbeitung der Welthaftigkeit des religiösen Verhältnisses[90], des Betens »Mit der Diele und mit der Bank«, der »sakramentalen Existenz« (vgl. III, 838), durch die »alles Weltliche in seiner Weltlichkeit« geheiligt wird (III, 489) – »im strengen Sakrament der Zwiesprache« (I, 191; vgl. 176). Umgekehrt läßt sich das Heilige auch gar nicht anders denken als die Wirklichkeit, in welche die ganze Weltlichkeit eingegangen ist. Denn das Heilige kann seinem Wesen nach schlechthin nichts außer sich haben. Es kann nur gedacht werden als das Verhältnis des Menschen mit dem unsagbaren Ursprung, gerade insofern alles, was ist, in dieses Verhältnis eingegangen ist. Die Begegnung mit dem ewigen Du will von sich aus alles in sich einbegreifen und in sich sein lassen. »Das Heilige hat eben sein Wirken darin, daß es die ganze Welt, die

---

[89] Aus der Vielzahl der Stellen seien hier nur einige genannt: I, 188, 377 (gegen Kierkegaard), 396, 523, 528, 533, 536; IV, 236, 577, 612; 251, 34; 266; 346, 431; 591, 334–337; 686, 27 ff. erscheint Marcion als der eigentliche Trenner des Weltlichen vom Religiösen. *Fr 302, 87*
[90] Grundsätzlich vgl. dazu III, 744; ebenso III, 770 u. 838.

ganze Weltlichkeit durchheiligen will« (IV, 235)[91], wie Buber völlig richtig am Phänomen abliest. Das religiöse Verhältnis muß, wenn es überhaupt eine Wirklichkeit sein will, *die* Wirklichkeit sein,»nämlich das *vollständige,* alles *Teilhafte* übereinende Leben« (V, 105), was wiederum darin begründet ist, daß das religiöse Verhältnis nur die Vertiefung oder die »höchste Steigerung« (V, 118) der Begegnung mit dem Anderen ist, also gerade die Anderheit des Anderen sein lassen kann und nicht ausschließen muß. Insofern kann nach der Lehre des Chassidismus, die hier Bubers eigene Lehre ist, der areligiöse Mensch zwar in jeder Hinsicht vortrefflich sein und sogar »die Ganzheit des persönlichen Lebens« haben, die dem religiösen Menschen fehlen kann, »aber er hat es nicht mit der Ganzheit des Seins zu tun« (III, 862), zu der eben die Anderheit des Anderen wie die des ewigen, alle Begegnung gewährenden Ursprungs immer schon gehören. Da ich es so in dem wirklichen religiösen Verhältnis, das sich in jeder Hinsicht als »schlechthin die Stätte der gelebten Complexio oppositorum« (V, 131) erweist, allein mit der ganzen Wirklichkeit zu tun habe, werde ich darin aber in Wirklichkeit auch nur wirklich mit mir selbst einig[92]. Das religiöse Verhältnis zeigt sich als das eigentliche Realverhältnis, das der Wirklichkeit standhält (V, 135)[93].

Exkurs: Religion und Ethik

Aus der Einsicht in das Ineinander des religiösen Verhältnisses mit dem Weltverhältnis und dem Selbstverhältnis ergibt sich, welche Stellung Religion und Ethik zueinander haben müssen. Die Frage nach der Stellung von Religion und Ethik zueinander hat insofern für das dialogische Denken eine historische Bedeutung, als der Neukantianismus und in ihm vor allem Hermann Cohen versucht hatten, Religion von der kantisch verstandenen Ethik her zu denken. Religion erschien hier als eine Ausformung der ethischen Selbstgestaltung des Menschen. Noch 1915 in »Der Begriff der Religion im System

---

[91] Vgl. dazu auch IV, 206, 450, 762.

[92] Vgl. dazu III, 958 und 952, wo jene Einigkeit gerade damit gegeben ist, »daß er in allem Dienst den leiblichen Tod, die treue Sterblichkeit als die menschlichste aller Präsenzen an der Hand hält«. Diese Einigkeit mit sich selbst in dem religiösen Verhältnis ist jedoch etwas anderes als die »Ganzheit als Persönlichkeit«.

[93] Vgl. auch, was V, 37 über die Redlichkeit des Fragens gesagt ist.

der Philosophie« erscheint die Religion bei Cohen als ein natürlicher und nicht minder methodischer Anhang zur Ethik, dem nur durch seine Eigenart eine gewisse Sonderstellung zukommt[94]. Gerade dieses Verhältnis von Religion und Ethik muß das dialogische Denken nun aber bestreiten. Für das dialogische Denken kann nicht die autonome ethische Selbstgestaltung des Menschen das Primäre sein, sondern das dialogische Verhältnis mit dem das Zwischen gewährenden ewigen Du ist das Umfassende und Erste. Das »›ethische‹ Moment ist völlig in das dialogische Leben zwischen Gott und Mensch aufgenommen« (346, 435). »Die Liebe des Menschen zu Gott'«, so sagt Buber mit einer Spitze gegen Cohen, »ist aber nicht die Liebe zum sittlichen Ideal, sie schließt sie nur ein.« Gott »gibt das Ideal, aber er gibt sich darin nicht aus« (I, 547). Es wird in dieser veränderten Stellung von Religion und Ethik zueinander das Wesen der dialogischen Wende überhaupt offenbar, so wie sie das dialogische Denken selbst versteht, nämlich, daß das Denken das vom transzendentalen Subjekt entworfene verfügende Umgehen mit dem Sein als Erscheinung aufgibt und sich an die ereignende Begegnung freigibt. Die Freigabe an die Begegnung und die darin sich ereignende Begegnung mit dem ewig Begegnenden ist die ganze Wirklichkeit. Diese Begegnung enthält dann allerdings das Ethische in sich: »Lebendige Religiosität will lebendiges Ethos hervorbingen« (I, 577; vgl. I, 234; IV, 297). Wobei hier dann nicht mehr die Autonomie der Ethik gegen eine Heteronomie der Religion steht. Denn in dem dialogisch verstandenen religiösen Verhältnis bin ich ja ganz ich selbst, zwar ganz bestimmt von dem Verhältnis mit dem unsagbaren Ursprung; aber, weil das Verhältnis so weit wie die Wirklichkeit überhaupt ist, darin ganz frei. In dem dialogisch gedachten religiösen Verhältnis schließen sich die Bestimmung durch das Verhältnis und die ethische Forderung der Autonomie nicht aus, sondern ein (vgl. dazu 591, 330 bis 333).

d)   Der ereignishafte Charakter des Verhältnisses

Um die Wirklichkeit des religiösen Verhältnisses ganz zu erfassen, ist es schließlich aber vor allem notwendig, seine konkrete Geschichtlichkeit zu bedenken.

---

[94] Vgl. a. a. O. 9 und 44.

α) Das Böse. *Umkehr als Wiedererkennen der Mitte*

Denn das religiöse Verhältnis besteht als dialogisches Verhältnis der Begegnung wesentlich darin, daß es eine Geschichte hat. Es besteht gerade als dialogisches Verhältnis nicht ein für allemal, sondern es ereignet sich, wie ein Gespräch sich ereignet: immer wieder neu. In diesem immer wieder neuen Sich-Ereignen im ganzen liegt aber beschlossen daß das Verhältnis *verloren* werden kann, daß es sich versagt, ja mehr noch: daß es *verfehlt* werden kann. Gerade darin zeigt sich seine Geschichtlichkeit. Buber hat das Verfehlen des Verhältnisses in dem immer neuen Sich-Ereignen des Verhältnisses in seinem Werk des öfteren unter dem Titel des Bösen behandelt. Denn das Böse besteht – und Buber steht hier in Übereinstimmung mit der großen philosophischen Tradition des Abendlandes – wesentlich in dem »Nicht«[95]. Es besteht darin, daß ich mich dem sich ereignen wollenden und mich sein lassenden Verhältnis der Begegnung versage. Ich will nicht aus der Gnade der Begegnung sein, sondern nur von mir selbst her. Und gerate dadurch in einen Widerspruch mit mir selbst, der ich doch nur sein kann, indem ich in dem Verhältnis der Begegnung sein gelassen bin. Das »ursprüngliche Schuldigsein ist das Bei-sich-bleiben« (I, 363)[96], mit dem ich eben hinter dem Sein-in-der-Begegnung, das allein mich ganz sein läßt, zurückbleibe. Das Böse ist in seiner Wurzel die »Untreue zum Sein« (I, 630), die eben zur Folge hat, daß das Böse »nicht mit der ganzen Seele getan werden« kann (I, 643; III, 802; A 617). Es ist immer von dem Nicht der Vorenthaltung gekennzeichnet, dem Nichteingehen in die Begegnung. Dieses Nichteingehen aber wiederum ist in seiner innersten Wurzel ein Nichteingehen auf die Zeitlichkeit, in der ich doch erst bestehe. Es ist seiner eigentlichen Absicht nach das zeitlose Sichernwollen dessen, was nur in der sich ereignenden Begegnung sein kann. Es zeigt sich als Entscheidungslosigkeit[97], »deren wahrer Name die Entscheidung für das Nichts ist« (*Fr 302, 92;* vgl. I, 629). Diese Vorenthaltung ist die »Lüge am eigenen Sein«, die im Grunde darin besteht, sich selbst zeitlos zuzuschreiben, was doch nur dank der zeitlich sich er-

---

[95] Zu der gleichlaufenden Auffassung des Bösen im Denken des Hochmittelalters vgl. *Welte,* Themas von Aquin über das Böse in: Auf der Spur des Ewigen 155 ff.

[96] Vgl. auch 346, 435: Sich Verlaufen »in die Abgründe der Selbstheit«.

[97] Zu der Problematik der Entscheidungslosigkeit bei Buber vgl. meine Bemerkung in »Besinnung auf das Heilige« 106 -107, Anm. 19.

A— 305

eignenden Begegnung sein kann (vgl. I, 632–633). Das Böse ist so in seinem Grunde das Sich-Herauswenden aus dem zeitlich sich ereignenden Verhältnis mit dem Sein als Begegnung gewährenden Ursprung. Dieses Sich-Herauswenden gehört als Sich-Herauswenden-Können jedoch zu den Bedingungen der Möglichkeit des sich ereignenden Verhältnisses selbst als eines zeitlich sich ereignen Verhältnisses zwischen Freiheit und Freiheit. Könnte ich mich nicht derart aus dem sich immer neu gewährenden Verhältnis herauswenden, so könnte ich auch nie als ich selbst und in Freiheit in das Verhältnis eingehen. Es hängt mit diesem einerseits auf die Freiheit gestellten und – deshalb – andererseits in der Zeitlichkeit bedingten Charakter des religiösen Verhältnisses zusammen, daß die religiösen Erfahrungen nicht in einem Bereich beheimatet sind, »wo die schöpferische Kraft ohne Widerspruch wirkt, sondern da, wo Unheil und Heil, Verzweifelung und Vertrauen, die Macht des Verderbens und die Macht der Erneuerung beieinander wohnen« (I, 518). Buber steht mit dieser Lehre von dem Bösen, die sich für ihn unmittelbar mit der Lehre von dem religiösen Verhältnis verschwistert, was die sachlichen Aussagen anlangt, an sich – wir bemerkten dies bereits – auf dem Boden des seit jeher Überlieferten. Dieses rückt für ihn jedoch aus dem kühlen Hintergrund eines bloß ontologisch Festzustellenden in den Vordergrund des Denkens deshalb, weil für dieses Denken das Sich-Zeitigen und Sich-Ereignen des Sein gewährenden Verhältnisses das eigentliche Thema ist. Dieses Sich-Zeitigen und Sich-Ereignen wird aber besonders deutlich an der Möglichkeit des Bösen, das nur als Verfehlung meiner selbst, d. h. nur im Modus der Geschichtlichkeit, in der ich selber als Selbst bin, denkbar ist.

Aus dem gleichen Grunde tritt für Buber das Ereignis der *Umkehr* in den Vordergrund des Denkens. Wie in dem Bösen sich die Verfehlung der Begegnung ereignet, so in der Umkehr das neue Eintreten in die sich ereignen wollende Begegnung. Dies sind die beiden Grundbewegungen, die am Ende von »Ich und Du« als die beiden »metakosmischen Grundbewegungen« der Welt vorgestellt werden: »die Ausbreitung in das Eigensein und die Umkehr zur Verbundenheit« (I, 157; vgl. I, 130). Ist der Mensch als in Freiheit Sprechenkönnender seiner Totalität nach dadurch gekennzeichnet, daß er immer neu anfangen kann, so bekundet sich dieses Anfangenkönnen »am stärksten in dem Vorgang der Umkehr«, in der eben das Selbst im ganzen neu wird, nicht in der Innerlichkeit eines bloß seelischen Erlebnisses, sondern »in der schlichten Realität der Ur-Gegenseitigkeit

(346, 434)[98]. In diesem Ereignis der Umkehr meiner selbst im ganzen gewinnt das »Partnertum des Menschen in dem großen Zwiegespräch ... seine höchste Realität« (IV, 209). Ich bin über die Nichtigkeit des Bösen hinweg neu sein gelassen. Insofern ist die Umkehr die »höhere Gnade« (V, 50). Die Macht, die sich in diesem Neu-Anfangen-Dürfen zeigt, die Macht, die mich in der Umkehr im ganzen neu anfangen läßt, zeigt sich aber als dieselbe, die mich überhaupt sein ließ. Insofern ist, wie »Ich und Du« formuliert, Umkehr »das Wiedererkennen der Mitte« (I, 146). Die Kategorie der Erinnerung erweist sich deshalb auch bei Buber, wesentlich verdeckter freilich als bei Ebner, als eine religiöse Kategorie, die das Dasein im ganzen gemäß seinem Seingelassensein im Modus der Zeitlichkeit betrifft[99].

Dieses Ereignis der Umkehr und des Wiedererkennens der Mitte ist aber zeitlich nicht nur vom Menschen her. Zwar fängt in diesem Ereignis der Mensch neu an. Und die Mitte zeigt sich als die ewige Mitte, die als die Selbe wiedererkannt wird. Andererseits kann man aber, insofern das Ereignis als Ereignis von dem Ursprung alles Zwischen her ereignet ist, auch davon sprechen, daß Gott selbst als Partner an diesem Ereignis teilnehme. In den Ereignissen der Umkehr nimmt, so kann man sagen, Gott selbst in der Geschichte »den Weg, nimmt Weltschicksal auf sich. Wer umkehrt, gerät« deshalb »in die Wegspur des lebendigen Gottes« (IV, 194)[100].

β) Der Augenblick und der Weg

Jenes Hineingeraten »in die Wegspur des lebendigen Gottes« kennzeichnet denn ja überhaupt den Charakter des Sich-Zeitigens der Begegnungsereignisse, den Buber freilich kaum philosophisch thematisiert, dafür aber in immer neuen Bildern intensiv beschreibt.

Begegnung, in der sich immer auch die Begegnung mit dem ewigen Du vollzieht, zeigt sich, bei genauerem Hinsehen, im strengen Sinn als *Ereignis*: »etwas, was nicht erwartet wird, sondern plötzlich geschieht« (I, 393). Jedes Begegnungsereignis ist in sich einzig.

---

[98] Vgl. dazu 623, 22: Die Septuaginta hat aus der Umkehr Metanoia: »eine bloße Nous-Änderung, ein Umdenken oder Umsinnen gemacht«. Außerdem 761, 62 und in den vordialogischen Schriften IV, 56.

[99] Am deutlichsten hat Buber in den Schriften zur Bibel bei der Behandlung der jüdischen und christlichen Geschichtsfeste die Kategorie der Erinnerung in diesem Sinne gebraucht. Vgl. II, 85, 289, 546, 663, 1058–1059.

[100] Vgl. dazu auch I, 220, 764–765; II, 883.

Es ist in dem, was es selbst ist, nicht aus seinem Vorher oder Nachher abzuleiten und also nicht durch die Kausalität als durch das Gesetz der Folge zu erklären. Buber hat das an all den vielen Stellen, in denen er auf das Wesen der geschehenden Geschichte zu sprechen kommt, immer wieder herausgearbeitet. Geschichte kann nicht als notwendiger, von der Macht der menschlichen Entscheidung unabhängiger Ablauf begriffen werden (I, 851), sondern ist »sich entscheidende Zeit, in die meine Zeit und Entscheidung mit voller Wucht sich ergießt« (II, 854)[101]. Im *Augenblick* entscheidet sich Geschichte und damit, was Sein je neu und im ganzen ist. Das Ereignis der Begegnung kann in keine zeitliche Folge eingestellt werden, sondern es ereignet sich im Augenblick, selbst Zeit als Weile schaffend. In diesem augenblickshaften Ereignis der Begegnung aber vollzieht sich, wie wir sahen, auch immer die Begegnung mit dem ewigen Du als dem unsagbaren Ursprung des Ereignisses. Insofern das Ereignis der Begegnung nur im Augenblick ist, vollzieht sich auch die Begegnung mit dem ewigen Du nur im Augenblick. Der Augenblick als Augenblick, nämlich als die Fülle des in keine zeitliche Folge einzustellenden Sehens und Gesehenwerdens, Wählens und Erwähltwerdens im ganzen bedeutet das Berührtwerden von dem ewigen Du und das Berühren des ewigen Du. In diesem Sinne kann Buber in der Schrift »Die chassidische Botschaft«, die weitestgehend seine eigene Botschaft enthält, mit Recht sagen: »Der Augenblick ist Gottes Gewand« (III, 849)[102]. Das Begegnungsereignis im Augenblick, in dem sich in dem Ich-Du-Verhältnis das Verhältnis mit dem unsagbaren Ursprung vollzieht, erweist sich als »Theophanie, an der Gott und Mensch Anteil haben« (IV, 5). Die Theophanie aber, so sagt Buber in dem gleichen Stück, »zeugt die Geschichte« (IV, 5).

Man darf hier – historisch gesehen – darauf aufmerksam sein, daß »Theophanie« in den 20er Jahren für Buber überhaupt eine Art Schlüsselwort war, in dem sich ihm das Ergebnis des dialogischen Denkens vor Augen stellte[103]. Dafür zeugt auch der Schluß von »Ich

---

[101] Einige andere Stellen, an denen Buber auf das Wesen von Geschichte zu sprechen kommt, seien hier noch genannt: I, 253–254, 338, 787; II, 928, 947, 1034, 1036, 1184–1185; IV, 28; 606; 114; Fr 289, 841; A 596. Es scheint mir wichtig, daß Buber einerseits die Geschichtlichkeit der Geschichte von Vico entdeckt sieht (IV, 395; V, 137), andererseits dafür aber auf Dilthey und York von Wartenburg verweist (II, 14).

[102] Vgl. dazu auch III, 812; 351, 330–334 mit I, 528–529.

[103] Symptomatisch dafür ist der 1927 in Berlin gehaltene Vortrag »Das Problem der Theophanie«, über den die »Jüdische Rundschau« 1927, S. 24–25 berichtet. Vgl. im üb-

und Du«, der eben die Begegnungsereignisse als immer neue Theophanien begreift, in der *die* Theophanie stets näher kommt. Will man das Wort Theophanie durch ein anderes Wort ersetzen, so kann man auch sagen, die Begegnungsereignisse erweisen sich als immer neue *Offenbarungen*. Offenbarung ist hier dann allerdings nicht verstanden als Offenbarung von etwas, einem aussagbaren Gehalt, sondern als das Ereignis selber der »Begegnung von Göttlichem und Menschlichem, an der das Menschliche ebenso teilhat, wie das Göttliche« (A 597; vgl. A 622). Offenbarung ist, wie Buber schon 1928 formulierte, »die reine Gestalt der Begegnung« (V, 135). Und in den »Fragmenten über Offenbarung«, die erst postum einer breiteren Öffentlichkeit bekannt wurden, heißt es: »Alles ist geeignet, Zeichen der Offenbarung zu werden. Was uns in der Offenbarung eröffnet wird, ist nicht Gottes Wesen, wie es unabhängig von unserer Existenz ist, sondern seine Beziehung zu uns und unsere Beziehung zu ihm« (V, 107). In dieser sich ereignenden Beziehung hat dann allerdings die Vernunft ihren Platz (ibid.). Das im Augenblick geschehende reine Ereignis der Begegnung selbst zeigt sich als die Offenbarung[104], die Buber an anderer Stelle dann einfach mit der Wirklichkeit überhaupt ineins setzen kann, die Wirklichkeit, die jeder wissenschaftlichen Forschung Grenze, Halt, kraftverleihender Ursprung und richtungsverleihendes Ziel wird (V, 126)[105]. Die sich im Augenblick ereignende Begegnung, die immer zugleich Begegnung mit dem anderen welthaft Seienden und mit dem das Ereignis der Begegnung gewährenden Ursprung ist, zeigt sich als Offenbarung, nämlich des je im Augenblick aufgehenden Sinnes von Sein, der sich jedoch in seinem immer neuen Sich-

---

rigen schon *196*, 25. 1930 spricht Buber von der Theophanie als dem deus ex gratia: »der sehr leise, sehr langsame, sehr umwegige, gar nicht ›erfolgreiche‹ Schritt der Gottheit durch die Geschichte« (I, 1084–1085). Später hat Buber das Wort Theophanie nicht mehr so häufig gebraucht.

[104] Zu diesem Charakter von Offenbarung vgl. auch I, 179, 230, 1097; II, 853, 857, 859, 930. Außerdem II, 90, wo Buber, was *Wunder* sei, so bestimmt: »Das wirkliche Wunder bedeutet, daß im staunenden Erfahren des Ereignisses die geläufige Kausalität gleichsam transparent wird und den Anblick einer Sphäre freigibt, in der eine einzige, nicht durch andere beschränkte Macht handelt. Mit dem Wunder leben heißt diese Macht Mal um Mal als die wirkende wiedererkennen.«

[105] Vgl. dazu auch *Arnold Zweigs* Bericht über Bubers Vortrag »Die Bibel als Erzähler« in »Jüdische Rundschau« 1927, S. 19. Bubers Erkenntnisse seien in jener Ebene beheimatet, »in der die wesentlichen Erkenntnisse zu finden sind, bevor die Wissenschaften sich teilen«.

Gewähren, das nicht ohne das immer neue Sich-Verbergen besteht[106] als der immer selbe erweist.

Bringt man das Ereignis der Begegnung im Augenblick auf den Modellfall des sich ereignenden Gespräches, so kann man sagen:»Alles Sein der seienden Dinge kommt vom Gesprochensein ...« (II, 1091). Dieses Sein als Gesprochensein ereignet sich als Gesprochenwerden, in welchem Menschen als sie selbst je neu anfangen zu sprechen, je im Augenblick. Aber durch dieses je im Augenblick sich ereignende Sein als Sprache hindurch zeigt sich der unsagbare Ursprung als der immer Selbe, als der »Herr der Stimme« (I, 187 bis 188) oder auch als das »Urwort«. Buber sieht den entscheidenden Unterschied zwischen dem griechischen und dem hebräischen Seinsverständnis darin, daß die Griechen das Urwort *lehren,* während es die Juden *berichten* (II,1091). Der entscheidende Unterschied zwischen dem griechisch-abendländischen und dem hebräischen Seinsverständnis, dem Buber sein dialogisches Seinsverständnis gleichsetzt, besteht also, auch nach Buber selbst, entscheidend darin, daß das dialogische Seinsverständnis den Charakter der *Zeitigung des Seins,* der vom griechischen Seinsverständnis scheinbar vergessen worden ist, ganz ernst nimmt. Demgemäß zeigt sich denn auch der Zugang zu Gott als die immer neu im Augenblick sich ereignende Begegnung, in welcher der Sinn des Seins offenbar wird. Diese je im Augenblick neu sich ereignende Begegnung steht nun aber auch für Buber zwischen *Protologie und Eschatologie.* Der sich ereignende Augenblick der Begegnung ist immer ein Mittleres. Wiederum ist diese Stellung des Augenblicks zwischen Protologie und Eschatologie, die bei Rosenzweig so ausdrücklich gemacht wird, einer der Punkte, die bei Buber zwar oft genannt, aber nie ausdrücklich thematisiert werden. Das mag damit zusammenhängen, daß Buber von seinem Frühwerk her, das den Augenblick sozusagen in der Ekstase absolut setzte, zu diesen Gedanken kein besonders intensives Verhältnis hatte. Noch in »Ich und Du« sind Nachklänge davon zu spüren. Der Schluß von »Ich und Du«, der besagt, daß die Beziehungsereignisse in ihrer Abfolge immer näher an *die* Theophanie heranführen, ist an den in »Ich und Du« aufgezeigten Phänomenen eigentlich nicht ausgewiesen. Er wirkt eher wie eine These. Und noch in späteren Aussagen Bubers, etwa über das Wesen des Prophetischen, kann man einen solchen Hang zur Absolutsetzung des Augen-

---

[106] Vgl. dazu I, 584, 748 und 367, 6.

blicks feststellen. In anderen und vornehmlich späteren Schriften – wiederum erscheint es, als ob Buber für die Klärung des Gedankens Rosenzweig einiges verdanke[107] – wird dann freilich immer wieder ausgesprochen, daß das Antworten im Augenblick, das Eingehen auf die Begegnung, die mich braucht und in der Gott mich braucht, Eingehen auf das vorliegend Seingelassene, also die Schöpfung, ist. Und doch ist der »gelebte Augenblick« zugleich »in seiner Wirkensmacht«, nämlich in dem, worauf er aus ist und was ihn treibt, »an die Erlösung geknüpft« (III, 752–753)[108]. Das in dem im Augenblick sich ereignenden Zwiegespräch zwischen Gott und Mensch Gefragte ist ein Eschaton (II, 547). Der Augenblick der Begegnung, die konkret und ausschließlich ist, ist so in der Schwebe gehalten zwischen den Ersten und Letzten Dingen.

Damit aber zeigt sich das religiöse Verhältnis, das in dem immer neuen Eingehen in das Ereignis der Begegnung besteht, als ein *Weg*. Es zeigt sich als ein Weg, der im Sich-Ereignen selbst erst gebahnt wird. Im Gehen des Weges entsteht der Weg, von Augenblick zu Augenblick, von Entscheidung zu Entscheidung, durch Abfall und Umkehr hindurch in jedem neuen Begegnungsereignis neu. Das Verhältnis mit dem unsagbaren Ursprung des Zwischen selbst, an dessen Wirklichkeit der Ursprung wie der Mensch gleichermaßen Anteil haben, ist in seinem Sich-Zeitigen der Weg. Buber hat deshalb immer wieder auf diese Wirklichkeit des Weges als auf die eigentliche menschliche Wirklichkeit hingewiesen[109]. Die menschliche Wirklichkeit besteht zuinnerst darin, daß der Mensch »aus dem *Sitz*, der ihm gerichtet war, auf einen *Weg* geschickt ist«, den Weg, durch den Welt erst eine Geschichte hat (I, 617)[110]. Das religiöse Verhältnis bedeutet, daß einer in die Wegspur Gottes gerät (IV, 194). Und dieser »Weg Gottes an der Welt und durch sie ... – ist zugleich der eigentliche Bereich des Gotterkennens« (I, 527). Das heißt, außerhalb dieses Verhältnisses des sich in den Begegnungsereignissen ereignenden Weges, der in der dialogischen Treue gegenüber dem das Zwischen gewährenden Ursprung gegangen wird, gibt es kein wirkliches Er-

---

[107] Vgl. dazu IV, 822, wo Buber in der Trennung der Gottesakte der Offenbarung, Schöpfung und Erlösung, die Ermöglichung für den Stern sieht.

[108] Andere Stellen, die dies aussprechen, sind: II, 853 und 855–856; III, 776, 894.

[109] Mit Recht sagt *Theunissen*, daß der Begriff des Weges vielleicht als der Zentralbegriff Bubers gelten dürfe (Bubers negative Ontologie des Zwischen 327).

[110] Vgl. dazu außerdem: I, 770; II, 236; IV, 134; V, 108.

kennen Gottes. Eine Rede über Gott außerhalb dieses sich weghaft immer neu ereignenden wirklichen Verhältnisses ist leer.

Das Gehen des Weges in immer neuem Eingehen in das Begegnungsereignis aber bedeutet Heiligung. Diese zeigt sich, wie Buber hervorhebt, biblisch gesehen, nicht als ein Zustand[111], sondern als ein dialogischer Vorgang, eben als der Vorgang des Heiligens und Geheiligtwerdens (II, 1119).

Diesem Charakter des religiösen Verhältnisses als des sich ereignenden Weges entspricht in den Schriften zur Bibel die Herausarbeitung des Charakters Gottes als des Weggottes. Der Gott der Schrift ist keine Naturgottheit, sondern der Melekh, der Wegbestimmer, der vorangehende, führende und mitgehende Gott (II, 273, 528, 531, 537, 589, 608)[112]. In diesem Zusammenhang steht dann sowohl die übersetzung von Ex 3, 14 mit »Ich werde dasein als der ich dasein werde«[113] wie die Deutung von Thora als Weisung und nicht als Gesetz (I, 690, 720). Und von hier aus gewinnt schließlich auch ein letzter Begriff, den wir bereits aus Bubers Frühwerk kennen, eine völlig neue und gewandelte Bedeutung, nämlich der Begriff der *Richtung*. Während Kawwana, Richtung, in dem Frühwerk vor allem das Sich-Aufrichten des Selbst in sich selbst bedeutete, meint es jetzt »jenen zartesten Durchbruch, das Richtungempfangen, das Sichentscheiden, die Kehre der verkreisten Weltbewegung auf Gott zu« (III, 750). Auf dem Weg als dem Sich-Ereignen der immer neuen Begegnungsereignisse zeigt sich der gewährende Ursprung der je neuen Begegnung als der immer Selbe, und dies ist, wie Buber vor allem in »Die chassidische Botschaft« aber auch in »Bilder von Gut und Böse« darlegt, die sich schenkende Richtung (I, 649)[114]. Richtung fließt aus der sich ereignenden Offenbarung (V, 126). Aber sie ist zugleich das, was in jedem neuen Begegnungsereignis neu nach vorne verweist und so nie »in geschichtliches Gewordensein« (I, 1083) eingeht. Buber hat mit der dialogischen Lehre von der Richtung auf seine Weise zum Ausdruck gebracht, was Rosenzweig mit dem Aussein der geschehenden Sprache auf die endzeitliche Verheißung aufwies.

---

[111] Vgl. dazu, was oben S. 131 über den sich zeitigenden Charakter von Schöpfung, Offenbarung, Erlösung bei Rosenzweig gesagt wurde.

[112] Vgl. auch II, 235, 322–323, 614–624, 735.

[113] Vgl. dazu II, 63, 267 und 346, 437.

[114] Vgl. außerdem I, 626, 641, 643, 650, 696, 709, 719, 720; III, 747, 776, 848–849; 346, 433.

Exkurs: Der spekulative Ansatzpunkt für die Diskussion über die Differenz von Judentum und Christentum bei Buber

Wir sagten in der Einleitung, daß wir die Frage nach der Differenz zwischen Judentum und Christentum aus dem von uns zu Untersuchenden ausklammern müßten. Die Frage kann in der nötigen Breite nur unter Beziehung religionsgeschichtlicher und exegetischer Untersuchungen diskutiert werden. Jedoch darf in unserer Untersuchung der Punkt bezeichnet werden, an dem innerhalb des dialogischen Gedankens als eines spekulativen Gedankens für Buber die Differenz zwischen Judentum und Christentum ansetzt. Dieser Punkt, an dem sich für Bubers Verständnis Judentum und Christentum voneinander trennen, ist nämlich zuinnerst durch den Gedanken der Zeitigung des Weges bestimmt. Bubers entscheidender spekulativer Einwand gegen das Christentum ist der, daß das Christentum den Weg als Weg nicht mehr kennen könne, weil in ihm die beiden Gottesakte der Offenbarung und der Erlösung ineinander verschmolzen seien (IV, 822; vgl. IV, 197 ff.). Das Christentum entmachte die geschehende Geschichte, weil ihm an einem Punkte der Geschichte der Heiland erschienen sei (IV, 210). Eine Offenbarung unter allen werde absolut gesetzt und dadurch die weitere Geschichte im Grunde ihres inneren Ernstes beraubt[115], weil sie nur die Erwartung der Wiederkunft des schon Gekommenen sei. Demgegenüber spreche das Judentum »keiner seiner (sc. Gottes) Offenbarungen die Unüberbietbarkeit zu« (IV, 563). Bubers Kritik am Christentum, die Buber in der Folge, z. B. in den »Zwei Glaubensweisen«, dann mit einem reichen exegetischen und dogmengeschichtlichen Material belegt, hat, spekulativ gesehen, hier ihren Ursprung. Die Diskussion darüber, ob Bubers Kritik am Christentum zutrifft, muß also auch hier beginnen.

In Kürze darf zu einer solchen, in ihrer ganzen Breite noch zu leistenden Diskussion folgendes gesagt werden: Man muß zugeben, daß eine bestimmte christliche Theologie, die das Christentum und die Kirche ungeschichtlich sah, und eine zum Monophysitischen tendierende Christologie, Buber in seiner Auffassung vom Christentum bestätigen mochten. Jedoch muß um der ganzen Wahrheit willen gesehen werden, daß in Wirklichkeit auch das Christentum die Offenbarung in Jesus und der Kirche *und* die endzeitliche Erlösung auseinanderhält und nur kraft dieser Auseinanderhaltung bestehen kann.

---

[115] Vgl. dazu auch 761, 1111.

Überdies besteht die endzeitliche Erlösung nicht einfach in der »Wiederkunft des schon Gekommenen«, sondern, durch die neue Parusie Christi angezeigt, darin, daß Gottes Herrlichkeit aufgeht, die alles neu macht (Offb 21,5). Es muß in diesem Zusammenhang darauf aufmerksam gemacht werden, daß die Wiedergabe des neutestamentlichen Wortes Parousia (Mt 24, 27) mit »Wiederkunft« falsch ist und selbst schon einem ganz bestimmten, nämlich dem spätgriechischen Seinsverständnis angehört[116]. Die endzeitliche Erlösung ist auch für das Christentum nicht wiederkünftig, sondern im strengen Sinne zukünftig. Deshalb kann die Gemeinschaft der Glaubenden sich auch nicht, wie Rosenzweig in dem Brief an Rosenstock[117] meinte, auf den sich Buber beruft (IV, 210), als die ecclesia triumphans verstehen, sondern muß sich – und dies seit dem II. Vatikanischen Konzil wohl noch ausdrücklicher – als der »novus Israel, qui in prasenti saeculo incedens, futuram eamque manentem civitatem inquirit«[118] verstehen, als das wandernde Volk Gottes, das unter dem Gericht der Letzten Dinge steht, die ihm noch nicht gegeben sind, sondern die es sucht.

Zu der Frage, ob die eine Offenbarung, nämlich die in Jesus Christus, nicht ungebührlich überschätzt und absolut gesetzt werde, scheint mir von dem dialogischen Gedanken selbst her folgendes zu sagen zu sein: Sein ereignet sich als Offenbarung im Augenblick je neu im Ereignis des Gesprächs. Buber hat, wie wir noch zeigen werden, einseitig dieses Sich-Ereignen im Augenblick thematisiert, und zwar vom erlebenden Subjekt her. Deshalb stehen für ihn die einzelnen Ereignisse mehr oder minder unverbunden nebeneinander. Sie erweisen sich zwar als die Gabe des Selben. Aber ein Ereignis der Begegnung hat für das andere keine Bedeutung. Alle Augenblicke sind in sich reichsunmittelbar (vgl. III, 753 und 756). Sosehr nun aber die Herausarbeitung der Fülle und der Selbständigkeit des Seins in dem dialogischen Augenblick berechtigt ist, so wenig, scheint mir, kann die schlechthinnige Unverbundenheit der Augenblicke an dem Phänomen selbst abgelesen werden. Vielmehr zeigt sich – Rosenzweig hat dies an dem Phänomen des Übersetzens thematisiert – daß auch die vergangenen Ereignisse für mich Bedeutung gewinnen und ich mit ihnen in das Verhältnis der Begegnung treten kann. Soll

---

[116] Vgl. dazu *Kittel* V, 863 und 869, 5 ff.
[117] GS 1/1, 285.
[118] Constitutio dogmatica de ecclesia c. II (9).

sich aber in der Begegnung mit dem historisch vergangenen Ereignis für mich nicht die entscheidende neue Begegnung ereignen können? Die Möglichkeit des Christentums, so wie sie Ebner sah (vgl. unsere Interpretation oben S. 240 f.), läßt sich prinzipiell vom Phänomen des Dialogischen her verstehen[119]. Daß die Begegnung mit dem Ereignis »Jesus von Nazareth«, das durch die Gemeinschaft der Glaubenden vermittelt wird, die entscheidende Begegnung für einen Menschen wird, läßt sich dann freilich nur innerhalb der wirklich gewordenen Begegnung erkennen.

Die Eigenarten des Buberschen Ansatzes, der die Augenblicke je nur für sich sieht und das Ich-Es dem Ich-Du alternativisch gegenüberstellt, es aber nicht als möglichen Vermittler einer neuen Begegnung bedenkt, führen dazu, daß Buber überhaupt allen Glaubensformen, die sich auf ein historisch Vergangenes berufen – auch der jüdischen Orthodoxie – skeptisch gegenübersteht. Eine Sonderform dieser Skepsis ist die Skepsis gegenüber dem Christentum, die durch ein ungeschichtliches Verständnis des Christentums denn allerdings auch hinreichend Nahrung erhielt.

e) Bubers Religionskritik

> *»Die geschichtlichen Religionen haben die Tendenz, Selbstzweck zu werden und sich gleichsam an Gottes Stelle zu setzen, und in der Tat ist nichts so geeignet, den Menschen das Angesicht Gottes zu verdecken wie eine Religion« (V, 111).*

Aus dem Wesen des religiösen Verhältnisses als des sich ereignenden Weges ergibt es sich, daß und warum Buber an dem, was herkömmlicherweise unter Religion verstanden wird, Kritik üben muß. Diese Religionskritik macht einen wesentlichen Bestandteil des Buberschen Werkes aus. Man kann Zeugnisse davon in fast allen Schriften Bubers finden. Am Ende von »Ich und Du« (I, 154 ff.) und am Ende der »Gottesfinsternis« (I, 595 ff.) hat Buber jedoch genauer den Pro-

---

[119] An einigen Stellen seines Werkes, so z. B. in »Nachahmung Gottes« (1926) versteht Buber das Christentum auch so. Vgl. II, 1058–1059. Jedoch erscheint Paulus dann als der Verderber des ursprünglichen Christentums. Die Frage läuft auch hier darauf hinaus, ob Buber das mögliche und notwendige geschichtliche Vermitteltsein der entscheidenden Begegnung genügend bedacht hat. Oder ob er nicht vielmehr, da er vornehmlich die Unmittelbarkeit der Begegnung thematisierte, ihre geschichtliche Vermitteltheit außer acht gelassen hat.

zeß des Degenerierens des in sich religiösen Begegnungsereignisses zu der »Religion« beschrieben. Wir folgen deshalb zunächst diesem Leitfaden.

Das Begegnungsereignis, in dem sich je neu der Weg der Wirklichkeit ereignet, ist in sich religiös. Denn die Begegnung mit dem Anderen im sich ereignenden Zwischen ist immer auch schon Begegnung mit dem ewigen Du. Gerade aber weil beide Begegnungen fraglos und von sich her ineinander und miteinander gegeben sind, und weil sie andererseits auch nur sind, insofern ich selbst als Begegnender, d. h. nicht objektiv Erfahrender an dem Begegnungsereignis teilnehme, zerbricht das Begegnungsereignis in dem Augenblick, in dem ich es entweder objektiv vor mich bringen oder in dem ich auch nur eine Begegnung von der anderen lösen will. Die wirkliche Begegnung mit dem ewigen Du zerbricht, indem ich sie objektiv vor mich bringen will. Denn sie ist nur wirklich, indem ich begegne, d. h. ungeschieden, gemäß dem, was ich meinem Äußersten nach bin, unmittelbar in die Begegnung eingehe. Religion ist deshalb »etwas, was man nicht einmal wollen darf« (IV, 751). Dem religiösen Verhältnis geht es deshalb auch nicht um die Religion, sondern es geht ihm um die einfache unmittelbare Wirklichkeit der Begegnung. Es geht ihm darum, »eine Menschenwelt unter einer göttlichen Wahrheit zu ordnen« (II, 96). Es geht ihm um nichts als um die Begegnung selbst, d. h. um das unwillkürliche Leben »im Angesicht Gottes« (I, 528). Das religiöse Verhältnis und die gelebte Wirklichkeit sind ganz eins in einer selbstverständlichen Einheit.

Nun aber kann sich offenbar das menschliche Leben in dieser Einheit, die nur je die Einheit der Wirklichkeit im Augenblick der Begegnung ist und außerhalb ihrer selbst keine Sicherung hat, nicht halten. Der Mensch »will sich mit der unaussprechlichen Bestätigung des Sinnes nicht begnügen, er will sie ausgebreitet sehen als etwas, was man immer wieder vornehmen und handhaben kann, ein zeitlich und räumlich lückenloses Kontinuum, das ihm das Leben an jedem Punkt und in jedem Moment versichert« (I, 155). Aus dieser Tendenz, das, was nur als das nicht zu sichernde und nicht auszusprechende Ereignis der Begegnung sein kann, zu sichern und festzulegen, entsteht Religion in der degenerierten Gestalt.

Diese ist zunächst einmal dadurch gekennzeichnet, daß sie innerhalb der Wirklichkeit als etwas Selbständiges auftritt. Während es dem reinen religiösen Verhältnis auf nichts Besonderes, sondern einfachhin auf die Wirklichkeit der Begegnung, die die Wirklichkeit des gelebten Lebens ist, ankommt, zeigt sich die Religion, die aus der Tendenz der Sicherung des nicht zu Sichernden entsteht, als »die Spezialität Religion« (I, 527). Die Religion und die Wirklichkeit einfachhin und im ganzen treten auseinander. Religion zeigt sich als die »abgelöste Religion« (II, 856), das »isolierte Religiöse« (III, 866), »eine Abteilung des Lebens neben anderen« (I, 247)[120]. In einem damit aber ist gegeben, daß Gott, der in Wirklichkeit nur angerufen werden kann, und zwar dadurch, daß ich in die sich ereignende Begegnung eingehe, nun zu einem Objekt des »Redens über« wird (I, 594). Der Glaube, ursprünglich das immer neue Sich-Freigeben an die Begegnungsereignisse des sich ereignenden Weges, das als Treue, wie Buber sich in »Ich und Du« ausdrückt, die Beziehungsakte in der Zeit ergänzte, beginnt allmählich unter der Tendenz des Sichernwollens die Beziehungsakte zu ersetzen. »An die Stelle der stets erneuten Wesensbewegung der Einsammlung und des Ausgehens tritt das Ruhen in einem geglaubten Es.« Gott wird »zum Glaubensobjekt«[121] (I, 155). Gott wird so »aus dem Herrn des Daseins« zunächst »zum Herrn der Religion« (I, 1099), und am Ende zu dem bloßen bildsamen Schein, der kein wirklicher Partner mehr sein kann (III, 744–745). Die Gottesidee, so sagt Buber in der Auseinandersetzung mit Hermann Cohen, ist zwar das »Meisterwerk des Menschen«. Aber sie ist doch »nichts als das Bild der Bilder, das sublimste unter allen Bildern, die sich der Mensch von Gott, dem Bildlosen macht«, (I, 549). Ebendeshalb aber bildet dieses Bild eine dauernde Gefahr, den Menschen von dem wirklichen Gott abzulenken, der in Wirklichkeit dem Menschen »auch noch Bilden und Schauen in ein Opfer verwandelt, das zwar freudigen, aber nicht eben genießerischen Herzens dargebracht wird (A 636)[122].

Hand in Hand mit diesem Einstellen Gottes als eines Objektes des »Redens über« in das System des gesicherten Daseins und dem Heraustreten der Religion aus der Einheit der in der Begegnung ge-

120 Vgl. dazu auch II, 438, 850, 856; III, 748, 840; IV, 591; A 611.
121 Auch Glauben muß also von »Glauben« unterschieden werden. Buber hat das ausführlich in »Zwei Glaubensweisen« getan. Die Unterscheidung von emuna und pistis ist aber bereits in »Ich und Du« angelegt. Die »Zwei Glaubensweisen« erscheinen deshalb in der Tat viel eher als ein philosophisches denn als ein exegetisches Werk. Da Buber sich jedoch auf die Exegese beruft, muß die Auseinandersetzung mit den »Zwei Glaubensweisen« auch exegetisch durchgeführt werden.
122 Vgl. dazu II, 438: Gott als den »Vernünftigen und Vernunftgemäßen ..., den es wohl nirgends gibt als eben in der Religion«. Außerdem II, 631; 606, 247–, 753, 924.

lebten Wirklichkeit geht dann aber auch die Auflösung der Religion in eine Vielfalt von jeweils für sich wichtigen kultischen und rituellen Formen. Buber schließt es nicht aus, daß das wirkliche religiöse Verhältnis als die gelebte Begegnung sich leibhaft äußern muß[123]. Es muß Symbole des Begegnungsereignisses geben und Sakramente, die Buber »einen leibhaften Vorgang zwischen Oben und Unten« nennt (III, 829). Aber jede leibhafte Äußerung des Begegnungsereignisses ist dauernd in Gefahr, sich aus der Einheit der Wirklichkeit der Begegnung herauszulösen und sich zu verselbständigen. Dies geschieht immer dann, wenn das Begegnungsereignis selbst in sich zusammengefallen ist und der sichernden Beziehung des Erfahrens und Gebrauchens gewichen ist. Es ist möglich, daß »Führer und Leute und das Lehrhaus mit dem ganzen Apparat«, daß all das da ist. Und »da reißt der Satan das innerste Pünktlein heraus, aber alles andere bleibt wie zuvor, und das Rad dreht sich weiter, nur das innerste Pünktlein fehlt« (III, 148). Das innerste Pünktlein, von dem hier in der Einleitung zu den Erzählungen der Chassidim die Rede ist, ist aber nichts anderes als das dialogische Verhältnis der Begegnung selbst, das überhaupt erst die Einheit der Wirklichkeit stiftet. Fehlt es, so fällt die Wirklichkeit auseinander. Und was vorher Teil und Ausdruck der einen Wirklichkeit war, macht sich selbständig. Das selbständige Hervortreten der Teile ist deshalb immer auch verbunden mit dem Charakter der Unwirklichkeit. Nun bejaht man Riten »ohne, dem Du zugewandt, dessen Präsenz wirklich zu meinen« (I, 596). Der religiöse Vollzug wird nun zum bloß »objektiven«, »ohne persönliche Hergabe«. Man fühlt sich im opus operatum gesichert und kann dem »Angefaßt – und Angefordertwerden der eigenen Ganzheit« aus dem Wege gehen. Der »Wirklichkeitsernst« des religiösen Verhältnisses fehlt (III, 840)[124]. Man glaube nun, daß man »im irdischen Leben sein eigenes Regiment etablieren und den droben kultisch abfinden kann« (II, 335). Buber hat diese Gefahr des »abgezogen Kultischen« (vgl. II, 702) überaus scharf gesehen und immer wieder auf sie aufmerksam gemacht[125]. Zu diesem Kultischen zählt nach Buber alles Kirchenhafte (vgl. II, 247 und 595, 507) und auch das Priestertum, das nach Buber »die stärkste menschliche Spezialisierung« ist, »die wir kennen«

---

[123] Er hat dies allerdings auch nirgends ausdrücklich thematisiert, wenn man nicht die chassidischen Erzählungen selbst als eine solche Thematisierung ansehen will.
[124] Vgl. auch III, 765.
[125] Vgl. dazu auch II, 397, 417–418, 518, 706; V, 122.

(II, 213). In jenes durch das Sichernwollen entstehende System der »Religion« gehört schließlich auch jede Dogmatik, die Buber zuweilen in Zusammenhang mit der Gnosis sieht[126]. Das Dogma ist, so heißt es in »Zwiesprache«, »die erhabenste Form des Gefeitseins gegen die Offenbarung geworden« (I, 191). Man wird freilich diese Aussagen Bubers, die in ihrer Schärfe zuinnerst mit der Alternativik des Buberschen Denkens zusammenhängen, eher aus der Richtung, in die sie zielen, verstehen müssen und sie nicht so sehr als in sich ruhende kategorische Aussagen werten dürfen. Sie haben postulativen Charakter und wollen hinweisen. Sie wollen reinigen. Darin liegt ihre Größe und ihre Grenze. Es geht Bubers ganzem Werk um das wahre religiöse Verhältnis. Gerade deshalb trägt es auch im ganzen einen religionskritischen Charakter. Buber fühlte sich berufen, in der Zeit der »Gottesfinsternis« auf die reine Unmittelbarkeit des Königtums Gottes hinzuweisen. Im Eifer dieses Hinweisens erschienen ihm dem Königtum Gottes gegenüber die Religionen als Exile (I, 782)[127]; ja, da er in der Bewegung die von dem Begegnungsereignis zu der nichtigen Beziehung des Erfahrens und Gebrauchens führt, die Bewegung wiedererkannte, die von dem reinen Begegnungsereignis zu der Ausbildung von »Religion« führt, konnte er formulieren: »Die Urgefahr des Menschen ist die ›Religion‹« (III, 744; vgl. I, 157).

f) Die Auswirkungen der Eigenarten des Buberschen Ansatzes auf das Verständnis von Religion

Die Gesichtspunkte der Buberschen Religionskritik sind nun teilweise allerdings auch auf die Eigenarten des Buberschen Ansatzes, von denen bereits gesprochen wurde, zurückzuführen. Diese Eigenarten der Buberschen Dialogik bleiben auf das Verständnis des religiösen Verhältnisses bei Buber nicht ohne Einfluß, sondern prägen dieses vielmehr entscheidend mit.

Dies gilt zunächst einmal von der *Intentionalität* als dem Ausgangspunkt der Buberschen Dialogik. Wir sahen, daß das Frühwerk und das dialogische Werk Bubers bei aller Verschiedenheit dennoch

---

[126] Vgl. zu Dogmatik I, 596; 351, 329; 595, 507; 753, 924; II, 425; IV, 188, 194; A 603. I, 680 erscheinen Theologie und Religionsphilosophie als die intellektual verfaßten Außenbezirke der lebendigen Religion.
[127] Vgl. dazu auch V, 102 ff.

darin übereinkommen, daß sie methodisch von dem Ich ausgehen. Die Welt wird in »Ich und Du« als eine beschrieben, die dem Menschen, d. h. dem Ich, das sprechen kann, auf eine zweifache Weise ist. Zwar ist das Zwischen des Ich-Du-Verhältnisses für Buber Ereignis und nicht mehr nur Erlebnis. Dies hindert aber nicht, daß Buber, der sich in der Rückschau auf sein Werk selbst einen »erlebenden Denker« nennt (A 592), im Ausgang von dem Ich beschreibt, wie dieses Ich das Sein in dem Grundwort Ich-Du erlebt. Anders kann Buber, wenn einmal der Ausgang von dem die Grundworte sprechenden Ich angenommen ist, von dem Ereignis des Grundwortes Ich-Du gar nicht sprechen[128]. »Ich und Du« trägt trotz der Wende in seiner Methode weitgehend den Charakter der psychologischen Beschreibung, der mit dem paränetischen Charakter des Werkes vorzüglich übereinkommt. Vergleicht man das Kapitel »Religion as social immediacy« der 1916 erstmalig erschienenen Religionspsychologie Georg Albert Coes mit »Ich und Du«, so findet man, daß die Gehalte, die in beiden Werken beschrieben werden, weitgehend dieselben sind, obwohl die Grundabsicht beider Werke völlig verschieden ist. Auch bei Coe, der rein psychologisch beschreibend vorging, zeigt sich Religion als die Unmittelbarkeit zwischen Ich und Du, die sich sonst nur vermittelt gegenseitig erfassen können[129]. Diese Übereinstimmung macht die Methode Bubers offenbar. Buber beschreibt von dem Ich aus, welches das Grundwort Ich-Du spricht, das religiöse Verhältnis als das in der Unmittelbarkeit der Begegnung bestehende. Das heißt aber: Auch in »Ich und Du« und in seiner Folge in dem ganzen dialogischen Werk Bubers, ist Religion vornehmlich als Religiosität verstanden. Leitend ist für Buber nicht, wie etwa für Rosenzweig, die Frage: Was und wer kommen in dem sich ereignenden Zwischen als der sich ereignenden Sprache zum Vorschein, sondern: Wie komme ich in die Unmittelbarkeit des Verhältnisses der Begegnung hinein? Welche »Haltung« muß ich dazu einnehmen?[130]

---

[128] Es mag daher kommen, daß *Heidegger* Bubers Ich-Du mit einer raschen Handbewegung einfach in die Sphäre des Erlebens, die der metaphysischen Subjektivität zugehört, verweist. Vgl. Unterwegs zur Sprache 130.

[129] Coe 246 ff.

[130] *Goldschmidt* konnte aus der Einsicht in die Grundstellung des Buberschen Denkens zu dem Urteil kommen: Es ging ihm trotz der Beteuerung seiner Hingabe an alle und alles zuletzt doch nicht um die anderen Wesen, sondern um den Gott hinter ihnen, d. h. aber hier: um seinen eigenen Gott! Im Grunde benützte auch er die anderen Menschen – zu seinem eigenen Gottesdienst« (Hermann Cohen und Martin Buber 75). Es scheint

Mit diesem Ausgang von dem Ich und seiner Haltung hängt es meiner Ansicht nach auch zusammen, daß Buber die Frage, inwieweit die Begegnung mit dem anderen Du und die Begegnung mit dem ewigen Du übereinkommen und inwieweit sie sich unterscheiden, nirgends ausdrücklich thematisiert. Denn von dem Ich und seiner Haltung aus zeigt sich die Begegnung mit dem anderen Du und die Begegnung mit dem ewigen Du als dieselbe. Beide Begegnungen sind zugleich unmittelbar. Keine vermittelt die andere. Das ewige Du wird lediglich negativ dadurch bestimmt, daß von ihm gesagt wird, es könne seinem Wesen nach nie zum Es werden (I, 128). Fragt man deshalb genauer danach, wie denn die Begegnung mit dem anderen menschlichen Du und die Begegnung mit dem ewigen Du auseinanderzuhalten und zusammenzuordnen seien, so bemerkt man in den Buberschen Texten eine eigentümliche Unsicherheit, die zeigt, daß dies von Bubers Fragestellung aus eigentlich keine mögliche Frage war. Noch in der »Antwort« heißt es auf einen mißverständlichen Satz Wheelwrights hin, die Wesensbeziehung zu Gott müsse »ihre *Ergänzung* (Hervorhebung v. Vf.) in der Wesensbeziehung zu den Menschen finden« (A 609). Ergänzung, das darf man dann am ehesten so interpretieren: das Ganze sind nur beide Beziehungen miteinander. Man kann von der einen Beziehung nicht sprechen, ohne von der anderen mitzusprechen.

Mit dem Ausgang vom Ich und seiner Intentionalität hängt schließlich auch zusammen, was man – um einen Titel zu haben – Bubers Neigung zu pelagianischen Formulierungen nennen könnte. Dies tritt am deutlichsten dort zutage, wo Buber von der Umkehr spricht. Während Rosenzweig die Umkehr darin wurzeln sieht, daß ich umgekehrt worden bin – nämlich vom trotzigen zum sein gelassenen Charakter, erst dann kann ich das Gebot der Nächstenliebe erfüllen – scheinen bei Buber viele Stellen davon zu sprechen, daß der Mensch von sich her und auf sich gestellt die Kraft zur Umkehr habe[131]. »Von ihm (sc. dem Menschen), von ›unten‹ muß der Antrieb zur Erlösung ausgehen. Die Gnade ist Gottes Antwort« (III, 809)[132]. Solche Stellen, die, soweit sie sich im Frühwerk Bubers finden, im

---

mir jedoch deutlich, daß diese frühe Kritik Goldschmidts dem Ganzen dessen, was sich in Bubers Werk äußert, noch nicht gerecht wird.

[131] Grundsätzlich so sieht die Umkehr auch der späte *Cohen;* vgl. Religion der Vernunft 234–240.

[132] Vgl. dazu I, 585: Die Lehre, daß der Glaube Gabe Gottes sei, »hatte freilich zur Folge, daß das israelitische Mysterium des Menschen als eines selbständigen Partners Gottes

Zusammenhang der Religion der Tat tatsächlich die Erlösung ganz auf das Leisten des Menschen stellen[133], entspringen in dem dialogischen Werk Bubers doch nur der Beschreibung des Begegnungsverhältnisses vom Ich aus und der daraus entspringenden Notwendigkeit das, was in Wirklichkeit in einem zusammen ist, nacheinander zu sagen. Bei genauerem Zusehen zeigt sich, daß für Bubers Verständnis das Anfangen des Menschen in der Umkehr in den dialogischen Vorgang des sich ereignenden Verhältnisses zwischen dem ewigen Du und dem Anfangenden eingebettet ist. Wenn auch von diesem Anfangen zuerst und aus paränetischen Gründen vor allem gesprochen wird, so ist dieses Anfangen doch immer schon ermöglicht durch das sich ereignende Verhältnis; es ist Mitwirkung, es vollzieht sich in der Ur-Gegenseitigkeit und als Moment ihrer, wie der weitere Kontext der Stellen, die wir anführten, jeweils deutlich zeigt[134].

Aber nicht nur der Ausgang von dem intentionalen Schema, sondern auch die mit diesem Ausgang gegebene Gefahr der *Alternativik*, die wir unter den Eigenarten des Buberschen Ansatzes fanden, wirkt sich auf das Verständnis des religiösen Verhältnisses aus. Daß das In-der-Welt-sein entweder als Ich-Du oder als Ich-Es gedacht werden muß, kann, so sahen wir, zu einer Abwertung des Ich-Es-Verhältnisses führen. Buber tue dem Es unrecht, war, wie Ernst Simon berichtet, bereits Rosenzweigs Meinung (A 503. Vgl. jetzt GS 1, 824–827). Diese Abwertung muß dort, wo das Ich-Du-Verhältnis als das religiöse Verhältnis verstanden wird, dazu führen, daß dem reinen religiösen Akt der Begegnung gegenüber alles Es-hafte, Vorliegende, Beständige, Kultische und Institutionelle, als diesem reinen Akt der Begegnung widersprechend, geringgeachtet oder abgelehnt wird. Bubers zuweilen scharfe Ablehnung des Kultischen, Rituellen, in Ordnungen Niedergelegten, die sich bei Rosenzweig nicht so findet, weil dieser auch die gesprochen-worden-seiende Sprache sein lassen kann, hat hier ihren Grund. Während Rosenzweig den Stern mit einer Liturgik, also einer Theorie des Kultes, beschließt, fehlt eine solche bei Buber völlig, weil Buber daran kein Interesse hat. Ihm liegt vielmehr allein daran, das Ich-Du-Verhältnis als die Wahr-

---

ins Dunkel zurücktrat«. Ebenso I, 753, 770; IV, 192: damit es einen gebe, der auf ihn, auf Gott zu anfangen kann und soll«.

[133] Vgl. IV, 18, 23, 24, 51, 68, 103.

[134] Andere Stellen, die dies belegen, sind. III, 756; IV, 560, 589, 627, 667–668.

heit des religiösen Verhältnisses gegenüber dem Ich-Es-Verhältnis herauszuarbeiten. Dieser Ausfall ist jedoch, wie die Gegenüberstellung von Ich-Du und Ich-Es, aus der er entspringt, meiner Ansicht nach weitgehend paränetisch zu verstehen. Denn es zeigt sich in der Darstellung des Chassidismus, daß Buber dem Kultischen und Rituellen, den vorgegebenen Ordnungen an sich, dort, wo sie in die Begegnung hineingenommen und deren Verleiblichung oder Anlaß werden, durchaus nicht feindlich gegenübersteht.

Für den Buberschen Ansatz kennzeichnend fanden wir es weiterhin, daß von dem eigentlichen Ziel des Buberschen Denkens, dem *Zwischen*, nur *negativ* gesprochen werden konnte. Auch diese Eigenart trägt sich in das Verständnis und die Beschreibung des religiösen Verhältnisses ein. Während Rosenzweig gleich zu Beginn des Stern eine negative Theologie ablehnt (GS 2, 25 ff.) und im II. Teil des Stern sichtbar machen möchte, wie in der sich als Sprache ereignenden Wirklichkeit selbst Mensch, Welt und Gott zusammenkommen, hat Bubers Rede von dem ewigen Du weitgehend den Charakter einer negativen Theologie. Das ewige Du »ist« nirgends und nicht in der Zeit, man kann in der Erfahrung seiner weder allein von Aktion noch allein von Passion sprechen, sondern nur von dem Zusammenfall beider. Von dem Ich und seiner Intentionalität her gesehen, ist das ewige Du nichts. Dies hat Theunissen deutlich gezeigt.

Diese Nichtigkeit des ewigen Du, insofern dieses von dem Ich in direkter darstellender Rede angezielt wird, hat nun aber zur Folge, daß man eigentlich von »dem« ewigen Du gar nicht sprechen kann. Man kann es allenfalls anrufen. Gleichwohl spricht aber Buber dauernd von dem ewigen Du in darstellender lehrhafter Rede[135]. Ja, Buber spricht z. B. sogar davon, die Glaubensintention gehe »auf einen Seienden« (I, 602). Gott wird hier, weil Buber selbst weiß, was er meint, mit einer gewissen unbefangenen Naivität – wider alle Intention Bubers – in die Ich-Es-Rede eingestellt[136]. Das hat dann zur Folge, daß Buber dort, wo er über das Sein des ewigen Du spricht, in

---

[135] Auch wir mußten dies tun. Wir suchten der Schwierigkeit, die darin liegt, daß man über das ewige Du eigentlich nicht reden kann, dadurch zu entgehen, daß wir das von Theunissen geprägte Wort »Zwischen des Zwischen«, das indirekt spricht, und das ebenso indirekt sprechende »Ursprung des Zwischen« oder das »unsagbarer Ursprung von Sprache« verwandten.

[136] Buber scheint unter dieser Unangemessenheit der Sprache auch wesentlich weniger gelitten zu haben als Ebner.

seiner Rede eigentümlich schwankend und ungenau wird. Der Negativität des Zwischen und der Negativität des ewigen Du wegen konnte Buber so verstanden werden, als meine er mit der dialektischen Theologie gemeinsam nur das »Nicht«, die schlechthinnige Anderheit Gottes. Buber setzte sich 1961 in seiner Antwort gegen dieses verbreitete Verständnis zur Wehr und antwortete darauf, man dürfe Gott nur den ganz Anderen nennen, wenn man im gleichen Atemzug wisse und bekenne, »daß er der Nichtandere, der Hiesige, der Jetzige, der Meine ist« (A 611). Dies entspricht der in Bubers Werk öfter vorgetragenen Formel von der Uranderheit aber nicht »Ganzanderheit« Gottes (I, 222)[137]. Darin meint man einerseits alte und dem abendländischen Denken wohlvertraute Analogieformeln[138] widerklingen zu hören. Andererseits bleibt das Sowohl-Als-auch aber einigermaßen ungeklärt. Und zwar deshalb, weil hier letzten Endes doch nach so etwas wie dem zeitlosen Wesen Gottes gegriffen wird, dem ich mich nur durch das Nicht der Analogie annähern kann.

In diesen Zusammenhang gehört es dann auch, daß Bubers Denkweg sich nicht wie der Rosenzweigs im Ereignis der *Sprache*, die die Sprache der Nächstenliebe sein soll, vollendet – sondern im Schweigen (I, 104; vgl. I, 175 ff.). Wiederum hat Theunissen darauf nachdrücklich aufmerksam gemacht[139]. Wohl kennt auch Rosenzweig das Schweigen. Aber er thematisiert es ausdrücklich als den zeichenhaften liturgischen Hinweis auf die Vollendung, der insofern jedoch beredt und sichtbar ist, als er Gebärde ist. Aber Buber denkt von vornherein nicht so sehr von der sich ereignenden Sprache als vielmehr von der Haltung des begegnenden Ich her. Und von diesem Blickpunkt aus muß die Vollendung des konkreten religiösen Verhältnisses als die Vollendung im Schweigen thematisiert werden.

Wir sind damit schon bei der letzten wichtigen Eigenart des Buberschen Ansatzes, die sich unmittelbar auf das Verständnis des religiösen Verhältnisses auswirkt: Was Buber eigentlich thematisiert, ist die Haltung des Ich im sich ereignenden Augenblick der Unmittelbarkeit, nicht aber das Sich-Zeitigen der gesprochen werdenden Sprache, die in ihrem Gesprochenwerden ein *Mittleres* ist zwischen

---

[137] Vgl. I, 523: »daß ich mich zu ihm als zu einem mir gegenüber Seienden, wenn auch nicht *nur* mir gegenüber Seienden verhalte«.
[138] Vgl. die Formel des IV. Lateranense: »inter creatorem et creaturam non potest tanta similitudo notari, quin inter eos maior sit dissimilitudo notanda« (Denzinger 806 [432]).
[139] Vgl. *Theunissen* 287.

schon vorliegender Sprache und der nur erhofften Gemeinsamkeit
aller Sprachen. Zwar ist Buber diesem Aspekt gegenüber, der den Augenblick, in dem sich Sein als Offenbarung ereignet, als ein Mittleres
zwischen den Ersten und Letzten Dingen auffaßt, nicht verschlossen.
Das Schema, das den Augenblick zwischen Protologie und Eschatologie sieht, taucht auch im Werk Bubers auf, näherungsweise schon am
Ende von »Ich und Du« und dann, von der Mitte der 20er Jahre an,
immer häufiger. Aber das eigentliche Thema Bubers bleibt der Augenblick und die realpsychologische Beschreibung des sich im Augenblick ereignenden erlösenden Ich-Du-Verhältnisses von dem Ich
her, welches das Grundwort Ich-Du spricht. Der Augenblick des sich
ereignenden Verhältnisses selbst ist das messianische Ereignis[140]. Im
Bedenken des religiösen Verhältnisses führt dies dann zu dem »Messianismus der Kontinuität«, in dem man mit Recht den Inbegriff der
Buberschen Theologie gesehen hat[141]. So wahr nun auch die Erkenntnis ist, daß die Gottesbegegnung wirklich nur je im Augenblick und
in der Begegnung mit der begegnenden Wirklichkeit ist, sosehr Buber dadurch lange Verschüttetes freigelegt hat und sosehr diese Einsicht die gegenwärtige wie die zukünftige Theologie befruchten kann
und befruchten muß, so sehr darf doch auch gesehen werden, daß
diese Wahrheit eine hinweisende, situationsbedingte und darin denn
eben im Fortgang des Gesprächs doch ergänzungsfähige Wahrheit
ist. Daß diese Thematisierung des Augenblicks, die Bubers eigent-
lichstes Anliegen ist, noch andere Hinsichten zuläßt, zeigt sich deutlich ja darin, daß in Bubers Bedenken des religiösen Verhältnisses
einzelne Aspekte des religiösen Verhältnisses, denen Buber an sich
nicht ablehnend gegenübersteht, dennoch einfachhin ausfallen. Wir
machten darauf bei der Behandlung des Kultischen bereits aufmerksam. Angesichts der entschiedenen Thematisierung des Augenblicks,
die bedeutet, daß Buber die Zeitigung als Zeitigung weniger aus-

---

[140] Vgl. dazu etwa III, 753 »in sich selber ist der erlöserische Augenblick wirklich«.
Riwka Schatz-Uffenheimer bestreitet Buber, daß der Chassidismus überhaupt etwas
von einem solchen »unendlichen Ethos des Augenblicks« wisse (A 286).
[141] Vgl. *Taubes* A 411. Ein großer Teil der Schriften zur Bibel ist der Aufgabe gewidmet,
diesen Messianismus der Kontinuität – auch Buber selbst gebraucht diesen Titel (I, 708)
– als die Lehre der Bibel herauszuarbeiten. Besonders deutlich tritt das zutage bei der
Interpretation der deuterojesajanischen ebed-JHWH-Texte, aber auch bei der Aus-
legung des Wesens des Prophetischen. Vgl. II, 421: »Der reine Prophet ist gleichsam
phantasielos, genauer: er hat keine andere Phantasie als die der vollen Vergegenwärti-
gung der Gegenwart, in ihrer Tatsächlichkeit und ihrer Potenz.« Für Buber gründet hier
der Unterschied zwischen Prophetie und Apokalyptik. Vgl. dazu II, 336, 929.

drücklich oder kaum thematisiert, entspricht dem der Ausfall einer Theorie des *Festes* in dem religiösen Verhältnis. Was Buber in seiner »Bekehrung« (I, 186 ff.) schildert, daß ihm nämlich in der dialogischen Wende das Religiöse mit dem Alltag identisch geworden sei – jeder gelebte Augenblick ist in sich religiös – führt scheinbar dazu, daß der Festtag, so wie wir ihn bei Rosenzweig kennenlernten, in dem Gedankengefüge Bubers keinen Sinn mehr haben kann, ja sogar in die Nähe zu der »Religion« gerät, die das Angesicht Gottes dem Menschen verdeckt[142]. In Wirklichkeit steht es, so scheint mir, auch hier so, daß Buber durch die Thematisierung der einen Wahrheit die andere Wahrheit nicht ausschließen will. Wiederum dürfte man sich hier auf die chassidischen Erzählungen berufen, die das Fest als das Zeichen der endzeitlichen Vollendung so oft schildern. Aber Bubers »philosophischer Methodik« (A 590) war es nicht gegeben, dies darzustellen, sondern nur, die Wahrheit des Augenblicks zu thematisieren. Gegeben: das hat Buber selbst in der Rückschau auf sein Werk, darin seiner eigenen Erkenntnis treu bleibend, aus dem Augenblick verstanden. In diesem geschichtlichen Augenblick sei es ihm aufgegeben gewesen, auf das sich Ereignen der Unmittelbarkeit, des Ich-Du-Verhältnisses im Augenblick, hinzuweisen als auf die in diesem geschichtlichen Augenblick »vernachlässigte, verdunkelte Unwirklichkeit«[143].

---

[142] Vgl. dazu III, 744. Der Sinn des spezifischen Gottesdienstes kann nur in der Bereitung für den Umgang mit Gott an der Welt im Alltag liegen. Sonst wird er »Religion«.
[143] A 592 und A 602: Bubers Rechtfertigung gegenüber der Bemerkung Rosenzweigs.

Ergebnisse

Am Ende der Wanderung durch die Landschaft des dialogischen Denkens dürfen die Ergebnisse zusammengefaßt werden, die der Weg erbrachte. Die Ergebnisse eines solchen Denkweges, durch den ein bereits vorliegendes Denken nachgedacht und aufgehellt wird, erbringen zweierlei: Sie führen einmal dazu, daß das Phänomen des Denkens, mit dem das Fragen sich beschäftigte, in seiner geschichtlichen Stellung besser gesehen und verstanden werden kann. Sie führen aber andererseits auch dazu, daß die Frage sich klärt, die den Anlaß zu dem eigenen Fragen gab. In der Begegnung mit dem Denken, durch dessen Gegend der Weg führte, erwächst dem eigenen Denken so eine Antwort, die ein Neues sowohl gegenüber dem untersuchten Denken wie gegenüber dem bisherigen eigenen Denken ist. Demgemäß können die Ergebnisse der Untersuchung unter zwei Hinsichten zusammengefaßt werden.

1. Die geschichtliche Stellung des dialogischen Denkens

a) Die seinsgeschichtliche Stellung

Wer die Gedankengefüge der drei Denker, deren Denken wir bedachten, vor sich sieht, wer dieses dreifach verschiedene Denken, das doch in dem entscheidenden Gedanken übereinkommt, kennen und aus seinen Anlässen und inneren Beweggründen verstehen lernte, wird beinahe wie von selbst dazu geführt, diesem Denken, das sich selbst so sehr geschichtlich versteht, seine Stelle in der Geschichte des abendländischen Denkens zu suchen.

Welches aber ist diese Stelle? Um sie zu finden, sei es erlaubt, den Weg des neueren abendländischen Denkens einer bestimmenden Hinsicht nach noch einmal kurz zu skizzieren. Wir sind uns dabei der Grenzen eines solchen Unterfangens wohl bewußt.

Es kann wohl keinem Zweifel unterliegen, daß die abendländische Geschichte des Denkens zumindest seit dem Beginn der Neuzeit durch einen eigenartigen Zug gekennzeichnet ist, der, in seinen einzelnen Symptomen genau faßbar, dennoch als er selbst lange unbegriffen blieb. Wir meinen den Zug zur Umbildung des Denkens in jene Weise zu denken, deren genaueste Ausprägung der sich vornehmlich im 18. und 19. Jahrhundert ausbildende Typ des naturwissenschaftlich-mathematischen Verstehens ist. Inwieweit dieses Geschick des abendländischen Denkens bereits im griechischen Denken angelegt ist und inwieweit es durch die Übersetzung in das lateinische Denken gefördert wurde, soll hier offenbleiben. Sicher ist jedenfalls, daß sich im abendländischen Seinsverständnis seit dem Ausgang des Mittelalters immer stärker jener Zug zeigt, demgemäß Sein immer ausschließlicher als System verstanden wird, das zu beherrschen dem menschlichen Geist an sich gegeben ist. Descartes ist in der Neuzeit einer der ersten großen Vertreter dieses Seinsverständnisses und zugleich derjenige, in dem die führende Tendenz dieses Seinsverständnisses ans Licht kommt[1]. Sein wird von ihm verstanden als das *zeitlos* vorhandene, das in der Mathesis universalis hell wird. Eben deshalb kann es von der Erkenntnis im Sinn der mathematisch-physikalischen Erkenntnis sicher und alle Zeit gleich besessen werden. In Korrespondenz dazu wird Philosophie das voraussetzungslose Denken, das alles aus sich selbst hervorbringt. Sein wird dementsprechend vornehmlich das, dessen ich mich absolut vergewissern kann und muß. Von Descartes' Idee der Mathesis universalis und dem Verständnis des Seins aus der cogitatio führt ein geschichtlich konsequenter Weg über Leibniz' Idee einer scientia universalis und der dazugehörigen lingua universalis rationalis zu Berkeleys »esse est percipi« und schließlich zu dem epochalen Werk Kants, das Sein als Erscheinung versteht, nämlich bedingt durch die Formen der Anschauung und des Verstandes. Dieses in der Kantischen Wende zutage getretene Seinsverständnis wird im Deutschen Idealismus, vornehmlich in der Geistphilosophie Hegels, erhöht zu der Einholung des Alls in den absoluten Binnenraum der Helle des sich selbst hellen Geistes.

Diese Helle des sich selbst hellen Denkens holt ausdrücklich nicht nur die Geschichte des Denkens selbst in sich ein, sondern auch das Verhältnis mit dem Göttlichen, die Religion. Die Philosophie ist in sich selbst »Theologie, und die Beschäftigung mit ihr oder vielmehr in ihr ist für sich Gottesdienst«[2]. Die Religion ist so für Hegel »die Stufe des Geistes, auf welcher dem Bewußtsein der spekulative Inhalt überhaupt ist«[3]. Dieser Grundansatz erlaubt es Hegel, die Inhalte der geoffenbarten Religion, die christlichen Dogmen, völlig in diese sich selbst durchsichtige Helle des sich selbst denkenden Den-

---

[1] Zu der Stellung des Werkes Descartes' im Denken der Neuzeit vgl. neuerdings *Heinrich Rombach*, Substanz, System, Struktur, I, 340 ff.
[2] *Hegel*, Begriff der Religion 30.
[3] A. a. O. 34.

kens einzuholen. Hegel meint damit, endlich der von dem Vater der Scholastik, Anselm, erhobenen Forderung der fides quaerens intellectum nachzukommen[4]; und zwar gegenüber einem völlig äußerlich gewordenen Kirchentum und einer äußerlich gewordenen Theologie, welche die überlieferten Glaubensgehalte nur mehr positiv tradierte und dem Zeitalter der Vernunft unerträglich geworden war[5]. Sollte die Religion eine Weise des menschlichen Daseins sein, so mußte sie in die Helle des Geistes eingegangene Religion sein. »Daß ich glaube, dazu gehört das *Zeugnis meines Geistes.*«[6] War die Wahrheit nur dadurch wahr, daß sie *eine* war und deshalb ihre wahre Gestalt nur in dem wissenschaftlichen Systeme finden konnte, so mußten auch die Religion und ihre Inhalte in dieses System eingehen und konnten erst dort ihre wahre Wahrheit finden.

Bereits Kant hatte, und zwar um der Wirklichkeit der Religion willen, Religion so »innerhalb der Grenzen der bloßen Vernunft« zu bestimmen gesucht. In Schellings Spätphilosophie, die ihr inneres Ziel in der Philosophie der Offenbarung findet, setzt sich dieser Versuch, Religion und ihre Inhalte in die Helle des sich selbst hellen, denkenden Geistes einzuholen, fort.

Jedoch ist es auffallend, daß innerhalb dieses gigantischen und epochalen Versuches der Philosophie von Kant bis Schelling, die Einheit der in sich selbst hellen und zeitlosen Wahrheit des Seins zu denken, die Religion nicht nur Anlaß für ein solches Bemühen war[7], sondern zugleich die Seite der Wirklichkeit des Daseins, die in Wirklichkeit doch nicht völlig in die über sich selbst verfügende Helle des Geistes eingeholt wurde. Dafür ist nicht nur Kierkegaards Protest gegen Hegel ein Zeugnis, sondern auf andere Weise auch die Annullierung der Religion durch Feuerbach und Marx, die damit nur die Konsequenzen aus Hegels Werk zu ziehen glaubten. Und schließlich legen die nie überwundenen Spannungen in Schellings Spätphilosophie ein Zeugnis dafür ab, wie wenig es dort gelungen ist, das Verhältnis zu dem Absoluten in die Helle der sich selbst als Wille verstehenden zeitlosen reinen Vernunft aufzulösen.

Der Fortgang des Jahrhunderts ließ denn die idealistischen Sy-

---

[4] Vgl. a. a. O. 45.
[5] Vgl. dazu die verschiedenen Äußerungen Hegels gegenüber Tholuck zu Beginn der Enzyklopädie von 1830, außerdem Begriff der Religion 35 ff.
[6] Begriff der Religion 49.
[7] Vgl. *Hegel,* Enzyklopädie §§ 1–2.

steme vorerst auch beiseite stehen und entdeckte stattdessen mit dem Aufblühen der historischen Forschung die Geschichtlichkeit aller Totalitäten des Erkennens. Diese Entdeckung, aufleuchtend bereits in dem berühmten Vortrag Rankes von 1854 vor König Max von Bayern[8], fand ihr philosophisches Selbstverständnis in dem Historismus Wilhelm Diltheys. Scheinbar bedeutete der Historismus die Preisgabe jedes umfassenden philosophischen Anspruches. Die ein halbes Jahrhundert zuvor mit solcher Vehemenz postulierte Einheit alles Erkennens, die ihre Gestalt in dem einen System finden sollte, bricht auseinander in eine Pluralität von jeweils nur für sich zu erkennenden geschichtlichen Einheiten, die unvermittelt nebeneinander stehen. Scheinbar konnte es für den Historismus nur die Verschiedenheit der verschiedenen geschichtlichen Welten geben, die unverbunden nebeneinander standen; und die man rechtmäßig deshalb noch nicht einmal in Relation zueinander setzen konnte.

In Wirklichkeit aber bereiteten der Historismus und die geistesgeschichtliche Forschung mit der in dem »Begriff« Leben angezielten Totalisierung des Verstehenshorizontes einerseits und mit der Relativierung alles geschichtlich Erscheinenden andererseits nur den Boden vor für die Frage, die es jetzt erneut und unter radikalisierten Voraussetzungen zu fragen an der Zeit war: die Frage nach dem *Sein selbst.*

Diese Frage fragt, in ausdrücklichem Rückgang auf Dilthey[9], der frühe Heidegger. Und diese Fragen fragen Rosenzweig, Ebner und Buber – je auf ihre Weise. Durch diese Frage ist ihre seinsgeschichtliche Stellung bestimmt.

In dem Geschick des abendländischen Denkens, das im Deutschen Idealismus und in dem lebensphilosophischen Historismus sei ne letzten Gesprächsgänge erreicht hatte, war der Umbruch in ein Denken, das Sein als geschehende Sprache verstand, an der Zeit.

Daß dies in der Tat ein »Umbruch des Denkens« war, darin hat Theodor Steinbüchel völlig recht gesehen. Was sich aber in diesem Umbruch ereignete, war nichts anderes als die Antwort auf die Frage, die durch die Krise des abendländischen Denkens im Deutschen Idealismus einerseits und andererseits durch die Lebensphilosophie[10] ge-

---

[8] »Ich aber behaupte, jede Epoche ist unmittelbar zu Gott, und ihr Wert beruht gar nicht auf dem, was aus ihr hervorgeht, sondern in ihrer Existenz selbst, in ihrem eigenen Selbst.«

[9] Vgl. Sein und Zeit 2; 46; 377; 397 ff.

[10] Prinzipiell hat bereits Steinbüchel auch diese Stellung des dialogischen Denkens gegenüber dem lebensphilosophischen Historismus erkannt. Vgl. *Steinbüchel* 26.

stellt wurde. Dies verstehen wir nicht so, als sei das dialogische Denken Frucht einer notwendigen Entwicklung gewesen, sondern so, daß in der Geschichte des abendländischen Denkens, das ein Gespräch mit sich selbst ist, dies der Augenblick war, in dem dieses neue Verständnis von Sein als geschehender Sprache geschichtlich von sich selbst her aufbrechen konnte.

Freilich wundert es uns deshalb nicht, daß in dieses neue Seinsverständnis Ansätze aufgenommen werden, die sich fragmentarisch, als Beunruhigungen und Vermutungen, bereits während des 19. Jahrhunderts finden. Das Denken Rosenzweigs, Ebners und Bubers zeitigt in diesem seinem Augenblick ein neues Seinsverständnis, in dem vieles, was das Denken bisher heimlich beunruhigte und nicht adäquat gedacht werden konnte, nun zu Wort kommen kann.

Jedoch: dieses Seinsverständnis ist *neu* gegenüber dem Seinsverständnis, das sich als das selbstverständliche bei Descartes zeigte und das in Hegels System zu einer unüberbietbaren Höhe gediehen war. Sein wird nicht mehr nur verstanden als der absolute Binnenraum des sich selbst hellen Geistes. Sondern es zeigt sich als das sich je neu im Zwischen Ereignende, das in der je neu sich ereignenden Sprache zwischen Menschen hell wird und zum Ausdruck kommt. Sein wird zuäußerst nicht mehr nur verstanden als das zeitlos vorhandene und verfügbare, welches Verständnis von Sein den Boden für die neuzeitlich mathematisch-physikalische Naturerfassung abgab und die technische Zivilisation ausbildete. Sondern *Sein* wird zuäußerst verstanden als *das* der Zeit und des Anderen, der ist wie ich, *bedürfende*. Das Bedürfen der Zeit und des Anderen erweisen sich als durchgängige konstituierende Charaktere dessen, was Sein heißen kann. Sein erweist sich als geschichtliche Gabe. Damit ist im Programm und Ansatz eine Überwindung des neuzeitlich-abendländischen Seinsverständnisses, dessen Krise sich seit Hegel abzeichnete, in ein umfassenderes neues Seinsverständnis hinein geglückt.

Dieses neue Seinsverständnis schließt – ausdrücklich allerdings nur bei Rosenzweig – das alte, zeitlose, den Boden der mathematisch-physikalischen Naturwissenschaften bildende Seinsverständnis mit ein. Es negiert die Größe dieses spätabendländisch-neuzeitlichen Seinsverständnisses nicht, sondern erweist sich ihm gegenüber nur als die noch größere, umfassendere Wahrheit, die jenes Seinsverständnis, das die technische Zivilisation ausbildete, durchaus in sich enthält.

Es zeigt sich von diesem Ergebnis her bereits die epochale Bedeutung des dialogischen Denkens. Indem Sein als sich ereignende Sprache verstanden wird, wird gegenüber jenem Seinsverständnis, das in der Neuzeit das europäische Denken fraglos beherrschte, bis es schließlich im 19. Jahrundert in seine eigene Krise geriet, ein umfassenderer Horizont des Verständnisses von Sein eröffnet, der jenen ersten Horizont nicht negiert, aber ihn in die größere Wahrheit einbringt und dadurch selbst erst ganz wahr sein läßt. Diese epochale Bedeutung vor allem des Denkens Rosenzweigs, das in der Tat einen neuen Horizont für alles Denken eröffnet, ist bis heute kaum gesehen worden. Vielleicht hängt das damit zusammen, daß vor allem Buber, der auf seine Weise diesen Horizont anzielte, ihn andererseits doch dadurch auch verdeckte, daß er das alte Seinsverständnis alternativisch gegen das neue stellte.

Grundsätzlich kann man dabei sagen, daß das von den dialogischen Denkern entdeckte neue Seinsverständnis an sich weitgehend mit dem von Heidegger gesehenen neuen Horizont der Seinsfrage übereinkommt. Jedoch zeigt sich vor allem das Rosenzweigsche Denken gegenüber dem fundamentalontologischen Entwurf von »Sein und Zeit« – wenigstens im Ansatz – insofern als umfassender, als es nicht nur die Zeitlichkeit des Daseins thematisiert, sondern bereits die erst von dem späten Heidegger angezielte Zeitlichkeit des Seins selber zur Sprache bringt. Dies zeigt sich aufs deutlichste darin, daß in dem Seinsverständnis Rosenzweigs gleicherweise das Bedürfen der Zeit *und* das Bedürfen des Anderen zur Sprache kommen, während in dem fundamentalontologischen Entwurf Heideggers das Bedürfen des Anderen als des Anderen zunächst ausbleibt[11]. Rosenzweig nimmt innerhalb des von ihm entdeckten neuen Seinsverständnisses eine ganze Reihe von Themen, die erst von dem späten Heidegger behandelt werden, vorweg. Als wichtigste Themen seien hier etwa das sich Ereignen der Sprache im Nennen des Namens[12] und die im Dingaufsatz[13] zur Sprache kommende Lehre vom Geviert, in dem die Göttlichen, die Welt und der Mensch in einem und zumal offenbar werden, genannt. Wir können auf diese Parallelen hier nicht

---

[11] Dazu, daß die Thematisierung des Anderen als des Anderen in »Sein und Zeit« ausbleibt, vgl. *Theunissen* 156 ff.
[12] Vgl. Gelassenheit 43–49.
[13] Vorträge und Aufsätze 143 ff.

näher eingehen[14]. Sie zeigen aber in aller Deutlichkeit den seins-geschichtlichen Ort des dialogischen Denkens an.

Innerhalb des neuen Verstehenshorizontes von Sein öffnet sich aber nun auch ein neuer Weg des Hindenkens auf das Göttliche, oder, genauer gesagt, ein neuer Zugang zu dem Verständnis von Offenbarung. Denn in der je neuen Zeitigung des Seins zwischen mir und dem Anderen kommt, insofern sich Sein je wieder als dieselbe Gabe erweist, ins Spiel, was als solches freilich »außerhalb des Systems« bleibt, aber sich in dem je neuen Gewähren des Zwischen zeigt. Es öffnet sich so ein neuer Weg des Hindenkens auf das Geheimnis, das die Sprache mit dem Wort »Gott« nennt, und das, so sieht das neue Denken, nicht genannt werden kann, ohne daß dabei nicht zugleich von der Welt und vom Menschen mitgesprochen wird. Hier liegt die Bedeutung des dialogischen Denkens und seines Seinsverständnisses für die gegenwärtige und die zukünftige Theologie, von der noch zu sprechen sein wird.

a)   Die Stellung Rosenzweigs, Ebners und Bubers in der geschichtlichen Situation und zueinander

Unter den drei Autoren, deren Werk wir interpretierten, kommt ohne allen Zweifel *Rosenzweig* eine *Vorrangstellung* zu. Dies hat sich im Verlauf der Untersuchung immer deutlicher herausgestellt. Denn unter den drei Autoren ist Rosenzweig zunächst einmal derjenige, der mit der größten Klarheit die geschichtliche Situation, in der sein eigenes Denken an der Zeit war und seine Stunde hatte, erfaßte und durchschaute. Rosenzweig besaß die genaueste Kenntnis des Deutschen Idealismus und hatte, wie der frühe Aufsatz »Atheistische Theologie« zeigt, die durch den Historismus und die Lebensphilosophie geschaffene philosophische Situation klar erkannt. Die Geschichtsschreibung hat uns noch nicht eröffnet, was in den Freiburger philosophischen Seminaren zwischen 1909 und 1914 vor sich ging, zu welchen philosophischen Reflexionen unter den fähigen jungen Geistern die gewaltig aufblühende historische Forschung führte, welchen Einfluß der in Straßburg lehrende Simmel ausübte, welchen die Heidelberger und welchen die Marburger. Aber es ist überaus auffällig, daß die dem Werke Rosenzweigs zugrunde liegende geistige Si-

---

[14] Vgl. dazu aber meinen Aufsatz im Philosophischen Jahrbuch der Görres-Gesellschaft 74/II »Sein und Offenbarung«.

tuation weitgehende Parallelen mit der geistigen Situation aufweist, die von dem Werk Heideggers, der beinahe zur gleichen Zeit wie Rosenzweig in Freiburg studierte, vorausgesetzt wird. Dank seines intensiven geistesgeschichtlichen Studiums, dem eine genaue Kenntnis der naturwissenschaftlichen Methode vorausging, war Rosenzweig von vornherein der universalste Geist, dessen philosophische Fähigkeiten dann aufs glücklichste mit dem zusammentrafen, was das intensive Studium ihm erbracht hatte. Rosenzweigs Werk ist deshalb trotz seines verhältnismäßig geringen Umfanges als einziges unter den drei Werken, die wir untersuchten, zu einem vollendeten philosophischen Ganzen gediehen, das in sich selbst ruht[15].

Da Rosenzweig seine eigene geschichtliche Stellung völlig durchschaut und sie als geschichtliche versteht, kann sein Denken ganz ruhig und gelassen sein. Denn es begreift, indem es Sein als geschehende Sprache versteht, einerseits die zu überwindenden Positionen des Idealismus und Historismus mit ein und überholt sie. Es zeigt gegenüber der zu überwindenden Position einen »Überschuß« und kann sie so sein lassen, ohne gegen sie kämpfen zu müssen. Und es kann sich sogar, da es sich selbst als geschichtlich, d. h. geschicklich und ge-schicht-lich versteht, durch die sich als Gespräch ereignende Wirklichkeit selbst relativieren lassen und also an sie freigeben. Rosenzweig weiß zuletzt darum, daß auch der Stern »nur- ein *Buch*« ist[16]. Aus diesem inneren Charakter des Rosenzweigschen Denkens kommt es, daß das Rosenzweigsche Werk in seiner Tiefe gelassen, ja beinahe heiter ist, obwohl es sich an seiner Oberfläche ironisch gibt und mit Spitzen gegen jenen Typ des Denkens, das Rosenzweig als das in sein Ende gekommenes erkannt hatte, nicht spart.

Bubers und Ebners Werke dagegen sind in ihrer Tiefe kämpferisch und im Ernste polemisch; wiewohl zumindest das Werk Bubers an seiner Oberfläche oft einen äußerst verbindlichen Charakter zu haben scheint. Bubers und Ebners Werke verstehen sich aus der Ge-

---

[15] Vgl. dazu *Rosenzweigs* eigene Bemerkung (Bü 25), die wir bereits referierten.

[16] Der Verfasser des ›Stern der Erlösung‹, der bei Kauffmann in Frankfurt erschien, ist von anderem Kaliber als der von ›Hegel und der Staat‹. Aber schließlich ist das neue Buch eben doch nur – ein *Buch*. Allzuviel Wert lege ich selber nicht darauf. Die kleine, oft sehr kleine ›Forderung des Tages‹ … ist mir zum eigentlichen und bei allem damit verbundenen Arger doch geliebten Inhalt des Lebens geworden. Das Erkennen ist mir nicht mehr Selbstzweck. Es ist mir zum Dienst geworden. Zum Dienst am Menschen …« (Aus dem Brief Rosenzweigs an Friedrich Meinecke vom 30. 8. 1920, GS 1/2 680–681).

genstellung zu dem zu überwindenden Ich-Es-Denken und Idealismus heraus. Sie sind zutiefst durch diese Gegenstellung geprägt. Dabei ist, wie unsere Untersuchung gezeigt hat, Bubers Denken in seinem Ansatz intensiv von dem Denken Diltheys bestimmt. Gerade, daß Buber sich aus dieser Bestimmung nie ganz löste, sondern seinen entscheidenden Ausbruch aus dem bisherigen Denken in dem als Realpsychologie angesetzten Denken wagte, charakterisiert sein Werk – das andererseits gerade dadurch auch wieder seine eigentümliche Größe, seine pädagogische Kraft und seine Einläßlichkeit gewinnt. Bubers Denken hat das Verdienst, dem dialogischen Gedanken überhaupt eine breite Öffentlichkeit gewonnen zu haben.

Was das Verhältnis Bubers zu *Rosenzweig* anlangt, so hat sich uns im Laufe der Untersuchung öfter gezeigt, daß der Jüngere dem Älteren sachlich voraus war, und wir vermuteten infolgedessen – mehr als eine Vermutung kann das auch jetzt nicht sein – daß der dialogische Buber für die Festigung des eigenen Gedankens Rosenzweigs Einfluß möglicherweise manches verdankt. Daß Buber noch 1923 in »Ich und Du« Ex 3, 14 in der herkömmlichen Weise übersetzt und erst nach der gemeinsam mit Rosenzweig Unternommenen Verdeutschung zu der das neue Seinsverständnis markierenden Übertragung »Ich werde dasein, als der ich dasein werde« findet, schien uns zum Beispiel darauf hinzudeuten. Bei Rosenzweig findet sich sachlich die neue Übersetzung bereits im Stern (GS 2, 303). Genauerhin zeigte sich uns: Während Buber von dem intentionalen Schema ausgeht und sich noch in »Ich und Du« der Leitgedanke von der mystischen All-Einheit, die hier eben nur in der Ich-Du-Welt erreicht wird, im Hintergrund durchhält, ist für Rosenzweigs Denken von vornherein die Leitfrage schlechthin die Frage nach der Denkbarkeit von Offenbarung. Es mag mit dieser von vornherein klaren Fragestellung zusammenhängen, daß, wie wir darlegten, Rosenzweig bereits im Jahre 1917 die entscheidende Entdeckung macht, aus der sich das neue Seinsverständnis entfaltet. Die zeitliche Priorität des Gedankens Rosenzweigs liegt hier offen zutage. Buber ahnt zwar, etwa in »Ereignisse und Begegnungen«, manches von dem neuen Seinsverständnis. Aber wir fanden das eigentliche Problem bei Buber noch 1919 unbewältigt. Die denkerische Klärung setzte, so scheint es, erst zu Beginn der zwanziger Jahre und allmählich ein.

In der Struktur des Gedankens selbst fiel im einzelnen folgendes auf: Während für Rosenzweig von Anfang an der entscheidende Horizont, innerhalb dessen alle Gedanken gedacht werden, der Horizont der sich ereignenden Sprache ist, ist er dies für Buber nur auch. Im Mittelpunkt des Buberschen Denkens steht zunächst das vom Ich der beiden Grundworte her gedachte Haltungsschema, innerhalb dessen auf das Seinlassen der Ich-Du-Beziehung, die sich im Schweigen vollendet, hingezielt wird. Der äußerste Denkhorizont für den Buber von »Ich und Du« besteht in dieser All-Einheit, in die ich im Schweigen gelange und die in sich das Ewige ist. Dies hat Theunissen sehr klar herausgearbeitet[17]. Erst später gewinnt auch für Buber der Ausgang von der Sprache einige Bedeutung, wobei freilich selbst noch in der späten Schrift »Das Wort, das gesprochen wird« im Grunde von dem Sprecher des Wortes her gedacht wird und nicht so sehr von der Sprache selbst her, die sich ereignet und in deren Ereignis Göttliches, Menschliches und Weltliches zusammenkommen und in ihrem Verhältnis zueinander offenbar werden. Dafür, daß der Mensch überhaupt in der Sprache besteht und dies in seinem Angesprochensein von Gott her begründet ist, verweist Buber seinerseits ausdrücklich auf Rosenzweig[18].

Damit, daß für Buber der äußerste Denkhorizont nicht so sehr die sich ereignende Sprache als vielmehr jenes ewige, nur im Schweigen zu erreichende Sein ist, das sich freilich jeweils neu im Augenblick im Zwischen ereignet, hängt es zusammen, daß sich in Bubers Werk immer wieder äußere Ähnlichkeiten mit dem spätantiken und mittelalterlichen Seinsverständnis finden, die wir bei Rosenzweig und Ebner, so an der Oberfläche liegend, vergeblich suchen. Es hängt damit auch zusammen, daß Buber nicht im gleichen Maß wie Rosenzweig die Zeitlichkeit des Seins selber thematisiert. Wie sich zeigte, ist das, was Buber eigentlich thematisierte, der Augenblick und die darin erscheinende Ewigkeit und Alleinheit. Das Sich-*je-neu*-Ereignen des Augenblicks, welches das Ereignis des Augenblicks – und das im Augenblick gesprochene Wort – als ein Mittleres zwischen den Ersten und Letzten Dingen, Schöpfung und Erlösung, erscheinen läßt, ist nicht im gleichen Maß Bubers Thema. Es wird es *auch*, aber erst später. Und wir hatten Grund, zu vermuten, daß gerade in diesem Gedanken, der bei Buber nur gelegentlich vorgetragen wird, aber einen entscheidenden Bestandteil des Rosenzweigschen Entwurfes

---

[17] Vgl. *Theunissen* 287 und 338.
[18] Vgl. *Buber* I, 447.

ausmacht, Buber von Rosenzweig angeregt wurde[19]. Man kann überdies noch andere vereinzelte Stellen in Bubers Werk finden, die einen Anklang an den Stern zeigen[20]. Dies darf freilich nicht darüber hinwegtäuschen, daß Bubers Werk in seiner ganzen gewaltigen Breite selbständig ist und eben nur in der Zielrichtung seines äußersten Gedankens mit dem sehr viel strafferen und philosophischeren Gedanken Rosenzweigs konvergiert.

Sollte *Ebner* hier eingeordnet werden, so müßte man ihm seinen Platz viel eher in der Nähe Rosenzweigs als Bubers geben. Wie für Rosenzweig, so ist auch für Ebner die leitende Frage die Frage nach dem »absoluten Oben und Unten«, die Frage nach dem das Träumen der Metaphysik richtenden, absoluten Sinn von Sein. Und wie Rosenzweig geht Ebner dabei zuletzt vom Phänomen der gesprochenwerdenden Sprache aus, ohne freilich im gleichen Maß wie Rosenzweig die Zeitlichkeit der gesprochenwerdenden Sprache selbst zu thematisieren. Deshalb wird das Phänomen der gesprochenwerdenden Sprache für Ebner sofort auch in viel größerer Breite zum ethisch gestimmten Phänomen der Beziehung zwischen Ich und Du. Auch hat Ebner sicher in der Durchführung seines Gedankens nicht die systematische Strenge erreicht, die wir bei Rosenzweig finden. Das in Ebners fragmentarisch und inchoativ gebliebenem Denken erkennbare Seinsverständnis kommt jedoch weitgehend mit dem Seinsverständnis Rosenzweigs überein. Es war deshalb völlig den inneren Verhältnissen entsprechend, daß Rosenzweig die Verwandtschaft der Ebnerschen »Fragmente« mit seinem eigenen Denken erkannte[21], , ihm den »Stern« zusandte und in der Folge ein Gespräch zwischen Rosenzweigs Vetter Hans Ehrenberg und Ebner zustande kam. Daß Ebner die zentralen Partien des Stern gelesen hat, zeigen seine Anmerkungen in dem Exemplar, das ihm Rosenzweig schenkte[22]. Dieses Exemplar könnte allenfalls auch genauere Auskunft darüber geben, ob Ebner den ganzen Stern durcharbeitete und rezipierte[23]. Von Buber, der bei der Niederschrift des III. Teiles von »Ich und Du« die

---

[19] Vgl. oben S. 311.

[20] So, wenn Buber I, 774 Brunner gegenüber betont, die Welt stamme aus Gottes Tat und nicht aus Gottes Wesen.

[21] Vgl. GS 1/2, 889. Für Ebners Rezeption des Stern vgl. *Ebner* I, 801 ff. und I, 1080, Anm. 9.

[22] Vgl. *Ebner*, I, 1080, Anm. 9.

[23] Es scheint manches dafür zu sprechen, daß Ebner den Stern nicht mehr systematisch durcharbeiten konnte.

Fragmente las[24], hatte Ebner zwar Kenntnis. Und es heißt im Nachwort zu der »Mitarbeit am Brenner«, daß »Ich und Du« »in einer lyrisch-mystischen Fassung, wie sie eben Martin Buber eigentümlich sein mag – nichts anderes als den Grundgedanken der Fragmente« entwickle[25]. Aber Ebner war nach der Lektüre von »Ich und Du« dann doch der Ansicht, daß das, »was bisher über Ich-Du geschrieben wurde, von Buber, Gogarten, ganz und gar unzulänglich« sei[26]. Ebner erkannte – und das zeigt, daß er im Grunde ein sehr strenger Denker war – durch das Maß der notwendigen inneren Einheit und Vollständigkeit des Gedankens, das in ihm lebte, den fragmentarischen Charakter auch des Buberschen Werkes.

Aus dem inneren Verhältnis der drei Denker zueinander, das wir soeben darlegten, rechtfertigt sich die Anordnung unserer eigenen Darstellung, die Rosenzweigs Werk voranstellt, ihm das Sprachdenken Ebners folgen läßt und schließlich zu den Schriften Bubers übergeht, durch die das dialogische Denken einer breiten Öffentlichkeit zum Begriff wurde.

2. Die religionsphilosophische und theologische Bedeutung des dialogischen Denkens

a) Der neue Zugang zu den Ursprüngen

Wird nach der spezifischen Bedeutung Rosenzweigs, Ebners und Bubers für das religionsphilosophische und darüber hinaus für das theologische Denken gefragt, so muß zunächst einmal gesehen werden, in welchem Maß diese Denker überhaupt wieder an das Verhältnis heranführten, das eine ältere Sprache das religiöse nannte.

Die Geschichte des Abendlandes ist, so sahen wir, durch ein scheinbar immer weiter fortschreitendes Unwirklichwerden dieses Verhältnisses gekennzeichnet. Dies ist zuinnerst begründet in dem Geschick des abendländischen Denkens, das als ein im zunehmenden Maß feststellendes und verfügendes Denken zwar zu den wahrhaft großen Möglichkeiten der Naturwissenschaft und der damit gegebe-

---

[24] Vgl. *Buber* I, 298.
[25] Vgl. *Ebner* I, 583.
[26] Vgl. *Ebner* I, 650.

nen Naturbeherrschung führte, andererseits aber gerade deshalb das nicht endlich Feststellbare aus den Augen verlor und dafür blind wurde. In der Geschichte des spätabendländischen Denkens kann man, so sahen wir, eine immer größere Umwandlung des Denkens in ein Denken beobachten, das Sein aus der cogitatio versteht. Die Kantische Wende machte endgültig offenbar, daß Sein – so gedacht – nur Erscheinung bedeuten konnte. In diese von Kant ans Licht gehobene Grundstruktur des neuzeitlichen Seinsverständnisses fügen sich gerade auch die scheinbar objektiven Naturwissenschaften ein. Denn die Quantentheorie hat für die moderne Physik offenbar gemacht, daß auch die Gesetze der Naturwissenschaft keineswegs einfach von der »Natur an sich«, sondern vielmehr nur von *unserer Kenntnis* der Natur handeln[27]. Muß »was ist« aber letztlich so als Erscheinung, nämlich in den Formen unseres Erkennens, verstanden werden, so wird Gott – ein Wort, das die Sprache des Denkens vor Kant ziemlich naiv gebrauchte und das ihr mehr oder minder den Bürgen aller Gesetze und Erkenntnisse bedeutete – zu dem schlechthin Unfaßbaren werden, von dem man weder sagen kann, daß es ist, noch daß es nicht ist. Für ein derart auf das »Ich denke« zusammengezogenes Seinsverständnis muß am Ende allein der Mensch als das Wirkliche übrigbleiben. Aber der Mensch ist dann auch wirklich mit sich und seinem In-der-Welt-sein allein. Es gibt nichts mehr, woran er sich halten könnte. »Gott ist tot … Und wir haben ihn getötet.« Mit diesem Wort hat Nietzsche durchaus richtig beschrieben, was sich in dem spätabendländisch-neuzeitlichen Seinsverständnis ereignet hat.

Was in dem Denken, das wir untersuchten, geschieht, ist nun aber dies, daß gerade aus dieser Situation heraus erneut und auf eine neue Weise das alles menschliche Sein und Denken sein Lassende berührt wird.

Rosenzweig, Ebner und Buber vollziehen zunächst einmal die Kantische Wende in ihrem vollen Umfang mit. Diese erste Phase ihres Denkens ist am breitesten ausgebildet bei dem vordialogischen Buber, der sich durch den Anschluß an die Lebensphilosophie letzten Endes doch auf die Kantische Basis des transzendentalen Subjekts stellt; wenn dieses Subjekt auch mit Dilthey nicht nur als Denken, sondern als geschichtlich-gesellschaftliches Dasein vorgestellt wird. Bei Ebner wird diese erste Phase in seiner um 1916 abgeschlossenen ethischen Periode sichtbar. Und bei Rosenzweig zeigt sie sich in dem

---

[27] Vgl. *Heisenberg*, Das Naturbild der heutigen Physik 12.

bewußten Anschluß an Kant und dem Ausgang von der Freiheit als dem Wunder in der Erscheinungswelt. Im Mitvollzug des Rückgangs auf das »Ich denke«, das hier freilich bereits voller als das »Ich bin« verstanden wird und in dem radikalen Ernst der Erkenntnis, daß Sein nur im Menschsein ganz sei, was es ist (und auch die Wissenschaft nur eine Weise des Menschseins darstelle), wird aber nun plötzlich entdeckt, daß der Mensch letztlich gar nicht über das Sein verfügt. Sondern daß vielmehr Sein erst dadurch ist, daß es sich zwischen Menschen zeitigt. Ich bedarf, um wirklich zu sein, des Anderen wie der Zeit. Sein stellt so in doppelter Weise seine Souveränität gegenüber dem bloß verfügenwollenden »Ich denke« her. In dieser Zeitigung von Sein im Zwischen, d. h. in der sich ereignenden Sprache, wird also berührt, was größer und mächtiger als alles bloße »Ich denke« ist, wobei sich im gleichen Augenblick zeigt, daß eben dieses Größere und Mächtigere zugleich mich und dich als die Sprecher der sich ereignenden Sprache braucht, d. h. uns als uns selbst sein läßt – und darin zugleich Welt sein läßt.

Es ist sichtbar, daß sich hier gegenüber dem neuzeitlichen Denken, so wie es sich seit Descartes ausbildete, ein ganz neuer Zugang zu dem Bereich dessen eröffnet, was eine ältere Sprache die Transzendenz und das Ewige nannte. Und zwar gerade nicht so, als könne dies – etwa als causa sui oder als was sonst auch immer – begriffen werden. Es entsteht gerade nicht statisch dem Endlichen als das Unendliche gegenüber, das dann im Grunde doch von dem Endlichen aus als dessen Ermöglichung begriffen wäre[28]. Sondern das Denken wird von der ewigen und das Denken richtenden Macht des Seins nur berührt, indem es sich an seine eigene Zeitigung freigibt, gerade also alles sichernde und feststellenwollende Fassen aufgibt. Gerade so erst berührt es das, von dem es immer schon berührt ist und das es in Wirklichkeit erst sein läßt. Als das Äußerste erweist sich die immer neue Zeitigung, in der für das sich an seine Zeitigung freigebende und darin sich selbst annehmende Denken die drei Urphänomene, Gott, Welt und Mensch, in ihrem Verhältnis zueinander offenbar werden und so der Ursprung und die Verheißung von Sein überhaupt das sich der Zeitigung verdankende Denken berührt.

Es scheint mir aber von großer Bedeutung, daß das Seinsverständnis, das sich hier ausspricht, das neuzeitlich mathematisch-phy-

---

[28] Vgl. dazu *Schulz,* Der Gott der neuzeitlichen Metaphysik 40–43 über den Gottesbegriff Descartes'.

sikalische Seinsverständnis keineswegs ausschließt, sondern – als be-
griffenes – vielmehr einschließt; wenn dies auch in Bubers Alternativik und zuweilen auch bei Ebner anders erscheinen möchte. An dem
systematischsten, Sein als sich zwischen Menschen ereignende Sprache verstehenden Denken, nämlich dem Rosenzweigs, sahen wir, daß
dieses Denken gerade das mathematisch-physikalische Seinsverständnis begreifen und somit umfassen kann. Gott kann dann freilich
nicht mehr in dem durch das mathematisch-physikalische Verständnis erhellten Phänomenfeld gesucht werden. Sondern er berührt das
Denken vielmehr in dem, was Sein dem äußersten Horizont nach ist:
in dem, was zwischen Menschen ist und in der Zeitigung von Sprache
sich zeigt.

Wenn Rosenzweig, Ebner und Buber darauf auch kaum eingingen, so darf man vielleicht doch darauf hinweisen, daß ja gerade eben
das, was »zwischen den Menschen geschieht«, für das zwanzigste
Jahrhundert von immer umfassenderer Bedeutung wurde. Auf dieser
Tatsache beruhte die große und deutlich religiöse Züge tragende An-
ziehungskraft eines marxistisch gedachten Humanismus, für den im
Grunde das, was »zwischen Menschen ist«, allerdings idealistisch-
metaphysisch vorgestellt als das Ideal der herstellbaren klassenlosen
Gesellschaft, zum obersten Inbild alles Seins wurde. Aus dem Hinblick auf einen solchen Entwurf kann die geschichtliche Bedeutung
des Weges ermessen werden, der sich in dem Denken Rosenzweigs,
Ebners und Bubers öffnet. Und es wird zugleich der bei den drei Denkern freilich unterschiedliche denkerische Rang der Eröffnung dieses
Weges sichtbar.

b) Denken und Offenbarung

Für die christliche Religionsphilosophie ist es dabei von entscheiden-
dem Interesse, daß Rosenzweig, Ebner und Buber das derart in der
Sprache sich zeitigende Sein ausdrücklich als Offenbarung verstehen. Denn die Frage, die die christliche Religionsphilosophie als
christliche zuerst und vor allem beschäftigen muß, ist die, wie Offenbarung als Offenbarung zu denken sei. Daß diese Frage überhaupt als
Frage gesehen wird, ist freilich keineswegs selbstverständlich. Es hat
offensichtlich viele Jahrhunderte christlichen Denkens und christlicher Theologie gegeben, die die Frage, ob Offenbarung überhaupt
zu denken sei, gar nicht gestellt haben. Für sie war es selbstverständlich, daß es geschichtliche Offenbarung geben könne und gebe. Ihr

Seinsverständnis sträubte sich gegen Offenbarung nicht, sondern begriff Offenbarung als Möglichkeit auf der einen Seite wie die potentia oboedientialis auf der anderen mit in sich ein. Erst mit dem Beginn der Neuzeit wurde dies anders. Descartes vermeidet es, Offenbarung zu thematisieren. Leibniz und Wolff sehen die Offenbarung von der Vernunft her und bemühen sich deshalb, Glauben und Offenbarung mit der Vernunft in Übereinstimmung zu halten. Die Offenbarung muß sich vor der Vernunft rechtfertigen. Für Lessing schließlich gibt »Offenbarung dem Menschengeschlechte nichts, worauf die menschliche Vernunft, sich selbst überlassen, nicht auch kommen würde«[29]. Und bei Kant vollends wird der Offenbarungsglaube gänzlich eingezogen in den reinen Vernunftglauben[30]. In dieser Einbeziehung, die von Hegels Religionsphilosophie[31] und von Schellings Philosophie der Offenbarung aufgenommen wird, wird endgültig sichtbar, daß zwischen der neuzeitlichen Vernunft und der christlich verstandenen Offenbarung ein Widerstreit besteht. Es ist problematisch geworden, was Offenbarung sei. Offenbarung ist für die Vernunft zum Stein des Anstoßes geworden. Oder auch: Das Seinsverständnis der Neuzeit kann mit Offenbarung im Grunde nichts mehr anfangen.

Kant und die großen Idealisten versuchten diesen Widerstreit zwischen Vernunft und Offenbarung durch die Erklärung der Offenbarungsgehalte durch die Vernunft zu lösen. Das Offenbarte, von der Kirche historisch und äußerlich an den Menschen Herangetragene, war nach ihnen im Grunde immer schon in dem absoluten Binnenraum der zeitlos sich selbst hellen Vernunft enthalten. Somit konnte es auch von der Vernunft selbst entfaltet werden.

Die Gewaltsamkeit, mit der versucht wurde, die Frage so zu lösen, zeigt dann freilich – am sichtbarsten vielleicht bei dem späten Schelling in seinem gerade der Intention nach anders laufenden Bemühen[32] – wie wenig die Frage wirklich gelöst war. Denn konnte Offenbarung, derart immer schon Moment der zeitlos sich selbst hellen

---

[29] Die Erziehung des Menschengeschlechtes § 4. Vgl. dagegen § 77.

[30] Vgl. dazu: Die Religion innerhalb der Grenzen der bloßen Vernunft. III. Stück, 1. Abteilung, VI: Der Kirchenglaube hat zu seinem höchsten Ausleger den reinen Religionsglauben (*Kant* IV, 770 ff.).

[31] Vgl. hier vor allem: Vorlesungen über die Philosophie der Religion. III. Teil: Die vollendete oder offenbare, die absolute Religion.

[32] Vgl. dazu: Klaus Hemmerle. Gott und das Denken nach Schellings Spätphilosophie. Freiburg 1968.

Vernunft und Moment des absoluten Binnenraumes Geist, überhaupt noch Offenbarung sein? Aber andererseits: War Offenbarung nicht derart einbegriffen von der Vernunft, sondern stand Offenbarung der Vernunft als etwas Fremdes gegenüber, konnte dann die Offenbarung nicht nur in einem blinden, an nichts ausgewiesenen Sprung in den bloßen Glaubensgehorsam erreicht werden? Schlossen sich Vernunft und Offenbarung somit nicht aus?

Dieses Dilemma beunruhigte das ganze neunzehnte Jahrhundert hindurch nicht nur das Denken der Philosophen, sondern auch das der Theologen[33].

Das Dilemma konnte aber, so scheint mir, so lange nicht wirklich gelöst werden, als es in einem vom transzendentalen Subjekt ausgehenden, Sein als den Binnenraum der sich selbst hellen Vernunft verstehenden Seinsverständnis gedacht wurde.

Dieses Seinsverständnis zerbrach bereits im Historismus. In dem durch Rosenzweig, Buber und Ebner gedachten Gedanken aber zeigt sich nun, daß Sein selbst im Ereignis der Sprache als Offenbarung gedacht werden muß. Das philosophische Fragen fragt nach der letzten Hinsicht von Sein. Auf dem Weg dieses Fragens zeigt sich ihm nun nicht innerhalb dieses Seins, als Moment des apriorisch hellen Seins wie im Idealismus, sondern vielmehr als dessen äußerster Horizont selbst *Offenbarung als Zeitigung von Sein,* das ein ereigneter Raum der Helle zwischen Menschen ist. Wird Sein so verstanden, so löst sich aber der Widerstreit von Denken und Offenbarung. Es zeigt sich dagegen, daß Denken, Vernunft *und* die – im allerweitesten Sinn verstandene – Offenbarung aufeinander verwiesen sind.

Damit zeigt sich aber auch, wie Denken und die *An*sage des in Offenbarung mich berührenden Ursprungs – Theo*logie* – grundsätzlich aufeinander verwiesen sind. Insofern Denken, in dem Sein hell wird, überhaupt von Offenbarung getragen ist, ist es dadurch von sich selbst her auf den unausdenkbaren, es zeitigenden und sein lassenden Ursprung hingewiesen, der in der Sprache nicht aussagbar, sondern nur anzurufen und anzusagen ist. Versteht man Theologie in einem allerweitesten (d. h. noch nicht christlichen) Sinn als die Ansage dieses zeitigenden Ursprungs (wobei schon das Wort »Ursprung« nicht als Begriff, sondern nur als Ansage, das heißt mit

---

[33] Klassisch stellt das Problem z. B. der Tübinger J. Ev. Kuhn dar in der Theol. Quartalschrift (Tübingen 1832) 253. Es bedarf keines besonderen Hinweises darauf, daß und wie das I. Vatikanische Konzil diese Problematik aufnahm.

einem alten Wort: *analog* verstanden werden darf), so zeigt sich, daß das Denken überhaupt von sich her auf Theologie überhaupt verwiesen ist. Umgekehrt aber ist jede mögliche Theologie, insofern sie sprechen muß, auf eine geschichtliche Sprache und das darin zum Vorschein kommende Denken angewiesen. Es war wiederum Rosenzweig, der dieses Verhältnis am deutlichsten herausgearbeitet hat.[34] Das sich hier zeigende Verständnis von Offenbarung als des äußersten Horizontes von geschichtlich gezeitigtem Sein ist allerdings, das muß nachdrücklich betont werden, allgemeiner, weiter und folglich unbestimmter als das Verständnis, das die christliche Theologie von Offenbarung hat und haben muß. Es sieht das reine Phänomen von Offenbarung. Das Denken Rosenzweigs, Ebners und Bubers dringt, wie dies Kerenyi für das Denken Bubers richtig erkannt hat[35], zu dem Bereich der Ursprünge von Religion überhaupt vor, zu dem Bereich von Offenbarung überhaupt *vor* jeder bestimmten Offenbarung. Dort wird Offenbarung gesehen als das reine Phänomen der Zeitigung von Sein zwischen Menschen, in dem zuäußerst je neu das Zueinander von Gott, Welt und Mensch aufgeht.

Gerade in dieses reine Phänomen von Offenbarung kann sich aber die christlich verstandene, heilbringende und für alle Menschentümer bedeutsame Offenbarung durchaus eintragen. Rosenzweig und Ebner haben deshalb innerhalb des allgemeinen Verständnisses von Offenbarung die christliche Offenbarung ausdrücklich zu denken versucht.

Buber hingegen meint von seinem Verständnis von Sein als Offenbarung her sehen zu können, daß es eine endgültige, für alle Menschentümer bedeutsame Offenbarung nicht geben könne. Wir führten dieses Urteil Bubers auf die Eigenarten seines Ansatzes zurück. Und es scheint uns deutlich, daß – jedenfalls von dem grundlegenden Gedanken des dialogischen Denkens her – die Möglichkeit einer solchen für alle Menschentümer bedeutsamsten Offenbarung nicht ausgeschlossen werden kann. Denn das von dem dialogischen Denken gesehene Grundphänomen, daß nämlich Sein sich zeitigt und als Sprache zwischen Menschen hell wird, schließt ja gerade ein, daß eine Sprache in die andere übersetzt werden und also eine Sprache für die anderen bedeutsam werden kann. Es ist prinzipiell nicht auszuschließen, daß ein Ereignis, das sein Denkmal in einer Sprach-

---

[34] Vgl. dazu die Einleitung zum II. Teil des Stern und den Aufsatz »Das neue Denken«.
[35] Vgl. A 541.

gestalt hinterließ, von höchster Bedeutung für alle Sprachen und zu *der* Anzeige der transgeschichtlichen, alle Sprachen in sich bergenden Vollendung schlechthin wird. Freilich kann eine solche Offenbarung auch nicht gefordert werden.

Daß *ein* geschichtliches Ereignis von solch höchster und alle Menschentümer endgültig richtender Bedeutung ist, kann freilich nur *erkannt* werden, indem der einzelne wie die einzelnen Menschentümer diesem Ereignis wirklich *begegnen*. Und diese Begegnung kann selbst wieder nur die Gestalt sich ereignender Sprache haben. Denn dieses Ereignis kann als das, was es in Wirklichkeit ist, nur erkannt werden, wenn ich *ihm selbst* begegne. Und andererseits muß *ich selbst* ihm selbst begegnen, weil ich sonst gar nicht sehen kann, was dieses Ereignis für mich selbst bedeutet. Allein um diese Bedeutsamkeit aber kann es mir gehen. Was also etwa das, was sich in Jesus von Nazareth ereignet hat, *wirklich* bedeutet, kann nur *erkannt* werden, insofern die einzelnen Menschen und Menschentümer selbst mit diesem Ereignis selbst, das sein Denkmal in einem Denkmal der Sprache hinterließ – einem niedergeschriebenen und einem in gesprochener und von Mund zu Mund weitergegebener Sprache bewahrten – in die Begegnung des Gespräches kommen; welches Gespräch seiner inneren Struktur nach, wie jedes Gespräch, immer schon Übersetzung ist.

Erst durch die in der Wirklichkeit eines solchen Gespräches bestehende Begegnung kann geglaubt, kann die alles überragende Bedeutung dessen, was sich etwa in Jesus von Nazareth ereignet hat, für mich erkannt werden. Es wird hier zugleich sichtbar, daß die alles überragende Bedeutsamkeit eines Offenbarungsereignisses für alle Menschentümer nicht darin bestehen kann, daß dieses Offenbarungsereignis alle anderen (philosophisch-seinsgeschichtlich verstandenen) Offenbarungsereignisse annulliert und sich derart unter Auslöschung aller anderen Offenbarungsereignisse durchsetzt und als das allein gültige erweist. Sondern sie kann nur darin bestehen, daß in der Übersetzung – welche die Sprache, in die übersetzt werden soll, und das ihr seinsgeschichtlich zugrunde liegende Offenbarungsereignis voraussetzt und sein läßt – das übersetzte Offenbarungsereignis sich als das noch größere und gerade insofern für das Menschentum, dem es übersetzt wird, bedeutsame erweist.

c) Die Bedeutung für das christliche theologische Denken

Diese Verhältnisse, die mit dem Seinsverständnis Rosenzweigs, Ebners und Bubers freilich nur allgemein gegeben sind und von keinem der drei Denker genauer auf das Christentum hin ausgearbeitet wurden, gewinnen aber, so scheint mir, gerade dann große Bedeutung, wenn sie in das Verständnis des Christentums eingebracht werden. Es konnte und sollte in der vorliegenden Untersuchung eine solche Einbringung des dialogischen Denkens in das christliche Glaubensverständnis, die uns durch das II. Vatikanische Konzil in der Tat bereits angebahnt scheint[36], nicht ausgebarbeitet werden. Um die mögliche Bedeutung einer solchen Rezeption zu belegen, darf ich als christlicher Theologe jedoch auf einige Grundlinien hinweisen, die sich durch eine solche Rezeption ergäben.

Durch eine solche Rezeption würde zum Beispiel sichtbar, daß und wie die *eschatologische* Hinsicht im Verständnis des Christentums wesentlich stärker hervortreten kann, als dies in einem rationalistisch-idealistischen Seinsverständnis der Fall war. In einem ungeschichtlich-monologischen Seinsverständnis mußte das Christentum um seines Absolutheitsanspruches willen als etwas Starres und Fertiges erscheinen – eben als die »absolute Religion«, wie sie Hegel zu sehen versuchte. Für das dialogische Seinsverständnis aber zeigt sich, daß das Christentum seine mögliche höchste Bedeutsamkeit für alle Menschen gerade darin erlangt, daß es sich immer neu in der Begegnung von immer neuen Menschentümern mit dem *einen* ihnen durch die Geschichte von Jesus von Nazareth her Zukommenden ereignet und herstellt. Das Christentum erweist sich als etwas zwar Bestimmtes, aber Unabgeschlossenes. Es erweist sich als ein *Weg*, welcher der Weg der (immer neuen und gerade darum immer selben) Gemeinschaft der Glaubenden, der Kirche, ist. Dieser Weg ist der Ort der immer neuen Überlieferung und Übersetzung. Die Kirche, derart als Weg der immer neuen Überlieferung verstanden, erweist sich als der Inbegriff und die Ermöglichung des Glaubens. Dieser Weg ist aber auf die eschatologische Erfüllung in der Neuen Sprache aus. Und insofern ist er gerichtet von der Neuen Sprache, in der alle Sprachen im Lichte des Seinlassenden einander verstehen und sein dürften. Es scheint mir nicht ohne Bedeutung zu sein, daß gerade

---

[36] Vgl. dazu die Rolle, die das Wort »Dialog« in den Dokumenten des Konzils spielt und unsere Anmerkungen auf den folgenden Seiten.

diese eschatologische Hinsicht im II. Vatikanischen Konzil durch das kirchliche Lehramt selbst äußerst nachdrücklich herausgearbeitet wurde[37].

Wie es mir denn andererseits auch äußerst bedeutsam erscheint, daß das Seinsverständnis des dialogischen Denkens, das es ermöglicht, Sein geschichtlich zu denken, ohne alles in bloße historische Relativität aufzulösen, einer *Situation* entgegenkommt, die *in* der *Theologie* selbst durch die Entwicklung der letzten hundert Jahre entstanden ist. Denn der Fortgang der theologischen Forschung brachte, einsetzend um die Mitte des letzten Jahrhunderts, eine immer größere Intensivierung der historischen Forschung mit sich. Parallel mit dem Erwachen des historischen Bewußtseins in den Geisteswissenschaften, erwachte in der Theologie ein starkes Interesse an der genaueren, historisch fundierten Kenntnis der Vätertheologie und vor allem der Theologie des hohen Mittelalters. Dieses Interesse, das zu einer intensiven und fruchtbaren Forschungsarbeit führte, zu Neuentdeckungen vergessener Texte und zu beispielhaften Editionen, hat die Theologie im ganzen sehr bereichert. Es führte zur Einsicht in viele bislang unbekannte Zusammenhänge, und sicher konnte noch kein Jahrhundert Theologie derart im Anblick des – oft bis ins Detail hinein bekannten – Materials der gesamten christlichen Überlieferung treiben wie das zwanzigste. Die intensive historische Forschung führte aber auch dazu, daß mit der Einsicht in die Fülle des historisch Gegebenen die Einsicht in die Tatsache wuchs, daß dieses nicht einfach als homogen vorliegendes Material behandelt werden konnte. Mit der Einsicht in die historische Vielfältigkeit der Überlieferung wuchs auch die Einsicht in die geschichtlichen Differenzierungen und schließlich in die geschichtliche Bedingtheit der Glau-

---

[37] Vgl. dazu vor allem das Cap. VII der Const. dogm. de Ecclesia: »De indole eschatologica Ecclesiae peregrinantis eiusque unione cum Ecclesia caelestia.« N. 48 heißt es: »... Ecclesia peregrinans, in suis sacramentis et institutionibus qui ad hoc aevum pertinent, portat figuram huius saeculi, quae praeterit.« Vgl. ferner in der Const. past. de Ecclesia in mundo huius temporis n. 40: »... Ecclesia finem salutarem et eschatologicum habet, qui nonnisi in futuro saeculo plene attingi potest.« Andere Stellen, die von diesem eschatologischen Charakter sprechen, finden sich in: Const. dogm. de Ecclesia nn. 2, 8, 9, 51; Const. dogm. de divina revelatione nn. 7, 8; Const. de Sacra Liturgia nn. 2, 8; Declaratio de Ecclesiae habitudine ad religiones non christianas nn. 1, 4; Decretum de activitate missionali Ecclesiae nn. 2, 9; Decretum de Oecumenismo nn. 2, 3, 4; Decretum de presbyterorum ministerio et vita n. 2; Const. past. de Ecclesia in mundo huius temporis nn. 1, 32, 38, 45. 371.

bensaussagen. Das noch um die Mitte des vergangenen Jahrhunderts mit einer gewissen Naivität vorgetragene ungeschichtlich-statische Verständnis der theologischen Regel des Vinzenz von Lerin »ut teneamus, quod ubique, quod semper, quod ab omnibus creditum est«[38], wurde insgeheim für den historisch gebildeten Theologen brüchig, weil er Einsicht in die Tatsache gewann, daß und in welchem Maße Glaubensaussagen auch geschichtliche Aussagen waren, bedingt durch die Verhältnisse und Denkweisen einer jeweils ganz bestimmten geschichtlichen Welt. Die damit auftauchenden Probleme wurden besonders brennend dort, wo es nicht nur um Aussagen eines Theologen oder eines Konzils, sondern um Aussagen der Heiligen Schrift selbst ging, die sich bei genauerem Zusehen als bereits unter sich geschichtlich differenziert und durch ihre je geschichtliche Welt eingefärbt erwiesen. Das hermeneutische Problem, als dessen exemplarischen Fall man in unserem Jahrhundert das Problem der Entmythologisierung ansehen darf, erwies sich als die für die Theologie immer zentralere Frage.

Ohne daß wir hier ein generelles Urteil fällen wollen, kann gesagt werden, daß die Theologie in ihren innersten Bezirken weitestgehend in die gleiche Lage geriet, die für die Geisteswissenschaften durch den Historismus heraufbeschworen worden war. Was konnte denn nun angesichts der Einsicht in die historischen Bedingtheiten noch das »quod ubique, quod semper, quod ab omnibus« bedeuten? Die katholische Theologie tat sich hier durch den Rekurs auf das Lehramt nur scheinbar leichter. Denn auch das Lehramt muß lehren und entscheiden. Und es ist ja wohl gerade die Aufgabe der Theologie, durch Reflexion dem Lehramte bei diesem Lehren und Entscheiden an die Hand zu gehen. Johannes XXIII. hat zu Beginn des II. Vatikanischen Konzils mit dem berühmt gewordenen Satz: »Est enim aliud ipsum depositum Fidei, seu veritates, quae veneranda doctrina nostra continentur, aliud modus, quo eaedem enuntiantur, eodem tamen sensu, eademque sententia«[39] die Lage und die Schwierigkeit der heutigen Theologie sehr genau umrissen.

Die Theologie muß den immer selben Glauben und die doch je

---

[38] »Zu einem solchen Verständnis vgl. etwa *Kleutgen*, Zu meiner Rechtfertigung, 6. Bezeichnenderweise zitiert Kleutgen den Satz falsch, nämlich: »Quod semper, ubique et ab omnibus.« Vgl. aber etwa auch die Artikel »Katholisch« und »Tradition« im Kirchen-Lexikon von *Wetzer und Welte*, Band 6 und Band 11 (Freiburg 1851 und 1854).

[39] AAS 54 (1962) 792; vgl. De Ecclesia in mundo huius temporis n. 62.

neue Sprache dieses Glaubens aufzeigen und bewußt machen. Wie aber kann sie das? Mir scheint, daß, wenn man die grundlegenden Einsichten des dialogischen Denkens in den Bereich der Theologie transponiert, sich hier sehr wohl abzeichnet, wie dies möglich sei. Ereignet sich nämlich menschliches Sein je neu als Sprache (aber nicht in regelloser Relativität, sondern als je neue Offenbarung des transzendenten Selben), und ist derart sich ereignende Sprache immer schon Über-setzung, so liegt in diesem Grundverhältnis auch die Möglichkeit der Theologie als der menschlichen Rede von Gott beschlossen.

Es hat einen tiefen und vielleicht in seiner ganzen Abgründigkeit noch kaum erkannten Sinn, daß christliche Theologie nur in der Tradition, d. h. Über-lieferung als Über-setzung möglich ist.

Denn geht man von der Geschichtlichkeit des sich als Sprache ereignenden Seins überhaupt aus, so stellt sich der Grundvorgang der christlichen Theologie doch so dar, daß aus einem je neuen Seinsverständnis heraus ein verstehendes (d. h. die Anderheit des Anderen, seine Fremdheit, nicht auslöschen wollendes), übersetzendes, herüberholendes Gespräch sich ereignet, in dem eben dies *eine Bedeutsame*, das sich in Jesus von Nazareth ereignet hat, *immer neu* geglaubt und verstanden wird. Gerade in diesem jeweils neuen Geglaubt- und Verstandenwerden erweist es sich aber als das in der jeweils neuen Gestalt Selbe.

Der Entwurf einer Lösung des hermeneutischen Problems, so wie er allgemein philosophisch von Hans-Georg Gadamer[40] und in der katholischen Theologie von Bernhard Welte[41] vorgetragen wurde, erscheint wie eine Konkretion dieses aus den Grundlagen des dialogischen Seinsverständnisses nur in groben Umrissen abzuleitenden Gedankens. Man darf deshalb in den grundlegenden Erkenntnissen Rosenzweigs, Ebners und Bubers sachlich Vorläufer und Wegbereiter dieser heute in der Philosophie und in der katholischen Religionsphilosophie vorgetragenen Lösung des hermeneutischen Problems sehen.

Innerhalb der von dem Seinsverständnis Rosenzweigs, Ebners und

---

[40] Vgl. dazu: Wahrheit und Methode, vor allem den III. Teil, S. 361–465.
[41] Vgl. dazu: Heilsverständnis. Philosophische Untersuchung einiger Voraussetzungen zum Verständnis des Christentums (Freiburg 1966), und: Ein Vorschlag zur Methode der Theologie heute, in: Auf der Spur des Ewigen 410 bis 426.

(in gewissem Maße) Bubers vorgegebene Strukturen könnte die sich an eine geschichtliche Offenbarung bindende und sich selbst geschichtlich verstehende Theologie nur so vorgehen, daß sie einerseits die in der Heiligen Schrift und der christlichen Geschichte überkommenen Zeugnisse des Glaubens mit allen ihr zur Verfügung stehenden Mitteln zu erhellen und zu verstehen suchte. Sie müßte sich aber andererseits ebenso reflex darüber Rechenschaft geben, daß sie dies je schon aus einem eigenen Seinsverständnis und für das Seinsverständnis derer, denen verkündigt werden soll, tun muß. Das Verstehen ergibt sich ihr im Akt der Übersetzung. Das in der Übersetzung Geschehende ist für die jeweils so Verstehenden das Äußerste, nicht mehr zu Überbietende. Aber es muß seinerseits von kommenden Geschlechtern in der Begegnung, die immer Begegnung mit dem Ursprung der Botschaft in Jesus ist, wieder neu verstanden werden – bis hin zu dem nur zu erhoffenden Tag der Neuen Sprache.

Der sich so abzeichnende Weg des immer neu gezeitigten Glaubensverständnisses, das in dem immer neu sich ereignenden Glauben ruht, kann als der Weg der Kirche durch die Geschichte verstanden werden[42]. Die Kirche selbst ist dieser Weg, der in seiner immer neuen Zeitigung auch immer neu einen Raum für das Leben der Gemeinschaft der Glaubenden eröffnet. Die Kirche erweist sich in diesem immer neu sich ereignenden Übersetzungsvorgang nur immer neu als die in der fides formata, nämlich der Liebe, bestehende Gemeinschaft. Die fides formata zeigt sich hier darin, daß jede neue Generation neu wie auf die Urbotschaft in den Evangelien, so auch auf die schon stattgehabten Übersetzungen, d.h. auf das Glaubensverständnis der vorhergehenden Generationen, eingeht und sie um des Glaubens willen ernst nimmt. In einem solchen verstehenden Eingehen auf die Urbotschaft *und* das Zeugnis der vorangegangenen Generationen, das aber *andererseits* nur geleistet werden kann, wenn ich als *ich selbst*, d.h. mit meinem Seinsverständnis, auf die Zeugnisse eingehe, ereignen sich der Glaube und sein Verständnis selbst jeweils neu.

---

[42] Vgl. dazu die Const. past. de Ecclesia in mundo huius temporis n. 44: »Von Beginn ihrer Geschichte an hat sie (sc. die Kirche) gelernt, die Botschaft Christi mit Hilfe von Begriff und Sprache der verschiedenen Völker auszudrücken, wie sie auch versucht hat, diese Botschaft mit der Weisheit der Philosophen zu durchleuchten ...« Dementsprechend wird n. 62 von der Aufgabe der Theologie gesagt:»Die theologische Forschung soll sich zugleich um eine tiefe Erkenntnis der geoffenbarten Wahrheit bemühen und die Verbindung mit der eigenen Zeit nicht vernachlässigen ...«

Durchschaut man die hier gegebenen Verhältnisse, so wird auch klar, daß eine solche je neue Übersetzung keineswegs bedeutet, daß ein vorangegangenes Glaubensverständnis nun als uneigentlich abgetan werden müßte. Vielmehr gewinne ich, wie bei jeder wirklichen Übersetzung, gerade erst durch den Vorgang des Übersetzens die volle Einsicht in das, was das Übersetzte wahrhaft sagt und bedeutet. Indem ich das Seinsverständnis, das einer früheren Epoche zugehörte und in dem sich damals der Glaube aussprach, in seiner Geschichtlichkeit erkenne, tue ich es ja gerade nicht als uneigentliches ab, sondern erkenne nun erst wirklich die Sache, die sich in diesem Seinsverständnis aussprach. Und ich erkenne so auch erst vollends, um was es den Glaubenden ging, die in diesem Seinsverständnis sprachen. Es erweist sich als die spezifische Aufgabe des Theologen, mit der Kunst des Übersetzens das, um was es den vorangegangenen Christengenerationen in ihrer Glaubensaussage ging, für die ganze gegenwärtige Kirche zu erhellen. Dies ist sein ihm von seinem Amte aufgegebener Anteil an der fides formata. Indem der Theologe diese seine Aufgabe erfüllt, ist er aber zugleich daran beteiligt, daß sich ein Weg in die Zukunft eröffnet. Denn er bringt in diesen Übersetzungsvorgang ja eben auch exemplarisch sein eigenes Seinsverständnis ein, das zugleich das der ihn Hörenden sein muß.

Von dieser Einsicht her mag nun gefragt werden, inwieweit nicht nur das Seinsverständnis, das sich in dem Denken Rosenzweigs, Ebners und Bubers ausspricht, sondern auch einzelne *Kategorien*, die in diesem Denken gedacht werden, Bedeutung für die gegenwärtige Theologie gewinnen können. Wir konnten auf diese Frage in unserer Untersuchung nicht näher eingehen. Wir konnten vor allem nicht auf das Werk jener Theologen eingehen, die bereits Theologie mit den Kategorien des Denkens vor allem Ebners und Bubers zu treiben versuchten. Unsere Antwort kann infolgedessen hier nicht sehr genau sein. Sie kann nur vermuten, daß, wenn das Verständnis, das Sein als zwischen Menschen sich ereignende Sprache versteht, ein gemäßeres Seinsverständnis ist, aus diesem Verständnis heraus auch führende theologische Begriffe, wie etwa der Begriff des *Glaubens*, der *Gnade*, der *Umkehr*, des *Festes*, gemäßer gedacht werden könnten. Aufgrund unserer Einsicht in die Vorrangstellung des Denkens Rosenzweigs kann vermutet werden, daß hier vor allem die Begegnung mit dem Werk Rosenzweigs fruchtbar werden könnte und daß dabei Einseitigkeiten, die sich zuweilen bei der Übernahme einzelner Kategorien Ebners und Bubers ergaben[43], vermieden würden. Gerade diese theologische Begegnung mit Rosenzweig hat allerdings noch nicht stattgefunden.

Auf eine andere, nun wieder aus dem dialogischen Seinsverständnis überhaupt sich ergebende Bedeutung des dialogischen Denkens für die christliche Theologie muß aber am Ende noch ausdrücklich aufmerksam gemacht werden. Das christliche Denken findet sich heute in einem Maße wie bisher noch nie in seiner Geschichte konfrontiert mit fremden Welten, fremden Menschentümern, und das heißt auch: fremden Erfahrungen des Göttlichen. Das Christentum sieht sich nicht nur innerhalb seiner eigenen Geschichte konfrontiert mit vielen geschichtlich differenzierten Weisen des Christseins und der christlichen Glaubensaussagen. Sondern es sieht sich, und dies wohl zum erstenmal in seiner Geschichte mit vollem Bewußtsein, *konfrontiert* mit den anderen *großen Weltreligionen,* die es nicht einfach, wie dies zu manchen Zeiten der christlichen Geschichte wohl sein mochte, als die schlechthin unwahren und zu besiegenden abtun kann[44]. Es kann den Blick auch nicht von ihnen wegwenden. Denn die Welt ist unwiderruflich zu einer Einheit geworden, in der niemand mehr in getrennten und abgeschlossenen Räumen wohnen kann. Das Christentum ist also gezwungen, in einem ganz anderen Maße als bisher das Gespräch mit den Weltreligionen aufzunehmen. Und dieses Gespräch wird seinerseits im ganzen hineingenommen sein in das Geschick, das durch Naturwissenschaft und Technik für den ganzen Planeten heraufgeführt wurde.

Werden die Glaubenden sich in dieses Gespräch hineinwagen, so vorbehaltlos, daß dies wirklich ein Gespräch sein wird, und nicht nur der scheitern müssende Versuch, den Anderen in ein spätabendländisch verstandenes Christentum hineinzuziehen?

Es scheint, daß gerade hier in dem Maß, in dem verstanden wird, daß Sein sich je neu in dem Gespräch zwischen Menschen ereignet, gezeitigt von denen, die Partner des Gespräches sind, aber noch mehr von dem Ursprung, von dem auch die Verheißung ausgeht – daß gerade in dem Maße der Christ dafür frei wird, sich um des Glaubens

---

[43] Vgl. dazu die Arbeit von *Langemeyer* und die sie ergänzenwollende Arbeit von *Franzen.*
[44] Und auch nicht abtun will. Die Erklärung des II. Vatikanischen Konzils über das Verhältnis der Kirche zu den nichtchristlichen Religionen ist dafür ein eindrucksvolles Zeugnis.

willen in dieses Gespräch zu wagen und sich selbst glaubend in diesem Gespräch zu wagen. Denn in dem Maß, in dem der Glaubende erkennt, daß Sein und Wahrheit nie endgültig zu habende Besitztümer sind, sondern sich je neu in der Sprache zwischen Menschen ereignen, wird er sich gerade durch den Glauben, durch den er sich auf den Sinn alles Sein hin verlassen hat, getrieben finden, die immer neue Begegnung zu wagen. Er wird sich getrieben finden, den Weg der Begegnung zu gehen, auch wenn er weiß, daß manches, was ihm im Lauf der christlichen Geschichte lieb geworden ist, aufgegeben werden muß um der größeren Wahrheit willen, die sich in der Begegnung bewähren will und nur in der Begegnung bewähren kann. Er vertraut darauf, daß sich gerade in dieser größeren Wahrheit der Sinn des Seins, der sich ihm in Jesus Christus zugesprochen hat, aufs neue bewährt und ihn der Wahrheit entgegenführt, die erst gegeben sein wird, wenn der Sohn dem Vater alle Menschen als Sein Reich übergibt.

Es ist von hierher gesehen neu zu bedenken, was das heißt, daß das Christentum sich selbst einerseits aus dem Sendungsbefehl »Gehet hin und lehret alle Völker« (Mt 28, 19) versteht und andererseits aus der pfingstlichen Ausgießung des Geistes, die sich in dem Sprachenwunder der Welt kundgibt[45]. Das Christentum *besteht*, wie Rosenzweig in seinem Entwurf erkannt hat, durch die *Mission*[46]. Die Mission kann bei genauerem Zusehen aber keinesfalls in dem Hinaustragen und Aufzwingen eines uniformen Seinsverständnisses bestehen, sondern nur in der Verkündigung des Glaubens an Jesus von Nazareth und sein kommendes endzeitliches Herrschen.

Die Verkündigung dieses Glaubens aber geschieht in der Begeg-

---

[45] Vgl. dazu in den Konzilstexten das Dekret über die Misssionstätigkeit der Kirche n. 4, welches das Wesen der Kirche ausdrücklich aus dem pfingstlichen Sprachwunder versteht: »... wurde die Vereinigung der Völker in der Katholizität des Glaubens vorgedeutet, die sich durch die Kirche des Neuen Bundes vollziehen soll, welche in allen Sprachen spricht, in der Liebe alle Sprachen versteht und umfängt und so die babylonische Zerstreuung überwindet.«

[46] GS 2, 379: »Die Christenheit muß missionieren. Das ist ihr so notwendig wie dem ewigen Volk seine Selbsterhaltung im Abschluß des reinen Quells des Bluts vor fremder Beimischung. Ja das Missionieren ist ihr geradezu die Form ihrer Selbsterhaltung. Sie pflanzt sich fort, indem sie sich ausbreitet ... Statt des fleischlichen Fortströmens des einen Bluts ... muß hier die Ausgießung des Geistes in dem ununterbrochenen Wasserstrom der Taufe von einem zum andern weiterfließend die Gemeinschaft des Zeugnisses stiften.« Vgl. dazu das Dekret des II. Vatikanischen Konzils über die Missionstätigkeit der Kirche, dessen 1. Kap. beginnt: »Ecclesia peregrinans natura sua missionaria est ...«

nung mit allen Menschentümern, – jedoch so, daß diese gerade in ihrer jeweils eigenen Sprache sein gelassen werden. Durch das Ereignis der Begegnung werden sie aber, wie auch das Christentum selbst, in die Zukunft einer befreienden gemeinsamen Hoffnung hineingeführt. Viele Ereignisse an der Schwelle zu dem 21. Jahrhundert zeigen uns, wie sehr alleine diese Hoffnung eine Orientierung für unsere globale Geschichte sein kann. Denn diese wird letztlich nicht nur eine »Natur«- und Wirtschaftsgeschichte, sondern eine *Geschichte des Menschen mit dem Menschen* sein.

Das den Menschen vernichtende *Böse* bedroht den Menschen nicht von außen her. Vielmehr steigt es aus dem Menschen selbst auf. Und es ist heute dank der dem Menschen zur Verfügung stehenden Möglichkeiten in der Lage, das Leben auf dem ganzen Erdball in eine alles vernichtende Katastrophe zu treiben.

Die Orientierung an der Fähigkeit des Menschen, im Bedürfen des Anderen dessen absolute Würde zu achten, derart die Zeit seines mitmenschlichen Daseins als Herausforderung ernst zu nehmen und so Gott, der ihn in der Zeit angeht, zu verehren, kann hier die einzige *Wegweisung* sein, die Rettung verheißt.

Die Bedeutung des Denkens Rosenzweigs, Ebners und Bubers liegt derart darin, daß durch es die Tatsächlichkeit des im Geschehen der Sprache und der Mitmenschlichkeit verwurzelten Daseins als eines *hoffenden* und auf die Herausforderung durch die bilbische Botschaft *verwiesen* zugänglich gemacht wird.

Verzeichnis der angeführten Literatur und der Abkürzungen

I. Die Werke Rosenzweigs, Ebners und Bubers

A) Franz Rosenzweig

Bü   Das Büchlein vom gesunden und kranken Menschenverstand. Herausgegeben und eingeleitet von Nahum Norbert Glatzer. (Köln 1964).

H   Hegel und der Staat. (München und Berlin 1920, Aalen ²1962).

GS   Franz Rosenzweig. Der Mensch und sein Werk. Gesammelte Schriften. (Den Haag – Dordrecht 1976–1984).

1   Briefe und Tagebücher. Hg. von Rachel Rosenzweig und Edith Rosenzweig-Scheinmann unter Mitwirkung von Bernhard Casper; in zwei Bänden: 1/1 und 1/2. (Den Haag 1979).

2   Der Stern der Erlösung. Mit einer Einführung hg. von Reinhold Mayer. (Den Haag 1976).

3   Zweistromland. Kleinere Schriften zu Glauben und Denken. Hg. von Reinhold und Annemarie Mayer. (Dordrecht 1984).

4   Sprachdenken im Übersetzen.

4,1   Jehuda Halevi. Fünfundneunzig Hymnen und Gedichte. Deutsch und Hebräisch mit einem Vorwort und Anmerkungen. Hg. von Rafael N. Rosenzweig. (Dordrecht 1983).

4,2   Arbeitspapiere zur Verdeutschung der Schrift. Hg. von Rachel Bat-Adam. (Dordrecht 1984).

B) Ferdinand Ebner

I¹   Schriften. Erster Band. Fragmente, Aufsätze, Aphorismen. Zu einer Pneumatologie des Wortes (München 1963).

II   Schriften. Zweiter Band. Notizen, Tagebücher, Lebenserinnerungen (München 1963).

III   Schriften. Dritter Band. Briefe (München 1965).

---

¹ Mit den Abkürzungen I–V werden die Werke Bubers und Ebners jeweils nur in dem Teil der Untersuchung zitiert, der direkt von Buber oder Ebner handelt.

C) *Martin Buber*

I   Werke. Erster Band. Schriften zur Philosophie (München-Heidelberg 1962).
II   Werke. Zweiter Band. Schriften zur Bibel (München – Heidelberg 1964).
III   Werke. Dritter Band. Schriften zum Chassidismus (München Heidelberg 1963).
IV   Der Jude und sein Judentum. Gesammelte Aufsätze und Reden (Köln 1963).
V   Nachlese (Heidelberg 1965).
A   Martin Buber. Hg. von Paul Arthur Schilpp und Maurice Friedmann (Stuttgart 1963). (Dieser Sammelband enthält die Antwort Bubers auf die seinem Denken gewidmeten Aufsätze, die der Band enthält. Die einzelnen Autoren, die Arbeiten in diesem Band veröffentlichten, werden im II. Teil des Literaturverzeichnisses nicht besonders aufgeführt).
B   Begegnung. Autobiographische Fragmente (Stuttgart ²1961).

Stücke, die Buber nicht oder nicht im gleichen Wortlaut in die oben angeführten Werke aufgenommen hat, werden nach der *Bibliography of Martin Buber's works* (1895–1957) *compiled by Moshe Catanne* (Jerusalem 1958) zitiert, und zwar so, daß jeweils nur die laufende Nummer der Catanneschen Bibliographie und die Seitenzahl genannt werden.

Im einzelnen werden nach Catanne zitiert:
1 Altenberg, in: Przeglad tygodniowy (1897).
2 Hofmannsthal, in. Przeglad tygodniowy (1897).
3 Schnitzler, in: Przeglad tygodniowy (1897).
4 Hermann Bahr, in: Przeglad tygodniowy (1898).
5 (Referat), in: Stenographisches Protokoll der Verhandlungen des III. Zionistenkongresses, Basel, 15.–18. August 1899 (pp. 190–193) (Wien ›Erez Israel‹ 1899).
6 Unseres Volkes Erwachen, in: Die Welt III, 46; 17. XI. 1899.
7 Neue Jugend, in: Jüdischer Volkskalender für das Jahr 5661 (Leipzig 1900).
8 Vor Sonnenaufgang; nach dem Jerusalemischen Talmud, in: Jüdischer Volkskalender für das Jahr 5661 (Leipzig 1900).
9 Ein Wort über Nietzsche und die Lebenswerte, in: Die Kunst im Leben I, 2; XII. 1900.
10 Die Abenteuer des kleinen Walter, in: Neue freie Presse, Literaturbeilage 13. X. 1901.
11 Der Ackersmann, in: Die Welt V, 49; 6. XII. 1901.
12 An Narcissus, in: Jahresbericht der Lese- und Redehalle jüdischer Hochschüler in Wien über das Vereinsjahr 1901 (Wien 1901).
13 Aus dem Munde der Bibel, in: Die Welt V, 37; 13. IX. 1901.
14 Bergfeuer; zum fünften Congresse, in: Die Welt V, 35; 30. VIII. 1901.
15 Die Congreßtribüne, in: Die Welt V, 36; 6. IX. 1901.
17 Feste des Lebens; ein Bekenntnis, in: Die Welt V, 9; 1. III. 1901.
18 Gebet, in: Die Welt V, 26; 28. VI. 1901.

19 Gegenwartsarbeit. I, in: Die Welt V, 6; 8. II. 1901.
20 J. L. Perez; ein Wort zu seinem fünfundzwanzigsten Schriftsteller-Jubiläum, in: Die Welt V, 18; 3. V. 1901.
21 Jüdische Kunst, in. Die Wel: V, 50; 13. XII. 1901.
21a Jüdische Renaissance, in: Ost und West I, 1; I. 1901.
22 Jüdische Wissenschaft, in: Die Welt V, 41/43; 11./25. X. 1901.
23 Eine jungjüdische Bühne, in: Die Welt V, 45; 8. XI. 1901.
24 Kultur und Zivilisation; einige Gedanken zu diesem Thema, in: Kunstwart XIV, 15; 1. Maiheft 1901.
25 Prolog aus der Skizzenreihe »Studentinnen«, in: Jahresbericht der Lese-und Redehalle jüdischer Hochschüler in Wien über das Vereinsjahr 1901 (Wien 1901).
26 Ein Purimprolog, in: Die Welt V, 10; 8. III. 1901.
27 (Referat), in: Stenographisches Protokoll der Verhandlungen des Zionisten Congresses in Basel 26. ... 30. December 1901. (pp. 151–170) (Wien ›Erez Israel‹ 1901).
28 Eine Sektion für jüdische Kunst und Wissenschaft, in: Die Welt V, 13; 29. III. 1901.
29 Über Jakob Böhme, in: Wiener Rundschau V, 12; 15. VI. 1901.
30 Vorlesungsabende, in: Die Welt V, 46; 15. XI. 1901.
31 Wege zum Zionismus, in: Die Welt V, 51; 20. XII. 1901.
46 Die Schaffenden, das Volk und die Bewegung; einige Bemerkungen, in: Jüdischer Almanach (Berlin 1902).
51 Jüdische Künstler. Hg. von M. B. (Berlin 1903).
54 Zwei Tänze aus dem Zyklus Elisha ben Abuja, genannt Acher, in: Junge Harfen; eine Sammlung jungjüdischer Gedichte (Berlin 1903).
57 Elijahu, in: Ost und West IV, 12; XII. 1904.
58 Gustav Landauer, in: Die Zeit 11. VI. 1904.
62a Juedischer Almanach. Teilweise veränderte Neuausgabe (Berlin 1904).
65 Die Entdeckung von Palästina, in: Ost und West V, 2; II. 1905.
71 Die Geschichten des Rabbi Nachman, ihm nacherzählt von M. B. (Frankfurt a. M. 1906).
72 Die Gesellschaft. Sammlung sozialpsychologischer Monographien, Hg. von M. B. I–XL (Frankfurt a. M. 1906–1912).
74 Drei Rollen Novellis, in: Die Schaubühne II, 2; 11. I. 1906.
76 Die jüdische Mystik, in: Die Welt X, 30, 31; 27. VII., 3. VIII. 1906.
77 Die Legende der Chassidim: 1. Die Heiligen des Herrn und die Rache, in: Die Welt X, 32; 10. VIII. 1906.
92/93 Die Legende des Baal Schem (Frankfurt a. M. 1908).
95 Ekstatische Konfessionen, gesammelt von M. B. (Jena 1909).
96 Die Geschichten des Rabbi Nachman (Frankfurt a. M. ²1909).
109 (Bemerkungen), in: Verhandlungen des ersten Deutschen Soziologentages vom 19.–22. Oktober 1910 in Frankfurt a. M. (Tübingen, J. C. B. Mohr, 1911) = Schriften der Deutschen Gesellschaft für Soziologie. I. Serie: Verhandlungen des Deutschen Soziologentages, 1.
115 Die Mythen des Chassidismus; aus der Einleitung zu einer Auswahl chassidischer Legenden, in: Heimkehr; Essays jüdischer Denker. Hg. vom jüd.-nat. Akad. Verein ›Emunah‹ (Czernowitz. Czernowitz – Berlin 1912).

117 Die Zukunft, in: Selbstwehr VI, 37; 12. IX. 1912.

119 Daniel; Gespräche von der Verwirklichung (Leipzig 1913).

121 Der Mythos der Juden; aus einem Vortrag von M. B., in: Vom Judentum; ein Sammelbuch, Hg. vom Verein jüdischer Hochschüler Bar Kochba in Prag (Leipzig ²1913).

122 Das Raumproblem der Bühne, in: Das Claudel-Programmbuch (Hellerau 1913). Die Zukunft XXI, 40; 5. VII. 1913.

128a Ereignisse und Begegnungen: Der Dämon im Traum, in: Die weißen Blätter I, 9; V. 1914.

138 Die jüdische Bewegung; gesammelte Aufsätze und Ansprachen 1900–1915 (Berlin 1916).

142 Chassidisches, in: Der Jude I, 2, 8, 9; XI., XII. 1916.

147 Die Losung, in: Der Jude I, 1; IV. 1916.

154 Ereignisse und Begegnungen (Leipzig 1917).

160 Aus einem Rundschreiben von Ostern 1914, in: Almanach der neuen Jugend auf das Jahr 1917 (Berlin 1917).

166 Ein politischer Faktor, in: Der Jude II, 5/6; VIII./IX. 1917.

184 Die Revolution und wir, in: Der Jude III, 8/9; XI./XII. 1918.

188 Zion und die Jugend, in: Der Jude III, 3; VI. 1918.

194 Der heilige Weg; ein Wort an die Juden und an die Völker (Frankfurt a. M. 1919).

195 Worte an die Zeit; (eine Schriftenreihe). 1. Heft: Grundsätze (München 1919).

196 Worte an die Zeit ... 2. Heft: Gemeinschaft (München 1919).

199 Landauer und die Revolution, in: Masken XIV, 18/19 (1919).

200 Nicht was zum Munde eingeht, in: Der Jude IV, 4; VII. 1919.

205 Was ist zu tun?, in: Frankfurter Zeitung (I. Morgenblatt) 20. IV. 1919.

211 Ereignisse und Begegnungen (Leipzig² 1920).

232 Ekstatische Konfessionen; gesammelt von M. B., Veränderte Neuausgabe (Leipzig 1921).

233 Kalewala ... Verbesserte Neuausgabe (Berlin, L. Schneider, 1921).

234 Landauer, Gustav. Der werdende Mensch. (Hg. von M. B.) (Potsdam, G. Kiepenheuer, 1921).

240 Streiflichter, in. Der Jude VI, 7; X. 1921.

243 Die zwei Ich ›Chassidisches‹, in: Der Jude VI, 9; XII. 1921.

247 Der große Maggid und seine Nachfolge (Frankfurt a. M. 1922).

251 Die Aufgabe, in: Das werdende Zeitalter I, 2; IV. 1922.

261 Ich und Du (Leipzig 1923).

266 Religion und Gottesherrschaft. (Leonhard Ragaz: Weltreich, Religion und Gottesherrschaft), in: Frankfurter Zeitung 27. IV. 1923 (Literaturblatt).

271 Landauer, Gustav: Beginnen. (Hg. von M. B.) (Köln 1924).

300 Zu einer Übersetzung und einer Rezension. (M. B. und Franz Rosenzweig), in: Der Morgen II, 1; 1926.

319 Aus Bubers Dissertation. (»Beiträge zur Geschichte des Individuationsproblems«, Wien 1900 [! = 1904]), in: Aus unbekannten Schriften; Festgabe für M. B. zum 50. Geburtstag (Berlin 1928).

321 Drei Sätze eines religiösen Sozialismus; in: Neue Wege XXII, 7/8; VII./VIII. 1928.

338 Gustav Landauer; sein Lebensgang in Briefen. Unter Mitwirkung von Ina Britschgi-Schimmer, Hg. von M. B. I–II (Frankfurt a. M. 1929).

346 Der Glaube des Judentums, in: Harms, Bernhard. Volk und Reich der Deutschen (Berlin 1929).

351 Religion und Philosophie, in: Sechzehntes Jahrbuch der Schopenhauer-Gesellschaft für das Jahr 1929 (Heidelberg [1929?]).

367 Hundert chassidische Geschichten (Berlin 1930).

591 Gottesliebe und Nächstenliebe im Chassidismus, in: Neue Wege XLI, 7/8; VII./VIII. 1947.

594 Nicht ein Judenstaat, sondern ein bi-nationales Jüdisch-Arabisches Staatsgebilde, in: Neue Wege XLI, 5; V. 1947.

595 Ragaz und »Israel« (Ansprache bei einer Gedenkfeier für Ragaz in der Synagoge Emet we-Emuna, Jerusalem), in: Neue Wege XLI, 11; XI. 1947.

606 Israel and the World; essays in a time of crisis. (Translated by Olga Marx and Greta Hort [and others]) (New York [c 1948]).

623 Ein Briefwechsel (von Karl Thieme) mit M. B., in: Rundbrief zur Förderung der Freundschaft zwischen dem alten und dem neuen Gottesvolk – im Geiste der beiden Testamente II, 5/6; XII. 1949.

686 An der Wende; Reden über das Judentum. (I. Der Geist Israels und die Welt von heute. II. Judentum und Kultur. III. Die heimliche Frage. IV. Der Dialog zwischen Himmel und Erde) (Köln [c 1952]).

704 Geleitwort, in: Trüb, Hans. Heilung aus der Begegnung; eine Auseinandersetzung mit der Psychologie C. G. Jungs. Hg. von Ernst Michel und Arie Sborowitz (Stuttgart 1952).

753 Christus, Chassidismus, Gnosis; einige Bemerkungen, in. Merkur VIII, 10; X. 1954.0

761/762 Prophetie, Apokalyptik und die geschichtliche Stunde, in: Merkur VIII, 12; XII. 1954.

782/3 Die Geschichten des Rabbi Nachman (Frankfurt a. M. [1955]).

Nach der Bibliographie von Friedman in A werden zitiert:

Fr 289 Ein Beispiel. Zu den Landschaften Leopold Krakauers, in: Merkur, 139, Bd. XIII, Nr. 9 (September 1959) 840 ff.

Fr 302 Der Chassidismus und die Krise des abendländischen Menschen, in: Juden, Christen, Deutsche. Hg. von Hans-Jürgen Schultz (Stuttgart 1961).

II. Sonstige benutzte Literatur

Altmann, Alexander, Hermann Cohens Begriff der Korrelation, in: Helmut Holzey (Hg.), Auslegungen. (Frankfurt 1994).

Anckaert, Luc; Casper, Bernhard, Franz Rosenzweig. An Exhaustive Rosenzweig Bibliography. Primary and Secondary Writings. (Instrumenta Theologica XIV), (Leuven 1995).

Angerer, Elisabeth, Das Problem der Wirklichkeit des Geistes bei Ferdinand Ebner. Diss.phil. (Wien 1960).

Baeck, Leo, Von Moses Mendelssohn zu Franz Rosenzweig. Typen jüdischen Selbstverständnisses in den letzten beiden Jahrhunderten. (Stuttgart 1958).

Berlinger, Rudolf, Augustins dialogische Metaphysik. (Frankfurt 1962).

Bernhardi, August Ferdinand, Anfangsgründe der Sprachwissenschaft. (Berlin 1805).

Bienenstock, Myriam, Mythe et Révélation dans L'»Étoile de la Rédemption« Contemporanèitè de Franz Rosenzweig, in: Archives de Philosophie 55 (1992), 17–34.

Bonus, Arthur, Religion und Kultur, in: Frischeisen-Kohler, Max, Weltanschauung, Philosophie und Religion in Darstellung (Berlin 1911).

Brunner, August, Sprache als Ausgangspunkt der Erkenntnistheorie, in: Scholastik 8. Jhg (1933), 41–63.

Brunner, Emil, Erlebnis, Erkenntnis und Glaube. (Tübingen 1921).

– Der Mensch im Widerspruch. Die christliche Lehre vom wahren und wirklichen Menschen. (Zürich ³1941).

Casper, Bernhard, Besprechung der Werke Martin Bubers, Zweiter Band: Schriften zur Bibel (1964), Dritter Band: Schriften zum Chassidismus (1963) und: Der Jude und sein Judentum. Gesammelte Aufsätze und Reden (1963), in: Philosophisches Jahrbuch der Görres-Gesellschaft 72, (München 1965), 417–423.

– Besprechung von Franz Rosenzweig: Das Büchlein vom gesunden und kranken Menschenverstand (1964). In: Philosophisches Jahrbuch der Görres-Gesellschaft 73 (München 1966), 390–92.

– Seit ein Gespräch wir sind. In: Bernhard Casper, Klaus Hemmerle, Peter Hünermann, Besinnung auf das Heilige. (Freiburg-Basel-Wien 1966), 80–123.

– Sein und Offenbarung. Zum 80. Geburtstag Franz Rosenzweigs. In: Philosophisches Jahrbuch 74 (1966/67), 310–339.

– Sprache und Theologie. Eine philosophische Hinführung. (Freiburg-Basel-Wien 1975).

– Offenbarung im Denken Franz Rosenzweigs.In: Richard Schaeffler; Bernhard Casper; Shemaryahu Talmon; Yehoshua Amir, Offenbarung im Denken Franz Rosenzweigs. (Essen 1979), 77–117.

– Franz Rosenzweigs Kritik an Bubers »Ich und Du«. In: Philosophisches Jahrbuch 86 (1979), 225–238. Wiederabgedruckt in: Bilanz seines Denkens. Hg. von Jochanan Bloch und Haim Gordon. (= Veröffentlichung der Ben-Gurion-Universität des Negev), (Freiburg. 1983).

– Franz Rosenzweig: Die gerettete Verantwortung. In: Sein und Schein der Religion. Hg. von Alois Halder, Klaus Kienzler und Joseph Möller. (Düsseldorf 1983), 274–296.

– Bedürfen des Anderen und Erfahrung Gottes. In: Gegen den Traum vom Geist. Ferdinand Ebner. Beiträge zum Symposion Gablitz 1981. Hg. von Walter Methlagl, Peter Kampits, Christoph König, Franz Josef Brandfellner. (= Brenner-Studien. Bd. V). (Salzburg 1985),128–139.

– Temporalità ed escatologia nel pensiero di Franz Rosenzweig. Momenti della discussione. In: Temporalità es Escatologia. Atti del Primo Colloquio su Filosofia e Religione (Macerata, 10–12 Maggio 1984). A cura di Giovanni Ferretti. Atti di Convegni 1. (Torino 1986), 97–116, 117–120.

– Über das Gebet. Betrachtungen zu Franz Rosenzweig im Hinblick auf Emmanuel Levinas.In: Philosophisch-Theologische Grenzfragen. Festschrift für Richard

Schaeffler zur Vollendung des 60. Lebensjahres. Hg. von Julie Kirchberg und Johannes Müther. (Essen 1986), 35–43.
– Responsibility Rescued. In: The Philosophy of Franz Rosenzweig. Ed. by Paul Mendes-Flohr. (Hannover, London 1988), 89–106.
– Zeit – Erfahrung – Erlösung. Zur Bedeutung Rosenzweigs angesichts des Denkens des 20. Jahrhunderts. In: Der Philosoph Franz Rosenzweig (1886–1929). Internationaler Kongreß Kassel 1986. Bd. II. Das Neue Denken und seine Dimensionen. Hg. von Wolf-Dietrich Schmied-Kowarzik. (Freiburg-München 1988), 553–566.
– Introduction to Franz Rosenzweig by Bernhard Casper [III. Franz Rosenzweig (1886–1929)]. In: Jewish Perspectives on Christianity. The views of Leo Baeck, Martin Buber, Franz Rosenzweig. Will Herberg and Abraham J. Heschel. Edited by Fritz A. Rothschild, (New York 1990), 159–168. Deutsch in: Christentum aus jüdischer Sicht. Fünf jüdische Denker des 20. Jahrhunderts über das Christentum und sein Verhältnis zum Judentum. Hg. von Fritz A. Rothschild. (= Veröffentlichungen aus dem Institut Kirche und Judentum, Bd. 25),(Berlin-Düsseldorf 1998), 169–177.
– La concezione dell'»evento« nella *stella della redenzione* di Franz Rosenzweig e nel pensiero di Martin Heidegger. In: Teoria XI/1991/2 (Nuova Serie I/2), ETS Editrice, Pisa, 47–64. Spanisch erschienen als: Ereignis (acaecimiento) en la conception de Franz Rosenzweig y en el pensamiento de Martin Heidegger. In: Escritos de Filosofia (Buenos Aires), n. 29/30: identidad y si-mismo 15 (1996), 3–20.
– La prière comme être voué à l'au-delà de l'essence. Quelques considérations sur Rosenzweig dans la perspective de l'oeuvre de Lévinas. In: Jean Greisch u. Jacques Rolland (Hg.). Emmanuel Lévinas. L'éthique comme philosophie première. Actes du colloque de Cerisy-la-Salle 23 août – 2 septembre 1986. (Paris 1993), 259–271.
– Offenbarung in Franz Rosenzweigs »erfahrendem Denken«, in: Archivio di Filosofia Anno LXII (1994). Filosofia della rivelazione. 453–465.
– Nachwort zu: Martin Buber. Ich und Du. (Stuttgart 1995), 131–142.
– Art. Dialog, Dialogik (I. Philosophisch). In: Lexikon für Theologie und Kirche. 3. Bd. 3. Aufl. (Freiburg i. Br. 1995), Sp. 191–192.
– Luc Anckaert u. Bernhard Casper. Franz Rosenzweig. An Exhaustive Rosenzweig Bibliography. Primary and Secondary Writings. (Instrumenta Theologica XIV).(Leuven 1995).
– Korrelation oder ereignetes Ereignis? Zur Deutung des Spätwerkes Hermann Cohens durch Franz Rosenzweig. In: Hermann Cohen's Philosophy of Religion. International Conference in Jerusalem 1996. Edited by Stéphane Moses and Hartwig Wiedebach. Publications of the Franz Rosenzweig Research Center for German-Jewish Literature and Cultural History. (Hildesheim, Zürich, New York 1997), 51–69.
– Míra lidství Rosenzweig a Lévinas. Ed. Jolana Poláková, übers. Jan Sokol. (Prag 1998).
– »Das menschliche Handeln und seine Problematik« Eine Aussprache zwischen Martin Buber und Emil Brunner (1928) – Zur Einführung. In: Freiburger Rundbrief 6 (1999), 23–26.
– Das Ereignis des Betens. Grundlinien einer Hermeneutik des religiösen Gesche-

hens. (Freiburg/München, 1998). Tschechisch erschienen als: Událost Modlitby. Základní linie hermeneutiky nábozenského deni. (Praha 2000).
- Transzendentale Phänomenalität und ereignetes Ereignis. Der Sprung in ein hermeneutisches Denken im Leben und Werk Franz Rosenzweigs. In: Vom Rätsel des Begriffs. FS für Friedrich-Wilhelm von Herrmann zum 65. Geburtstag. Hg. von P. L. Coriando, (Berlin 1999), 357–367. Spanisch erschienen als: Fenomenalidad trascendental y acaecimiento acaecido. El salto hacia un pensamiento hermenéutico en la vida y obra de Franz Rosenzweig. Epilogo. In: A. E. Garrido Maturana, La Estrella de la Esperanza. Introducción a La Estrelle de la Redención de Franz Rosenzweig desde una perspectiva fenomenológica. (Buenos Aires, 2000), 111–126.
- »Che tutto l'essere è grazia«. Riflessioni sulla concezione dell'essere nel pensiero di Ferdinand Ebner. Atti del Convegno internazionale. Trento, 1–3 dicembre 1998. In: La filosofia della parola di Ferdinand Ebner. Hg. v. Silvano Zucal und Anita Bertoldi, (Brescia 1999), 41–50.
- La sfida di Franz Rosenzweig al pensiero cristiano, in: Filosofia e Teologia. Rivista quadrimestrale. Anno XIV, no. 2 (Franz Rosenzweig. Pensare ebraicamente), (Maggio-Agosto 2000), 245–255.
- «Ereignis». Bemerkungen zu Franz Rosenzweig und Martin Heidegger, in: Jens Mattern, Gabriel Motzkin und Shimon Sandbank (Hg.), Jüdisches Denken in einer Welt ohne Gott. FS für Stéphane Mosès. Berlin 2001, S. 67–77.
- Theo-logie als Geschehen des Gebetes. Eine Anleitung, Franz Rosenzweigs »Stern der Erlösung« zu lesen. In: Weg und Weite. FS für Karl Lehmann, hrsg. von Albert Raffelt unter Mitwirkung von Barbara Nichtweiß. Freiburg – Basel – Wien. Herder 2001, S. 343–351.
- Die Zeitung des Miteinander-Daseins und das Licht der Erlösung. In: Intersubjectivité et théologie philosophique. Textes réunis par Marco M. Olivetti. Biblioteca dell' ‹Archivío di Filosofia›, Padova Cedam 2001, S. 21–40.

Catanne, Moshe, Vgl. oben S. 381.

Chamberlain, Houston Stewart, Immanuel Kant. Die Persönlichkeit als Einführung in das Werk. (München 1905).

Ciglia, Francesco, Scrutando la »Stella«. Cinque studi su Rosenzweig. (Padova 1999).

Coe, George Albert, Psychology of Religion. (Chicago [7]1925).

Cohen, Hermann, Werke. Hg. vom Hermann-Cohen-Archiv am Philosophischen Seminar der Universität Zürich unter der Leitung von Helmut Holzhey. (Band 6–9, System der Philosophie in drei Teilen).
- Aesthetik des reinen Gefühls. Mit einer Einleitung von Gerd Wolandt. (Hildesheim, New York [3]1982).
- Ethik des reinen Willens. Introduction by Steven S. Schwarzschild. (Hildesheim, New York [5]1981).
- Logik der reinen Erkenntnis. Mit einer Einleitung von Helmut Holzhey. (Hildesheim, New York [4]1977). Abgekürzt: LrE.
- Der Begriff der Religion im System der Philosophie (Gießen 1915).
- Kants Theorie der Erfahrung (Berlin [1]1871, [2]1885 [3]1918).
- Die Religion der Vernunft aus den Quellen des Judentums (1928) (Köln [2]1959). Abgekürzt: RdV.
- Schriften zur Philosophie und Zeitgeschichte (Berlin 1928).

Cohrs, August Ferdinand, Mythos und Verwirklichung. Ein Hinweis auf Martin Bubers chassidische Schriften. In: Eckart. Blätter für evangelische Geisteskultur. Viertes Jahr (Berlin 1928), 363–370.

Concilium Oecumenicum Vaticanum II. Die Konstitutionen und Dekrete des Konzils werden nach den Acta Apostelicae Sedis, bzw., soweit sie dort bei Abschluß der Arbeit noch nicht vorlagen, nach dem Osservatore Romano zitiert. Deutsche Texte sind der ersten Übersetzung im Auftrag der Deutschen Bischöfe »Konzilsdekrete 1–4«, Recklinghausen 1966, entnommen.

Cullberg, H., Das Du und die Wirklichkeit. (Uppsala 1933).

D'Antuono, Emilia, Ebraismo e filosofia. Saggio su Franz Rosenzweig. (Napoli 1999).

Denzinger, Heinrich – Schönmetzer, Adolf, Enchiridion Symbolorum. (Freiburg 1963).

Denziger, Heinrich, Enchiridion Symbolorum. Kompendium der Glaubens-bekenntnisse und kirchlichen Lehrentscheidungen. Lateinisch / deutsch hg. von Peter Hünermann. (Freiburg 1991).

Dienemann, Max, Judentum und jüdische Religionsphilosophie im Urteil heutiger Katholiken. In: Der Morgen (Berlin 1926), 57–70.

Dilthey, Wilhelm, Gesammelte Schriften. (Stuttgart und Göttingen 1959). Die Schriften werden mit den Bandzahlen zitiert.

– Das Erlebnis und die Dichtung. Lessing. Goethe. Novalis. Hölderlin. (Göttingen [12]o. J.).

Ehrenberg, Hans, Disputation. Drei Bücher vom Deutschen Idealismus. (München 1923–1925).

– Die Parteiung der Philosophie. Studien wider Hegel und die Kantianer. (Leipzig 1911).

– Kants mathematische Grundsätze der reinen Naturwissenschaft. Diss.phil. (Heidelberg 1910).

Ehrenberg, Rudolf, Der Lebenslauf. Eine biologisch-metabiologische Vorlesung. (Heidelberg 1946).

– Theoretische Biologie vom Standpunkt der Irreversibilität des Lebensvorgangs. (Berlin 1923).

– Leben und Tod. Studien des apologetischen Seminars, Bd. 11. (Gütersloh 1925).

– Metabiologie. (Heidelberg 1950).

Encyclopaedia Judaica. Das Judentum in Geschichte und Gegenwart. (Berlin 1929).

Encyclopedia, The Jewish. (New York 1901–1906).

Fabro, Cornelio, La nozione metafisica di partecipazione secondo S. Tomaso d'Aquino. (Milano 1939).

Fackenheim, Emil, The Systematic Role of the Matrix (Existence) and Apex (Yom Kippur) of Jewish Religious Life in Rosenzweigs »Stern der Erlösung«. In: Wolf-Dietrich Schmied Kowarzik (Hg.) Der Philosoph Franz Rosenzweig (1886–1929). (Freiburg 1988), 567–575.

Ficker, Ludwig von, Beiläufiges zu Ferdinand Ebners Briefen. In: Literatur und Kritik. Österreichische Monatsschrift 1 (Salzburg 1966).

Fleischmann, Engine, Le christianisme ›mis à nus‹. (Paris 1970).

Franzen, Franz, Ferdinand Ebners Philosophie der Sprache in ihrer theologischen Bedeutung für die Anthropologie. Diss. theol. (Münster 1964).

Freund, Else, Die Existenzphilosophie Franz Rosenzweigs. (Hamburg [2]1959).

Gadamer, Hans-Georg, Wahrheit und Methode. Grundzüge einer philosophischen Hermeneutik. (Tübingen ²1965).

Geiger, Louis Bertrand, La participation dans la philosophie de S. Thomas d'Aquin. (Paris ²1953).

Glatzer, Nahum Norbert, Franz Rosenzweig. His Life and Thought. (NewYork ²1961).

Goldschmidt, Hermann Levin, Hermann Cohen und Martin Buber. (Genf 1946).

– Dialogik. Philosophie auf dem Boden der Neuzeit. (Frankfurt 1964).

– Philosophie als Dialogik. (Af foltern a. A. 1948).

Goldstein, Walter Benjamin, Die Botschaft Martin Bubers II. (Jerusalem 1953).

Grimm, Jacob, Über den Ursprung der Sprache. Aus den Abhandlungen der Königlichen Akademie der Wissenschaften 1851. (Berlin⁴1866).

Gründler, Otto, Eine jüdisch-theistische Offenbarungsphilosophie In: Hochland XIX (München 1922), 621–632.

Hamann, Johann Georg, Sämtliche Werke. Historisch-kritische Ausgabe von Josef Nadler. (Wien 1949–1957).

– Sibyllinische Blätter des Magus. Ausgewählt und eingeleitet von Rudolf Unger. (Jena 1905).

Hammerstein, Franz von, Das Messiasproblem bei Martin Buber. (Stuttgart 1958).

Hänsel, Ludwig, Nachwort. In: Ebner, Ferdinand, Das Wort und die geistigen Realitäten. (Wien ²1952).

Hart, Julius, Zukunftsland. Im Kampf um eine Weltanschauung. 1. Band: Der neue Gott. (Florenz und Leipzig 1899).

Hartlich, Christian – Sachs, Walter, Der Ursprung des Mythosbegiffes in der modernen Bibelwissenschaft. (Tübingen 1952).

Hättich, Edgar, Denken als Gespräch. Der philosophische Dialog und die Grundlagen der Dialektik. Diss. phil. (Innsbruck 1961).

Haym, Rudolf, Die romantische Schule. Ein Beitrag zur Geschichte des deutschen Geistes. (Berlin 1870).

Hedinger, Ulrich, Betrachtungen zu drei chassidischen Erzählungen. In: Theologische Zeitschrift, (hg. von der theologischen Fakultät der Universität Basel) Jhg. 21 (1965), 200–209.

Hegel, Georg Friedrich Wilhelm, Begriff der Religion. Nach den vorhandenen Manuskripten vollständig neu herausgegeben von Georg Lasson. (Leipzig 1925).

– Enzyklopädie der philosophischen Wissenschaften 1830. Neu hg. von Friedhelm Nicolin und Otto Pöggeler. (Bonn ⁶1958).

– Phänomenologie des Geistes. Nach dem Texte der Originalausgabe hg. von Johannes Hoffmeister. (Hamburg ⁶1952).

– Theologische Jugendschriften nach den Handschriften der Kgl. Bibliothek in Berlin. Hg. von Herman Nohl. (Tübingen 1905).

– Die absolute Religion. Nach den vorhandenen Manuskripten vollständig neu herausgegeben von Georg Lasson. (Leipzig 1929).

Heidegger, Martin, Sein und Zeit. (Tübingen ⁶1949). Vgl. in der Gesamtausgabe (abgekürzt GA) (Frankfurt 1975 ff.) den Band 2. Durch die Seitenmarginalien der Gesamtausgabe sind die Seitenangaben der älteren Ausgaben auffindbar.

– Unterwegs zur Sprache. (Pfullingen 1959). Vgl. GA 12.

– Gelassenheit. (Pfullingen ²1960). Vgl. GA 13 und GA 16.

– Vorträge und Aufsätze. (Pfullingen 1954). Vgl. GA 7.

Heinemann, I., Der Begriff des Übermenschen in der jüdischen Religionsphilosophie. In: Der Morgen. 1. Jhg. (Berlin 1925), 3–17.

Heisenberg, Werner, Das Naturbild der heutigen Physik. (Hamburg 1955).

Herrigel, Hermann, Das neue Denken. (Berlin 1928).

Hindel, Robert, Das Seinsverständnis in der Fundamentalontologie. Diss. phil. (Wien 1948).

Hirzel, Rudolf, Der Dialog. Ein literarhistorischer Versuch. 2 Bde. (Leipzig 1895).

Hölderlin, Friedrich, Sämtliche Werke. Hg. von Friedrich Beißner. (Stuttgart 1944–1959).

– Sämtliche Werke. Historisch-Kritische Ausgabe, besorgt durch Norbert von Hellingrath. (München 1913 ff.).

Hommes, Ulrich, Das Problem des Rechts und die Philosophie der Subjektivität. In: Philosophisches Jahrbuch der Görres-Gesellschaft 70, 311–343.

Hornstein, Herbert, Schicksal der Sprache. In: Zeit und Stunde. Ludwig v. Ficker zum 75. Geburtstag gewidmet. Hg. von Ignaz Zangerle. (Innsbruck 1955), 90–127.

Huch, Ricarda, Luthers Glaube. Brief an einen Freund. (Leipzig 1916).

Humboldt, Wilhelm von, Werke. Hg. Andreas Flitner und Klaus Giel. (Darmstadt 1960–1964).

Husserl, Edmund, Cartesianische Meditationen und Pariser Vorträge. Hg. und eingeleitet von Stefan Strasser. (= Husserliana 1. Edmund Husserl. Gesammelte Werke1). (Den Haag 1973).

Jacob, Benno, Der Pentateuch. Exegetisch-kritische Forschungen. (Leipzig 1905).

Jone, Hildegard u. a., Für Ferdinand Ebner – Stimmen der Freunde. (Regensburg 1935).

Kant, Immanuel, Gesammelte Schriften. Hg. von der Preuß. Akademie der Wissenschaften. Bd. I – XXIII (Berlin 1910–1955).

– Werke. In sechs Bänden. Hg. von Wilhelm Weischedel. (Darmstadt 1960 bis 1964).

– Kant-Laienbrevier. Eine Darstellung der Kantischen Welt- und Lebensanschauung für den ungelehrten Gebildeten aus Kants Schriften, Briefen und mündlichen Äußerungen. Zusammengestellt von Dr. Felix Groß. 2. verbesserte Auflage (München 1912).

Kierkegaard, Sören, Schriften in vier Bänden. Unter Mitwirkung der Kopenhagener Kierkegaard-Gesellschaft, Hg. von Hermann Diem und Walter Rest. (Köln und Olten 1950–1959).

– Kritik der Gegenwart. Mit einem Nachwort von Theodor Haecker. (Innsbruck ³1934).

– Die Krankheit zum Tode. Übers. von Gottsched und Schrempf. (Jena 1932).

Kittel, Gerhard, Theologisches Wörterbuch zum Neuen Testament. (Tübingen 1932 ff.).

Kleutgen, Joseph, Beilagen zu den Werken über die Theologie und Philosophie der Vorzeit. Zweites Heft: Zu meiner Rechtfertigung. (Münster 1868).

Kluback, William, The legacy of Hermann Cohen. (Atlanta Georgia 1989).

– Time and History. The Conflict Between Hermann Cohen and Franz Rosenzweig. In: Wolf-Dietrich Schmied-Kowarzik (Hg.), Der Philosph Franz Rosenzweig (1886–1929). Internationaler Kongreß Kassel 1986. (Freiburg 1988), 801–813.

Kohn, Hans, Martin Buber. Sein Werk und seine Zeit. Ein Beitrag zur Geistesgeschichte Mitteleuropas 1880–1930. Nachwort. 1930–1960 von Robert Weltsch. Zweite um ein Vor- und Nachwort erweiterte Auflage. (Köln 1961).

Kries, Johannes von, Autobiographie In: Die Medizin der Gegenwart in Selbstdarstellungen. (Leipzig 1925).

– Logik. Grundzüge einer kritischen und formalen Urteilslehre. (Tübingen 1916).

Kroner, Richard, Von Kant bis Hegel. (Tübingen 1921 und 1924).

Kropotkin, Petr, Gegenseitige Hilfe in der Entwicklung. Autorisierte deutsche Ausgabe besorgt von Gustav Landauer. (Leipzig 1904).

Kuhn, Helmut, Abgebrochenes Gespräch. Martin Buber zum Gedächtnis. In: Merkur XIX. Jhg, 1017–1032.

Kuhn, Johann Evangelista, Über den Begriff und das Wesen der spekulativen Theologie oder christlichen Philosophie. In: Theologische Quartalschrift (Tübingen 1832), 253–304 und 411–444.

Lamprecht, Karl, Zur universalgeschichtlichen Methodenbildung. In: Abhandlungen der philologisch-historischen Klasse der Königlich-Sächsischen Gesellschaft der Wissenschaften XXVII (Leipzig 1909), 37–63.

Landauer, Gustav, Aufruf zum Sozialismus. (Berlin 1919).

– Beginnen. Aufsätze über Sozialismus. Im letztwilligen Auftrag des Verfassers Hg. von Martin Buber. (Köln 1924).

– Meister Eckharts mystische Schriften in unsere Sprache übertragen. (Berlin 1903).

– Der werdende Mensch. Aufsätze über Leben und Schrifttum. Im letztwilligen Auftrag des Verfassers hg. von Martin Buber. (Potsdam 1921).

– Skepsis und Mystik. (Berlin 1903).

Langemeyer, Bernhard, Der dialogische Personalismus in der evangelischen und katholischen Theologie. (Paderborn 1963).

Larsen, J. Anker, Begegnung vor der Tür. Gedanken über die »Wirklichkeit« des »Großen Du«. In: Eckart, Blätter für evangelische Geisteskultur. Viertes Jahr (Berlin 1928), 371–377.

Lessing, Gotthold Ephraim, Gesammelte Werke. Hg. v. Paul Rilla. (Berlin 1954–1957).

Löwith, Karl, M. Heidegger und F. Rosenzweig. Ein Nachtrag zu »Sein und Zeit«. In: Gesammelte Abhandlungen. (Stuttgart 1960), 68–92.

– Das Individuum in der Rolle des Mitmenschen. (München 1928).

Mach, Ernst, Die Analyse der Empfindungen und das Verhältnis des Physischen zum Psychischen. (Jena 1903).

Manthey, Franz, Die Sprachphilosophie des hl. Thomas von Aquin und ihre Anwendung auf die Probleme der Theologie. (Paderborn 1937).

Maringer, Simon, Martin Bubers Metaphysik der Dialogik im Zusammenhang neuerer philosophischer und theologischer Strömungen. Darstellung und Kritik. Diss. phil. Zürich (Köln 1936).

Mate, Reyes, Heidegger y el Judaismo y sobre. La tolerancia compasiva. (Barcelona 1998).

Maybaum, Ignaz, The Face of God after Auschwitz. (Amsterdam 1965).

Mehlis, Georg, Schellings Geschichtsphilosophie in den Jahren 1799–1804, gewürdigt vom Standpunkt der modernen geschichtsphilosophischen Problembildung. Diss.phil. (Heidelberg 1906).

Meinecke, Friedrich, Straßburg, Freiburg, Berlin. 1901–1919. Erinnerungen. (Stuttgart 1949).

– Werke. Hg. im Auftrage des Friedrich-Meinecke-Institutes der Freien Universität Berlin. (Stuttgart 1957 ff.). Die Werke werden mit den Bandzahlen zitiert.

Metzger, Wilhelm, Die Epochen der Schellingschen Philosophie von 1795–1802. Ein problemgeschichtlicher Versuch. (Heidelberg 1911).

Michel, Wilhelm, Martin Buber. Sein Gang in die Wirklichkeit. (Frankfurt 1926).

– Das Leben Friedrich Hölderlins. (Darmstadt 1963).

Miscotte, K. H., Wenn die Götter schweigen. Vom Sinn des Alten Testaments. (München 1963).

Mosès, Stèphan, Système et rèlèvation. La philosophie de Franz Rosenzweig. Prèface d'Emmanuel Lévinas. (Paris 1982). Deutsch: System und Offenbarung. Die Philosophie Franz Rosenzweigs. (München 1985).

– Politik und Religion. Zur Aktualität Franz Rosenzweigs. In: Wolf-Dietrich Schmied-Kowarzik (Hg.), Der Philosoph Franz Rosenzweig (1886–1929) (Freiburg 1988), 855–875.

Nadler, Josef, vgl. Hamann.

Nernst, Walter – Schönflies, Arthur, Einführung in die mathematische Behandlung der Naturwissenschaften. (München und Leipzig 1895).

Noack, Hermann, Die Philosophie Westeuropas. (Darmstadt 1962).

Nohl, vgl. Hegel.

Nietzsche, Friedrich, Werke in drei Bänden. (Darmstadt 1963).

Ott, Heinrich, Denken und Sein. Der Weg Martin Heideggers und der Weg der Theologie. (Zollikon 1959).

Palagyi, Melchior, Der Streit der Psychologisten und Formalisten in der modernen Logik. (Leipzig 1902).

– Naturphilosophische Vorlesungen. Über die Grundprobleme des Bewußtseins und des Lebens. (Leipzig ²1924).

Peyerl, Werner, Das anthropologische Problem in der Gedankenwelt Martin Bubers: Voraussetzungen, Anknüpfungspunkte und religions-philosophische Revelanz. Diss. phil. (Wien 1960).

Pines, Shlomo, Der Isalm im »Stern der Erlösung«. Eine Untersuchung zu Tendenzen und Quellen Franz Rosenzweigs. In: Hebräische Beiträge zur Wissenschaft des Judentums 3–5 (1987–1989), 138–148.

Pöggeler, Otto, Rosenzweig und Hegel. In: Wolf-Dietrich Schmied-Kowarzik (Hg.), Der Philosoph Franz Rosenzweig (1886–1929). (Freiburg 1988), 839–853.

Platonis Opera. Recognovit brevique adnotatione critica instruxit Joannes Burnet. (Oxonii 1900–1907).

Popolla, Fabio, »Nuovo Pensiero« e »Filosofia narrante«. Rosenzweig interprete di Schelling. In: Annuario filosofico 14 (Milano 1998), 253–280.

Rombach, Heinrich, Substanz, System, Struktur. Die Ontologie des Funktionalismus und der philosophische Hintergrund der modernen Wissenschaft. I. Band (Freiburg 1965).

Rome, Sydney and Beatrice, Philosophical Interrogations edited with an introduction. (New York 1964).

Rosenkranz, Bernhard, Der Ursprung der Sprache. (Heidelberg 1961).

Rosenstock, Eugen, Angewandte Seelenkunde. Eine programmatische Übersetzung. (Darmstadt 1924).

Reichsvertretung der Juden in Deutschland. Schulabteilung (Berlin). Ein Rundbrief an die jüdischen Lehrer. Zu Martin Bubers 60. Geburtstag. 8.2.1938. Rundschau, Jüdische. Jahrgang 32 (Berlin 1927).

Sabatier, Auguste, Esquisse d'une Philosophie de la Religion d'après la psychologie et l'histoire. (Paris 1897).

Sandmann, Peter, Das Weltproblem bei Ferdinand Ebner. Diss. phil. (München 1962).

Scheler, Max, Vom Umsturz der Werte. (Leipzig ²1919).

Schelling, Friedrich Wilhelm, Werke. Hg. von Karl Friedrich August Schelling. (Stuttgart – Augsburg 1856–61). Abgekürzt: SW.

Werke. Nach der Originalausgabe in neuer Anordnung. Hg. von Manfred Schröter. (München 1927–1956).

Die Weltalter. Fragmente. In den Urfassungen von 1811 und 1813. Hg. von Manfred Schröter. (München 1946).

Schleiermacher, Theodor, Das Heil des Menschen und sein Traum vom Geist. Ferdinand Ebner. Ein Denker in der Kategorie der Begegnung. (Berlin 1962).

Schmied-Kowarzik, Wolf-Dietrich (Hg.), Der Philosoph Franz Rosenzweig (1886–1929). Internationaler Kongreß Kassel 1986. (Freiburg 1988).

– Vom Totalexperiment des Glaubens. Kritisches zur positiven Philosophie Schellings und Rosenzweigs. In: Wolf-Dietrich Schmied-Kowarzik (Hg.), Der Philosoph Franz Rosenzweig (1886–1929). Internationaler Kongreß Kassel 1986. (Freiburg 1988), 771–799.

Scholem, Gerschom, Judaica. (Frankfurt 1963).

Schramm, Edmund, Erinnerungen an Wilhelm Dilthey. In: Zeitschrift für Religions- und Geistesgeschichte 7 (Köln 1955), 355–358.

Schröter, Manfred, Der Ausgangspunkt der Metaphysik Schellings. Entwickelt aus seiner ersten philosophischen Abhandlung »Über die Möglichkeit einer Form der Philosophie überhaupt«. Diss. phil. (München 1908).

Schulz, Walter, Der Gott der neuzeitlichen Metaphysik. (Pfullingen 1957).

Seyr, Franz, Anmerkungen zu Ferdinand Ebners Pneumatologie. Jahresbericht des Bundesrealgymnasiums in Tulln (Nieder-Österreich, 1951).

Siebeck, Richard, Das Unmittelbare in unserer Bestimmung. Ansätze zu den Grundlagen der Religion. (Tübingen 1917).

Simmel, Georg, Kant. – Sechzehn Vorlesungen, gehalten an der Berliner Universität. (München und Leipzig ⁴1918).

– Die Religion. Die Gesellschaft. Sammlung sozialpsychologischer Monographien. Hg. von Martin Buber. 2. Band (Frankfurt 1906).

Stegmaier, Werner, Die philosophische Aktualität der jüdischen Tradition. (Frankfurt/Main 2000).

Steinbüchel, Theodor, Der Umbruch des Denkens. (Regensburg 1936).

Theodoroff, Nikolaus, Wort und Geisteswirklichkeit. Zur Problematik des Denkers Ferdinand Ebner. Diss. phil. (Wien 1962).

Theunissen, Michael, Der Andere. Studien zur Sozialontologie der Gegenwart. (Berlin 1965).

– Bubers negative Ontologie des Zwischen. In: Philosophisches Jahrbuch 71 (München 1964), 319–330.

Thieme, Karl, Stimmen der Freunde. (Regensburg 1935).

– Werk und Leben Franz Rosenzweigs. In: Freiburger Rundbrief XV. Jahrgang (Freiburg i. Br. 1964), 13–20.

Thomas von Aquin, De Spiritualibus Creaturis. In: Quaestiones disputatae II. (Rom 1949).

– Summa theologica. (Rom 1952–1956).

– Compendium theologiae. In: Opuscula Theologica I. (Rom 1954).

Thurnher, Eugen, Das Sprachdenken Ferdinand Ebners. In: Ammann – Festgabe II (Innsbruck 1954), 20–33.

– Sprache, Denken, Sein. Zu Ferdinand Ebners Philosophie des Wortes. In: Literaturwissenschaftliches Jahrbuch. Im Auftrage der Görres-Gesellschaft hg. von Hermann Kunisch. Neue Folge. Erster Band (Berlin 1960), 227–236.

Tilliette, Xavier, Rosenzweig et Schelling. In: Archivio di Filosofia. Anno LIII, N. 2–3, (Padova 1985), 141–151.

Warnach, Victor, Erkennen und Sprechen bei Thomas von Aquin. Ein Deutungsversuch seiner Lehre auf ihrem geistesgeschichtlichen Hintergrund. In: Divus Thomas XV (Fribourg 1937), 145–198 und 263–290; XVI (Fribourg 1938), 161–191 und 393–419.

Weber, Max, Über einige Kategorien der verstehenden Soziologie. In: Logos. Internationale Zeitschrift für Philosophie der Kultur Bd. IV (Tübingen 1913), 253–294.

Weininger, Otto, Geschlecht und Charakter, (Wien und Leipzig [10]1919).

Weizsäcker, Victor von, Natur und Geist, Erinnerungen eines Arztes, (Göttingen [21]955).

Welte, Bernhard, Auf der Spur des Ewigen, (Freiburg 1965).

– Heilsverständnis. Philosophische Untersuchung einiger Voraussetzungen zum Verständnis des Christentums, (Freiburg 1966).

Wetzer, Heinrich Joseph und Welte, Benedikt, Kirchen-Lexikon oder Encyklopoädie der katholischen Theologie und ihrer Hilfswissenschaften, (Freiburg 1855–1856).

Wiehl, Reiner, Logik und Metalogik bei Cohen und Rosenzweig. In: Schmied-Kowarzik, Wolf-Dietrich (Hg.), Der Philosoph Franz Rosenzweig (1886–1929). Internationaler Kongreß Kassel 1986. (Freiburg 1988), 623–642.

– Das Prinzip des Ursprungs in Hermann Cohens Religion der Vernunft aus den Quellen des Judentums. In: Werner Stegmaier (Hg.), Die philosophische Aktualität der jüdischen Tradition. (Frankfurt/Main 2000), 403–414.

Wieland, Wolfgang, Schellings Lehre von der Zeit. Grundlagen und Voraussetzungen der Weltalterphilosophie. (Heidelberg 1956).

Wundt, Wilhelm, Völkerpsychologie. Eine Untersuchung der Entwicklungsgesetze von Sprache, Mythos und Sitte. 2. Band. Mythos und Religion. 1. Teil (Leipzig 1905).

W., Das Problem der Theophanie. Vortrag von Martin Buber. In: Jüdische Rundschau 32 (1927), 24.

Zweig, Arnold, Die Bibel als Erzähler. Bubers Vortrag. In: Jüdische Rundschau 32 (1927), 19.

Personenverzeichnis

Sachregister

Stichworte werden für die Passagen, welche das Stichwort durch Überschriften anzeigen, nicht eigens in dem Register verzeichnet

Akosmismus, 253
Alleinsamkeit, 31
Andere, der, die, das, 152 f.
Anderheit, 268, 292, 324
Anrede, 285
Augenblick, 26 f., 308, 337

Begegnung, 278, 282, 293, 305
bin, bist, 215 f.
Biographische, das, 174
Bleiben, 185
Beziehung, ihre Zeitigung, 107

Casus, obliquer, 214
Christus, 244 f., 248

Demut, 130
Denken, inkarniertes, 167
Dichtung, 214
Diesseitigkeit, 58
Dogma, 319

Eigenschaftswort, bewertendes, 110 f.
Eines, 266
Ekstase, 264
Entscheidung, 37
Entscheidungslosigkeit, 305
Ereignis, 28, 149, 284, 337
Ereignis, ereignetes, 130, 132, 162
Ereignis, messianisches, 325
Erfahrung, 25, 108 f., 145, 173, 241, 267, 269-270, 282, 285, 316
Erinnerung, 235, 307
Erlebnis, 266, 280
Erlebnishaftigkeit, ereignislose, 263
Erlösung, Weissagung von, 122
Eschatologie, 147, 238, 310, 347
Ethos, 103, 179

Exodus 3,14, 178, 296, 312, 336
Expropriation, 210-211

Freiheit, 79, 130, 139, 150
Freiheitsgeschichte, 165
Fest, 326, 352

Gabe, 99, 274
Gebet, 164, 166, 186
Gebot, 186
Gebrauchen, 275
Gebrochenheit der Existenz, 209
Gegenwart, 113, 128, 132, 283, 289
Geist, 275
Gemeinschaft, 53 f.
Gesellschaft, 52 f.
Geschehen, ethisches, 179
Glauben, 133, 297, 352
Gnade, 210-211, 352
Geschichtlichkeit, 26, 57
Geschöpflichkeit, 124
Gott, 22, 36
Gottheit, 299
Gottwollen, 55
Gott, der verborgene, 183
Gott, der vorhersehende und anzurufende, 186
Gottesvorstellung, 239
Grammatik, 110

hajah, 178
Haltung, 281, 324
Heil, 24, 30
Hoffnung, 165, 238

Ich der Metaphysiker, 205
Imperativ, kategorischer, 203
Ist, 215 f.

Werke von Emmanuel Lévinas bei Alber

»Lévinas' Gedanken ist zu wünschen, sie möchten so manche als selbstverständlich erscheinende philosophische und theologische Denkweise wenn nicht gar erschüttern, so doch uns kritisch neu sichten lassen.«
Theologische Literaturzeitung

Vom Sein zum Seienden
Aus dem Französischen von Anna Maria Krewani und Wolfgang Nikolaus Krewani. Nachwort von W. N. Krewani 1997. 186 Seiten. Band 1 der Reihe Phänomenologie. Texte
ISBN 3-495-47632-6

Studienangaben

Totalität und Unendlichkeit
Versuch über die Exteriorität
Aus dem Französischen von Wolfgang Nikolaus Krewani
3. Auflage 2002. 472 Seiten. ISBN 3-495-48055-2

Die Spur des Anderen
Untersuchungen zur Phänomenologie und Sozialphilosophie
Aus dem Französischen übersetzt, herausgegeben und eingeleitet von Wolfgang Nikolaus Krewani
3. Auflage 1998. 358 Seiten. ISBN 3-495-47883-3

Jenseits des Seins oder anders als Sein geschieht
Aus dem Französischen von Thomas Wiemer
2. Auflage 1998. 408 Seiten. ISBN 3-495-47901-5

Wenn Gott ins Denken einfällt
Diskurse über die Betroffenheit von Transzendenz
Aus dem Französischen von Thomas Wiemer.
Mit einem Vorwort von Bernhard Casper.
3. Auflage 1999. 290 Seiten. ISBN 3-495-47959-7

Verlag Karl Alber Freiburg / München